本书为国家社科基金「清代至民国清水江流域林业契约文书研究」（12XZS023）最终成果

本书为国家社科基金重大项目「清水江文书整理与研究」（11&ZD096）阶段性成果

本书获二〇二〇年贵州省出版传媒事业发展专项资金资助

本书获贵州省孔学堂发展基金会资助

清水江区域学文库

张新民 主编

马国君 韦凯 肖秀娟 著

清代至民国清水江流域

林业契约文书研究

孔学堂书局

本书为国家社科基金"清代至民国清水江流域林业契约文书研究"（12XZS023）最终成果

本书为国家社科基金重大项目"清水江文书整理与研究"（11&ZD096）阶段性成果

本书获二○二○年贵州省出版传媒事业发展专项资金资助

本书获贵州省孔学堂发展基金会资助

图书在版编目（CIP）数据

清代至民国清水江流域林业契约文书研究 / 马国君,

韦凯, 肖秀娟著. — 贵阳 : 孔学堂书局,2022.5

（清水江区域学文库 / 张新民主编）

ISBN 978-7-80770-305-1

Ⅰ.①清… Ⅱ.①马… ②韦… ③肖… Ⅲ.①林业—

契约—文书—研究—贵州—清代-民国 Ⅳ.①D927.730.36

中国版本图书馆CIP数据核字(2021)第209245号

清水江区域学文库　　张新民　主编

清代至民国清水江流域林业契约文书研究　　马国君　韦凯　肖秀娟　著

QINGDAI ZHI MINGUO QINGSHUIJIANG LIUYU LINYE QIYUE WENSHU YANJIU

责任编辑：黄　艳　胡国浚

责任校对：窦玥声　胡　馨

责任印制：张　莹　刘思妤

出　　品：贵州日报当代融媒体集团

出版发行：孔学堂书局

地　　址：贵阳市乌当区大坡路26号

　　　　　贵阳市花溪区孔学堂中华文化国际研修园1号楼

印　　制：贵阳精彩数字印刷有限公司

开　　本：787mm×1092mm　1/16

字　　数：390千字

印　　张：23.5

版　　次：2022年5月第1版

印　　次：2022年5月第1次

书　　号：ISBN 978-7-80770-305-1

定　　价：78.00元

总 序

近数十年来，随着清水江文书整理编纂成果的大量出版，相关研究论文或论著的数量也在明显增多，而清水江流域无论作为长江支系文明或民族社会区域空间，也越来越引起学术界的广泛关注和重视。以流域或区域作为分析讨论框架，探讨族群、聚落、区域、国家多方面的互动关系，进而了解或把握中国历史文化整体而全面的发展进程，也越来越成为研究者广泛接受或采用的一种重要方法。正是有鉴于此，我们在原有文书整理和研究成果积累的基础上，拟以"清水江区域学文库"为题，编纂一套大型学术研究丛书，希冀能够借此汇聚起更多的优秀学术研究成果，从而推动区域学或中国史研究的健康发展。为了帮助读者了解清水江流域自然－人文历史变迁发展的状况，尤其是国家对当地的长期经营与开发、区域与区域之间交流和互动以及乡民对自身生活秩序的维系及建构，我以自身长期从事研究所积累的学术经验或学术旨趣为出发点，特撰下列文字以作导读性的总序。

一、河流水道交通与聚落区域之间的互动

清水江乃沅江的正源，发源于今贵定县斗篷山与都匀市云雾山麓之间，自西南向东北流经今贵州省东南部广袤区域，入湖南省西部至黔阳镇以下始称沅江，因而也可以清水江－沅江之称来统合其上下游。其蜿蜒委迤穿越黔湘两省，最终东流注入洞庭湖，并联结更具有战略航运意义的长江及两岸各地。

清水江－沅江流经黔湘两省，黔境涉及之地有都匀、丹寨、雷山、福泉、麻江、凯里、黄平、施秉、台江、剑河、三穗、天柱、锦屏、黎平等县市，入湖南后流经之地则有新晃、会同、洪江等县市。重要支流与贵州相关者，一是

发源于福泉市罗柳塘的瀼阳河，出黔省再进入楚地，即"东至沅州而入沅水，以达于长江"，其与清水江汇合处亦在黔阳；再为源出江口梵净山西南的锦江，"东至辰溪县入沅水而达于楚江"①；三即源出黎平县的渠水，东流黔城镇清江口与瀼阳河相汇。（康熙）《天柱县志》称清水江"发源于黔属苗界，不知其几千里，由岔处至托口，与渠水合，至黔阳与沅水合，并入辰河"②，虽未必精细准确，亦反映清人的地理认知。

以清水江流域作为历史叙事或史学研究必具的时空分析框架，从而展开各种立体式分层讨论的区域学或建构活动，显然既可指上游流经黔省的清水江，即狭义的清水江流域，也可指横贯黔湘两省的清水江－沅江，即泛清水江区域③。由于清水江－沅江与长江紧密相连，长期以来都为长程船舶辗转运输的重要通道，因而也可将清水江文明称为长江支系文明。观察或了解清水江文明固然需要深入其内部开展各种分析，但也有必要超越区域进行区域与区域之间的关联性比较，尤其应注意国家力量经营开发过程中必然引发的各种互动性区域社会变迁现象。

广义的清水江流域既然地处黔湘两省交会的广袤地带，长期"省地""熟界""生界"交错纵横④，苗、侗、汉等多种族群分散聚居，"苗田""（土）司田""民田"三种土地占有形式并列共存。更突出者则为清水江南岸以雷公山为中心的大片"生苗"区，即面积范围广至三千里的所谓"苗疆"，其在雍正年间王朝武力开辟之前，乃是"王化"力量从未渗入的国家认知盲区，较诸其他早已郡县化的

---

① 以上均见晏斯盛：《贵州水道考》，引自乾隆《贵州通志》卷三十七"艺文志"；又见道光《贵阳府志》卷三十二"山水图记第二下"，贵州人民出版社 2005 年版，第 705 页。按所谓"楚江"，即沅江之异称，有清人魏麟征《送儿彪之沅江》诗"沅兴芳可佩，极目楚江滨"可证。
② （康熙）《天柱县志》卷上《山川》，清康熙二十二年刊本。
③ 古人所称沅江，或亦涵盖了清水江，故常有迳称清水江为沅江者。如清人爱必达《黔南识略》卷二十一"黎平府"，《续黔南丛书（第 2 辑）》上册，贵州人民出版社 2012 年版，第 193 页云："郡之东北以清水江为界，古之沅江也。"即一显豁例证。
④ 汉文典籍"省地"与"省民"时常并用。如李诵《受降台记》："凡尔诸国，自今既誓之后，各毁尔牌甲，弃尔标弩。平尔壕堑，散尔徒党，无贪我省地，无害我省民。""省地"指已经郡县化的国家行政辖区，"省民"则为国家体制内编户纳粮的"民人"。引文见曾枣庄、刘琳主编《全宋文》卷六四五九"李诵"条，第 284 册，上海辞书出版社 2006 年版，第 375 页。

行政区域，更表现出极为复杂多元的不平衡社会发展现象①。因此，如果从湖广国家行政权力中心的视野看，则往往将其视为"楚边"，即所谓"西徼百蛮底，南荒三楚边；苗顽风未殄，盘瓠种犹传。江自牂柯发，山从越寯连；封疆秦日画，威德汉朝宣"②。而立足于黔省国家行政体系中心的立场，又可称其为"黔边"，也可说"黔边不修，民喜乱，终为隐忧"③。"楚边"与"黔边"交叉叠错，无论王朝中央或地方士人，多视其为"边地"或"边徼"，也可说是"内边疆"或"内地边疆"，亦即"内在的边缘"或"内在的边陲"（internal frontier）④，便是我们今日所要讨论的清水江流域，一个极有必要将其作为完整的自然－人文地理单元来加以叙事书写或分析研究的重要文化区域。

从传统国家战略地位看，"黔、楚唇齿相依，山路如梭"，交通不便，一旦"黔事已坏，楚边齿寒"⑤，反之亦然。但幸得清水江－沅江水道交通运输之便，上、下游之间仍有频繁的沟通往来，加上各种大小支流的注入，尤其是其与陆地交通驿道的联结，尽管其中仍有不少化外的政治空隙，未必一概纳入了王朝国家的控制，尚有不少游离于区域整体社会结构之外的地方族裔，但仍形成了网络状的交通体系，不断整合区域内部的各个聚落或族群，从而不断扩大其相互之间的交往关系，并逐步凭借主干水道交通向外部世界延伸，层层突破区域与区域之间的分隔界划，使区域在长期拥有自身地方性或民族性特征的同时，也具备了国家与地方及区域与区域之间多方面互动的全国性认知意义。

---

① 〔清〕魏源：《圣武记》卷七"雍正西南夷改流记上"，岳麓书社 2004 年版，第 281 页。"苗疆四周几三千余里，千有三百余寨，古州距其中，群砦环其外。左有清江可北达楚，右有都江可南通粤，皆为顽苗蟠据，梗隔三省，遂成化外。"即可见"苗疆"为王朝政府长期失控地区，与清水江流域其他郡县行政区的发展明显失衡。另可参阅《清史稿》卷五一二"土司一·湖广"，中华书局 1977 年版，第 14205 页。

② 林弼：《江洞书事五十韵》，引自杨镰主编：《全元诗》第 63 册，中华书局 2013 年版，第 75 页。

③ 翟诰：《松铜纪事》，引自太平天国历史博物馆编：《太平天国史料汇编·贵州地区》，江苏凤凰出版社 2018 年版，第 11168 页。

④ 参见许倬云：《汉代中国体系的网络》，许倬云等编：《劳贞一先生八秩荣庆论文集》，商务印书馆 1986 年版，第 19—31 页。

⑤ 以上均见翟诰：《松铜纪事》，载《太平天国史料汇编·贵州地区》，江苏凤凰出版社 2018 年版，第 11169 页。

二、人、财、物的流动与区域社会经济的发展

水道与驿路相连而交错纵横，无论其或疏或密、或近或远，作为一种交通网络体系结构，都有利于人群与人群之间的交往与联系，能够促进地方社会的变迁和发展。从纵向即河流水道对上下游地区人群的联结作用看，清水江－沅江上游可与黔楚大道相接，驿路横贯贵州东西全境，直入云南境内，下游则能经长江转运河，以水运方式联结江南广大地区，并北上直入京城。这当然极大地促进了"人、财、物"的流动，不仅京城的"皇木"采办扩大了国家力量或朝廷官员进入上游的空间范围，而且"三帮（徽州、临江、陕西）""五勷（湖南常德、德山、河洑、洪江、托口）"商人亦纷纷沿江深入山区[1]，加上明代以来王朝中央主动推行军事屯田与移民屯田政策，"人"的迁徙流动越到后期就越频繁。大量已经商品化的深山木材则顺江而下，销往长江两岸各地，尤其是需求量较大的江南地区。与其对应的购置木材的白银也逆江而上，流入散落在上游的各个商场市镇及深山苗侗村寨，甚至深入到"王化"不及的"苗疆"腹地。上下游之间"人、财、物"三者的双向流动，显然都远非任何局部区域所能限制的。

与"人"或"人群"的流动一样，"财"与"物"的流动也越到后期便越引人注目。当然，除大量木材流入江南或中原换取白银之外，朱砂、水银、铅梓、桐油等地方特产，也同样可以顺江向外输出换取白银。其中最重要的是"人"或"人群"的流动，必然带来各种有别于"苗区"的知识、技术、精神、价值等，成为交流与共享的无形资源，不知不觉地以"深层结构"的方式改塑了人的生产或交往行为方式，强化了地方社会的伦理秩序建构。至于"财"的流动则满足了地方社会经济生活对白银的需求，尤其是"苗民"将白银作为财富与礼物象征的心理诉求，充实了市场商品交换必须依赖的货币总额，提供了国家赋役征银的客观历史条件。与此同时，"物"的流动则促进或扩大了人工林的种植

---

[1] 参见张新民：《清水江流域的经营开发与木材采运活动》，《贵州民族大学学报（哲学社会科学版）》2016年第5期。

规模，使木材产业朝着集种（种植）、养（养护）、伐（采伐）、售（销售）为一体的商品化方向发展，从而形成了范围广袤的木材贸易经济文化圈，极大地改变了地方族群的生计模式与经济文化生态格局。更值得注意的是国家与地方及地方与地方之间的互动，可谓"政令之推行，军事之进退，物资之流通，宗教文化之传播，民族社会之融合"①。举凡当地发生的重大历史事件或社会变迁史迹，都可沿着交通路线寻找其前后发展脉络，分析其升降起伏变化原因，获得解决问题的实证答案。

如果换一个角度，从横向即河流水道对沿江两岸地区或人群提供的交通便利，特别是其对当地社会经济文化生活所发挥的作用看，仅贵州境内不同地方注入清水江的支流，举其要者即有重安江、六洞河、巴拉河、排乐河、南哨河、乌下江、亮江等，或多或少都发挥了与清水江干流联结并影响经济文化生活的作用。其中支流又与名目繁多的千溪万涧紧密相连，构成交错纵横的水资源系统与耕地（田）灌溉系统，形成了大范围的"人、水、地"三者相互作用的复杂关系，并以人为主体将自然与社会整合为一整体性的结构，产生了各种自然资源复杂多样的使用形态与占有形态，即自然的社会化与社会的自然化。例如，就目前在清水江流域征集到的出水青铜器看，即有钺、戈、剑、矛、镞、斤、斧、凿、簪、带钩等，民间收藏者尚有斧、铲、刮刀、鱼钩等，年代当可推断为战国至西汉时期②。我们仅从工具的使用即可看出，人对水、地两种资源的利用与开发，早已有了悠久长远的历史，形成了自然与社会动态的生态格局。战国至西汉时期的清水江及相关支流，其两岸当已分布了数量不少的大小人群聚落。

两汉以后，尤其是明清两代，沿着清水江主干河道及重要支流，更涌现出一批规模较大的人口聚落或商业市镇。如有清一代，光绪《黎平府志》便明确

---

① 严耕望：《唐代交通图考》"序言"，上海古籍出版社 2007 年版，第 7 页。
② 程学金：《贵州天柱出水青铜器调查征集报告》，载王仁湘、周裕兴主编《东亚古物（B 卷）》，文物出版社 2007 年版，第 295—310 页；《天柱出水青铜器探源》，《贵州文史丛刊》2006 年第 3 期；贵州省文物考古研究所清水江考古队：《贵州清水江流域再次大规模发掘：初步厘清文化发展脉络》，《中国文物报》2011 年 5 月 20 日第 4 版"考古"专栏。

记载，当地"产木极多，若檀、梓、樟、楠之类，仅以供本境之用。惟杉木则遍行湖广及三江等省，远商来此购买，在数十年前每岁可卖二三百万金。今虽盗伐者多，亦可卖百余万。此皆产自境内，若境外则为杉条，不及郡内所产之长大也"①。可见当地木材资源固然极为丰富，但更重要的还是长途运输远销外地，从而使地方获得了极大的经济利益，即所谓"黔诸郡之富最黎平，实唯杉木之利"②，并形成了数量不少的规模化商业贸易市场，这均有赖于清水江河道交通水运带来的便利。其中仅锦屏县一地，即有"茅坪、王寨、卦治三处，商旅几数十万"③，无一不是木材水道贸易成交带来的市场繁荣。至于湖南境内的黔阳县（今洪江市）托口，更"为渠水入沅之地，上通贵竹苗峒，巨木异材，奏集于此，官之采办与商之贸贩者，皆就此估直以售，编筏东下"④，远销全国各地，形成了一大木材聚散中心市场。

三、人、水、地三者的关系与地方资源的开发利用

以清水江两岸人群集中的市镇或聚落为中心，从河谷盆地向山区扇状式延伸，当然也会有不少驿道支线及相关的斜径小路，均依山区海拔的高低和道路的险夷凶缓决定聚落规模的大小或人口户数的多寡。通常的情况是距离城镇市场越远，聚落或人口的规模便越小，与外部世界的联系也越少，所谓"山径溪涧，用之成路其间，不用则茅塞之"⑤。其中也有不少游离于王朝政治网络控制体系之外的边缘隙地，亦即国家制度化权力未能到达的"失控区"，其经济形态及社会文化发展水平，也因道路的通塞远近，存在着明显的高低差距。具见即在区域内部的差序格局中，也难免存在"中心－边缘"的二元性结构。

由于当地特殊的地质地貌特征，尤其是高山深谷落差较大，出于水资源与

---

① 〔清〕俞渭修，陈瑜纂（光绪）《黎平府志》卷三下，"食货志·物产"，清光绪八年刻本。
② 〔清〕吴振棫：《黔语》卷下"黎平木"，载《黔书·续黔书·黔记·黔语》，贵州人民出版社1992年版，第386页。
③ 〔清〕爱必达：《黔南识略》卷二十一"黎平府"，载《续黔南丛书（第2辑）》上册，第196页。
④ （乾隆）《沅州府志》卷八"乡都·黔阳县·市镇"，清乾隆年间刻本。
⑤ 高酿镇地弓四谱《永久不朽碑》，引自《天柱古碑刻考释（上）》，贵州大学出版社2016年版，第441—442页。

土地资源占有利用，以及人回应自然必有的生计模式的需要，当地村落或族群的地缘区域分布则如民间谚语所云："客家住街头（汉族），仲家住水头，苗家住山头""高山苗，水仲家，仡佬住在岩旮旯"①。诚可谓如实生动地反映了外来汉人（客家）主要住在与交通干道或支线邻近的市镇，属于百越族系的侗族或布依族（仲家）则常住方便舟船水稻生活的水道河边，归属苗瑶族系的苗族多散居在远离交通沿线适合猎耕的山地。仡佬族在清水江流域分布数量不多，他们主要住在山间低凹处。从中正可看出人与水、土资源相处及利用关系的不同，遂使其在共同的自然－生活系统中占有的位置也有区别，从而形成区别很大的人－水－地组合结构生态关系，产生了立体的多元的复杂经济文化生存生活景观。

居住在交通干线或支线附近地区的汉人，不少为军屯、民屯、商屯移民的后裔。他们开垦了不少相对平坦开阔的"坝子"田土，长久居住亦可由"客家"转变为"土著"。屯田化后即成为"民田"，而与"（土）司田""苗田"或"生苗"区的"夷田"有别，尽管后者亦多陆续转化成了"民田"，但大多仍零散细碎地分布在大山深壑。而其实非汉区的地方族群，其生计模式也大有差异。以水稻的种植为例，侗族傍水而善经营，其田有坝子田、山种田和高坡梯田三类，水资源的利用最充分②。苗族山居而远水，尽管与汉人杂居的个别"苗区"，耕种施肥已逐渐接近汉人，但在开辟较晚的"苗疆"，不少地方仍未学会牛耕，耕作方式多以"人拉犁""脚踩田"为主要方式③，水资源的利用并不充分。

由于清水江流域盛产木材，木材贸易提供了大量技术交流的机会，因而以人工造林的方式利用山地资源，广种"苗杉"，以求经济利益的最大化，无论苗人或侗人，其种植养护技术均已十分成熟。根据所谓"土人"长期种养结合

① 贵州省地方志编纂委员会编：《贵州省志·民族志》，贵州民族出版社2002年版，第1页；另可参阅贵州省苗学会编：《苗学研究》（八），中国言实出版社2011年版，第114页。
② 贵州省地方志编纂委员会编：《贵州省志·民族志》，第266页。
③ 参见雷山县地方志编纂委员会办公室编：《雷山县志（1988—2015）》，方志出版社2017年版，第795页。

总结出来的实践经验，"种杉之地，必预种麦及包谷一二年，以松土性，欲其易植也。杉阅十五六年始有子，择其枝叶向上者，撷其子，乃为良，裂口坠地者弃之，择木以慎其选也。春至则先粪土，覆以乱草，既干后而焚之，而后撒子于土面，护以杉枝，厚其气以御其芽也。秧初出，谓之杉秧，既出而复移之，分行列界，相距以尺，沃之以土膏，欲其茂也。稍壮，见有拳曲者则去之，补以他栽，欲其亭亭而上达也。树三五年即成林，二十年便供斧柯矣"①。这固然是山地生态地方性知识与实践经验的智慧总结，但也说明了人对山地林木资源的合理有效利用。

巧妙运用各种生态环境知识育林护林，从而扩大和增加人工林的种植面积及收益效率，固然主要与山区林地资源的充分合理利用有关，但水道木材运输贸易带来的经济收入动因也不可忽视。古人所谓"财以工化，贿以商通"②的说法，揆以清水江流域森林木材的种植开发流程，当也符合其社会经济生活变化发展的实际。如果说长期性的木材贸易缓慢地改变了地方经济社会的固有结构，那么移民的大量进入也逐渐强化了地方族群的交流融合。交流融合必然有利于更大范围的区域文明共同体的凝成，文明共同体的凝成也有利于形成共同国家或民族的认同。

清水江流域的民族交流融合乃是双向的，其中"苗人"汉化的现象固然十分普遍，但汉人"苗化"的现象也非少见。如清人徐家幹就敏锐地观察道："其地有汉民变苗者，大约多江楚之人。恋迁熟习，渐结亲串，日久相沿，浸成异俗，清江南北岸皆有之，所称'熟苗'，半多此类。"③足证清水江流域的人群关系极为复杂，表面是苗、侗地方族裔或拥有苗侗祖先记忆的，真实的血缘来源却有可能是汉民；早已成为汉民或拥有共同汉族祖先记忆的，亦可能是苗、侗后裔。

---

① 〔清〕爱必达：《黔南识略》卷二十一"黎平府"，《续黔南丛书（第 2 辑）》上册，第 195—196 页；又见光绪《黎平府志》卷三"食货志·物产"，清光绪十八年刻本。
② 左思：《魏都赋》，引自高步瀛《文选李注义疏》卷六"赋丙"，曹道衡等点校，中华书局 1985 年版，第 1375 页。
③ 〔清〕徐家幹：《苗疆闻见录》，顾久主编：《黔南丛书（第 11 辑）》，贵州人民出版社 2010 年版，第 82 页。

今人为建构、强化民族身份，反倒容易遮蔽民族融合的客观历史事实。无论木材贸易带来的社会变化，抑或移民进入造成的族群融合，作为"人、财、物"长期流动的一大区域性水运通道，清水江都在其中发挥了极为重要的纽带联结作用。

四、文字入边与儒学下乡

然而稍有必要指出的是，除了前面一再提到的"人、财、物"的流动之外，作为一条历史性的水路交通走廊通道，清水江还发挥了交流传播文化的重要作用。也就是说，如果认真分析探讨清水江流域不同族群之间同化混融的整体历史过程，则尚有两件历史大事值得反复思考或重视。两件大事一为"文字入边"，再即"儒学下乡"，二者都既关涉文化的传播和交流，也影响族群的同化与混融，能够揭示区域内部社会生活变迁发展的轨迹，当然也应成为历史叙事与史学研究关注或重视的史实实证内容。

以广义的清水江－沅江为观察对象，探讨"文字入边"的历史过程，则可溯至唐宋时期。最初因中央王朝对边地族群的羁縻政治策略，不断争夺笼络，清水江－沅江下游湖广境内的上层"蛮酋"。中央王朝一方面输入了汉字系统，逐渐强化了王朝中央对边地的控制，另一方面也传播了儒家意识形态思想，尤其是孝道伦理一类基本价值观念。然后再以下游汉文化核心区为据点，透过国家力量的不断推进扩张，以及汉族人群的渐次移动迁入，一步一步向上游即今贵州境内非汉文化地区扩大其传播输入范围，并由上而下向基层社会辐射渗透，使汉字系统及其所携带的知识文化信息，由原来仅为少数上层政治人物或知识精英掌握的文化专属特权，转变为黔楚边地社会普通乡民都能学习掌握的知识工具。

"文字入边"与"儒学下乡"两件边地文化大事，其渗透传播速度在明清两代明显加快。尤其值得注意者，即明代中央王朝针对边地战略地位的实际，大量设置代表国家意志的军事卫所，从而导致了军户移民的不断涌入，加上朝廷有意推行"化民成俗"的文化治边策略，以及与水道航运相连的各种民间或官方主导的"人、财、物"流动条件的配合，无论从其传播扩散的空间范围或族群的地缘分布方面观察，"文字入边"与"儒学下乡"作为一种文化现象，都越来越成为一种可随时观察到的历史事实，并可在相关汉文化典籍中找到实证性依据。最初的扩散传播主要在卫所与土司或"民人"与"苗人"交混错居的地带，而后则随着地方社会不断"内地化"或"国家化"的发展进程，逐步向"王化"之外的"苗疆"或其他"生苗"区推进。以后延至雍正年间开辟"苗疆"，设置针对边地实际的新疆六厅①，郡县化的历史进程在整个清水江流域彻底显现，"文字入边"及"儒学下乡"也就撤除了各种人为的藩篱障碍，不仅在地缘空间上逐渐成为主流的文化现象，而且也在文化心理上为社会民众广泛认同和接受。

从区域内部或地方文化的视野看，无论"文字入边"或"儒学下乡"，乃至"人、财、物"的流动，透过层层积累不断增多的汉字书写的清水江文书，当也不难发现。兹仅以"文字入边"为例，今存明代契约文书，数量共计15件，均为汉字写本，内容多与卫所、土司有关②。其中最早之成化二年（1466年）《粟文海、粟文江耕种荒田合同》③，发现地址为今天柱地区，文书纸质磨泐漶漫，字体时或残缺，但大体仍可辨识。其开首即有"永安乡□□□□人年细仔□，洪武二十二年□□□当军随营住坐，田地抛弃天顺六年回籍寻认产业"字样，并钤有官府四方印记。文书全文格式颇为完整，即使较诸其他汉人文化区，也为成熟定型文书。反映谭氏祖源早期必是卫所军籍，亦文书所云随军从营住坐（工匠），足证王朝屯军已从下游沅江深入到上游清水江，故无论汉字书写或纸契

---

① "新疆六厅"为古州厅、八寨厅、丹江厅、都江厅、清江厅、台拱厅，分属清水江和都柳江流域，均为雍正年间开辟"苗疆"后新建。

② 参见林芊：《从明代民间文书探索苗侗地区的土地制度》，《贵州大学学报（社会科学版）》2015年第6期；《明代清水江文书中的历史信息》，《贵州大学学报（社会科学版）》2015年第5期。

③ 原为天柱县坌处镇抱搪村覃献忠世代珍藏，后为天柱县档案馆征集入档，全宗号WS目录号TZ持有人覃献忠盒号53，又见《贵州省档案馆馆藏珍品集粹（一）》著录，标题为笔者所拟，同时著录者尚有明代万历、崇祯两件文书，或可一并参阅。详见该书第3—4页，贵州人民出版社2010年版。

签订方式,亦随着屯军的进驻停留而转移①,加上大量非军事化的汉人移民的迁入,遂由卫所而土司、从汉人居住区而非汉人居住区,不仅传播影响范围逐渐扩大,且使用的人群也在不断增加。

从明代折转进入清代,尽管朝代更迭变易,但民间文化的交流融合始终难以中断,以后随着国家政权的稳定和开发速度的加快,最终则是纸契逐渐取代了原来的木契或"埋岩"②一类本土方法。其写本纸契数量之多,仅入藏当地各县档案馆即达 21 万件,合计散落在民间各自然村寨者,当不少于 50 万件③;而分布地域之广,举凡锦屏、天柱、黎平、三穗、剑河、台江等县档案馆,无一不有庋藏,即使早先为"苗疆"腹地的剑河、台江两地,文书数量亦极为可观。但与其他各县——尤其是锦屏、天柱、黎平三地相较,则剑河、台江两县遗存文书的年代均显得相对较晚。反映汉字的传播扩散与纸本文书的产生增多密契相关,二者均与国家经管开发的历史进程同步,越到清代中后期就越显得普及,不仅"入边"逐渐广传至"苗疆"腹地,同时也"下乡"深入到乡村民众,最终则完全为苗、侗地方族群消化吸收,内化为自身与汉人社会接近的文化传统,成为人们维系或强化复杂社会生活秩序必具的方法,安排或处理公私人际交往关系必用的手段。

根据以上分析,当已不难看出,无论汉字的传播运用或文书的产生积累,

---

① 明代洪武年间今贵州境内清水江流域的卫所,已有五开、兴隆、镇远、偏桥、清浪、清平、平溪、古州、铜鼓,共计九卫,凡 5 万余军士。参见吴才茂:《明代以来清水江文书书写格式的变化与民众习惯的变迁》,《西南大学学报(社会科学版)》2016 年第 4 期。
②"埋岩",或又作"立石栽树"或"埋石种树",苗语称"客骚""骚耶""耶直"。据苗族"贾理"唱词:"他迁入陆滨,他去居陆兴,在那里立石,在那儿栽树,他石根基深,他树根须长……耕那拥枚田,耘那寨闹塘,他拿石来立,他拿树来栽。他们石脉长,他们树根深,像龙卧深潭,像虎踞大山。"可见"埋岩"既是划分地界的一种习俗仪式,也是其拥有地权的一种习惯法凭据。详见王凤刚编:《苗族贾理》,贵州人民出版社 2009 年版,第 664—697 页。
③ 笔者 2011 年赴黔东南清水江流域各县档案馆实地考察,统计其入藏文书总量为 10.3 万余件;六年后据贵州省档案馆的统计数字,便剧增至 21 万件。这一数字目前尚在继续上升,故合计散落在民间村寨者,总数当在 50 万件以上。参阅张新民:《清水江流域的内地化开发与民间契约文书的遗存利用》,《贵州社会科学》2014 年第 10 期;贵州省档案馆编:《贵州清水江文书·黎平卷》"序言",贵州人民出版社 2017 年版,第 1 页。

就清水江流域苗侗族群而言，其本身就是文化交流融合的必然性结果，既离不开国家与地方之间的互动，也离不开地区与地区之间的交流，必须以区域而非单一族群的研究为基本分析框架，才能透过全面整体的观察视域客观清楚地加以揭示。即使今天当地有大量遗存的各种类型的契约文书，也必须适当比较其地区的文书才能更好地发现其特点。例如：清水江文书中的土地文书遗存非常丰厚，如试取徽州文书稍加比较，就会发现一方面在书写格式与方法上，清水江文书实际已继承和吸收了中原契约文书的不少基本要素，不能不说共同之处颇多；另一方面在内容事项或文字的表述中，清水江文书又透露出大量地方性、民族性的习俗特点，也可说差异性极大 [1]。其中最突出者，即以汉字记苗语或侗音，多见于文书中的地名或其他特殊称谓 [2]；而"手""把""籽""稱"等糯禾计量单位，则属地方习俗特殊用语，虽与中原汉人社会差异甚大，然一概用汉字书写记录又与后者并无太大区别。而无论徽州文书或清水江文书，都可从相关文书中看到风水先生的活跃，反映即使在边远的清水江流域，风水观念也深入到社会人心。但与徽州地区支付风水先生报酬，通常为银钱而非墓地不动产分割不同，清水江流域则有酬以少量风水宝地或见证参与墓地财产分割的现象。具见两地人文传统与商品经济的发展水平不同，反映在文书文本内容书写上也有差异 [3]。足证王朝大一统政治文化整体格局下，不同区域之间共同性与差异性的微妙统一，即使已经内化为边地族群自身传统的汉字写本文书，其在内容记事或表达上也会不时透显出上述特点。

五、区域学的历史性认知与现代性建构

当然，以区域为分析框架来研究讨论地方社会或族群，并非就意味着忽视

---

[1] 栾成显：《清水江土地文书考述——与徽州文书之比较》，《中国史研究》2015 年第 3 期。

[2]（光绪）《古州厅志》卷一"苗语"条（清光绪十四年刻本），即以汉字释读苗语；该书又有"侗家语"条，以汉字解说侗语，史料价值极为珍贵。另可参阅张新民：《贵州地方志考稿》，（比利时）根特大学出版社 1993 年版，第 420—422 页。

[3] 参见王振忠：《清水江文书所见清、民国时期的风水先生：兼与徽州文书的比较》，载张新民、朱荫贵主编：《民间契约文书与乡土中国社会》，江苏人民出版社 2014 年版，第 129—159 页。

了区域内人的具体活动，毕竟区域存在的基础仍为人及其必有的社会活动，"见地不见人"从来都是人文社会科学研究的大忌。有幸的是，恰好大量遗存的清水江文书，不仅类型多样，举凡田土林地买卖、过继立嗣、分家析产、典当租佃、婚姻礼俗、互助结社、纠纷诉讼、禀状判词、合同议约、账簿会书、赋役承担、领字除帖、业户执照、纳税凭证等，通常在中原江南已有长足发展的契据类型，都可在当地找到相应的文书写本例证，以致无论公私交往与社会生产生活的任何一个方面，都留下了大量珍贵的原始记录，足可再现乡民生活世界忧欢喜乐生存发展的全貌。更重要的是其时间跨度也较长，自明以迄民国，越到后期积累的数量便越多，涵盖的地域亦越广，以文字契约方式处理自身生活交往事务的乡民也越普遍，从中正可看到区域社会及乡民生活变迁演进的动态化历史轨迹，了解苗、侗、汉不同地缘族群交流融突起状变化的文化演进特点，再现普通民众日常生活安排的实际及维系社会生存合理秩序的方法，重建以人为主体的具有历史书写与史学研究双重意义的现代清水江区域学。

尤须强调的是，与其他各地的民间契约文书一样，大量至今保存完好的清水江文书，乃是未经任何史书编纂系统选择、剪裁、改造、加工过的原始史料，是直接来自乡村田野或民间农户的史书编纂之前的写本文献①，充满了乡土文化和草根生活的本源性生命气息，能够触摸到乡民生存劳作的各种利益诉求与情感需要。如果据以展开乡村社会或区域学的历史叙事或史学研究，则如大儒顾炎武所说，乃是"采铜于山"，自铸精美新钱，而非"买旧钱"以"充铸"②，"徒事稗贩取充卷帙"而已③。利用文书展开各种与文本自身有关的研究，固然首先要成就"文书学"，但"区域学"的自觉建构与积极推动，难道不也是一个值得关注的发展方向？

如同简牍、敦煌文书、明清档案的发现和利用引发了大量高水准的研究成

---

① 参见黄正建：《关于"中国古文书学"的若干思考》，《中国史研究动态》2018 年第 2 期。
② 顾炎武：《亭林文集》卷四"与人书十"，载《顾亭林诗文集》，华忱之点校，中华书局 1983 年版，第 93 页。
③〔清〕金武祥：《粟香随笔》卷七"采铜于山"，谢永芳校点，江苏凤凰出版社 2017 年版，第 173 页。

果一样，大量清水江文书的发现与利用也极大地改变了原来固有的史料环境，再现了乡民劳作、生产、交换、合作及订立契约、维系秩序的具体方式，拓展了相关研究领域的深度与广度。沿着原来的发展方向继续向前，必然能够揭示各个族群长期交流混融后所表现出来的地域文化特征，摸清社会变迁演进过程中的内外动因及脉络趋势，提供从乡村或地方认知更大范围的传统中国的西南视角，推动清水江区域学的建构发展及与之相应的理论总结，强化国家史与区域史交叉互动研究书写内容上的有机整合，改变江南、华南等地区与西南尤其是清水江流域研究工作上长期畸重畸轻的不平衡现象。如果说敦煌因敦煌文书的发现与研究而有了敦煌学，徽州因徽州文书的发现与研究而有了徽（州）学①，那么清水江流域也一定会因清水江文书的发现与研究而产生大家一致认同的"清水江学"。

正是有鉴于此，我们在长期关注清水江文书庋藏分布状况及清水江流域社会生活变迁历程的同时，一方面极为关注民间契约文书的保护、搜集、入档和归类，做了大量录文、考释、编纂和整理的工作，出版或即将出版《天柱文书》（22册）、《清水江乡民家藏文书考释》（44册）等大型文献专书，另方面也十分重视广泛利用各种原始资料开展学术研究，提倡以材料说话的实证学风及理论创新精神，撰写或汇编了《明清时期贵州民族地区社会历史发展研究：以清水江为中心、历史地理的视角》《凸洞三村：清至民国一个侗族山乡的经济与社会——清水江天柱文书研究》《清水江文书文献价值研究》《民间契约文书与乡土中国社会：以清水江流域天柱文书为中心的研究》《探索清水江文明的踪迹》等一批学术专著。为了凝聚更多的学术资源，扩大与海内外学者的交流联系，多方面地开展清水江文书与敦煌文书、徽州文书的比较分析，又先后召开了"清水江文书天柱卷首发暨第一届国际清水江学高峰论坛""敦煌文书、徽州文书整

---

① 参见周绍泉：《徽州文书与徽学》，《历史研究》2000年第1期；阿风：《徽学：走进历史现场》，《中国社会科学报》2014年3月5日；杨军昌、王斌、林芊：《基于清水江学建构的清水江文书研究再认识》，《贵州大学学报（社会科学版）》2019年第5期。

理与研究百年经验总结暨清水江文书与乡土中国社会"两次大型学术研讨会，均有力地拓宽加深了清水江文书的研究及清水江区域学的建构发展工作。

清水江文书的录文考释与编纂整理，乃是一项长期性的艰苦工作。我们所遵循的方法或原则，是凡入录的民间契约文书，均按民间原有自然收藏秩序编目，突出其本来固有的村属形态及户属形态，尽可能地以各种著录方式保持民间文书与乡村民众本来即有的天然联系，多方面地提供文书所携带的历史信息和文化信息，从而方便学者按照准确可靠的时空定位从事田野调查与学术研究。研究工作由于文书本身具有的"归户性"特征，必然有裨于使用者依村按户调查询访，当然也就极大地方便了各种形式的田野调查。因而在方法论上，我们一贯主张田野资料、契约文书、传世文献三者相互印证；而在叙事内容或研究旨趣上，又长期倡导族群、区域、国家三者共同比观互照。既注意特定社会文化体系中人的各种复杂身份地位及行为活动，并不忽视具体村寨社区或地缘族群的个案研究，也关注更大范围内的自然－人文立体分层的区域学社会空间分析，始终重视国家与地方及地方与地方之间各种力量交汇整合的综合性历史动因探讨。

严格地讲，我们之所以采取以上做法，乃是因为任何族群或区域都不是封闭的，都有与其他族群或区域交往、交流、学习和借鉴的传统，尤其清水江－沅江作为重要的水路交通要道，联结了大量不同的族群聚落和区域社会，促进了从经济政治到思想文化多方面的碰撞融合，历史性地形成了区域自身自然地理与经济文化一体化的地缘特征。因此，积极认真地开展文书学与区域学研究的目的性诉求，也在以文书学与区域学研究的方式扩大中国史分析探讨的范围，不是为了文书学与区域学而研究文书学与区域学，而是为了文书学与区域学成为整体中国史的有机组成部分而研究文书学与区域学。

正是以上述设想为重要预设前提，我们才决定在原有文书整理与研究成果的基础上，团结凝聚更多的学界同道，继续编纂一套题名为"清水江区域学文库"的大型丛书，以求汇集起陆续涌现或新产生的高质量学术成果，积极推动区域学的建构与发展，不断丰富或扩大中国史研究的书写叙事内容及观察分析题域。

　　"清水江区域学文库"的编纂出版，以及今后规模的不断扩大与质量的持续提高，需要学术界同仁的共同关心及协作，离不开社会各界朋友的关心与支持。殷切希望学术百花园地中这一充满生命活力的新花朵，能长期获得大家的浇灌、滋养、关爱和呵护。

张新民
二〇二一年岁杪谨识于筑垣花溪晴山书屋

目录

第一章 绪 论 ⋯⋯⋯⋯⋯⋯⋯⋯⋯⋯⋯⋯⋯⋯⋯⋯⋯⋯⋯ 001

第二章 山场契约文书 ⋯⋯⋯⋯⋯⋯⋯⋯⋯⋯⋯⋯⋯⋯ 035

    第一节 山场权属转让契约文书 ⋯⋯⋯⋯⋯⋯⋯ 035

    第二节 山场租佃契约文书 ⋯⋯⋯⋯⋯⋯⋯⋯⋯ 084

    第三节 开山种木字及其他 ⋯⋯⋯⋯⋯⋯⋯⋯⋯ 112

    小 结 ⋯⋯⋯⋯⋯⋯⋯⋯⋯⋯⋯⋯⋯⋯⋯⋯⋯ 117

第三章 幼苗培育与山林管护契约 ⋯⋯⋯⋯⋯⋯ 119

    第一节 人工营林种子获取、保存和育苗 ⋯⋯⋯ 119

    第二节 人工营林幼苗管护 ⋯⋯⋯⋯⋯⋯⋯⋯⋯ 126

    第三节 民间习惯法、政府法令等对山林的管护 ⋯ 147

    第四节 病虫害预防 ⋯⋯⋯⋯⋯⋯⋯⋯⋯⋯⋯⋯ 163

    第五节 火灾预防 ⋯⋯⋯⋯⋯⋯⋯⋯⋯⋯⋯⋯⋯ 179

    小 结 ⋯⋯⋯⋯⋯⋯⋯⋯⋯⋯⋯⋯⋯⋯⋯⋯⋯ 188

第四章 山林纠纷处理契约文书 ⋯⋯⋯⋯⋯⋯⋯ 189

    第一节 民间纠纷处理 ⋯⋯⋯⋯⋯⋯⋯⋯⋯⋯⋯ 189

    第二节 官府管理 ⋯⋯⋯⋯⋯⋯⋯⋯⋯⋯⋯⋯⋯ 221

    第三节 民俗管理 ⋯⋯⋯⋯⋯⋯⋯⋯⋯⋯⋯⋯⋯ 264

    小 结 ⋯⋯⋯⋯⋯⋯⋯⋯⋯⋯⋯⋯⋯⋯⋯⋯⋯ 275

第五章　青山买卖契约文书 ·························· 277

　第一节　幼林买卖契约 ·························· 277

　第二节　成熟林买卖契约 ·························· 309

　第三节　发兜木买卖契约 ·························· 318

　小　结 ·························· 324

第六章　回顾与展望 ·························· 325

参考文献 ·························· 341

后　记 ·························· 350

第一章
绪　论

　　"森林是人类文明的摇篮，也是人类社会健康发展的保障。森林作为陆地生态系统的主体，具有巨大的生态效益、社会效益和经济效益。历史实践证明，一个国家只有保持充足的森林资源和拥有良好的生态环境，才能实现经济社会的可持续发展。因此，研究和了解人类历史时期的森林生态史，反思人类的行为及其后果，是建设我们世代繁衍生息的美好家园的重要一环。"[①] 我国一直是一个林业大国，森林生态系统分布广阔，诸多典籍中都记载了我国森林的发展情况。然随着人口的增加，城市化进程的加快，人类对木材、林副产品的需求也随之增加，"人工营林"得到了规模化的发展，而"人工营林"的发展也留下诸多文献记载。值得一提的是，贵州省黔东南清水江流域苗侗地区原为"丛林密茂，古木阴稠，日月穿不透"的深山箐野之地[②]。自明以来，随着"皇木"采办规模扩大，极大促进了"人工营林"的发展，至今仍留存有大批明代以来"人工营林"契约文书。文书内容涉及山林权属转让、山林管护、山林纠纷处理、青山买卖等诸多方面，是目前我国发现保存最为完整的林业契约文书系统，曾对维护该流域"人工营林"的持续稳定发挥了积极作用。对这些文书展开研究，对于今天贵州民族山区的生态文明建设、山地经济发展与民族地区林业文化遗产的传承、保护和申报有着重要的历史借鉴价值。要发掘此类契约文书的历史价值，首先就得对当前有关清水江流域林业契约文书的搜集、整理和研究情形

[①] 樊宝敏、李智勇：《中国森林生态史引论·前言》，科学出版社 2008 年版。
[②] 杨有庚：《〈姜氏家谱〉反映的明清时期文斗苗族地区经济文化状况》，载贵州省民族事务委员会编：《贵州"六山六水"民族调查资料选编（苗族卷）》，贵州民族出版社 2008 年版，第 192 页。

做详细梳理，然后才能具体深入地进行"人工营林"培育、管护、买卖诸问题的探讨，为深化这一研究题域，本章从清水江流域契约发展、林业契约文书的搜集、整理概略，以及近代学人对林业契约文书的研究情况等方面加以说明之。

一、清水江流域契约发展及林业契约文书的搜集、整理概略

契约文书是历史变迁的生动载体，史料价值弥足珍贵。我国契约文书历史悠久，具有类型丰富，数量多、分布广等特点，如按民族群体文字书写类型进行划分，大致可分为以汉字为主体的契约，以及各少数民族在族际互动过程中所形成的原生契约[1]。此类原生契约在清水江流域以及邻近地区的典籍文献中早有记载，一直延续到民国时期。如宋代朱辅著《溪蛮丛笑》"木契"项载："刻木为符。契长短大小不等，冗其傍，多至十数，各志其事。持以出验。"[2]明代沈瓒著《五溪蛮图志》"合木契"条载："财物借贷，寄托以竹木，刻记于其上，分中剖之，各收其半。如符节然。彼此取与，无违期约。一有遗亡，则艰于取与也。"接着又言，"合木契，昔诚有之。然亦为其于未受教化以前之制度也。今则其于财物之借贷，与业产之买卖典押，亦皆系用契约字据之如民家也"等[3]。"五溪"，即唐宋以降，对今沅江流域的称谓。"五溪蛮"，即生息在沅江流域的诸民族群体。该区域唐宋以前，曾有"武陵蛮地""盘瓠蛮地"等叫法，范围涉及今贵州东部、湖南西部诸地，而作为沅江上游的清水江流域当然包括在内。到了清代，乾隆《黔南识略》卷二十三《永从县》载，黔东南地区"苗田向无弓口亩数，计禾一把上田值一二金，下田值五六钱不等，不立契纸，以木刻为凭，近亦有知用契卖者"[4]。《古州杂记》载："苗人素不识字，无文券，即货买田产，惟锯一木刻，各执其半以为符信。"[5]现存黎平增冲《道光二十九年正月九日府正堂示碑》载："一议别寨接的木刻，不肯齐追捉者，罚

---

① 李红香：《湘黔桂毗连地带历史时期"契"与文书的关联性研究》，《贵州大学学报（社会科学版）》2014 年第 3 期。

② 符太浩：《溪蛮丛笑研究》，贵州民族出版社 2003 年版，第 66 页。

③〔明〕沈瓒撰，〔清〕李涌重编、陈心传补编：《五溪蛮图志》，伍新福校点，岳麓书社 2012 年版，第 77 页。

④〔清〕爱必达：《黔南识略》，台湾成文出版社 1968 年版，第 163 页。

⑤〔清〕林溥：《古州杂记》，载《黔南丛书》第十一辑，贵州人民出版社 2010 年版，第 100 页。

钱五十二千文。"①《黔南职方记略》卷六《下江厅》载,当地苗民"当买田土亦用木刻居多"。民国时期刘介著《苗荒小纪》记载,在今都柳江下游地区,"苗民于诉讼、买卖、集会、交际等各要件,以无文字记载之故,虽感绝大困难,然终不肯为学……故产业典卖契券,亦无文字可凭,甲若以其产业典卖与乙,乃央丙为中人。甲取木以刀砍之成缺,凭丙以授于乙,是即为契。缺之多寡,视典卖价之多寡而殊。如一缺准银十两,乙当买价为百两,则甲须砍十刀是也,汉人称为砍木刻。甲若与乙发生借贷关系,则不砍木刻,而结草为契,即债务者,以草一本准银十两。若借债权者本银十两,则取草十本结之,凭中以授债权者是也,故殷富之家,茅草木棍,充满于其箱箧,是则所谓契券,而珍藏宝贵之物也"②,等等。

从以上材料看,清水江流域及其邻近地区的契约,如以文字符号所载的载体进行划分,大致可以分为木契、草契和纸契等。所谓"木契",指当事人双方取一木,用本民族文字符号刻画双方遵守事宜于上,故言木契。难能可贵的是,这样有涉交易木契的传送,需要"中人"来完成。"草契",系指"不砍木刻,结草为契"者。"纸契",是以纸作为契约载体的称谓。值得注意的是,以上资料需要说明之处有四:其一是从文献记载看,清水江流域及其毗邻地带的苗侗诸民族群体所用的木契,一直被使用到民国时期,反映了这一契约的实用性、有效性。如在当时处在杂居状态下的清水江流域及其毗连地带的各少数民族,本来语言不通,用汉文字书写契约会引起歧义,进而造成纠纷,而刻画符号却可以避免语言上的障碍。此外,这样的契约凭据所使用的原材料随处可得,造价远比当时的纸张低,加之有着易保管、不易毁损等特点,故在保存效果上较纸质契约更佳。其二是这些民间原生契券不仅是交易的凭证,还是处理财产归属纠纷的依据,故"充满其箱箧",为"珍藏宝贵之物也"。这一记载,也足以反映清水江流域的契约文书留存至今的原由。其三是随着族际互动的频繁,

① 石瑞青:《从现存碑刻内容看增冲传统文化的变迁》,贵州省民族事务委员会编:《贵州"六山六水"民族调查资料选编(侗族卷)》,贵州民族出版社 2008 年版,第 317 页。
② 刘介:《苗荒小纪》,商务印书馆民国十七年版,第 23—24 页。

考虑到外界的联系交往与内部使用的便利性，当地各族居民实施规范汉字文书与本民族文书双轨并用的契约体系，即纸契和木契。需要一提的是，在后来的民族学田野调查中发现，像"木契"这样的民族契约，当地侗族居民仍在使用，他们的语言中依然还有"木契"（1im^4）这一语言词汇①。其四是随着中央王朝的发展，法定汉文字使用范围日趋广泛，各少数民族契约凭据才逐渐转换为使用通行汉字书写，刻木为契的习惯，开始慢慢地退出了历史舞台。需要指出的是，因为历史记载有限，此类契约与林业的关系如何，目前还没有查找到确切的文字记载，对此还有待后之贤者努力做出准确回答。可以确定的是，随着田野调查的深入，在清水江流域发现了一些汉字化侗音的文书，这些文书就涉及林业管护的诸多问题②，敬请学界关注。

另外，历史上，居住于清水江流域及其毗连地带的各族居民，在处理纠纷案件过程中，认定某案成立与否时，"皆用筹以记之"，这样的筹"多至一二百筹，少亦二三十筹。每举一筹曰某事云云，其人不服则弃之。又举一筹曰某事云云，其人服则收之"③，等等。资料中的"筹"，从纠纷处理的过程中看，内容涉及判决纠纷案真假、纠纷案件内容以及处理过程等，也是一份典型的非文字书写纠纷的契约文书。这些内容也应该引起我们的注意，因为有明以降，随着林木贸易的扩大，肯定会涉及林木、山场诸事纠纷的处理。

但可以肯定的是，随着"皇木"采办在南方的规模扩大，清水江流域林木贸易规模甚为兴盛。林业生态系统的稳定，清水江流域"人工营林"得以迅速发展，并形成了一系列维护"人工营林"持续稳定的社会规约，这样的社会规约就形式言，必然包括汉字书写的契约文书。因其所书内容以林业为主，故学界将其称为"林业契约文书"，其内容涉及山场买卖、山林租佃、林木管护、林木贸易、山林纠纷处理等诸多方面。这样的契约因其具有划分财产归属、处理纠纷等社会功能，长期以来，各林农家户通过樟箱、烟熏、晒契约等方式，

---

① 梁敏：《侗语简志》，民族出版社 1980 年版，第 5 页。
② 龙耀宏：《"栽岩"及〈栽岩规例〉研究》，《贵州民族学院学报（哲学社会科学版）》2012 年第 3 期。
③ 〔明〕沈庠著、〔明〕赵瓒等编纂：（弘治）《贵州图经新志》卷五，赵平略、邢洋洋、赵念、吴春燕校，《镇远府》之"风俗"，第 59 页。

使得大多数文书存留至今，资料价值弥足珍贵。牛津大学柯大卫教授说："锦屏林业契约非常珍贵，像这样大量、系统地反映一个地方民族、经济、社会发展状况的契约在中国少有，在世界上也不多见，完全有基础申请为世界文化遗产。"北京大学段宝林教授说："林业契约是国宝，要加强保护，要注重调查研究契约的非物质文化内涵。"贵州大学张新民教授说："清水江文书涉及木材贸易活动的内容颇多，足可反映各地商人云集，木材运输繁忙，多民族协商互动的经济文化图景。结合其他文献认真加以分析，完全可以填补诸如徽州文书研究、福建文书研究缺乏西南地区经济文化的内容，考察地域范围不够广泛的空白或缺憾。同时透过木材采运贸易活动的历史性分析，也能反映商业活动对西南地区社会经济文化结构的影响，揭示国家社会整体经济文化变迁的生动地域面相，探寻资源循环、交换、流转的运动方式，了解商贸活动后面的权力背景或人际交往模式，以'小历史'的方式丰富'大历史'的历史叙事学内容，以'大历史'的方式提升'小历史'的历史叙事学意义。"[①]复旦大学朱荫贵教授认为，"清水江文书的发现和整理研究，为今后更长期的历史文明文化研究和从更广泛的角度研究中国社会奠定了坚实基础，能够使中国的社会科学研究在某些领域和课题上具有更加鲜明的中国特色，并大大增强站在世界学术研究前沿的可能性"[②]。正因为如此，学界对清水江林业契约文书的关注自 20 世纪初期就已经开始了，如民国学人萧蔚民、胡敬修[③] 等，他们的研究"已明确提到青山买卖订立契约的详细情况"[④]。由于当时社会动荡，政府和学界难以对此展开规模性的搜集、整理和研究，故多为介绍性质的研究，但不能不说为后之研究者提供了资料搜集的线索。真正大规模开展清水江林业契约文书搜集、整理、调查和研究的工作开始于中华人民共和国成立以后。

清水江文书搜集之初，学界将其称为"锦屏文书"，原因是该流域的文书

① 张新民：《走进清水江文书与清水江文明的世界——再论建构清水江学的题域旨趣与研究发展方向》，《贵州大学学报（社会科学版）》2012 年第 1 期。
② 张新民：《萤火集》，巴蜀书社 2013 年版，第 120 页。
③ 马国君、李红香：《近六十年来清水江林业契约的收集、整理与研究综述》，《贵州大学学报（社会科学版）》2012 年第 4 期。
④ 钱宗武：《清水江文书研究之回顾与前瞻》，《贵州大学学报（社会科学版）》2014 年第 1 期。

搜集地首先是从锦屏县开始的，"1960 年 4 月，锦屏县档案馆刚建立时就开展了征集少数民族档案工作，林业契约文书被圈定在征集范围之内"。1984 年该县档案局，"共征集到清乾隆二十八年至宣统三年的契约原件 280 余份"，"1998—1999 年底，共征集到清代契约原件 2875 份，复制件 34 份"。①"2005 年 1 月至 9 月，档案局又征集到契约原件 1576 份，山林座簿 3 本。"②值得注意的是，除锦屏档案馆外，锦屏县公安局也多林业档案的收藏③。此外，在清水江流域其他县份，以及贵州省内的一些大学也开展了部分林业契约文书的搜集，如"1961 年，贵州大学历史系师生已开始关注清水江流域的研究，并有针对性地开展了当地民族分布和林业状况的调查，搜集了不少碑刻和林业契约资料"。④

如前文言，清水江文书内含了该流域历史时期"各族群众生活、劳作、交往的复杂历史信息，种类繁多，内容丰富，藏量巨大"，史料价值珍贵，在地方政府和学界不断努力下，也引起了贵州省委省政府的高度关注。2006 年贵州省成立了由时任副省长的蒙启良领军的文书抢救保护领导小组，使得文书经历 40 余年的自发搜集后，步入了有领导、有组织、有目标的抢救、保护新时期⑤。黔东南少数民族民间文书的抢救保护工作从锦屏县，迅速发展到台江、剑河、三穗、天柱和黎平等 6 县⑥。清水江流域各县契约文书搜集工作迅速开展，成绩斐然，如"2007 年，锦屏县档案局仅在河口乡加池村姜绍卿一家就征集到 1217 件契约。2009 年，在平略镇平鳌村姜承奎家，征集到 1349 件契约"⑦等。以 2011 年 10 月为界，据统计，当时清水江流域的黎平、天柱、锦屏、剑河、

---

① 吴才茂：《近五十年来清水江文书的发现与研究》，《中国史研究动态》2014 年第 1 期。
② 刘守华：《走进锦屏，走近山林契约——中国精品档案解析之二》，《山西档案》2007 年第 1 期。
③ 贵州省编辑组：《侗族社会历史调查》，贵州民族出版社 1988 年版，第 68—82 页。从该书记载看，当时涉及林业文书的档案号有"锦屏县公安局档案芬特号 2 目录号 2 卷号 1""锦屏县公安局档案芬特号 2 目录号 2 卷号 28""锦屏县公安局档案芬特号 2 目录号 2 卷号 99""锦屏县公安局档案芬特号 2 目录号 2 卷号 166""锦屏县公安局档案前特号 2 目录号 2 卷号 200""锦屏县公安局档案芬特号 2 目录号 2 卷号 321"等。
④ 钱宗武：《清水江文书研究之回顾与前瞻》，《贵州大学学报（社会科学版）》2014 年第 1 期。
⑤ 吴苏民等：《"皇木案"反映"苗杉"经济发展的历史轨迹》，《贵州文史丛刊》2010 年第 4 期。
⑥ 张异莲：《谈"锦屏文书"称谓问题》，《贵州档案》2013 年第 1 期。
⑦ 龙令洌：《锦屏文书：走向世界的杉乡记忆》，中国文化出版社 2016 年版，第 25 页。

三穗、台江六县档案馆，文书入藏总数已高达 103556 件。其中黎平县档案馆藏 24320 件，天柱县档案馆藏 14000 件，剑河县档案馆藏 8000 件，锦屏县档案馆藏 36482 余件，三穗县档案馆藏 19542 件，台江县档案馆藏 1212 件[①]。至 2016 年，"锦屏、黎平、三穗、天柱、剑河和台江各县公藏机构收藏的山林契约、族谱、诉讼词稿、山场清册、账簿、官府文告、书信、宗教科仪书、唱本、誊抄碑文等各类文书 30 万份以上，单就锦屏 212 个村现存契约文书超过 10 万件"[②]。从文书征集地看，锦屏县档案馆征集的林业文书主要是加池、平鳌、文斗、瑶光等地契约最多，小江、魁胆、瑶白等其次，再次是新化、隆里等地。2017 年，笔者带领课题研究组部分成员到锦屏县、三穗县、黎平县等地调研，其中黎平县档案馆馆藏文书量已经达 10 万余件。此外，在黔东南州的凯里、黄平、丹寨等地也发现有不少民间林业契约文书，部分已经征集入藏档案馆[③]。

　　值得一提的是，以上主要为政府层面的清水江林业文书搜集、整理工作情况，民间很早就已开展了清水江林业文书的搜集整理工作，如贵州省民族研究所杨有庚先生在 1960—1990 年的 30 年间，搜集的文书共有 853 件之多。另外还搜集了与之有关的《皇本案稿》《夫役稿》《山场底簿》等[④]，反映清代苗族山林租佃关系的契约文书凡 245 件，"大致可分成三类，第一类是山林租佃契约 35 件；第二类是含租佃关系的山林断卖契 100 件；第三类是苗族地主木商姜述盛购买含租佃关系的山林 110 块的文契 110 件"[⑤]。又如 2004 年 10 月，西南政法大学陈金全教授在文斗做田野调查时，通过复印收集了近 5000 件契约文书，等等[⑥]。据调查，目前各地方院校还有诸多学者在清水江从事研究过程中，搜集的文书有的也达数千件之多，如凯里学院的龙泽江、吴才茂、谢景连等人，他

① 张新民：《天柱文书·第一辑》第 1 册，"序"，江苏人民出版社 2014 年版，第 2 页。
② 陈金全、郭亮：《贵州文斗寨苗族契约法律文书汇编——易遵发、姜启成等家藏诉讼文书》"前言"，人民出版社 2017 年版，第 2 页。
③ 王宗勋：《试论清水江木商文化》，《贵州大学学报（社会科学版）》2018 年第 2 期。
④ [日]唐立里特：《清代贵州苗族的植树技术》，肖克之译，《农业考古》2001 年第 1 期。
⑤ 杨有庚：《清代清水江林区林业租佃关系概述》，《贵州文史丛刊》1990 年第 2 期。
⑥ 梁聪：《清代清水江下游村寨社会的契约规范与秩序——以文斗苗寨契约文书为中心的研究》，人民出版社 2008 年版，第 1 页。

们皆是清水江文书的研究者，也在不断地搜集尚未被档案部门、其他学人发现和利用的清水江文书。据吴才茂教授透露，截至2013年，凯里学院苗侗博物馆"现已收集有清水江文书原件846件，复印件近万余份。另外，凯里学院图书馆通过与清水江流域各县的村民合作，试图建立清水江文书数据库，业已彩色扫描原件数千份"①。徐晓光教授从2007年开始，就带领团队对黔东南小江流域的契约文书进行调查，在剑河县的盘乐村、天柱县的柳寨与锦屏县的翁寨村、坪地村等地，共收集到包括林业契约在内的文书约800件②。贵州省文化宫的高聪等人还在锦屏县敦寨镇九南村、平秋镇圭叶和石引侗寨，通过摄图方式搜集到文书1600余件③等。相信随着清水江林业问题研究的深入，这些私下搜集的文书都将会不断地被整理出版，学界等着这些成果的问世，以积极地推进贵州民族山区生态建设和山地经济的发展，为黔省"守住发展和生态两条底线"战略服务。

同时通过单位合作，共同搜集、整理出版文书的也不少，如中山大学张应强教授与锦屏县档案馆合作④，贵州大学张新民教授与天柱县档案馆合作⑤，贵州省档案馆与黎平、三穗、台江等县档案馆合作，凯里学院与黎平县档案馆合作展开文书搜集、整理和研究等工作，目前合作成绩显著，合作范式为学界接受。又如2018年5月17日，锦屏县人民政府与中山大学历史人类学研究中心签订合作协议，双方将共同编辑和出版大型丛书《锦屏文书》⑥，等等。

概之，目前以上三类搜集、整理清水江文书形式都推动了清水江林业契约文书的搜集、整理工作的开展，尤其是第三类档案搜集整理模式，不但持续有效地推进了清水江文书的搜集整理工作，也整合了不同单位的优势资源，进而还培养了一批研究人员，对展开清水江林业契约文书的研究、学术交流发挥了

---

① 吴才茂：《近五十年来清水江文书的发现与研究》，《中国史研究动态》2014年第1期。
② 徐晓光：《黔东南"小江契约文书"的地域性研究》，《贵州社会科学》2011年第10期。
③ 高聪、谭洪沛：《贵州清水江流域明清土司契约文书·九南篇》"前言"，民族出版社2013年版，第13页。
④ 刘守华、潘祥：《翻开杉木林背后的人间约定》，《中国档案》2006年第4期。
⑤ 张新民：《天柱文书·第一辑》第1册，第1页。
⑥ 龙柳仙、姜佳信：《锦屏县6万份国宝级文物全部公开出版》，《黔东南日报》2018年5月28日第5版。

积极作用,这是一种较好的推动模式,应该引起学界注意,也希望大家提出更好、更完善的建议。

需要注意的是,随着文书搜集、整理工作的顺利开展,清水江林业文书整理出版也以不同形式迅速展开。如1959年黔东南苗族侗族自治州工商联、锦屏县工商联合编《锦屏县木材行业史料》(稿本);1964年,贵州省民族研究所调研组对锦屏县进行了调查,形成的《锦屏半殖民地半封建社会经济调查报告》;杨有赓先生撰写的《锦屏侗族地区社会经济调查》(后定名《侗族社会历史调查》)①,等等。然以上出版的不同类型的图书,并不是以清水江林业契约文书作为主要内容。其后以清水江林业契约文书为主体影印出版的图书不断增多,并且甚为丰富。如以唐立、杨有赓、武内房司等整理出版的《贵州苗族林业契约文书汇编(1736—1950)》(凡3卷),收录有文斗契约文书计800余件,其中第一卷于2001年出版,收录1736至1950年代山林买卖契约283件。第二卷于2002年出版,收录契约574件,其中山林契约90件,村规民约、纠纷调解凡45件,民国契约20件。而第三卷主要是以上诸类文书的研究成果,内容涉及清水江林业的管理、林业种植技术诸多方面。

此后,国内学者整理出版的清水江文书也不断增多,如陈金全等整理出版的《贵州文斗寨苗族契约法律文书汇编——姜元泽家藏契约文书》《贵州文斗寨苗族契约法律文书汇编——姜启贵等家藏契约文书》《贵州文斗寨苗族契约法律文书汇编——易遵发、姜启元家藏契约文书》,张应强、王宗勋等整理出版的《清水江文书》(凡三辑,计33册,搜集文书近20000件),吴大华等整理出版的《林业经营文书》,高聪、谭沛洪等整理出版的《贵州清水江流域明清土司契约文书·亮寨篇》《贵州清水江流域明清土司契约文书·九南篇》,张新民整理出版的《天柱文书·第一辑》(计22册,搜集文书近8000件),王宗勋整理出版的《加池四合院文书考释》(凡4卷,搜集文书近1200余件文书),贵州省档案馆整理出版的《贵州清水江文书·天柱卷》《贵州清水江文书·三穗卷》《贵州清水江文书·岑巩卷》《贵州清水江文书·剑河卷》《贵州清水江

---

① 贵州省编辑组:《侗族社会历史调查》,民族出版社2019年版。

文书·黎平卷》，李斌整理出版的《贵州清水江文书·黎平文书（第一辑）》（计22册，搜集文书8000余件），龙泽江、傅安辉、陈洪波等整理出版的《九寨侗族保甲团练档案》①，政协天柱县第十三届委员会整理出版的《天柱古碑刻考释》②，等等，以上诸学人整理出版的文书，数量大，类型丰富，具体情况见表1-1。

表1-1　目前已整理出版的清水江契约文书概略

出版书名	出版社	出版时间
《贵州文斗寨苗族契约法律文书汇编——姜元泽家藏契约文书》	人民出版社	2008年版
《清水江文书》（凡三辑，计33册）	广西师范大学出版社	2007、2009、2011年版
《林业经营文书》	贵州民族出版社	2012年版
《贵州清水江流域明清土司契约文书·亮寨篇》	民族出版社	2014年版
《贵州清水江流域明清土司契约文书·九南篇》	民族出版社	2014年版
《天柱文书·第一辑》（计22册）	江苏人民出版社	2014年版
《贵州文斗寨苗族契约法律文书汇编——姜启贵等家藏契约文书》	人民出版社	2015年版
《加池四合院文书考释》（凡4卷）	贵州民族出版社	2015年版
《贵州清水江文书·黎平卷（第一辑）》（计5册）	贵州人民出版社	2016年版
《贵州清水江文书·三穗卷（第一辑）》（计5册）	贵州人民出版社	2016年版
《九寨侗族保甲团练档案》	贵州大学出版社	2016年版
《贵州清水江文书·黎平卷（第二辑）》（计5册）	贵州人民出版社	2017年版
《贵州清水江文书·三穗卷（第二辑）》（计5册）	贵州人民出版社	2017年版
《贵州清水江文书·剑河卷（第一辑）》（计5册）	贵州人民出版社	2017年版
《贵州清水江文书·黎平文书（第一辑）》（计22册）	贵州民族出版社	2017年版
《贵州文斗寨苗族契约法律文书汇编——易遵发、姜启元家藏契约文书》	人民出版社	2017年版

值得一提的是，表1-1诸类整理出版的文书来源还甚为有限，如《清水江文书》，搜集地主要是锦屏县平鳌寨、岑梧寨、林星寨、魁胆寨、文斗寨、加池寨等30余个村寨，搜集地主要在河口、隆里等乡镇展开。查锦屏县有212个村（社区、居委会），目前已经展开搜集文书的村寨还不到1/7。《天柱文书·第

---

① 龙泽江、傅安辉、陈洪波：《九寨侗族保甲团练档案》，贵州大学出版社2016年版。
② 政协天柱县第十三届委员会：《天柱县古碑刻考释》，贵州大学出版社2016年版。

一辑》出版搜集的文书主要为天柱县白市镇对江村、地样村、新舟村、大山村；石洞镇摆洞村、冲敏村；江东乡大坪村，渡马乡共和村，蓝田镇地锁村；远口镇远洞村，瓮洞镇黄巡村、岑板村、翁东村、克寨村、大段村；高酿镇优洞村、地良村、上花村、丰保村、春花村、地坝村、木杉村、勒洞村、甘洞村、邦寨村，等等，共10乡镇30余村。另还有凤城镇、邦洞镇、坪地镇、社学乡、注溪乡、地湖乡等没有文书呈现，据调查，以上诸地目前也有诸多文书出现，有的乡民还特意要求课题组成员到他家去拍摄文书，足见文书搜集的数量还甚为有限。《贵州清水江文书·黎平卷（第一辑）》《贵州清水江文书·三穗卷（第一辑）》，共10册；《贵州清水江文书·黎平卷（第二辑）》《贵州清水江文书·三穗卷（第二辑）》《贵州清水江文书·剑河卷（第一辑）》，共15册，以上三县文书主要为贵州省档案馆主编，于2016、2017年由贵州人民出版社出版。黎平县地处云贵高原边缘之斜坡地带，占地面积4444平方公里，辖25个乡镇（街道），403个行政村，21个居民委员会，亦遗存诸多文书。《贵州清水江文书·黎平文书》由李斌主持出版，由黎平县档案馆搜集整理的黎平文书，此辑搜集文书主要地点是罗里乡、孟彦镇、岩洞镇、水口镇、永从镇、大稼乡、坝寨乡、肇兴镇、平寨乡、尚重镇、茅贡乡、双江镇、九潮镇、敖市镇、龙额镇、口江乡、德化乡、洪州镇、顺化乡等地，目前还有地坪、雷动等乡镇未征集到文书，还望下一步的征集工作能有所突破[1]。从上可见，目前出版搜集整理的清水江文书就地域分布范围言还十分有限，文书搜集的种类也存在诸多不足。

此外，《加池四合院文书考释》主要搜集地为锦屏县河口乡加池村，收录文书1200余件，有75%左右是记录和反映林业以及管护林业的[2]。《贵州清水江流域明清土司契约文书·九南篇》系高聪、谭沛洪主编，于2013年在民族出版社出版，收录文书448件，主要收录锦屏敦寨镇九南村龙立财、龙运勤、龙本明、陈宏林4家的文书[3]。《贵州清水江流域明清土司契约文书·亮寨

---

[1] 李斌：《贵州清水江文书·黎平文书》"前言"，贵州民族出版社2017年版，第4—5页。
[2] 王宗勋：《加池四合院文书综述》，《加池四合院文书考释》，贵州民族出版社2015年版，第5—6页。
[3] 高聪、谭洪沛：《贵州清水江流域明清土司契约文书·九南篇》"前言"，第12页。

篇》亦系高聪、谭沛洪主编，于2014年在民族出版社出版，搜集文书计355件，整理出版的主要是锦屏县敦寨镇亮司村龙玉林、色界村平星组龙胜榜、龙池村龙立群3家文书①。

以上诸类均为大型规模出版的清水江文书。除了以上大部影印出版的清水江文书外，涉及清水江林业契约的出版物还有《锦屏林业志》，该书收录有林业契约9件，"附录"有林业契约16件②。《天柱县林业志》"附录"有林业契约30余件③。《黔东南苗族侗族自治州志·林业志》，该书第三章收录有林业契约13件④。《侗族社会历史调查》第二编"林业生产"中收录有林业契约21件，并首次介绍了杨有赓先生收集的文斗上寨260件山林买卖契约和山林租佃契约。谢晖等主持《民间法》⑤第3卷、第4卷编纂工作，两卷共收录有林业契约130余件，其中收录"康熙年间林契3件、卖地卖木林契18件、卖木不卖地林契10件、佃种林契21件、卖栽手林契13件、外批研究31件、卖地林契7件、分银合同10件、当借抵换林契8件、其他类12件。"⑥《贵州苗族古籍总目提要》一书的"铭刻类""文书类"等，共涉及林业契约提要117件⑦。此外《黔东南苗族侗族自治州志·文物志》《黔东南文史资料》等也有收录，敬请读者关注。

值得一提的是，以上文书搜集面还十分有限，就材质言，主要是纸质文书，还有诸多其他材质的文书还没有搜录。如在清水江流域，民间还有数以千计散落在各个村寨的碑刻、摩崖石刻等，此类乡土文献的内容与林业纸质文书两者相互印证，可以完整地反映当时的林业发展历史状况。此类林业资料也引起了学界关注，目前整理出版的有王宗勋、杨秀廷整理的《锦屏林业碑文选辑》，本书中涉及51通林业碑刻，主要有《六禁碑》《平鳌营造风水碑》《平鳌培植

---

① 高聪、谭洪沛：《贵州清水江流域明清土司契约文书·九南篇》"前言"，第11页。
② 锦屏县林业志编纂委员会：《锦屏县林业志》，贵州人民出版社2002年版，第465—469页。
③ 天柱县林业志编纂领导小组：《天柱县林业志》，凯里市第一印刷厂1995年版，第315—320页。
④ 黔东南苗族侗族自治州地方编纂委员会：《黔东南苗族侗族自治州志·林业志》，中国林业出版社1990年版，第47—95页。
⑤ 谢晖、陈金钊：《民间法》第3卷、第4卷，山东人民出版社2004年版。
⑥ 李良品、杜双燕：《近三十年来清水江流域林业问题研究综述》，《贵州民族研究》2008年第3期。
⑦ 李锦平、李天翼：《贵州苗族古籍总目提要》，贵州民族出版社2008年版，第26—66页。

风水林碑》等。姚炽昌校点的《锦屏碑文选辑》记录林业碑刻共 18 通，主要有《九南水口山护林碑》《大同章山禁碑》《彦洞严禁碑》等。安成祥编撰的《石上历史》，其中涉及清水江流域林业碑刻 10 余通，如锦屏县彦洞的《光绪严禁盗砍焚烧践踏木植碑》[①]，麻江县小鸡场的《民国蓄林护山碑》[②]。《天柱古碑刻考释》[③] 也搜集有部分林业碑刻。陈金全、郭亮整理的《贵州文斗寨苗族契约法律文书汇编——易遵发、姜启成等家藏诉讼文书》一书收录的林业碑刻有《本寨后龙界碑》《青山界防火公禁碑》《甘鸟林业管理碑》等 30 余通[④]。此外，在清水江流域新编志书中也多有记录林业碑刻资料，如《天柱县林业志》中收录有《遵古重补》《镇远司董司》《永定章程》《木商会碑记》《锦屏天柱县知事布告》《锦屏天柱木行主家议决维护旧章条件封禁碑》《封禁碑刻》[⑤] 等。从上可见，目前的碑铭整理工作还很不够，需要引起学术界的关注。

　　总体看，清水江流域林业契约文书数量大、内容丰富、种类繁多，具有很强的归户性、连续性等特点，对其展开研究对深入清水江林业问题研究有着积极的意义，对于推进贵州山区经济发展和生态建设有着重要的借鉴价值。但是目前搜集整理的文书来源还十分有限，还有诸多的地方文书有待政府和学界的进一步努力挖掘。有的已经影印出版的文书，是通过筛选的，这样的契约文书整理办法可能会忽略掉很多有用的地方社会信息。此外，这些已经出版的文书多为多重整理，对乡土文献释读还存在诸多不足，有的释读几乎是停留在内地的文化解读基础之上，缺乏对清水江文书的地域性、本土性等的解读，甚至有的新闻报道还停留在 21 世纪初对清水江文书的认识水平，这应该引起政府、学界和新闻界的关注，希望能够有更多紧跟文书研究的现状、又切合清水江流域实际情况的研究成果问世。

---

① 安成祥：《石上历史》，贵州民族出版社 2015 年版，第 44 页。
② 同上，第 166 页。
③ 政协天柱县第十三届委员会：《天柱县古碑刻考释》。
④ 陈金全、郭亮：《贵州文斗寨苗族契约法律文书汇编——易遵发、姜启成等家藏诉讼文书》，第 265—298 页。
⑤ 天柱县林业志编纂领导小组：《天柱县林业志》，第 315—320 页。

二、清水江林业契约文书研究概略

如前文言，清水江林业契约文书是忠实记载了有明以降 500 余年间的人工营林发展的"活化石"，史料价值弥足珍贵，随着它的规模发现，清水江林业契约文书的研究也得到了深入发展。翻阅相关学术研究内容，大致将可以研究方法归纳为民族法学研究、区域经济研究、林业生态本土知识研究以及契约文书的数据库建设研究等几大类型，下即此为序，展开讨论。

（一）民族法学研究

民族习惯法是一种地域性的知识[①]，"它是独立于国家制定法之外，依据某种社会权威和社会组织，具有一定的强制性的行为规范的总和"[②]。大量遗存清水江流域的林业契约文书，从其内容看，其间有涉乡规款约的文字书写，具有了明显民族法的性质[③]，为协调林农社会关系有着重要依据凭证作用，某种程度上为我们提供了破解该流域历史上林业经济法律关系和民族地域社会与法的不可多得的资料。目前从民族法学层面展开清水江林业契约文书研究的学人主要有徐晓光、吴大华、陈金全、罗洪洋、梁聪、程泽时等。专著有徐晓光的《清水江流域林业经济法制的历史回溯》[④]《清水江流域传统林业规则的生态人类学解读》[⑤]《原生的法:黔东南苗族侗族地区的法人类学调查》[⑥]《款约法:黔东南侗族习惯法的历史人类学考察》[⑦]，梁聪的《清代清水江下游村寨社会的契约规范与秩序——以锦屏文斗苗寨契约文书为中心的研究》[⑧]，吴大华的《林业契约文书》，程泽时的《清水江文书之法意初探》[⑨]，高其才、王奎的《锦屏文书与法文

---

① 徐晓光：《原生的法：黔东南苗族侗族地区的法人类学调查》，中国政法大学出版社 2010 年版，第 4 页。
② 高其才：《中国习惯法论》，中国法制出版社 2008 年版，第 3 页。
③ 单洪根：《林业契约与林权改革》，《林业经济》2010 年第 8 期。
④ 徐晓光：《清代清水江流域林业经济法制的历史回溯》，贵州人民出版社 2006 年版。
⑤ 徐晓光：《清水江流域传统林业规则的生态人类学解读》，知识产权出版社 2014 年版。
⑥ 徐晓光：《原生的法：黔东南苗族侗族地区的法人类学调查》，中国政法大学出版社 2010 年版。
⑦ 徐晓光：《款约法：黔东南侗族习惯法的历史人类学考察》，厦门大学出版社 2012 年版。
⑧ 梁聪：《清代清水江下游村寨社会的契约规范与秩序——以锦屏文斗苗寨契约文书为中心的研究》。
⑨ 程泽时：《清水江文书之法意初探》，中国政法大学出版社 2011 年版。

化研究》①，等等。

特别值得一提的是，徐教授在高度评价清水江林业契约价值时指出，清水江林业文书研究以后要特别注意"探讨契约与林业经济、契约与民族地区社会及法律秩序、契约与苗侗传统法律意识，该地与内地林业契约不同的文化背景等，从而深入研究民族地区社会结构与家族结构经济利益调整的深层次问题"。温佐吾教授指出："在文斗及清水江一带的苗乡侗寨，人们从明清时期就开始探索山林的永续经营，不仅积累了山田互补、林粮间作的本土营林知识，也沉淀出以契约为载体的林权制度，明确山林所有、使用、收益、处置等不同层面的权属，有效规范经营行为，调节管理林业市场，维护家庭和村寨的团结稳定，保障大规模人工造林和自然资源的可持续利用。值得深思的是，在没有林权证的时代，为什么当地人就靠'契子'，而且大部分是没有官印的'白契'，顺治入籍前甚至是插岩为界，就能够有效维系如此大规模的营林及生产生活秩序？'白契'在文斗及周边村寨非常受尊重和珍视，其约束力完全不亚于甚至超过现代市场经济中盖了公章的合同。可以说，契约精神正是清水江 500 年林业繁荣的社会基因之一。"② 以上两位教授在研究清水江流域的林业问题的感受为以后清水江林业契约法制研究指明了研究方向，应该引起大家的注意。

论文有罗洪洋的《清代黔东南文斗侗、苗林业契约研究》③《清代黔东南文斗苗族林业契约补论》④《清代黔东南锦屏苗族林业契约的纠纷解决机制》⑤《清代地方政府对黔东南苗区人工林业的规范》⑥《清代黔东南锦屏苗族林业契约之卖契研究》⑦ 等。徐晓光的《锦屏林业契约、文书研究中的几个问题》⑧《清代黔东

① 高其才、王奎：《锦屏文书与法文化研究》，中国政法大学出版社 2017 年版。
② 李丽：《契约精神：五百年林业繁荣的"社会基因"》，《贵州日报》2010 年 12 月 7 日第 10 版。
③ 罗洪洋：《清代黔东南文斗侗、苗林业契约研究》，《民族研究》2003 年第 3 期。
④ 罗洪洋：《清代黔东南文斗苗族林业契约补论》，《民族研究》2004 年第 2 期。
⑤ 罗洪洋：《清代黔东南锦屏苗族林业契约的纠纷解决机制》，《民族研究》2005 年第 1 期。
⑥ 罗洪洋：《清代地方政府对黔东南苗区人工林业的规范》，《民族研究》2006 年第 1 期。
⑦ 罗洪洋：《清代黔东南锦屏苗族林业契约之卖契研究》，《民族研究》2007 年第 4 期。
⑧ 徐晓光：《锦屏林业契约、文书研究中的几个问题》，《民族研究》2007 年第 6 期。

南锦屏林业开发中国家法与民族习惯法的互动》①《黔东南侗族传统林业生计及其习惯法规范》②《锦屏林区民间纠纷内部解决机制及与国家司法的呼应——解读〈清水江文书〉中清代民国的几类契约》③《黔东南小江流域的林契及相关诉讼问题》④《油茶的家族种植与相关诉讼研究——清水江林业契约文书的侧面解读》⑤。陈金全的《论清代黔东南苗寨的纠纷解决——以文斗苗寨词状为对象的研究》⑥,程泽时的《清代锦屏木材"放洪"纠纷与地役权问题——从加池寨和文斗寨的几份林契谈起》⑦《市场与政府:清水江流域"皇木案"新探》⑧,林芊的《从天柱文书看侗族社会日常纠纷与协调机制》⑨,杨化冰的《清水江文书中有关林地边界的习惯法研究》⑩,杨军昌等的《从证据学视角看清水江文书的功能与价值》⑪、张阳阳的《清代黔东南契约习惯法与国家法的冲突与调适》⑫,等等。其中罗洪洋在其文章中一直坚持认为林业契约的作用发挥"并不在于有国家法的保障,而在于林区苗民形成了一套本地的契约纠纷解决机制,……而苗族习惯

① 徐晓光:《清代黔东南锦屏林业开发中国家法与民族习惯法的互动》,《贵州社会科学》2008 年第 2 期。
② 徐晓光:《黔东南侗族传统林业生计及其习惯法规范》,《原生态民族文化学刊》2010 年第 2 期。
③ 徐晓光:《锦屏林区民间纠纷内部解决机制及与国家司法的呼应——解读〈清水江文书〉中清代民国的几类契约》,《原生态民族文化学刊》2011 年第 1 期。
④ 徐晓光:《黔东南小江流域的林契及相关诉讼问题》,《原生态民族文化学刊》2012 年第 1 期。
⑤ 徐晓光:《油茶的家族种植与相关诉讼研究——清水江林业契约文书的侧面解读》,《原生态民族文化学刊》2014 年第 3 期。
⑥ 陈金全、侯晓娟:《论清代黔东南苗寨的纠纷解决——以文斗苗寨词状为对象的研究》,《湘潭大学学报（哲学社会科学版）》2010 年第 1 期。
⑦ 程泽时:《清代锦屏木材"放洪"纠纷与地役权问题——从加池寨和文斗寨的几份林契谈起》,《原生态民族文化学刊》2010 年第 4 期。
⑧ 程泽时:《市场与政府:清水江流域"皇木案"新探》,《贵州大学学报（社会科学版）》2016 年第 1 期。
⑨ 林芊:《从天柱文书看侗族社会日常纠纷与协调机制》,《贵州大学学报（社会科学版）》2014 年第 1 期。
⑩ 杨化冰:《清水江文书中有关林地边界的习惯法研究》,《贵州大学学报（社会科学版）》2015 年第 5 期。
⑪ 杨军昌、戴泽军、丁正屏:《从证据学视角看清水江文书的功能与价值》,《贵州大学学报（社会科学版）》2016 年第 4 期。
⑫ 张阳阳:《清代黔东南契约习惯法与国家法的冲突与调适》,《原生态民族文化学刊》2017 年第 3 期。

法则是契约效力的后盾"①。罗文将契约与地方习惯法的关联性进行了分析,为 90% 以上"白契"存在解开了谜团。值得注意的是,白契后面的习惯法也是自清朝以来,朝廷承认的"苗例",因而清水江林业契约实际上是受到民间习惯法与政府法的双重保护,故在清水江诸多林业契约文书都写有:"鸣官究治""送官究治""禀官究治""执官究治"等字样,"官"就是指官府。有的林业纠纷的发生最后还得通过地方政府进行裁决,此必须引起学界的关注,进而深化"白契"与国家法的关联性研究,因此在重习惯法研究的过程中,不能忽视国家政府的在场,也只有这样才能深化"白契"与政府法的相关研究。

值得一提的是,森林火灾对人工营林影响甚大,一旦管护不当,数年的努力将付之一炬。学界也关注到了这一点,如《清代清水江流域的火灾及其社会应对》②就提及民间习惯法对森林火灾的防范有严厉的规定,轻者要赔偿损失,对于放火却没有导致火灾者也要处以罚金,严重者"按囊昔专制时代,人命无权自由,必捉'火殃头'全家大小丢入火墀烧死"③。此外涉及这一题域的研究有《黔东南苗族侗族自治州·林业志》的第六章《森林保护》的第一节《森林火灾与防护》④ 中的《雷山县志》之《林业篇·火灾防范》⑤ 等。

需要注意的是,言及习惯法,还得关注民俗与林业生产管理的关系,如神判等。夏之乾认为,"神判是一种企图以超自然力量来鉴别和判定人间是非真伪的习惯法,它是一种最高和最后的判决手段,当事者必须无条件接受。通常是以一种极端残酷、危险乃至致死的方式加之于当事者身上,凡能经受住这种严厉考验者,以为其有神保护,表明其清白无辜;反之被认为是遭到神的惩罚,而被判定为过"⑥。梁凤荣认为,"神明裁判又称神判法,是初民社会常用的一种司法审判方式,即基于人们对神的敬畏和信仰,借助神的权威判断是非曲直的

---

① 罗洪祥:《清代黔东南锦屏苗族林业契约的纠纷解决机制》,《民族研究》2005 年第 1 期。
② 代少强、魏冬冬:《清代清水江流域的火灾及其社会应对》,《广西科技师范学院学报》2016 年第 5 期。
③ 张应强、王宗勋:《清水江文书(第一辑)》第 11 册,广西师范大学出版社 2007 年版,第 212 页。
④ 黔东南苗族侗族自治州地方编纂委员会:《黔东南苗族侗族自治州志·林业志》,第 150—155 页。
⑤ 贵州省雷山县志编纂委员会:《雷山县志》,贵州人民出版社 1992 年版,第 447—449 页。
⑥ 夏之乾:《神判》,生活·读书·新知三联书店 1990 年版,第 2 页。

一种审判方式"①。从此看,清水江流域通过"鸣神"断事也可讲是民族法学研究的重要内容,对此展开研究的学者有潘志成、梁聪等的《清代贵州文斗苗族社会中林业纠纷的处理》②,王宗勋的《浅谈锦屏文书在促进林业经济发展和生态文明建设中的作用》等。王宗勋认为在清水江中下游,有三种情况人们往往要请神仲裁,即"一是村寨的长老和领袖调解无效,申诉双方仍坚持自己的诉求,但在'无讼'的观念影响下双方都不愿向官府申诉要求解决;二是经村寨长老和领袖调解、官府判决之后仍无效,双方仍继续坚持自己的诉求;三是双方均坚持自己的诉求,但既不想通过长老、更不想惊动官府。在这三种情况下,人们便请神了断,俗称鸣神。双方约定时间,持争执山林的契约文书和鸡或狗一只到庙里,当着神面诵念山林契约文书内容,提出诉求,指出对方有错误,发毒誓,而后将鸡或狗宰杀,请神决断。鸣神之后,在契约和神祇威力重压之下,理亏的一方一般都会以适当的方式向另一方道歉认输"③。王宗勋先生是喝清水江的水长大的,是土生土长的清水江人,他对鸣神习俗的理解深化了我们对清水江流域民间林业纠纷处理在地域特征研究的重要性。目前涉及这一研究的论述有《清代清水江下游村寨社会的契约规范与秩序——以文斗苗寨契约文书为中心的研究》第四章《文斗契约文书的特征及其作用机制》④,《民间文书与清水江地区的社会变迁》第四章《从理讲、鸣神到鸣官:纠纷解决机制的多元化》⑤等。论文有《鸣神与鸣官:清代清水江流域民间纠纷多元解决机制试探》⑥等。

特别值得一提的是,以上诸类研究皆为学界对汉字林业契约文书有涉民间法的研究,此外,在清水江流域的部分地区的汉字侗语文书也引起了学界关注,如龙耀宏所著的《"栽岩"及〈栽岩规例〉研究》一文中指出,随着汉字的传入,

---

① 梁凤荣:《〈尚书·吕刑〉司法理念与制度管窥》,《河北法学》2011 年第 10 期。
② 潘志成、梁聪:《清代贵州文斗苗族社会中林业纠纷的处理》,《贵州民族研究》2009 年第 5 期。
③ 王宗勋:《浅谈锦屏文书在促进林业经济发展和生态文明建设中的作用》,《贵州大学学报(社会科学版)》2012 年第 5 期。
④ 梁聪:《清代清水江下游村寨社会的契约规范与秩序——以文斗苗寨契约文书为中心的研究》,第 158—167 页。
⑤ 吴才茂:《民间文书与清水江地区的社会变迁》,民族出版社 2016 年版,第 67—87 页。
⑥ 张光红:《鸣神与鸣官:清代清水江流域民间纠纷多元解决机制试探》,《贵州大学学报(社会科学版)》2017 年第 2 期。

当地的各族居民为了兼顾本民族与外界联系的实际，对其林业契约文书的相关内容直接用汉字记侗语的方式书写。有的地区还采取口契与埋碑相结合的方式，这样的契约形式，对山场林木稳定生产也发挥了习惯法管护的积极作用，对此展开研究的学者主要有杨庭硕、罗康隆、崔海洋[①]等，论文有罗康隆等著《"栽岩"的神圣性与社区"资源边界"的稳定——来自黄岗侗族村落的田野调查》[②]、杨庭硕等著《论习惯法对稳定林地边界的价值——以加池寨现存林契文书为研究对象》等。杨文通过清水江苗侗林地几类边界设置方式——栽岩、埋碑、挖地坎等研究，认为"在明清时期国家政策无法触及的黔东南苗族、侗族人工杉木栽种繁盛的偏远山区，在历史上其经营却得到了长足发展。在林地中为了确保生产者的权宜归属明确，对宜林地边界严加管理，务使明晰可辨，当地习惯法为其提供了主要的制度保障。然而习惯法没有明确的文字记载，而且随着时间的流逝，人们的记忆变得模糊不清，逐步被世人淡忘。但流传至今的契约文书却能为习惯法的价值和意义提供客观的物证"，如文书一般书写有"现凭栽岩为界""左凭沟"等[③]。故加深清水江林业契约文书书写内涵的研究，对于深入探讨习惯法在民间的作用有着积极意义，应该引起学界关注。

需要注意的是，这样的习惯法执行，与当地的款组织、团组织、地方官府亦有着密切的联系，如《光绪三十二年十二月二十日罗耀坤、罗承烈父子盗偷杉木界约》载："立盗偷杉木戒约字人岑孔村罗耀坤、罗承烈父子二人，为因石引寨刘开厚与罗成元各伙所在魁穴溪口坎有杉木一百余株，为我父子人心不古，所在十一月十九日被民父子偷去杉木五根，后被罗成元查出，连赃拿获，当即禀报众团人等，本要将民父治众。后蒙团等劝解，公罚拾有，此木依然退与刘罗二人，父子与众款赔礼了局无事拾有，民父子自愿悔错，立有戒约付与伊二人手存，以后永远不得重犯等情。倘如以后二人不论家中、半途、至伊二

---

① 崔海洋：《人与稻田——贵州黎平黄岗侗族传统生计研究》，云南人民出版社 2009 年版，第 390—391 页。

② 罗康隆、彭书佳：《"栽岩"的神圣性与社区"资源边界"的稳定——来自黄岗侗族村落的田野调查》，《中央民族大学学报（哲学社会科学版）》2015 年第 3 期。

③ 杨庭硕、李亚：《论习惯法对稳定林地边界的价值——以加池寨现存林契文书为研究对象》，王宗勋主编：《锦屏文书研究论文选集》，世界图书出版公司 2015 年版，第 343—353 页。

人山中老木子木、家中猪牛被掳被盗，查出是民父子勾串家中盗偷，山中盗砍，恳从众团地方治众，或者仰众团送官究办，二罪归一可也。日后不得异言，倘有异言，我父子自愿凭有地方乡团立有永远盗偷戒约，付与伊二存照提实为据。"[1] 其中"父子与众款赔礼了局无事拾有"句，就体现了在该件林木偷盗纠纷案件中款组织的力量。故从此件契约可见，关于地方林木纠纷的处理涉及了地方习惯法、款组织，以及官府等，故敬请大家在研究清水江林业契约文书内容时，增加对这一问题的关注，在研究习惯法进程中应当注意地方组织、官府的力量，只有这样才有可能系统全面地理解清水江林业契约文书的内涵。

总体言，目前从民族法学展开清水江林业契约文书研究的学术队伍庞大，研究硕果累累，其中涉及这一问题研究的专著及清水江契约法律文书汇编就有20余部之多，论文近百篇，这已经成为了清水江林业契约文书研究中一道独特的风景线。相信在以后还会有更多的研究成果出现，我们期待着这样的大作。

（二）区域经济研究

清水江流域为沅江干流上游区域，流域面积 1.7157 万平方公里[2]，涉麻江、凯里、丹寨、黄平、施秉、镇远、三穗、黎平、雷山、剑河、台江等县市，流域内气候温暖湿润，雨量调匀，适宜林木速生丰产，为我国南方重要的人工营林基地。历史上这一地区林业经济甚为发达，成了当时贵州山地经济发展的典范。《黔南识略》卷一《总叙》载，"黎平之民富于木，遵义之民富于蚕。""黎平"，即清朝的黎平府，辖境涉及今锦屏、黎平、从江、榕江诸县。"木"，即人工营林。从资料可见，当时清水江流域人工营林林业经济的发达。《百苗图》载，生息在清水江沿岸的清江苗、黑仲家等"以种树为业,其寨多富"[3]。（光绪）《黎平府志》卷三《食货志》载，"黎郡产杉木，遍行湖广及三江等省"，"杉木岁售百万斤，在数十年前，每岁可卖二三百万金，今虽盗伐者多，亦可卖百余万"。《黔语》卷下《黎平木》载："黔诸郡之富最黎平，实唯杉之利。"据研究，

---

① 龙泽江、傅安辉、陈洪波：《九寨侗族保甲团练档案》，第157页。
② 柴兴仪：《中华人民共和国地名词典·贵州省》，商务印书馆1994年版，第439页。
③ 李汉林：《百苗图校释》，贵州民族出版社2001年版，第171页。

即使到了清代晚期，地方政府每年"从清水江上征收的木材贸易税折合人民币为 1.6 亿元，其木材贸易总量如折合人民币为 20—30 亿元"①。锦屏一县木业，有清一代每年营业总值最盛时"曾达二百万元，最低亦约七八十万元，平均每年均在百二十万元之谱"。民国时期，《新修支那省别全志（贵州省）》载："贵州出产的木材，出自省内第一产地清水江的上游地区以麻江县属的下司，下游地区以锦屏及天柱为集散地。""锦屏位于贵州省东端，紧邻湖南省境，坐落于清水江两岸，是贵州省第一木材集散地。在此聚集的木材呼为'广木'。由清水江水运，经常德，供给汉口及扬子江沿岸一带。历来集散额约达三十万株，三百万元至六百万元。支那事变勃发后，由于消费地域的闭锁，其供给量顿减，年约四万至五万株，成交额仅约百数十万元。但锦屏作为贵州第一木材市场的地位依然未变。"进而又言，运送至锦屏的木材，以杉木为主，"锦屏县治附近出产年约四至五万株。小江出产大木二千至三千株、小木五万至六万株。亮江大木约一万株、小木约达三万至四万株。瑶光河所产木材材质系清水江流域最佳者，大小木约五万至六万株。高哨河大木约一万株。巴拉河大木约一万株。马尾河大木约一万株。"②民国学人陈心传补编《五溪蛮图志》亦言，"盖木材之行销于武汉下游者，自有东湖、西湖两种"，"西湖木则产自沅水上源，经黔东剑河、锦屏、天柱、三穗等县，集于洪江，沿沅水经洞庭湖西，以运汉者是也。以出自苗疆，又曰'苗木'。其质料通长坚实，不易朽烂，在木材中最为上色，故销售也最大。""据湖北鹦鹉洲竹木厘局货税比较，平均年收厘税四百余万元，税率为值百抽十，则物之估价四千余万元。其中东湖木与竹两项，约各占十分之二。西湖木之货价，估值应占十分之六，约为二千四百余万元。以五成山价计之，亦应为一千二百余万元"③，等等。从上可见，有清以降，清水江流域人工营林之发达。

值得一提的是，历史时期遗留下来的清水江流域诸多林业契约文书充分反

① 吴中伦：《杉木》，中国林业出版社 1984 年版，第 1 页。
② ［日］支那省别全志刊行会：《新修支那省别全志（贵州省）》，杨德芳译：《民国贵州文献大系》第五辑，贵州人民出版社 2016 年版，第 86—87 页。
③ 〔明〕沈瓒编撰，〔清〕李涌重编，陈心传补编：《五溪蛮图志》，伍新福校点，第 259 页。

映了这一结论，故引起了学界的高度关注。从林业契约文书展开其区域经济研究亦引起了学界高度关注，著名学者有单洪根、罗康隆、张应强、万红等。专著有张应强的《木材之流动：清代清水江下游地区市场、权力与社会》[①]，罗康隆的《清水江流域人工营林业研究》[②]，沈文嘉的《清水江流域林业经济与社会变迁研究（1644—1911）》[③]，单洪根的《锦屏文书与清水江林业史话》[④]《锦屏文书与清水江木商文化》[⑤]《木材时代：清水江林业史话》[⑥]，王宗勋的《清水江木商古镇：茅坪》[⑦]，等等，以上诸书都对清水江流域山场买卖、山林租佃、林木贸易等做了深入研究，是探讨该区人工营林林业经济重要的参考书。目前涉及这一研究的专著还有《相际经营原理：跨民族经济活动的理论与实践》[⑧]《人类的根基：生态人类学视野下的水土资源》[⑨]《美丽生存——贵州》[⑩]《清代至民国云贵高原的人类活动与生态环境变迁》[⑪]《寻拾遗落的记忆：锦屏文书征集手记》[⑫]《民间文书与清水江地区的社会变迁》[⑬]《文化生态视阈下的黔东南侗族》[⑭]《黔东南苗族历史文化研究》[⑮]《黔湘桂侗族非物质文化遗产跨区域保护和传承研究》[⑯]《清代清水江流域社会变迁研究》[⑰]等。

---

① 张应强：《木材之流动：清代清水江下游地区市场、权力与社会》，生活·读书·新知三联书店2006年版。
② 罗康隆：《清水江流域人工营林业研究》，云南大学博士学位论文，2003年。
③ 沈文嘉：《清水江流域林业经济与社会变迁研究（1644—1911）》，北京林业大学博士学位论文，2006年。
④ 单洪根：《锦屏文书与清水江林业史话》，中国政法大学出版社2017年版。
⑤ 单洪根：《锦屏文书与清水江木商文化》，中国政法大学出版社2017年版。
⑥ 单洪根：《木材时代：清水江林业史话》，中国林业出版社2008年版。
⑦ 王宗勋：《清水江木商古镇：茅坪》，贵州民族出版社2017年版。
⑧ 杨庭硕：《相际经营原理：跨民族经济活动的理论与实践》，贵州民族出版社1995年版。
⑨ 杨庭硕、吕永锋：《人类的根基：生态人类学视野中的水土资源》，云南大学出版社2004年版。
⑩ 杨庭硕、罗康隆：《美丽生存——贵州》，贵州人民出版社2012年版。
⑪ 马国君：《清代至民国云贵高原的人类活动与环境变迁》，贵州大学出版社2012年版。
⑫ 王宗勋：《寻拾遗落的记忆：锦屏文书征集手记》，世界图书出版广东有限公司2015年版。
⑬ 吴才茂：《民间文书与清水江地区的社会变迁》，民族出版社2016年版。
⑭ 罗康智、谢景连：《文化生态视阈下的黔东南侗族》，民族出版社2016年版。
⑮ 罗义群：《黔东南苗族历史文化研究》，民族出版社2016年版。
⑯ 曾梦宇、胡艳丽：《黔湘桂侗族非物质文化遗产跨区域保护和传承研究》，民族出版社2016年版。
⑰ 李斌：《清代清水江流域社会变迁研究》，贵州民族出版社2016年版。

　　论文有万红《试论清水江木材集市的历史变迁》[①]、沈文嘉《清代清水江流域林业经济与社会发展论要》[②]、凌永忠《雍正年间"开辟苗疆"对商业经济的影响》[③] 等。万文认为，"这些契约主要是乾隆、嘉庆、道光、咸丰乃至同治年间的山林买卖契约和租佃契约，是极为珍贵的少数民族文献资料，特别是山林租佃契约，是研究山林生产关系的独一无二的历史资料。从这些契约中可以看到当地山林的占有、买卖、租佃关系以及木材的生产、贸易的历史"。凌文认为，随着苗疆的开辟，"目前学界在清水江侗族、苗族地区收集到大量的买卖山林的契约文书，从这些契约可以看到木材已经高度商品化。绝大多数契约集中出现在乾隆以后，是因为'开辟苗疆'后，清水江木材贸易声势浩大，木材市场繁荣，为山林买卖提供了一种现实基础"。[④] 此外涉及这一问题研究的还有《清水江文书与清水江流域社会变迁刍论》[⑤]《锦屏文书：穿越五百年的木商文化遗产》[⑥]《明清至民国时期清水江流域林业开发及对当地侗族、苗族社会的影响》[⑦]《清代西南商业发展与乡村社会——以清水江下游三门塘寨的研究为中心》[⑧]《侗族传统人工营林业的社会组织运行分析》[⑨]《侗族传统家族制度与清代人工营林业发展的契合》[⑩]《清代贵州清水江流域林业契约与人工营林业的发展》[⑪]《清代清水江流域林业经济与社会发展论要》[⑫]《财产所有权保障与清代锦屏人工林

① 万红：《试论清水江木材集市的历史变迁》，《古今农业》2005 年第 2 期。
② 沈文嘉：《清代清水江流域林业经济与社会发展论要》，《古今农业》2005 年第 2 期。
③ 凌永忠：《雍正年间"开辟苗疆"对商业经济的影响》，《贵州文史丛刊》2008 年第 3 期。
④ 同上。
⑤ 吴述松：《清水江文书与清水江流域社会变迁刍论》，《贵州大学学报（社会科学版）》2012 年第 2 期。
⑥ 龙令冽：《锦屏文书：穿越五百年的木商文化遗产》，《贵州政协报》2010 年 5 月 12 日第 3 版。
⑦ 石开忠：《明清至民国时期清水江流域林业开发对当地侗族、苗族社会的影响》，《民族研究》1996 年第 4 期。
⑧ 张应强：《清代西南商业发展与乡村社会——以清水江下游三门塘寨的研究为中心》，《中国社会经济史研究》2004 年第 1 期。
⑨ 罗康隆：《侗族传统人工营林业的社会组织运行分析》，《贵州民族研究》2004 年第 3 期。
⑩ 罗康隆、杨成：《侗族传统家族制度与清代人工营林业发展的契合》，《广西民族研究》2009 年第 3 期。
⑪ 罗康隆：《清代贵州清水江流域林业契约与人工营林业的发展》，《中国社会经济史研究》2010 年第 3 期。
⑫ 沈文嘉：《清代清水江流域林业经济与社会发展论要》，《古今农业》2005 年第 2 期。

业经济繁荣》①《从锦屏县平鳌寨文书看清代清水江流域的林业经营》②《清水江林业契约的制度经济学分析》③《试论清水江木商文化》④ 等。

林业碑刻也是清水江林业文书重要构成部分，深入研究可以弥补纸质文书记载内容之不足，为了稳定林木生产的正常进行，规避林业纠纷，此也是推进林业经济大发展的重要内容。如《从"清浪碑"刻看清代清水江木业"争江案"》⑤《从卦治〈奕世永遵〉石刻看清代中后期的清水江木材贸易》《从有关碑文资料看清代贵州的林业管理》⑥ 等。需要注意的是，清水江流域林业经济的发展是一个不争的历史事实，但由于文献资料庞杂，故如要展开其研究，还需要学界的进一步努力深入，总体而言，清水江流域林业经济相对民族法学研究言，显得明显不足。

（三）林业技术研究

如果说前文所言的民间习惯法、政府法令、经济刺激是推进清水江流域人工营林的制度保障和经济保障，那么林业技术就是推进林业生产的技术保障，为清水江流域人工营林的发展提供了智力支持，问题引起了生态人类学、林业科技史、林学诸学科专家的高度关注。值得一提的是，清水江流域属低海拔地区，历史上为原始常绿落叶阔叶林分布带，这一地区气候湿冷，不适合以杉木为优势树种"人工营林"的生长，但为了改变这一现状，当地各族居民进行了一系列的技术改造，如"开坎砌田，挖山栽杉""林粮间种""栽杉种粟""混林种植"等，这些技术引起了多位学者的关注，如杨庭硕、沈文嘉、罗康隆、吴声

---

① 赵大华、罗洪洋：《财产所有权保障与清代锦屏人工林业经济繁荣》,《贵州警官职业学院学报》2005 年第 5 期。
② ［日］相原佳之：《从锦屏县平鳌寨文书看清代清水江流域的林业经营》,《原生态民族文化学刊》2010 年第 1 期。
③ 郭蓓：《清水江林业契约的制度经济学分析》,《中共贵州省委党校学报》2011 年第 6 期。
④ 王宗勋：《试论清水江木商文化》,《贵州大学学报（社会科学版）》2018 年第 2 期。
⑤ 王会湘：《从"清浪碑"刻看清代清水江木业"争江案"》,《贵州文史丛刊》2008 年第 4 期。
⑥ 张应强：《从卦治〈弈世永遵〉后刻看清代中后期的清水江木材贸易》,《中国社会经济史研究》2020 第 3 期。吴大旬、王红信：《从有关碑文资料看清代贵州的林业管理》,《贵州民族研究》2008 年第 5 期。

军、马国君等。论文有杨庭硕的《清水江流域杉木育林技术探微》[①]，沈文嘉的《清水江流域林业经济与社会变迁研究（1644—1919）》《清代清水江流域侗、苗族杉木造林方法初探》，吴声军的《清水江林业契约之文化剖析》[②]《从文斗林业契约看林业经营的长周期性——〈清水江文书〉实证研究系列之一》《从文斗林业契约看人工营林的封闭性——〈清水江文书〉实证研究系列之二》《从文斗林业契约看人工营林的连片性——〈清水江文书〉实证研究系列之三》等，马国君等的《清水江流域林区时空分布及树种结构变迁研究》[③]《清水江流域人工营林育苗法类型及其影响研究》[④]，罗康隆的《民族文化在保护珍稀物种中的应用价值》[⑤]，等等。杨文认为，"清水江流域，特别是低海拔区段，在不甚遥远的历史时代，并无连片的杉木林，而是呈现为以常绿阔叶树为主的亚热带季风丛林。再考虑到杉木自身的生物属性，更适合于高海拔疏松肥沃土壤的种植，足见杉木种植范围的下移，理应与当地各民族的杉木育林技术密切相关"。沈文认为清水江流域苗侗民族"借鉴汉民族杉木造林方法，并结合本民族固有的农耕传统，创造性地形成了一整套从播种、育苗、栽种到管理的颇具特色、行之有效的杉木造林方法。侗族、苗族的这种传统造林方法保证了山林资源的永久可持续利用，并与以林契为代表的契约制度共同揭示了清水江流域林业生生不

---

① 杨庭硕、杨曾辉：《清水江流域杉木育林技术探微》，《原生态民族文化学刊》2013年第4期。
② 沈文嘉：《清水江流域林业经济与社会变迁研究（1644—1919）》，北京林业大学博士论文，2006年；沈文嘉、董源、印嘉祐：《清代清水江流域侗、苗族杉木造林方法初探》，《北京林业大学学报（社会科学版）》2004年第4期；吴声军：《清水江林业契约之文化剖析》，《原生态民族文化学刊》2010年第3期。
③ 吴声军：《从文斗林业契约看营林经营的长周期性——〈清水江文书〉实证研究系列之一》，《原生态民族文学系列》2014年第1期；吴声军：《从文斗林业契约看人工营林的封闭性——〈清水江文书〉实证研究系列之二》，《贵州大学学报（社会科学版）》2014年第4期；吴声军、叶景春：《从文斗林业契约看人工营林的连片性——〈清水江文书〉实证研究系列之三》，《贵州大学学报（社会科学版）》2015年第1期；马国君、罗康智：《清水江流域林区时空分布及树种结构变迁研究》，《原生态民族文化学刊》2013年第3期。
④ 马国君、肖秀娟、张坤美：《清水江流域人工营林育苗法类型及其影响研究》，《贵州大学学报（社会科学版）》2018年第2期。
⑤ 罗康隆、吴声军：《民族文化在保护珍稀物种中的应用价值》，《广西民族大学学报（哲学社会科学版）》2013年第4期。

息、长久不衰的奥秘"①。吴文认为林业是一个具有长周期、封闭性、连片性的行业，此类性质在清水江林业历史文化中都有表现，深化其研究对于探讨清水江林业本土知识内涵有着积极意义。马文通过清水江林业乡土文献与官方记载的文献综合比对，认为清水江流域人工营林的发展除了各族居民对当地环境有深入了解外，关键是掌握了一整套人工育林、山林管护等的本土知识，这样的知识对维护人工营林的稳定发挥了积极作用。如人工育林方面，他认为清水江流域各族居民在育苗中就掌握了实生苗法、树兜发芽法、刀耕火种法、树皮发芽法、扦插法等，这样的育苗类型多层次地为人工营林的稳定提供了幼苗来源，以上诸育苗方法目前学界对此还关注不够，应该引起学界的关注。罗文对贵州雷公山自然保护区格头村苗族居民在适应所处生态环境的过程中，积累的丰富的本土生态知识进行了研究。如在珍稀物种秃杉的保护进程中拥有一整套成熟的技术，使秃杉能在半驯化的环境下成活繁衍，并稳定扩大其群落规模②。他的这一研究，对于今天我国珍稀秃杉的保护有着积极意义和现实价值，应该引起我国林业部门、各保护区同仁的关注。

尹绍亭先生在《雨林啊胶林：西双版纳橡胶种植与文化和环境相互关系的生态史研究》一书中言："大自然不喜欢整齐划一，不喜欢单调独生，而喜欢混杂、参差、多样。她造化的乃是万物汇聚，万象众生。"③尹先生深刻而富有哲理的话语对于本研究有着重要的指导价值。清水江流域的人工营林生产是"混农林生产"，这样的林业经济对于病虫害的预防有着积极功效，也造就了清水江流域人工营林的辉煌。彭泽元、覃东平在其《锦屏县集体林区林业产权制度改革实验调查报告》一文中言："从（锦屏）林业生产来说，单一的树种不利

① 沈文嘉、董源等：《清代清水江流域侗、苗族杉木造林方法初探》，《北京林业大学学报（社会科学版）》2004 年第 4 期。
② 罗康隆、吴声军：《民族文化在保护珍稀物种中的应用价值》，《广西民族大学学报（哲学社会科学版）》2013 年第 4 期。
③ 尹绍亭、[日]深尾叶子：《雨林啊胶林：西双版纳橡胶种植与文化和环境相互关系的生态史研究》，云南教育出版社 2003 年版，第 1 页。

于病虫害的防治，混交林更利于树木的生长。"① 吴中伦在其《杉木》一书言："（混交林）这种造林方式在历史上表现为杉木单位面积产量较高，病虫害很少发生。"② 贵州大学杨仁厚教授说："近半个世纪以来，锦屏曾多次被林业部门和林学专家们评定为国家级林业模范，文斗苗寨和魁胆侗寨则是锦屏林业传统及成就的典型代表。文斗苗寨的林农们对林粮间作和人工营林拥有自己一套独特而行之有效的科学认知和实践技艺，正是这些乡土知识造就了清水江流域五百年来'混农林系统'的持续繁荣。"③ 目前涉及这一研究的论文主要有《清水江杉木"实生苗"技术的历史与传统农林知识》④《清水江流域杉木育苗、种植技术及其生态学意义》⑤《清水江文书"杉农间作"制度及"混交林"问题探微》⑥《清水江流域人工林拓展与本土知识关联性研究》⑦《清至民国黔东南桐油产业兴盛成因及生态后果探微》⑧《清水江流域传统杉木混农林系统》⑨《略论侗族林农对我国南方林区传统育林技术的贡献》⑩《浅谈锦屏文书在促进林业经济发展和生态文明建设中的作用》⑪《历史时期黔东南地区的林业变迁研究》⑫《锦屏县魁胆

① 彭泽元、覃东平：《锦屏县集体林区林业产权制度改革实验调查报告》，《贵州民族地区生态调查》，贵阳市实验小学印刷厂印刷 2000 年版，第 139 页。
② 吴中伦：《杉木》，中国林业出版社 1984 年版，第 367 页。
③ 李丽：《契约精神：五百年林业繁荣的"社会基因"》，《贵州日报》2010 年 12 月 7 日第 10 版。
④ 徐晓光：《清水江杉木"实生苗"技术的历史与传统农林知识》，《贵州大学学报（社会科学版）》2014 年第 4 期。
⑤ 徐晓光、徐斌：《清水江流域杉木育苗、种植技术及其生态学意义》，《中央民族大学学报（自然科学版）》2017 年第 4 期。
⑥ 徐晓光：《清水江文书"杉农间作"制度及"混交林"问题探微》，《原生态民族文化学刊》2013 年第 4 期。
⑦ 马国君、李红香：《清水江流域人工林拓展与本土知识关联性研究》，《古今农业》2014 年第 2 期。
⑧ 张坤美：《清至民国黔东南桐油产业兴盛成因及生态后果探微》，《原生态民族文化学刊》2017 年第 3 期。
⑨ 任永权、蒋瑶、陈文波、石敏：《清水江流域传统杉木混农林系统》，《原生态民族文化学刊》2017 年第 3 期。
⑩ 杨顺清：《略论侗族林农对我国南方林区传统育林技术的贡献》，《贵州民族学院学报（社会科学版）》1996 年第 1 期。
⑪ 王宗勋：《浅谈锦屏文书在促进林业经济发展和生态文明建设中的作用》，《贵州大学学报（社会科学版）》，2012 年第 5 期。
⑫ 张坤美：《历史时期黔东南地区的林业变迁研究》，贵州大学硕士学位论文，2016 年。

侗村发展林业生产的基本经验》①《锦屏县林业调查》②《从锦屏县平鳌寨文书看清代清水江流域的林业经营》③《清水江文书"杉农间作"制度及"混交林"问题探微》④ 等。

值得一提的是，人工营林发展与种子的获取、培育等有着直接的关联性，林谚云，"种子饱满，苗木壮，一代更比一代强""育苗不施肥，辛苦化成灰，若要苗木长得好，多施肥料勤薅刨""育壮苗，早薅刨，不薅刨，草吃苗"，等等。清水江文书涉及人工营林发展进程中的种子的采选、保种、育种等一系列本土知识技术内涵，也引起国外学人的高度兴趣，如日本学人唐立里特著《清代贵州苗族的植树技术》等，其中唐文内容涉及人工营林种子培育法、病虫害预防诸多方面。马国君著《清至民国沅江流域油桐业拓展与本土知识关联性研究》，从油桐籽母树的选择，御寒保种、育苗、防止白蚁等展开了深入探讨，其研究结论对于今天推进清水江流域民族山区林业文化遗产的保护、传承和利用有着积极意义⑤。需要一提的是，目前有涉该流域的人工营林林业技术的专著研究，亦主要在各大专著的篇章节有所提及，如《天柱县志》第九篇《林业》⑥，《雷山县志》之《林业篇》⑦，《天柱县林业志》第三章《森林培育》、第六章《森林保护》⑧，（新编）《天柱县林业志》第五章《林业有害生物防治》⑨，《锦屏县林业志》第四

① 杨有耕：《锦屏县魁胆侗村发展林业生产的基本经验》，贵州省民族事务委员会编：《贵州"六山六水"民族调查资料选编（侗族卷）》，第421—433页。
② 王家烈：《锦屏县林业调查》，贵州省民族事务委员会编：《贵州"六山六水"民族调查资料选编（民族理论政策民族经济卷）》，贵州民族出版社2008年版，第428—437页。
③ ［日］相原佳之：《从锦屏县平鳌寨文书看清代清水江流域的林业经营》，《原生态民族文化学刊》2010年第1期。
④ 徐晓光：《清水江文书"杉农间作"制度及"混交林"问题探微》，《原生态民族文化学刊》2013年第4期。
⑤ 马国君：《清至民国沅江流域油桐业拓展与本土知识的关联性研究》，《中国农史》2019年第5期。
⑥ 贵州省天柱县志编纂委员会：《天柱县志》，贵州人民出版社1993年版，第442—492页。
⑦ 贵州省雷山县志编纂委员会：《雷山县志》，第424—454页。
⑧ 天柱县林业志编纂领导小组：《天柱县林业志》，第99—153页。
⑨ 天柱县林业志编纂委员会：《天柱县林业志》，天柱县包装印刷厂2012年版，第134—141页。

章《森林培育》①,《黔东南苗族侗族自治州州志·林业志》第四章《森林培育》②,《杉木》第七章《杉木的良种选育》、第八章《杉木实生苗培育》、第十三章《杉木造林办法》，等等。以上诸书有关人工营林管护技术，对于深化清水江流域人工营林生态建设有着重要历史借鉴价值，需要引起读者注意。

综上可见，从目前有关清水江流域人工营林研究成果看，还没有一本专门从清水江林业契约论及流域内林业生产技术论述的专著，随着研究的深入，这一问题研究的成果将会得到系统的梳理，我们盼望这样的作品问世。

（四）其他

随着清水江林业契约文书研究的深入，学界同仁大多习惯于关注林业契约文书文本所反映的内容研究，而较少关注民族文化与所处生态环境的互动关系。功能学派认为"文化是人们用来加工改造自然的工具"③，"人要生存就必须向自然索取，以满足生存的需要。但由于人是社会的动物，所以这种索取要靠社会，于是人要在其社会中创造出文化来，以借之于实现对自然的索取。文化是工具，因此理当认识工具的效用，这就是文化的功能，也是本学派得名的原因。该学派的研究结论为文化是一个内在由众多文化因子有机结合起来的整体，这个整体在其运动中系统地发挥其功能，以满足文化持有者的生存需要。从这种理解出发，他们以为民族研究的任务就是研究文化的运作及各个因子的功能及其因子间的关系，以便为社会的发展作有效控制"④。就清水江林业契约文书言，它是生息在该流域的各族居民在经营人工营林文化的重要载体。就文书中苗语的名言，可以发现清水江流域森林生态系统的变迁，这不是人类孤立活动的结果，而是经过苗族文化加工改造所处自然生态系统的产物。

清水江流域主要生息的是百越族系和苗瑶族系的民族，因此他们的民族语地名在清水江林业契约文书中有诸多的反映，杨庭硕、王宗勋、马国君等学人，

---

① 锦屏县林业志编纂委员会：《锦屏县林业志》，第89—142页。
② 黔东南苗族侗族自治州地方志编纂委员会：《黔东南苗族侗族自治州·林业志》，中国林业出版社1990年版，第47—98页
③ 杨庭硕、罗康隆、潘盛之：《民族、文化与生境》，贵州人民出版社1992年版，第2页。
④ 同上，第21页。

对此都做了一定梳理。论文有杨庭硕、朱晴晴的《清水江林契中所见汉字译写苗语地名的解读》，王宗勋的《清水江文书整理中的苗侗语地名考释刍议》①，马国君、张振兴等的《外来物种入侵灾变治理的困境与对策研究——以清水江三板溪库区"水白菜"泛滥为例》②，李艳的《从地名的含义看清水江苗族杉木林区文化与生态的互动》③等。以上诸文涉及的苗语地名有"乌漫"（有狼出没的河流）、"乌楼""党周"（老虎活动的场所）、"兄赔早""皆也轻初""皆赔蜡""乌晚祯尧""皆幼脚""培故"（松树坡）、"皆也得"（杉木林）等。侗语地名有"岑榜"（高坡）、"岑嫩"（果子坡）、"岑美瑶"（枫树岭）、"抱嘎"（猴栗树坡）等。从上可见，清水江苗语、侗语地名在文书中书写形式一般为：（1）汉字译写苗语侗语地名；（2）用汉字音译书写苗语侗语地名；（3）用意译方式书写苗语侗语地名；（4）音译与意译各半用汉字译写苗语侗语地名④，等等。据杨庭硕先生的研究，清水江流域林业契约文书采取此类命名办法有利于规避纠纷的产生，这样的命名体系对展开其生态智慧研究有着积极意义。王宗勋通过对清水江文书中苗语侗语地名命名的类别、翻译和书写形式进行探究，这样的文书地名书写反映了苗、侗、汉等民族居民在规避人工营林边界纠纷的智慧。因此展开清水江林业契约文书中苗语、侗语地名的研究，对于深化林业契约文书研究有着积极意义。因此清水江林业契约文书还需要语言学的学者参与，以深化这一问题的研究，而关于清水江林业契约文书中所涉的少数民族语地名，具体见本书最后附表《清水江流域林业契约文书中所涉苗语地名汇编》。

值得注意的是，正因为清水江流域林业契约文书甚为重要，如何整理、保护、搜藏等，也引起了学界关注。研究成果主要有张新民的《清水江文书的整

① 杨庭硕、朱晴晴：《清水江林契中所见汉字译写苗语地名的解读》，《中央民族大学学报（哲学社会科学版）》2017 年第 1 期；王宗勋：《清水江文书整理中的苗侗语地名考释刍议》，《原生态民族文化学刊》2015 年第 2 期。

② 马国君、张振兴等：《外来物种入侵灾变治理的困境与对策研究——以清水江三板溪库区"水白菜"泛滥为例》，《原生态民族文化学刊》2014 年第 4 期。

③ 李艳：《从地名的含义看清水江苗族杉木林区文化与生态的互动》，《贵州大学学报（社会科学版）》2016 年第 4 期。

④ 杨庭硕、朱晴晴：《清水江林契中所见汉字译写苗语地名的解读》，《中央民族大学学报（哲学社会科学版）》2017 年第 1 期。

理利用与清水江学科的建立——从〈清水江文书集成考释〉的编纂整理谈起》①、胡展耀的《中国苗族混农林契约文书著录整理规范问题思考——以〈中国苗族混农林契约文书·姜于休家藏卷〉整理校注为例》②、龙泽江等的《关于建立锦屏文书数据库的思考》③、廖峰《清水江文书信息数据库的建设》④ 等。清水江林业契约文书的信息量大、内容丰富，涉及的专业知识甚多，故若要深入了解其间的社会、民族、经济、文化诸多方面，需要学术界的互动交流、学者们实地踏勘，学界呼唤更多相关研究成果的问世，以为我国的生态文明建设贡献更多的地方智慧、地方经验、地方技术。

从上可见，清水江林业契约文书其实早已经存在，只不过在历史发展进程中，以汉字为主体书写形式的文书，逐渐代替了各民族的原生契约。随着清水江林木贸易规模的扩大，以及其特殊的社会功能的日渐凸显，清水江林业契约文书为各民族收藏至今，其内容具有重要的史料价值，也是民族地区非物质文化的重要载体，因此对其展开搜集、整理和研究，具有重要的历史价值。

清水江文书研究著名专家张新民教授言，清水江文书乃是珍贵的历史文化遗产，亦为罕见的地方性系统文献，认真抢救、征集、整理、归纳、分类，将其作为一项系统工程，有计划、有步骤地分期分批公布出版，在积累大量原始文献资料的前提下，通过各种地方史志、族谱乡规和契约文书的综合性比勘互用，当有利于深入了解西南民族地区的历史文化，有利于独具特色的综合性区域学学科的形成，有利于利用新资料开辟诸如民族史、经济史、法律史、社会史等众多学科新的研究领域，有利于澄清民间社会长期被遮蔽的解读空间，有利于完整而全面的大型清史的编纂，有利于还原中华民族生存、生活和发展历程的真实历史图景，有利于地方经济文化的可持续发展，有利于以清水江文书为核心材料，整合侗族大歌、鼓楼建筑群等其他民族文化资源，申报世界非物

---

① 张新民：《清水江文书的整理利用与清水江学科的建立——从〈清水江文书集成考释〉的编纂整理谈起》，《贵州民族研究》2010 年第 5 期。
② 胡展耀：《中国苗族混农林契约文书著录整理规范问题思考——以〈中国苗族混农林契约文书·姜于休家藏卷〉整理校注为例》，《贵州大学学报（社会科学版）》2012 年第 1 期。
③ 龙泽江、罗康智：《关于建立锦屏文书数据库的思考》，《凯里学院学报》2010 年第 2 期。
④ 廖峰：《清水江文书信息数据库的建设》，《贵州大学学报（社会科学版）》2012 年第 2 期。

质文化遗产，实可谓文献整理和学术研究史上的一大盛事，必将更好地推动多种交叉学科齐头并进地发展，形成难得的学术繁荣局面[1]。张应强教授言："清水江文书主要包括清代以来的契约文书、族谱、诉讼词稿、山场清册（坐簿）、账簿、官府文告、书信、宗教科仪书、唱本、碑文等，广泛涉及清水江流域自清代以来社会、政治、经济、文化生活的各个不同领域。它们是清水江流域清代以来实际发生过的社会经济关系的原始记录，以民间保存的方式得以遗存至今，是非常珍贵的第一手资料，既是清水江流域各民族传统文化和地方性知识的重要载体，更是开展人文社会科学研究的资料宝库。"[2]贵州省原省长王朝文言："文斗是锦屏县清水江边一个普通的苗族村寨，但它却引起了国内外法学、历史学、人类学等各领域专家的极大兴趣。令学者们大为惊叹的是，如此一个地处偏远、至今仍不通公路的寨子，竟能完好地保存这如此之多的清代契约文书。在一般人看来，大量的契约文书多应出现在历史上文化经济比较发达的地区，像文斗这样的一个交通不便、经济落后的少数民族村寨中是不会有如此多的契约文书的。其实这样的认识是错误的，在中国古代，民间签订契约是伴随着交易等经济行为发生的，但凡有交易，多有契约，无论是文化发达的汉族地区，还是经济落后的少数民族山乡，都是如此。我幼时生活的黄平苗族地区也有这种清代遗留的契约，只不过其数量远不能与文斗相比。文斗的苗族同胞所收藏的这万余份清代契约文书以及在锦屏范围内数量更多的契约再一次证明了苗族是有着丰富多彩的民族文化的。除了契约以外，苗族民间还存留有大量的习惯法石碑、寨规民约、理词、法谚等习惯规则，这些共同构成了苗族绚烂多姿的法律文化，它是苗族文化的集中反映，有深厚的基础。苗族传统法律文化是苗族人民在长期的生活及与其他各族人民的长期交往中形成的优秀智慧的结晶，也是中华法系极其宝贵的历史遗产，我国学者必须重视和抢救这一珍

---

[1] 张新民：《走进清水江文书与清水江文明的世界——再论建构清水江学的题域旨趣与研究发展方向》，《贵州大学学报（社会科学版）》2012年第1期。
[2] 张应强：《文献与田野："清水江文书"整理研究的方法论》，《贵州日报》2015年10月15日第16版。

贵的历史文化遗产,通过调查整理和深入研究,做出应有的贡献。"①张新民教授、张应强教授,以及贵州省原省长王朝文先生的讲话指明清水江契约文书的价值之大,应该引起学界和政府的关注,以加深其研究,为贵州生态文明建设提供历史经验和智力支持。

值得一提的是,以上分类也基本显示出了学者对清水江林业契约文书研究的情况,由于文书本身性质的多样性,学者在其研究中也涉及了诸多学科,如徐晓光教授、杨庭硕教授等,他们对林业契约的研究不仅涉及民族法学,同时也涉及了林学研究的诸多内容,这样研究的缘故亦是因为文书的性质所使然。对此,我们对学者的研究不能对号入座,应该究其研究成果的性质再归类总结。

三、小结

总体看,目前清水江流域林业契约文书从搜集、整理和研究诸多方面,都取得了可喜的成绩,为进一步深化清水江流域林业文化研究打下了坚实基础。值得一提的是,作为贵州民族山区林业文化遗产载体的清水江文书,学界应该注重挖掘其间的林业文化内涵,传承和保护我国优秀的林业文化,这些研究目前还存在诸多不足,大致体现如下:其一就搜集方面言,目前还主要集中在黎平、锦屏、天柱诸县一些有限的范围内展开,对其他县、乡、镇的还有诸多没有体现,如黄平县,前文云贵州省原省长王朝文先生曾言及,"黄平苗族地区也是(有)这种清代遗留的契约",但就目前来看,学界和政府还没有搜集到这样的文书,对此应该扩大契约文书的搜集范围,各地方档案馆应该担起这样的责任来。再查阅目前已经搜集的契约文书言,文书的类型还甚为单一。就整理方面言还主要体现在文字的影印上,对文字的研究存在诸多不够,没能读出贵州民族人工营林林业文化的味道来。而且有的影印本为明显经过挑选的文书,这就可能无法全面深入的通读文书。就研究方面言,同一性问题研究较多,而对文书本身的研究还存在严重不够。其二是对清水江林业契约文书的类型在文书中的表达,各类林业文书的差异,以及林业契约文书与林木生产的关联性还缺乏准确的判

---

① 陈金全、郭亮:《贵州文斗寨苗族契约法律文书汇编——易遵发、姜启成等家藏诉讼文书》"序一",第1页。

别，这一问题应该引起学界关注。其三是我们对契纸文书关注得很多，而对政府文告、摩崖、碑刻长期关注不够，使用研究资料较为单一，对传统文献、方志文献缺乏关照。其四是对同一类文书文字表达的差异性缺乏深刻的关注，如山场权属转让文书中的所有权、经营权、出佃权在文书中的表达形式怎样，在文书类型上又是怎样体现的，在目前的研究中还存在诸多不足等。

故本研究主要针对以上存在的问题，拟对清水江林业契约文书进行较为准确的归类，找出其间的规律，进而加强其后的信息释读，以真正推动我国"人工营林"的生态建设，民族林业文化遗产的传承、申报和保护服务。另，检读已经收集整理出版的林业契约文书发现，清水江林业契约文书如按林木成长过程划分，大致可以分为山场权属转让契约、林木郁闭成材管护契约、山林纠纷调解契约、青山买卖契约等，以下各章节，即以此为序，展开对清水江流域林业契约文书相关问题的研究。

第二章
山场契约文书

清水江流域的"人工营林"是指以经营杉木为优势树种，并兼经营油桐、油茶、茶叶、蜡树等复合种植的仿生森林系统的泛称。要发展人工林业，自然就涉及山场的权属转让问题，这是实现人工营林发展的第一步，查阅目前已经整理出版的清水江流域有涉山场权属转让的文书，按其内容，主要可以分为三类：即出卖山场所有权者、山场经营权者、一并出卖山场所有权和经营权者。另还有通过租佃分股、新开山场等方式转让山场经营权者等特殊情况，下即此为序，展开讨论。

第一节 山场权属转让契约文书

历史上，清水江流域为茂密的原始常绿阔叶林带，古林荫稠，曾有"旧闻天下山，半在黔中青"之美称。有明以降，随着"皇木"采办规模的扩大，清水江"人工营林"得以迅速发展。然人工营林发展的前提条件是山场权属的稳定，由此产生了一系列山场权属转让文书。按其权属转让方式，山场权属转让内容包括山场所有权和经营权的转让，在清水江诸多林业契约文书中具体体现为：转让山场所有权者、转让山场经营权者、一并转让山场所有权和经营权者。

一、转让山场所有权者

所谓转让山场所有权，是指山主将山场转让给他人永远耕种为业，从而使自己及其子孙丧失了山场所有权。这类文书书写范式一般以"立断卖山场契""立断字山场约""立断山字约""立断卖山场字""立卖山场并地土字"等起首，文书内容涉及卖山场的地主、原因、山场四至、请凭中、地主担负的山场出卖后规避纠纷责任、签字等，具体见以下 10 件林业契约。

契约 2-1

立断卖山场契人姜文孝、姜文玉，为因家下缺少银用无从得出，自愿将到冉丰农山场一块，上凭姜□之山，下至乌格溪，左凭岭，右凭冲，四抵分明。凭中出断卖与姜文勤、富宇二人名下承买为业，当日凭中议定价银五两三□整，亲领入手应用。其山自卖之后任从买主栽植管业，卖主房族弟兄不得异言，如有不清，俱在卖主理落，不与买主何干。今恐无凭，立此卖契存照。

凭中银谷

文玉笔

乾隆二十九年七月十四日①

契约 2-2

立断字山场约人八柳杨至中、杨朝荣、□脸石佩璋、□之方四人，为因先年得买八柳杨名和土名归丧、归南二处，四人所占一半，品吉所占一半，今以大木堆山卖，请二比议山场二处作甫价，杨品吉名下甫出银五两五钱作土处，土其二处山场任凭品吉修理管业，四人子孙不得异言，其有老文契存在，朝荣家未结。恐后人心不古，立此断字甫价存照。

凭中石灿如石舍□

代笔石芝朝

嘉庆二十一年二月二十六日议作甫价②

契约 2-3

立断字约人杨通谕，为因家下缺少费用无出，自己愿将地名岑头孤草山一块出断与杨光元名下成断为业，当面凭中议定价银四钱二分整，入手收用。其山自断之后，任从买主管业，卖主不得异言，如有异言者，今欲立此断字存照。

---

① 张应强、王宗勋：《清水江文书（第一辑）》第12册，第5页。
② 李斌：《贵州清水江文书·黎平文书》第1册，第17页。

凭中杨正孝

亲笔通谕

嘉庆二十五年八月初七日立[①]

契约 2-4

立断卖山场字人姜光照，为因家中缺少银用，自己请中将到先年得买平鳌姜烈山地一块名土舟蜡王，其山界至上凭顶，下凭乌培溪，左凭山岭，右凭岭与洪路为界，四至止明，今请中出卖与姜钟英叔侄名下承买为业。当日凭中三面言定价纹银一两二□八分，亲手收足，不少分毫，其山自卖之后，任凭买主修理管业，卖主并外人不得争论，如有此前，俱在卖主上前理落，不关买主之事。今欲有凭，立断卖山场字是实。

界限上凭岭以刀尖，下抵污斗溪，左抵岭，右抵□□与陆三年买二十六日□□□□□□□□□□

凭中姜朝理姜钟芳

道光二十八年十月初八日亲笔立[②]

契约 2-5

立卖山场人游世瑞、侄伯鸿，今因要钱使用无从得处，父子商议，自愿将到土名躲焉冲页山一副（白杨树在内），计开四至，右抵伯介墙连涧，左抵伯轩兄弟连涧，上抵岭，下抵买主田坎，四至分明，要行出卖。请中招到出卖与伊亲范昌江名下承买为业。当日凭中三面议定价钱一千文整，其钱即日亲手领足，并不欠分文，领不另立领字。自卖之后，任凭买主子孙永远耕种，卖主不得异言。今欲有凭，立卖是实。

立领山价全人游世瑞、伯鸿。父子领到躲焉冲山价钱，照契一概领清，并不欠分文，立全领字为据。

① 李斌：《贵州清水江文书·黎平文书》第 1 册，第 21 页。
② 张应强、王宗勋：《清水江文书（第一辑）》第 13 册，第 26 页。

凭中游伯银

伯鸿笔

光绪八年二月十八日立①

契约2-6

立卖山场地土人蒋昌烈、蒋昌由、蒋昌续、蒋景祥，今因要钱用度，无从得处，叔侄商议自愿将到土名架桥湾颈山一截，计开四至，上下抵买主，左抵湾，右抵垅，四至分明，要行出卖，先进亲房，无人承受。请中招到房侄景科、景树名下承买为业。当日凭中议作时价钱一千六百八十文足，其钱即日亲手领足，并不下欠分文，外不另立领字。自卖之后，买主耕管为业，卖主不得异言。今欲有凭，立卖字为据。

凭中昌振

光绪二十四年十二月十四日立卖②

契约2-7

立卖山场人蒋泰福、蒋泰文二人，今因家下要钱使用，无从得出，母子商议自愿将到土名竹冲戒木□面分下一截，计开四至，上抵昌举山连涧，下抵昌杞田坎横路过，右抵湾壕，左抵垅上景华山连涧下昌举山连涧，四至分明，要行出卖。请中招到房公昌江名下承买为业，当日凭中三面议作价钱一千二百〇二十文足，其日钱契两交，并不下欠分文，外不另立领字，其山土内柴木、油树一概任从买主子孙永远耕管，卖主不得异言，口说无凭，立卖是实。

凭中血叔景清笔

光绪二十年六月初七日立③

---

① 张新民：《天柱文书·第一辑》第9册，第198页。
② 同上，第222页。
③ 同上，第216页。

契约 2-8

立断卖山场并地土字人姜登科、姜登熙、姜登池、姜元贞、姜元彬叔父，为因还账无处得出，自愿将到祖遗之山场一块地名假都，界限上凭土垦，下凭沟，左凭姜周礼之山，右凭冲，四抵分清。其山分为二大股，登熙、登池弟兄占一大股，本名弟兄叔父占一大股，此一大股今请中出断卖与姜永松名下承买为业，当日议定价钱二千二百八十文，亲手收足，未欠分文。其山自卖之后，任凭买主修理管业，我卖主弟兄等不得异言，倘有不清，俱在我卖主叔父理落，不干买主之事。口说无凭，立此断卖山场字为据，永远存照。

外批内添二字

凭中姜志春

民国十三年二月二十四日登选亲笔立 [①]

契约 2-9

立断卖山场并土字人本族姜氏玉交、孙鹤寿、锦寿等，为粮食无处所出，自愿将到地名污牛鼓山一块，界限上凭上盘路，下凭大滩，左凭田角与大冲，右凭山岭直下至桥头，四抵分清。此山本名所占多少一概出卖与姜元瀚名下承买为业，当日议定卖价市洋二万四千元整，亲手收足应用，之后任凭买主修理管业，卖主不得异言，倘有不清，俱在卖主理落，不关买主之事。恐口无凭，立此断卖字为据。

外批此山分为四股，本名占一股

中笔文科

民国三十六年四月二十四日亲押立 [②]

契约 2-10

立卖山场字人龙振元，今因要钱使用，无所出处，自愿将到土名遥炭山乙团，上抵买主，下抵求生，左抵买主，右买主，四至分明，

---

① 张应强、王宗勋：《清水江文书（第一辑）》第13册，第197页。
② 张应强、王宗勋：《清水江文书（第一辑）》第11册，第131页。

要钱出卖。自己请中上门问到堂弟名下龙长生兄弟承买，当日凭中言定价钱壹仟二百零八十文整。其钱亲手领足入手应用，其山场卖与买主永远耕管为业。自卖之后，不得异言，恐口无凭，立有卖字为据是实。

涂乙字

凭中喜贵

代笔求保

民国壬戌年四月十二日立字 [①]

从以上 10 件林业契约文书所言内容可见，基本可以断定是出卖山场所有权者，标志性内容有三：其一是除契约的起首有"断卖"二字外，结尾有的会书写为"立此断卖山场字"等字样。其二是为强调是断卖，还特定在契约文书中进而说明"口说无凭，立此断卖山场字为据，永远存照""自卖之后，买主耕管为业，卖主不得异言，今欲有凭，立卖为据"，有的甚至会在文书中发誓，书写为"其山犹如高山滚石，永不回头，一卖百了，父卖子休。日后卖主子孙纵有余钱，万不能赎" [②]，等等。其三是强调这样山场契约文书的性质，是出卖所有权而非经营权者，如果是出卖经营权者一般会书写有"蓄禁管理""林木长大后伐尽，出山关山，地归原主"等字样，这样的内容具体见本研究以下相关章节。值得一提的是，在契约文书中，有的称"山场"，有的称"地"，有的称"地土"，这些都为当地习惯性的称呼，指代的都是山场，不能严格按照内地山、地、土进行划分。还有对于山场权属转让文书中所载山场多次转让者，有的可能还签有多件与之有关的契约，这样的契约包括买卖契约、典契等，因相对新签订的契约言，此类契约被称为"老契"，对于这样的契约，就需要在新契中加以说明，如"恐后有老契、典契、抵契复出，便为休契"等，以规避以后产生的纠纷，具体见契约 2-11、2-12。

---

① 张新民：《天柱文书·第一辑》第 15 册，第 177 页。

② ［日］唐立、杨有赓、［日］武内房司：《贵州苗族林业契约文书汇编（1736—1950）》第一卷，第 A2 页。

契约 2-11

道光十九年六月二十八日，姜之毫得买姜世琏之山场，地名光榜开，界限上凭陆光玉与福宗之山，下凭盘路，左凭山岭以五股山之山为（界），右凭买主之山。此山分二大股，之美、世琏共占一股，先年世琏得买朝弼一股，将之美一股又分为二股，世琏占一股，二大股分为四股，本名占三股，今将三股出卖与□□，□银四□五分。

世琏亲笔立
此老契凤岐拔与南恐马世锦①

契约 2-12

立卖山契字人周神保，今因要钱需用，无所出处，自愿将到土名长冲山贰团，上抵买主岭，下抵三岔冲，左抵买主土冲，右抵土冲，四至分明，要钱出卖。先问亲房，无人承买。请中问到演大龙观祥、龙观祥、龙观福兄弟三人承买。当凭言定价钱贰千七百八十文，其钱亲手领足，其山地茶杉杂木交与买主耕管。自卖之后，不得异言。恐后有老契、典契、抵契复出，便为休契。空口无凭，立有字卖为据。

凭中龙海恩
请笔姚钟鸣
光绪三十四年三月二十四日立②

需要一提的是，此类文书有的还会交代断卖山场的性质，这些内容以山场人工营林的类型进行划分，如是栽种杉木的山场，称为杉山、杉木山、杉木地、杉木山场等，栽种油茶山场的称为茶油山、油山、油茶山、茶油山场等，其书写类型和表达方式与断卖山场所有权范式表达相同，具体见以下 5 件契约。

契约 2-13

立卖杉山约人姜老井，为因家下缺少银用，无从得出，情愿将自

① 张应强、王宗勋：《清水江文书（第一辑）》第 1 册，第 156 页。
② 张新民：《天柱文书·第一辑》第 16 册，第 26 页。

己受分杉山两块，土名引滚牛坡，一块报两猫，一共十八股均分，老井占一股。请中问道本寨姜天云名下承买为业。当日凭中议定价银足色文银三两八钱正，亲手领回应用。其银立契之日，一并交足，不欠分文。其山任凭买主管业。如有来路不明，俱在卖主理落，不干买主之事。其山犹如高山滚石，永不回头，一卖百了，父卖子休。日后卖主子孙纵有余钱，万不能赎。今恐无凭，永远存照。

卖主姜老井

凭中人胞兄姜官文、范今蛮二人受中银七分

两请代笔姜天相银五分

乾隆十七年十二月初六日立押

老井山约

乾隆十七年铁牛坡报丧帽①

契约 2-14

立卖杉木地土人姜番保良母子，今因家中缺少用度，情愿将杉木地土一块土名坐落九龙山，左凭引绞，右凭岭，上凭坡坪，下凭乔龙木。凭中出卖与姜富宇名下为业，三面议定价银二两三钱整，当日亲手领回用度。自卖之后，其杉木地土任凭富宇管业，番保母子不得异言。今恐无凭，立此卖契为据。

凭中人姜山堵

代书胡青文（押）

乾隆三十二年七月初六日②

契约 2-15

立卖茶油山场约人上寨六房姜保求，为因家下要银使用，无从得处，情愿将到分下油山一块土名达孔，其油山作二股均分番，保台名

---

① ［日］唐立、杨有赓、［日］武内房司：《贵州苗族林业契约文书汇编（1736—1950）》第一卷，第 A2 页。

② 张应强、王宗勋：《清水江文书（第一辑）》第 12 册，第 8 页。

下存一股，保求名下一股出卖与下寨姜富宇名下承买为业，凭中面议价银二两五钱整，亲领入手应用。其油自卖之后，凭从买主子孙永远管业，卖主房族弟兄不得异言，如有来历不清，俱在卖主向前理落，不与买主何干。今恐日后无凭，立此卖约存照为据。

卖主姜保求（押）

凭中人姜永兴（押）

代笔姜文玉□

乾隆三十七年三月十七日立①

契约 2-16

立断卖油山场地字姜交贤，为因父亲亡故，无处得出，自己将到祖遗之油山界限地名穷□毒，上凭田，下凭水沟，左凭祖林兄弟油山，右凭卖主以祖林之油山为界，四至分明。今日请中出卖与本房堂叔姜恩相名下承买管业，当面凭中议价钱五千二百八十文，亲手收足应用。其山自卖之后，倘有不清，居在卖主向前理落，不关买主之事。恐口无凭，立有断字为据。

凭中兄姜恩顺

凭中代笔恩锦

光绪十六年八月十四日立②

契约 2-17

立断卖油山字人本家姜文辅，为因缺少钱用，无处得出，自愿将到本名之油山一块地名补鲜，界址上凭买主之田，下凭记连之油山，左凭源淋之油山，右凭买主之田，四抵分清。今将出卖与姜恩溥名下承买为业，当日凭中议定价钱一千零八十文，亲手收足。自卖之后任凭买主上山修理管业，卖主弟兄日后不得异言。恐口无凭，立此断卖字是实为据。

<hr>

① 张应强、王宗勋：《清水江文书（第一辑）》第 13 册，第 93 页。
② 同上，第 243 页。

凭笔姜定国

民国丙寅年（十五年）七月二十四日立 [1]

从上可见，以上山场买卖文书都交代了山场的性质，原因是不同类型的人工营林树种都具有不同的属性，这样的属性在清水江流域林农的不断探索下，做到了人工营林树种的生物属性与山地的兼容，可以说这些土地都是经过人工改良的山场。如种植油桐树的土壤就十分讲究，一般不能用黄瘠土。（民国）《岑巩县志》载："油桐树，宜种湿润肥沃之地，山石瓦砾地亦可，黄瘠土则不宜。"桐树根系发达，特别需要土壤内空气的畅达，黄土在当地被称为"死板土"，透水性能差，不适应桐树的生长。《从江县志》载："油桐树栽于山冲碎石裸露处，生长良好，产量高。"[2]《清水江文书》中将这样的土壤专称为"油桐墦冲地"[3]，"山冲碎石裸露处"，是指两山之间坡面土层下滑后形成的土石混合次生堆积土，这样的土壤疏松，不积水。"山石瓦砾地""油桐墦冲地"都是经过人工改良的土地。"墦"，在清水江流域读"xiā"，指用来种植旱地作物的园地，因这类地为两山冲击沙土，故称"墦冲地"。值得注意的是，清水江流域为云贵高原向湘西丘陵的过渡地带，山多地少，故对于桐林山场坡地风向、土质等选择也很讲究，《五溪蛮图志》第二集《五溪风土》载："植桐最宜其斜向东南而不当恶风之山坡。"（乾隆）《永顺县志》卷十一《檄示》载："永顺地方，山多荒土，尽可种植树木，已奉督宪檄行示谕在案，查民山土原须广种杂粮，为每年食用，岂知种树之利，数年之后即可致富。尔等须于近溪者种杉木，背阴者种蜡树，平坦者种油桐树，多砂石者种花椒树，园角墙边，或种桑养蚕，或种麻纺绩。长成之后，无需人力薅锄，年年可收利息。"（民国）《施秉县志》之《农桑》载："西区紫荆关、白塘等处人民，领种桑秧五万余株，惟土质不宜，成活者少，不如改种桐、茶、漆树，收利较丰也。"

从以上材料可见，沅江流域的各族居民在长期经营油桐业生产的过程中，

---

① 张应强、王宗勋：《清水江文书（第一辑）》第 11 册，第 303 页。

② 贵州省从江县志编纂委员会：《从江县志》，贵州人民出版社 1999 年版，第 226 页。

③ 张新民：《天柱文书·第一辑》第 22 册，第 329 页。

对流域内的土地构成、气候与环境兼容的认知之精深。油桐树为清水江流域人工营林重要树种之一，种油桐如此，其他人工营林树种的种植也不例外。这样的树种与山场匹配的认识对指导林业发展有着积极意义。需要注意的是，学界有的人将油山认为是油桐山，查阅清水江林业契约文书后发现，这两者其实有明确的区分，油桐山会直接称之为桐山、桐油地，或油桐山。油山，即油茶树山林。再者油桐树、油树指的不是同一类经济树种：油桐树是落叶阔叶树；油茶树是常绿阔叶树，叶面光滑有光泽，属照叶林树种之一，具体见契约 2-18、2-19。

契约 2-18

立断卖油茶树并土约人龙长生，为因家中缺少银用，无处所出，自愿将断与姜开明名下承买为业，议定价壹两五钱整。其园上凭杉木一根，下凭鸡蚤树，左凭竹都，右凭墓边，四至分明。今恐无凭，故立卖字为据。

凭中姜之琏

代书姜之模

道光三年十二月廿陆日立 [1]

契约 2-19

立断卖山场杉木茶油地、桐油地字人加池寨姜开善，为因要银用度，自愿将到地名九榜山场一块，此山界至上凭□明田角，下凭明金田，左凭大路，右凭开吉与冲为界，四至分明。今凭中出卖与李秉桢名下承买为业，当日凭中议定价银四两八钱，亲手收回。自卖之后，任凭买主管业，卖主不得异言。恐后无凭，立此断卖字为据。

添字作幹元之股□买自存

凭中杨胜凤姜开吉

---

[1] 王宗勋：《加池四合院文书考释》卷一，第 246—247 页。

代笔姜开良

咸丰三年三月初八日亲押立 ①

契约 2-18 中的"油茶树",即上文提及栽种在油山内的主要树种。"鸡蚤树",即拐枣树,因形似鸡爪,又称鸡爪树、鸡爪拐等。"竹都",即楠竹苑。尽管契约 2-19 提及的为茶油地、桐油地,但其书油桐地、油茶地作明确区分。需要一提的是,清代至民国清水江流域油桐业得到了迅猛发展,在目前出版的《清水江文书》《天柱文书·第一辑》《贵州清水江文书·黎平文书(第一辑)》等专著中涉及桐林买卖的文书甚多,大约有数千件之多。这些文书内容涉及桐林山林买卖、桐林管护诸多内容,如《咸丰四年七月十八日姜开生弟兄断卖山场杉木油桐茶油木契》《光绪八年二月十八日黄汉林卖桐油树柴山木植地荒契》②《民国十四年五月二十八日杨由喜卖油树并桐油树契》③《民国二十七年三月三日蒋昌江卖柴山桐油树木契》④《民国三十四年二月十九日王克显卖桐油树荒山契》⑤ 等,其中契约文书中"杉木桐油茶油木契"指的是杉树、桐油树、油茶树等组成的混交林。这样的混交林是一种以杉木为优势树种,并兼种油桐、油茶树等人工营林,其不仅可以提高林业经济,而且可以避免病虫害,具体内容见下文相关章节。

对于山场权属转让,有的没有直接书写为山场买卖,可能是:断卖杉木字、断卖油山字等,对于这样的文书就需要仔细比对文书的内容才能作解,具体见契约 2-20、2-21、2-22 等。

契约 2-20

立断卖杉木约人本寨姜今保,为因理用度,自愿将杉木山场一块坐落土名皆於姜保柳一股在外,其有界至上凭岭,下凭半坡,左凭冲,右凭冲,四至分明。卖与姜廷德名下承买为业,当日三面议定价银一

---

① 张应强、王宗勋:《清水江文书(第一辑)》第 9 册,第 393 页。

② 张新民:《天柱文书·第一辑》第 3 册,第 13 页。

③ 同上,第 52 页。

④ 张新民:《天柱文书·第一辑》第 6 册,第 242 页。

⑤ 张新民:《天柱文书·第一辑》第 3 册,第 36 页。

两二钱整。不古人心，买主修理长大日后发卖之时，三股均分，不得异言。恐口无凭，立此断卖杉木山场文约子孙永远存照。

代笔姜老玉

嘉庆十三年二月十三日立 [1]

契约 2-21

立断卖地租杉木约人六房姜光前、老六二人，为因要银用度无出，自己请中将到祖遗山场一块，土名八牛山，其山上凭老木为界，左右凭岭，下至光文为界，四至分明。今请中到下寨姜映飞名下承买为业。当日凭中三面议定价银拾两零五钱，亲手领会家用。其山木任从买主管业，卖主不得异言。今欲有凭，立断约存照。

外批：此山先年佃与蒋姓，所栽分为二股，蒋姓占壹股，地主占壹股，日后木植砍尽，地归映飞，而光儒、光任、光前、老六概卖，所断是实。

凭中姜光儒吴映陆

代笔姜光士

嘉庆十四年九月廿日立 [2]

契约 2-22

立卖山场油山杉木字人本寨汤昌见，今因要钱使用，无所出处，自愿将到土名德滥高□油山一□，上抵番岭老路，下抵路并买山，左抵路，右抵买主山，四至分明，要钱出卖。先问房族，无钱承卖。中问到龙荣喜名下承买。当日凭中议定价钱七摆二十文整。其钱领足入手应用，山场卖与买主承管为业，自卖之后，不得异言。恐口无凭，立有卖字为据。

① 张应强、王宗勋：《清水江文书（第一辑）》第 3 册，第 19 页
② 陈金全、杜文华：《贵州文斗寨苗族契约法律文书汇编——姜元泽家藏契约文书》，人民出版社 2008 年版，第 103 页。

047

内添三字

凭中赵祥发龙清泰

代笔汤应麟

民国六年二月二十八日立字 [①]

契约 2-21 甚有意思的是，其一是如果仅看原文起首难以确认其是山场所有权转让契约，其二是其内容难以揭示权属转让的标的物是山场，其三是通过该件契约外批发现姜光前、老六等人出卖的是山场的所有权，此可以"今请中到下寨姜映飞名下承买为业""日后木植砍尽，地归映飞"等字样为证。再如契约 2-22，从起首看，可能会觉得是有关青山买卖的契约，但查阅实际内容后，发现也是山场权属转让契约，此可以"山场卖与买主承管为业"句为证。契约 2-20 名为"姜今保断卖杉木约"，根据文书内容，属于出卖山场所有权者。因此，遇到文书名为"断卖山场杉木契 / 字 / 约""断卖山场杉木字 / 约 / 契"等时，需要做进一步分析，才能正确判断契约文书的山林权属转让关系。故在研究清水江林业契约文书时必须通看文书全文才能做出稳妥的解释。

从以上清水江山场所有权转让文书内容看，此类文书内容大致包括以下八点：一是立契人姓名；二是立契原因（大多为缺少粮食或家下无钱使用等）；三是所卖山场的具体位置和山界抵至所在；四是出卖给何人，山场所值银价多寡；五是出卖山场后双方的权利与义务；六是立契时的中人，作为日后解决纠纷时的证人；七是立契执笔人姓名；八是立契年月日。部分契约也附有外批，用于标注契约内所添字句多寡或者对山场买卖细节做增补性说明等。

清水江流域属苗侗地区，该流域大部分地区在清代开辟苗疆前，为"生界"地，故社会管理规范与内地差异甚大，雍正朝开辟苗疆后，朝廷在此推行苗疆禁令，准许按照当地的习俗加以管理，故在众多文书中有民间所立的白契和经过官方所立的红契之分，其中民间白契较多，经过官府加盖印章的红契较少。如《贵州苗族林业契约汇编》搜集的 820 件清代契约文书中，红契为 24 件，白契有 796 份。《贵州文斗苗族契约法律文书汇编》搜集的 506 件清代契约文

书中，红契为15件，白契数量比例为97%①。《清水江文书》搜集转让山场所有权文书约1125份，有红契53份，约占转让山场所有权文书总额的4.7%。需要注意的是，随着清水江流域林木贸易的加强，政府逐渐要求在此实施规范统一的政府文书。如光绪三十一年（1905年）贵州巡抚为劝民植树发布了《种树章程十二条》，其中第十一条规定："给照不取分文也，从今栽种之后，凡有山场者，俱执以照为凭，买卖非有执照不行，争讼非有执照不理。"此告示于当年二月二十七日送达开泰县平鳌寨②。到了民国时期，除了盖有官府钤印外，还有通用的契约格式，契约类型有《新买契》《买契》《验契注册证》《典契》《管业凭证》《税验卖契》《某某县土地管业执照》等，

查阅清代至中华人民共和国成立前的林业官契文书中，加盖有"黎平府印""锦屏县印""天柱县"等官府印章。清代官契，具体见图2-1、2-2。

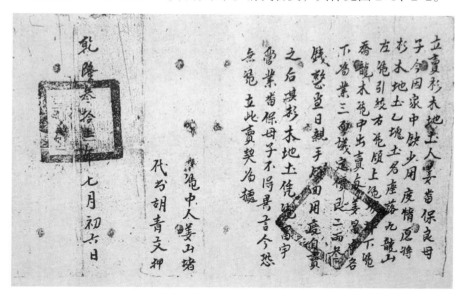

图2-1 乾隆三十二年七月初六日姜番保立卖杉木地官契③

① 张阳阳：《清代黔东南契约习惯法与国家法的冲突与调适》，《原生态民族文化学刊》2017年第3期。
② 单洪根：《清水江文书与社会管理》，《原生态民族文化学刊》2011年第3期。
③ 张应强、王宗勋：《清水江文书（第一辑）》第12册，第8页。

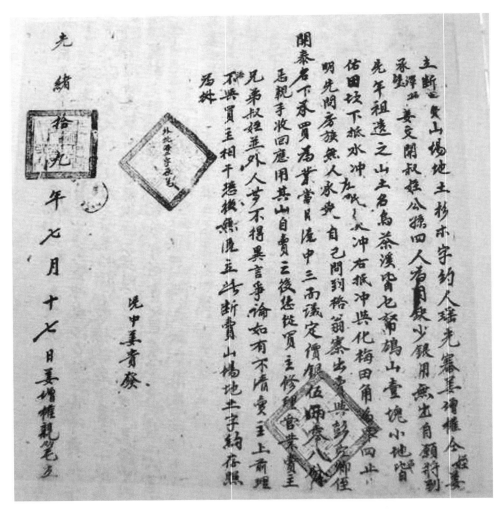

图 2-2　转让山场所有权（卖山场）清代官契图[1]

民国时期，国民政府统一由财政厅颁发官发契纸，各县呈领，再加盖政府印章，学界将其称为"官契纸"。此类权属转让"红契"要求："凡民间立契，均须至各县官契纸发行所，领购填用，除照章付给纸价，并须填写领用官契纸申请书，以备存查、缴验、回照。至官契纸内空白处填载，要与民间契约相同。

---

[1] 张应强、王宗勋：《清水江文书（第三辑）》第 1 册，第 103 页。

立契之后，应照章报税，由征收官填给纳税凭单，粘附契尾。"① 具体见图2-3、2-4，图上的官印为"锦屏县印"。

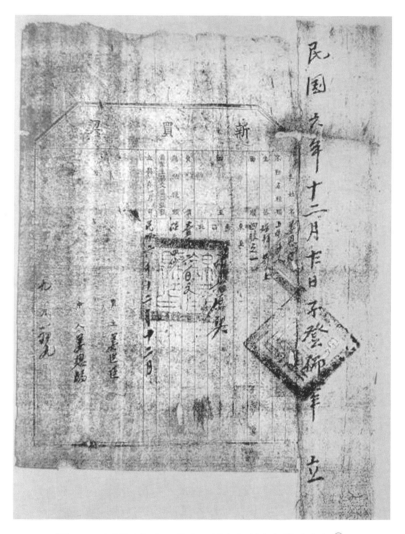

图2-3　民国六年十二月十二题山场所有权转让官契②

① 李荫乔：《贵州田赋研究》，载《民国贵州文献大系》第2册（下），贵州人民出版社2011年版，第5页。
② 张应强、王宗勋：《清水江文书（第一辑）》第13册，第256页。

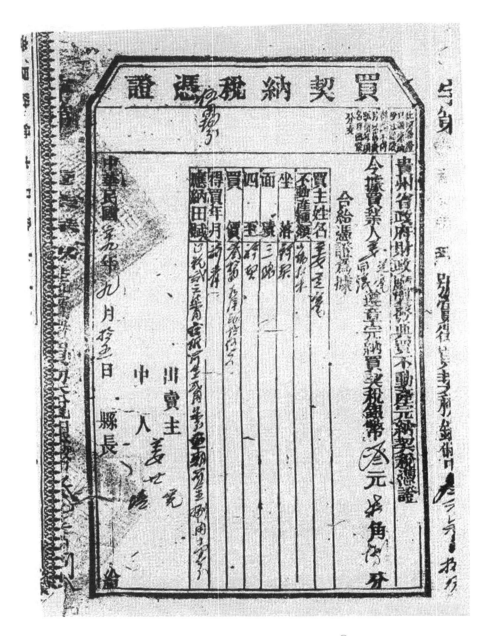

图 2-4 民国断卖山场杉木纳税凭证 [1]

---

① 张应强、王宗勋：《清水江文书（第一辑）》第 6 册，第 21 页。

如上所述，在清水江文书中，转卖山场所有权的契约文书非常之多，具体内容上无太大差别，此外，因为白契较多，这样的民间契约在起首语内容有一定差异，故需根据各区域文书特点，判断其文书是否为转卖山场所有权者，对此应该引起学界关注。查阅已经整理出版的清水江文书，发现山场所有权转让文书甚多，故不一一述之，下将已经出版的清水江文书中有涉山场权属转让文书等梳理如下，以供参考，具体见表2-1。

表2-1　清水江文书中山场所有权转让文书例举

文书名称	立契时间	资料出处
姜交贤断卖油山场地字	光绪十六年八月十四日	《清水江文书（第一辑）》第13册，第243页
陆宗培卖山场木地字	光绪十七年二月二十二日	同上，第246页
姜世臣卖山场杉木字	民国六年十二月十二日	同上，第256页
姜正高父子卖山场木地字	民国九年五月十四日	同上，第258页
姜光照断卖山场字	道光二十八年十月初八日	同上，第26页
立卖茶油山场约	乾隆三十七年三月十七日	同上，第93页
姜广酉断卖茶油山约	乾隆五十八年五月初九日	同上，第96页
姜文炳、姜起科、姜老四断卖山场字	嘉庆二十六年元月初五日	同上，第105页
姜文孝、姜文玉断卖山场契	乾隆二十九年七月十四日	《清水江文书（第一辑）》第11册，第5页
姜启才等卖山场字	乾隆三十年二月十八日	《清水江文书（第一辑）》第12册，第6页
姜文彬等其人卖山场字	乾隆三十年一月二十三日	同上，第7页
姜番保母子卖杉木地土契	乾隆三十二年七月初六日	同上，第8页
姜文学断卖山场约	乾隆三十二年闰七月二十八日	同上，第9页
姜番保、姜番貌卖山场约	乾隆三十二年十二月十二日	同上，第10页
姜明祥断卖杉山约	乾隆三十二年十二月十二日	同上，第12页
姜矫三断卖杉木地约	乾隆三十四年八月初九日	同上，第14页
姜矫三断卖杉木地约	乾隆三十四年八月初九日	同上，第15页
姜起相卖山地契	乾隆五十年六（十）月二十一日	同上，第28页
朱辇保卖山场字	乾隆五十年十二月二十八日	同上，第29页
姜文助卖山场约	嘉庆六年九月二十六日	同上，第39页
范绍正卖山场约	嘉庆十八年三月二十四日	同上，第59页
姜启章断卖山场约	嘉庆十九年十二月二十三日	同上，第63页
姜相德断卖山场约	道光十四年七月初一日	同上，第79页
龙载坤断卖山场字	道光二十三年九月十四日	同上，第101页

续表

文书名称	立契时间	资料出处
龙维元卖山场字	道光二十三年九月十六日	《清水江文书（第一辑）》第 11 册，第 102 页
姜剪春卖绝杉木地契	乾隆三十一年六月三十日	同上，第 236 页
姜盛周、姜九唐卖油山约	乾隆五十一年四月二十六日	同上，第 241 页
姜廷珍卖茶油山字	乾隆五十八年三月初十日	同上，第 245 页
龙绍舜母子二人断卖山场约	嘉庆八年三月初四日	同上，第 248 页
姜远寿断卖杉山地约	嘉庆十六年十二月十三日	同上，第 252 页
姜文玉卖山场契	乾隆三十七年七月二十八日	同上，第 308 页
姜文玉买山场木契	乾隆三十年七月二十八日	同上，第 309 页
姜文魁父子卖山场约	乾隆三十一年三月十六日	同上，第 312 页
姜老岩、姜官连卖山场字	乾隆三十一年六月二十四日	同上，第 313 页
姜岩五卖山约	乾隆三十三年二月二十九日	同上，第 315 页
姜文连卖山场约	乾隆三十三年十二月十八日	同上，第 317 页
姜老安、姜老得卖茶油山约	乾隆三十五年六月十六日	同上，第 319 页
岩保番卖茶油山契	乾隆三十五年六月十六日	同上，第 320 页
姜廷珍卖油山场约	乾隆五十年二月二十五日	同上，第 328 页
姜得明卖油山地约	乾隆五十一年二月十八日	同上，第 329 页
姜德宗等卖山场约	嘉庆十六年闰三月十三日	同上，第 219 页
姜凤鳌、姜恩森叔侄断卖魂山之土约	民国七年三月初一日	同上，第 256 页
陆宗煜、陆宗橘弟兄断卖山场字	民国八年十月十二日	同上，第 257 页
姜□恩断卖山场字	民国十一年正月初九日	同上，第 259 页
姜纯清断卖油山字	民国二年八月十四日	同上，第 282 页
姜恩齐断卖油山字	民国十年十二月二十八日	同上，第 289 页
姜二长断卖油山字	民国十年十二月二十八日	同上，第 290 页
姜酉成断卖油山字	民国十二年十二月初六日	同上，第 296 页
姜文辅断卖油山字	民国十五年七月二十四日	同上，第 303 页
范玉堂断卖山场约	道光九年十一月初二日	同上，第 3 页
范老于断卖山场字	同治十一年六月十五日	同上，第 9 页
姜元灿卖油山字	民国十四年六月初五日	同上，第 45 页
姜永道断卖油山约	民国十五年四月二十八日	同上，第 52 页
姜金岩断卖山场字	民国十五年十一月初四日	同上，第 66 页
姜继连卖山场字	民国十五年是二月初二日	同上，第 68 页
姜光齐卖山场字	道光十年五月二十三日	同上，第 161 页
姜朝魁断卖山场约	道光二十一年闰三月十七日	同上，第 165 页
姜开彬卖油山地土约	道光二十一年四月初八日	同上，第 166 页

续表

文书名称	立契时间	资料出处
姜开吉断卖油山字	道光二十六年十二月二十七日	《清水江文书（第一辑）》第 11 册，第 167 页
姜文煌卖油山字	民国三十八年八月十九日	同上，第 185 页
姜继美、姜文泮父子断卖油山字	民国三十八年三月初七日	同上，第 196 页
姜登明弟兄四人断卖山场油山字	光绪二十七年十月初十日	同上，第 377 页
姜登科卖油山场字	光绪三十五年后二月十二日	同上，第 378 页
姜家贵断卖油山场字	民国三十四年十二月二十四日	同上，第 398 页
姜春芝、姜鹤寿母子断卖山字	民国三十七年三月初二日	同上，第 399 页
姜氏春芝、姜和寿、姜锦寿母子断卖山场字	一九五〇年十二月初二日	同上，第 403 页
姜廷相断卖杉山字	嘉庆十九年六月初一日	《清水江文书（第一辑）》第 1 册，第 8 页
姜生兰断卖田、杉山字	道光八年十二月二十八日	同上，第 36 页
姜官桥断卖山场契	嘉庆十六年三月十四日	同上，第 126 页
姜佑兴买山记录	嘉庆二十年十二月十八日	同上，第 328 页
姜登高断卖山场约	嘉庆十年十二月十七日	同上，第 118 页
姜连周断卖山场约	嘉庆二十年十月二十五日	同上，第 129 页
姜维远断卖山场约	道光十二年十二月二十四日	同上，第 146 页
姜合隆等断卖山场约	道光十八年六月初八日	同上，第 153 页
姜之毫买山场股份契	道光十九年六月二十八日	同上，第 156 页
姜本顺断卖山场契	道光二十四年五月二十六日	同上，第 160 页
姜凤文断卖山场字	光绪二十二年六月初八日	同上，第 197 页
姜凤文父子断卖山场字	光绪二十三年六月初八日	同上，第 200 页
姜凤文父子断卖山场字	光绪二十三年六月二十日	同上，第 202 页
姜元英弟兄等断卖山场杉木地土栽手字	光绪二十六年十二月初九日	同上，第 214 页
姜元英弟兄断卖山场并菜园字	光绪二十六年十二月二十四日	同上，第 215 页
姜德喜、姜德明兄弟断卖油山约	民国九年六月初七日	同上，第 253 页
姜绍周父子断卖杉木山场并土约	道光元年十二月二十三日	《清水江文书（第一辑）》第 3 册，第 46 页
姜通文等弟兄父子断卖油山契	道光元年十二月二十三日	同上，第 47 页
姜官绞断卖油山约	道光三年十二月二十六日	同上，第 51 页
姜开祥等弟兄断卖油山约	同治二年四月二十五日	同上，第 100 页
姜开望断卖土木山场约	同治二年九月二十三日	同上，第 101 页

续表

文书名称	立契时间	资料出处
姜凤章等断卖山场杉木并土字	同治八年五月十六日	《清水江文书（第一辑）》第 3 册，第 104 页
姜凤祥断卖油山杉木字	民国二年三月二十九日	同上，第 128 页
姜□保断卖山场字	嘉庆十年七月十八日	《清水江文书（第一辑）》第 4 册，第 20 页
姜廷元父子断卖山场约	嘉庆二十年十二月十四日	同上，第 23 页
龙善华断卖山场约	嘉庆二十一年二月十六日	同上，第 25 页
杨秀辉立断卖山场地土约	光绪二十年十月初四日	《清水江文书（第一辑）》第 1 册，第 7 页
杨秀清立断卖茶山字	民国五年九月十四日	同上，第 11 页
杨廷翰立断卖茶山字	民国十四年十二月十二日	同上，第 14 页
杨朝彬立断卖油山杉木并地土约	民国十六年六月初二日	同上，第 19 页
张德贵立断卖禁山字	民国二十五年三月三十日	同上，第 24 页
张久仁、张久元弟兄立断卖油山字约	民国三十年二月二十八日	同上，第 26 页
龙万荣立断卖禁山字	民国三十七年十二月二十日	同上，第 58 页
龙万荣立断卖山场地土字	公元一九四九年十二月□八日	同上，第 61 页
王宁潭等断卖山场约	乾隆十三年十二月十四日	同上，第 66 页
王宁潭等立断卖山场约	乾隆十八年二月十四日	同上，第 67 页
姜党三立断卖山场约	乾隆二十二年七月二十六日	同上，第 70 页
姜党保鸠立断卖杉山约	乾隆二十三年二月初六日	同上，第 71 页
姜番究、姜保天立断卖山场约	乾隆二十六年七月十七日	同上，第 72 页
陶文举立断卖山场约	乾隆四十三年八月初五日	同上，第 77 页
彭相贤等立断卖山场约	嘉庆十七年十二月□五日	同上，第 81 页
彭泽胜立断卖山场地土杉木约	道光三年六月二十八日	同上，第 88 页
姜老泽、姜老平兄弟立断卖山场地土杉木约	道光五年五月二十八日	同上，第 89 页
姜应华立断卖地土山场约	咸丰二年六月初四日	同上，第 94 页
姜开泰立断卖山场杉木地土字	光绪十六年十一月初九日	同上，第 98 页
姜母元玉断卖山场菜园字	民国十五年四月初二日	同上，第 83 页
姜显高等断卖山场菜园字	民国十五年五月二十八日	同上，第 84 页
姜奉生断卖山场菜园约	道光十二年十二月二十日	同上，第 144 页
游世瑞、游伯鸿叔侄卖山场字	光绪八年二月十八日	《天柱文书·第一辑》第 9 册，第 198 页
蒋泰文、蒋泰福卖山场契	光绪二十年六月七日	同上，第 216 页

文书名称	立契时间	资料出处
蒋昌烈、蒋昌由、蒋昌续等卖山场地土契	光绪二十四年十二月十四日	《天柱文书·第一辑》第9册，第222页
蒋昌振、蒋景钊叔侄卖山场契	民国元年九月四日	同上，第240页
杨通谕断卖山场约	嘉庆二十五年八月初七日	《贵州清水江文书·黎平文书》第1册，第21页
杨至中、杨朝荣、石佩璋等四人断卖山场字	嘉庆二十一年二月二十六日	同上，第17页
姜凤兰等兄弟二人断卖杉山字	嘉庆十九年六月初一日	《清水江文书（第一辑）》第1册，第9页
姜生隆断卖杉木山场约	嘉庆二十三年五月二十日	同上，第13页
姜包柳断卖杉木山场约	道光元年六月初六日	同上，第21页
姜木连断卖杉木山场约	道光元年十月初三日	同上，第23页
姜朝弼断卖杉木山场约	道光三年二月十八日	同上，第24页
姜素龙断卖杉木山场约	道光四年十二月初三日	同上，第29页
姜奉兰等断卖杉木山场约	道光五年六月十五日	同上，第30页
姜朝弼断卖杉木山场约	道光十八年五月十日	同上，第42页
姜世洪等断卖杉木山场字	道光十八年五月二十日	同上，第43页
姜及龙断卖杉木山场约	咸丰元年七月初三日	同上，第53页
姜廷干等断卖杉木山场契	嘉庆十七年二月十四日	同上，第306页
范宗尧兄弟三人卖杉木山场契	嘉庆十二年十二月二十四日	同上，第319页
范述尧兄弟卖杉木山场契	嘉庆十二年十二月二十四日	同上，第320页
姜廷华等断卖杉木山场契	道光元年三月十二日	同上，第341页
姜沛云断卖山场契	道光二十九年十一月初二日	同上，第359页
姜宗周等断卖杉木山场约	道光六年六月二十五日	同上，第138页
姜世璜等断卖杉木山场字	道光十一年十二月十三日	同上，第142页
姜世安断卖山场约	道光十二年十二月十九日	同上，第143页
姜世宽断卖杉木山场约	道光十八年三月十九日	同上，第152页
姜奉生断卖杉木山场约	道光十八年十二月二十八日	同上，第155页
姜开吉断卖油山杉木山场约	道光三十年二月二十二日	同上，第165页
姜胜祖、姜胜武弟兄卖杉木山场契	嘉庆九年二月十三日	同上，第3页
姜德宗断卖杉木山场约	嘉庆十三年二月二十九日	同上，第10页
姜廷香断卖杉木山场约	嘉庆十七年正月三十日	同上，第17页
吴文相卖杉木山场约	嘉庆十七年七月十一日	同上，第18页
龙绍昌断卖杉木山场约	嘉庆十七年十一月二十四日	同上，第21页
姜老尚断卖杉木山场与屋地基字	嘉庆十九年六月二十八日	同上，第26页

续表

文书名称	立契时间	资料出处
姜含宗等断卖山场字	嘉庆二十二年二月初六日	《清水江文书（第一辑）》第1册，第29页
姜显和断卖杉木山场约	嘉庆二十四年九月二十七日	同上，第33页
姜廷魁卖山木字	道光元年七月初八日	同上，第34页
姜开元等断卖山场杉木约	道光三年正月二十八日	同上，第38页
姜廷彩等断卖山场杉木约	道光五年二月初六日	同上，第44页
姜占魁断卖山场杉木约	道光五年十月初一日	同上，第45页
姜廷魁、姜通明父子断卖山场杉木字	道光六年三月初八日	同上，第47页
姜显和断卖杉木山场约	道光六年七月初八日	同上，第49页
姜开祥兄弟三人断卖山场杉木约	道光八年七月二十三日	同上，第51页
姜福宗、姜福元弟兄断卖山场契	道光九年三月二十四日	同上，第52页
姜朝英、姜开生叔侄二人断卖杉木山场字	道光十一年二月二十日	同上，第55页
姜通文、姜通元、姜光宗叔侄断卖杉木山场约	道光十八年七月十六日	同上，第63页
朱镐断卖杉木山场约	道光二十三年七月二十日	同上，第68页
姜世璜断卖杉木山场约	道光十三年二月初八日	《清水江文书（第一辑）》第4册，第51页
龙文明等断卖山场字	光绪十七年三月二十八日	同上，第74页
姜朝弼父子断卖山场契	咸丰元年十二月十四日	同上，第218页

从表2-1可见，清水江文书中有涉转卖山场所有权者不仅数量多，而且时间跨度长。笔者检阅张应强、王宗勋等整理影印出版的《清水江文书》的1125份此类文书，其各时期文书份数和百分比情形见表2-2、图2-5。

表2-2 《清水江文书》中山场所有权转让的文书统计表 [1]

时间	文书数量（份）	占总额百分比	文书总数（份）	红契数量（份）
雍正	1	0.1%	1125	53
乾隆	88	7.8%		

---

[1] 根据张应强、王宗勋《清水江文书》第一、二、三辑辑录统计。

时间	文书数量（份）	占总额百分比	文书总数（份）	红契数量（份）
嘉庆	102	9.1%		
道光	172	15.3%		
咸丰	36	3.2%		
同治	41	3.6%	1125	53
光绪	210	18.7%		
宣统	34	3.0%		
民国	424	37.7%		
其他时间	17	1.5%		

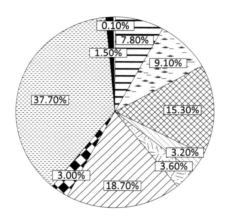

□ 雍正　☰ 乾隆　☲ 嘉庆　⊠ 道光　⊡ 咸丰　☷ 同治
⊿ 光绪　⊞ 宣统　⊠ 民国　■ 其他时间

图 2-5　《清水江文书》中各时期山场所有权转让文书占比图

从上文可得出，在清水江林业契约文书中，涉及山场权属转让问题的文书甚多，但从其山场权属转移来看，文书结尾一般书写有"一卖一了""不准赎回""永远耕管为业""耕管永远为业"等字样。属多次买卖者，为了防范纠纷，并特别对老契进行作废强调，如"恐后有老契、典契、抵契复出，便为休契"等，此标志性的字样应该引起学者注意。

二、转让山场经营权者

在清水江林业契约文书中，有许多内容是出卖山场中活立木。因为此类契约文书是出卖林木，故当地称之"卖青苗"，也叫"卖青山"或者"卖活立木"[1]，实际上就是青山买卖。这种交易通常只卖山场中的林木，林木出卖后，买主就得"借地养木"。故就山场权属而言，属于山场经营权转让问题，故在文书中多书有"日后木植长大发卖砍尽，地归原主，不得翻悔异言"，"杉木自卖之后任从买主修理管业"，"一断百了，父断子收"。文书通常以"立断卖杉木字""立断卖杉木约""立断卖杉木契"等字样起首，以"某某断卖杉木字""某某断卖杉木约""某某断卖杉木契"等字样为文书名，具体参见以下8件契约。

契约 2-23

立断卖杉木字姜周举，为家中要银使用无从出处，自愿将祖遗杉木一块，坐落土名皆晚出卖于族内姜佐周、侄姜朝瑾叔侄二人名下承买为业。当日议定银价二两五钱整，亲手领回。其杉木上凭田，下凭大冲，右凭冲，左凭老剪，四至分明。日后木植长大发卖砍尽，地归原主，不得翻悔异言。如有来历不清，俱在卖主理落，不于买主之事。今欲有凭。

> 凭中人姜国珍、姜文启
> 依口代笔姜朝佐
> 乾隆五十年十二月十四日立[2]

契约 2-24

立断卖山场杉木字人姜义保，为因家下缺少要银使用无从得出，自下所占山场坐落土名污巴溪二块刚夺一块凭中出断卖与姜文海、姜佐兴二人名下承买为业。当日三面议定价银捌□整，亲手收回应用。之后凭从买主下山修理管业栽杉，日后长大砍。获银多少卖主不许，兄弟并外人倘有异言，俱在卖主一面上前理落，不干买主之事。一断百了，父断子收。恐后无凭，断字永远存照。

外批污巴四股均分，姜文海、姜佐兴所占姜义保一股，刚夺二股

---

① 单洪根：《锦屏文书与清水江林业史话》，中国政法大学出版社 2017 年版，第 132 页。
② 同上。

均分，所占姜义保一股

依口代笔姜朝杰

乾隆五十二年正月初一日立 ①

契约 2-25

立断卖山场杉木约人本寨姜兰生，为因家下缺少银用，无从得出运张杉木大小四团：龙翁十一团，又忽皆幹一团，又堂在一团，出卖与本寨堂兄姜廷得名下承买为业。当日凭中三面议定断价银六两整，亲手收回应用。其木自卖之后，凭从买主下山修理管业，卖主兄弟不得异言，如有异言，俱在卖主尚存理落，不与买主和干。今恐有凭，立此断字为据。

外批此木又龙翁十分为两股，廷得占一股，廷烈占一股

凭中兄姜廷烈代笔姜廷柄

外批冉谷山场杉木拨与□□勇乐十拨与开明

凭中姜之连代笔姜世培

嘉庆四年七月十九日立断 ②

契约 2-26

立断卖山场杉木人文斗寨姜廷元，为因家中缺少银用，自愿上门将南石溪土名贯训红口，右凭红口，左凭朝英为界，下凭廷柱为界。下团乌石溪边右凭红口，左凭冲，上凭四荣，下凭溪。二团四至分明，出断卖与加池寨姜廷德为业。当面议定断价银三十七两正，亲手领回应用。其木自断之后，任从买主管业修理，卖主不得异言，凡弟兄族人一切不得异言，如有异言，俱在卖主理落，不关买主之事，一卖一休。恐后无凭，立此断字永远为据。

外批此杉木三股地主占二股，栽手占一股

---

① 张应强、王宗勋：《清水江文书（第一辑）》第 1 册，第 111 页。

② 同上，第 1 页。

凭中姜廷华

代笔陈酌华

嘉庆十七年十月初七日立①

契约 2-27

立卖杉木契人张山贤，今因家下要银使用，无从得出，自己请忠问到加池寨姜廷德名下承买为业。地名冉□金，上一团上凭田，下凭姜廷元之木，左凭岭，右凭岭，四至分名。下一团上凭水沟、下岩洞，左凭路，右凭岭，四至分名。凭中议定价银十陆□□，亲手领回应用。自卖知后，任从买主修理管业。卖主以及外人不得异言争论，倘有等情，卖主一力承当，不与买主相干。今恐人信难凭，立此卖契存照。

外批老木十八根在内

凭忠文堵姜朝胡岩湾寨范德贤

嘉庆二十一年九月二十五日山贤亲笔立②

契约 2-28

立断卖杉木约人本寨姜廷才，为因家下缺少银用无从得出，自愿将到杉木坐落地名眼沟否，上凭顶，下凭岩梁，左凭洪路③以大冲，右凭岭为界。此山之木分为三大股，姜开明名下占二股，姜廷才、现兰兄弟占一股。廷才今将半股出卖与姜开明名下承买为业，当日三面议定价银五两八分整，亲手领回应用。自卖之后任从买主修理管业，日后卖主不得异言，如有来路不明俱在卖主理落，不与买主之事。恐后无凭，立此断约存照。

凭中姜世清代笔姜通文

道光三年十二月二十八日④

---

① 张应强、王宗勋：《清水江文书（第一辑）》第 2 册，第 19 页。

② 张应强、王宗勋：《清水江文书（第一辑）》第 1 册，第 329 页

③ 洪路：指木材在山中运出时专用的交通运输通道，在文书中也称为洪、洪道等。

④ 张应强、王宗勋：《清水江文书（第一辑）》第 1 册，第 25 页。

契约 2-29

立断卖山场杉木约人本寨姜光秀，为因缺少粮食无处所出，自愿将到山场杉木一块地名冉高迫，此山之界上凭田，下凭河，左凭冲，右凭上截凭岭，下截凭冲。此山分为五股，地主占三股，栽手占两股，地主三股分为六十股，本名占一股，出卖与姜开让名下承买为业，当日议价谷三十斤，亲手收足。其山自卖之后任凭买主管业，卖主不得异言，倘有来路不清，俱在卖主理落，不关买主之事。恐口难凭，立此断卖字约为据。

凭中姜世孝

道光二十四年五月二十八日姜开渭笔立 [①]

契约 2-31

立卖山场杉木字人三公后裔，长公姜克顺、姜凤凰叔侄，二公姜凤仪、姜凤至弟兄叔侄，三公姜开同、姜大明弟兄叔侄众等。今将三公所遗山场一块，地名翻七鼎略，此山界址上下凭买主，左凭洪，右凭买主，四至分清。此山为因与明高秉忠争冉底之山要钱费用，众等商议愿将出卖与姜大明叔侄、姜献义叔侄共买，分为两大股，大明叔侄占一股，献义叔侄占一股，当日议定价为四百文，自卖之后任凭买主修理管业，众等不得异言，恐后无凭，立此卖字是实。

外批□三公之后裔日后不得翻悔

光绪十年九月二十五日仰请克顺笔立 [②]

总体言，青山买卖的类型甚为丰富，包括幼林、中幼林、成材林、树兜萌芽林木等诸多类型，具体内容见下文相关章节。需要注意的是，青山买卖成交后，一般是指林权发生了变更，林木有了新主人，为了林木经营，新的林主还需"借土养木"，故在文书中就会书写为"不卖地""借土养木"等字样，具体见契约 2-32、2-33。

---

① 张应强、王宗勋：《清水江文书（第一辑）》第 1 册，第 161 页。
② 同上，第 175 页。

契约 2-32

立卖杉木土股契高朗刘万先、刘万彩兄弟二人，为因要银用度无处所出，自愿将到土名穷恕山杉木两副，林姓栽手刘作栋栽手界上抵岭以路为界，下抵田，左抵补姓栽手岭路为界，右以田角破直以岭为界，四至分明。此杉木两股，土股占一股，栽手占一股，此山土股分为一十八股，（明祥占一股，剩余一十七股刘姓合共分为八大股，本名占一股先年）得买刘万钟之股共一股半，要银出卖，先问亲房，自己请中上门问到白宕塘舅承买彭高荣、彭高明名下管业。当日凭中议定价银四十五两二钱八分整，其银亲手领足应用，并不下欠分文。其杉木交与买主管业育禁。借土养木，不限远近，砍伐出山。关山木去，土归原主，恐后无凭，立此卖字为据是实。

内添三字

凭中彭高显

亲笔刘万先

大汉中华民国三年四月初十日立卖契 ①

契约 2-33

立卖杉木字龙俊槐，今因要洋用，无所出处，自愿将到土名百岩破田侃（坎）下木壹根出卖，四至抵本主，卖木不卖地，借土养木，不限远近，此本□出山。自己上门问到龙德芳名下承买，当面议定洋拾万元整，其祥亲手领足，其木付与买手为业。自卖之后，不得异言。恐后无凭，立有卖字为据。

讨笔龙俊槐

龙德照

中华民国三十六年八月二十一日立 ②

关于转让山林经营权者，在目前整理出版的《清水江文书》中甚多，根据

---

① 张应强、王宗勋：《清水江文书（第二辑）》第 5 册，第 66 页。

② 张新民：《天柱文书·第一辑》第 15 册，第 124 页。

文书具体内容，系统梳理如下，具体见表2-3。

表2-3 《清水江文书》中山场经营权转让文书例举

文书名称	立契时间	资料出处
龙老引等父子三人断卖杉木约	嘉庆十年九月二十三日	《清水江文书（第一辑）》第1册，第4页
姜美保断卖山场杉木约	嘉庆十年三月二十三日	同上，第2页
姜兰生断卖山场杉木约	嘉庆四年七月十九日	同上，第1页
姜安保断卖杉木约	嘉庆十四年二月初五日	同上，第5页
姜包柳断卖杉木约	嘉庆十八年四月十九日	同上，第7页
姜凤兰、姜现兰二兄弟断卖山场杉木字	嘉庆十九年六月初一日	同上，第9页
龙昌纹、龙昌贵弟兄二人断卖杉木约	嘉庆二十四年六月二十一日	同上，第15页
姜廷朱弟兄等断卖山场杉木约	嘉庆二十五年六月初四日	同上，第16页
姜成周、姜通文兄弟二人断卖木四根字	嘉庆二十五年七月十三日	同上，第17页
姜木连断卖杉木山场约	道光元年十月初三日	同上，第23页
姜朝弼断卖杉木山场约（红契）	道光三年二月十八日	同上，第24页
姜廷才断卖断卖杉木约	道光三年十二月二十八日	同上，第25页
姜世清断卖杉木约	道光四年二月初一日	同上，第27页
姜素龙断卖杉木山场约	道光四年十二月初三日	同上，第29页
姜奉兰、姜善兰断卖杉木山场约（红契）	道光五年五月十五日	同上，第30页
姜朝英等断卖杉木约	道光六年六月十八日	同上，第32页
姜开礼等弟兄二人断卖杉木约	道光七年二月二十八日	同上，第34页
姜朝弼卖杉木契（卖地主股份杉木）	道光七年四月二十二日	同上，第35页
姜朝弼断卖杉木山场约（红契）	道光十八年五月十日	同上，第42页
姜世洪、姜应生兄弟断卖杉木山场字	道光十八年五月二十日	同上，第43页
姜生春、姜发春卖山场杉木约	道光二十九年六月十五日	同上，第52页
姜开绪断卖杉木约	同治三年十二月初八日	同上，第59页
姜显光叔侄断卖山场杉木字	民国十五年六月初一日	同上，第86页
姜显堂弟兄断卖山场杉木字	民国十五年六月初一日	同上，第87页
姜家滨断卖山场杉木并菜园约	民国十七年二月二十六日	同上，第88页
姜老先弟兄四人断卖土栽杉木约	道光五年十二月二十二日	同上，第31页
姜弘运断卖山场杉木约	乾隆五十二年三月二十日	同上，第112页
龙起凤断卖山场杉木约	乾隆五十八年十二月初五日	同上，第114页
龙官□、龙老番弟兄二人断卖山场杉木约	乾隆五十八年十二月二十八日	同上，第115页

续表

文书名称	立契时间	资料出处
姜登高断卖杉木约	嘉庆十九年二月十四日	《清水江文书（第一辑）》第 1 册，第 118 页
唐德方、唐德兴兄弟父子断卖杉木字	嘉庆十四年三月十四日	同上，第 123 页
范绍卿断卖山场杉木约	嘉庆十五年二月初一日	同上，第 124 页
范绍卿卖山场杉木约	嘉庆十五年二月初一日	同上，第 125 页
姜烟桥、姜通文弟兄二人断卖山场杉木契	嘉庆十六年十二月二十一日	同上，第 128 页
姜朝瑾卖山场杉木约	嘉庆二十三年十二月二十一日	同上，第 131 页
姜德宗等断卖山场杉木约	道光元年六月初六日	同上，第 133 页
姜宗周等断卖杉木山场约	道光六年六月二十五日	同上，第 138 页
姜开元等断卖山场杉木约	道光九年十一月初五日	同上，第 139 页
姜世璜等断卖杉木山场字	道光十一年十二月十三日	同上，第 142 页
姜厌生断卖山场杉木屋地坪约	道光十四年三月十二日	同上，第 147 页
姜服龙、姜合龙、姜四龙断卖山场杉木约	道光十七年十二月二十日	同上，第 149 页
姜世安断卖山场杉木约	道光十七年十二月二十五日	同上，第 150 页
姜开相、姜开化、姜开庆弟兄断卖山场杉木约	道光十八年十月十三日	同上，第 151 页
姜世安断卖山场杉木约	道光二十二年十二月二十四日	同上，第 157 页
姜光朝、姜世俊断卖杂木并杉木契	道光二十四年五月二十三日	同上，第 159 页
姜氏卧有香断卖山场杉木约	道光二十五年六月二十二日	同上，第 163 页
姜怀德断卖杉木约	道光二十七年六月初一日	同上，第 164 页
姜氏卧有香同媳兰香断卖山场杉木并栽手约	咸丰九年三月二十八日	同上，第 167 页
姜凤岐断卖山场杉木并栽手字	光绪十四年十二月二十日	同上，第 176 页
姜凤岐断卖山场杉木并栽手字	光绪十六年二月初二日	同上，第 180 页
姜兆珊、姜兆瑚弟兄断卖山场杉木字	光绪十九年五月初八日	同上，第 183 页
姜大明断卖山场杉木并栽手契（红契）	光绪二十三年正月十八日	同上，第 198 页
姜凤岐断卖山场杉木并栽手字	光绪二十三年五月十六日	同上，第 199 页
姜元俊、姜元英弟兄断卖山场杉木字	光绪二十三年六月十九日	同上，第 201 页
姜元英弟兄断卖山场杉木字	光绪二十五年十二月二十日	同上，第 206 页
姜元英弟兄断卖山场杉木字	光绪二十六年正月十六日	同上，第 207 页
姜凤岐断卖山场杉木字	光绪二十六年二月初二日	同上，第 208 页

文书名称	立契时间	资料出处
姜元英弟兄断卖山场杉木字	光绪二十六年二月初二日	《清水江文书（第一辑）》第1册，第209页
姜明保、姜明魁、姜兆生书博断卖山场杉木字	光绪二十六年三月十八日	同上，第211页
姜元英弟兄断卖山场杉木字	光绪二十六年七月初三日	同上，第212页
姜元英、姜元俊弟兄断卖山场杉木地土栽手字	光绪二十六年十二月初七日	同上，第214页
姜元英弟兄断卖山场杉木字	光绪二十六年十二月二十九日	同上，第216页
姜元英、姜元俊弟兄断卖山场杉木字	光绪二十九年十二月十八日	同上，第224页
陆老培、陆求保弟兄二人断卖山场杉木字（红契）	光绪三十二年六月十二日	同上，第227页
姜培荣断卖山场杉木契	光绪三十四年二月二十三日	同上，第229页
姜永茂断卖山场杉木字	民国元年二月二十三日	同上，第234页
姜永茂断卖山场杉木约	民国三年正月十六日	同上，第237页
姜永标断卖山场杉木字	民国三年二月初四日	同上，第238页
姜和祥父子卖山场杉木字	民国七年十二月二十日	同上，第248页
姜作琦父子断卖山场杉木字	民国九年五月十二日	同上，第252页
姜敦俊等卖杉木字	民国三十六年七月十二日	同上，第278页
姜玉周断卖杉木约	乾隆五十九年十月十四日	同上，第301页
姜廷干等卖杉木山场契	嘉庆七年二月十四日	同上，第306页
姜国英、蒋连芳叔侄断卖山场杉木约	嘉庆八年十一月二十四日	同上，第314页
蒋凤山卖杉木契	嘉庆二十年十月二十日	同上，第327页
张山贤卖杉木契	嘉庆二十一年九月二十五日	同上，第329页
姜官宝断卖杉木约	嘉庆二十四年三月十四日	同上，第335页
姜沛云断卖山场契（红契）	嘉庆二十九年十一月初二日	同上，第359页
姜凤飞断卖山场杉木字	同治二年六月二十五日	同上，第364页
姜凤岐断卖山场杉木字（红契）	光绪十年五月二十日	同上，第369页
姜凤岐断卖山场杉木字（红契）	光绪十四年五月二十日	同上，第371页
陆光才断卖杉木约	嘉庆十年三月初四日	《清水江文书（第一辑）》第2册，第4页
姜胜祖、姜胜武弟兄卖杉木山场契	嘉庆九年二月十三日	同上，第3页
姜胜祖、姜胜武弟兄断卖山场杉木约	嘉庆十年四月初四日	同上，第5页
姜老岩断卖杉木约	嘉庆十四年四月初九日	同上，第6页
姜廷相卖杉木字	嘉庆十年六月初三日	同上，第7页
姜胜祖、姜胜武弟兄断卖杉木约	嘉庆十年十一月初一日	同上，第8页

续表

文书名称	立契时间	资料出处
姜德宗断卖杉木山场约（红契）	嘉庆十三年二月二十九日	《清水江文书（第一辑）》第2册，第10页
范述尧、范绍政兄弟二人断卖山场杉木约	嘉庆十五年八月初六日	同上，第12页
姜国英断卖山场杉木字	嘉庆十六年二月二十四日	同上，第13页
姜廷元断卖山场杉木契	嘉庆十七年十月初七日	同上，第19页
龙绍昌断卖杉木山场约	嘉庆十七年十二月二十四日	同上，第21页
姜老尚卖杉木山场与地基字（红契）	嘉庆十九年六月二十八日	同上，第26页
范承尧断卖山场杉木约（红契）	嘉庆十九年闰二月初九日	同上，第24页
范继尧断卖山场杉木约	嘉庆十九年九月二十五日	同上，第27页
范继尧断卖山场杉木约（红契）	嘉庆二十一年十一月二十八日	同上，第28页
姜占魁断卖山场杉木约（红契）	嘉庆二十二年十月初九日	同上，第30页
姜廷魁卖山木字	道光元年七月初八日	同上，第34页
姜翻绞断卖山场杉木约	道光元年十二月二十五日	同上，第35页
姜开元等断卖山场杉木约（红契）	道光二年正月二十八日	同上，第38页
姜廷才卖杉木契	道光四年正月十九日	同上，第42页
姜朝弼断卖杉木约	道光四年十一月二十一日	同上，第43页
龙占魁断卖山场杉木约	道光五年十月初一日	同上，第45页
姜舒太、姜世法弟兄断卖杉木约	道光五年十一月初八日	同上，第46页
姜文玉等断卖杉木契	道光六年四月二十二日	同上，第48页
姜显和断卖杉木山场约	道光六年七月初八日	同上，第49页
姜福宗、姜福元弟兄二人断卖杉木约	道光七年四月初三日	同上，第50页
姜开祥断卖山场杉木约	道光八年七月二十三日	同上，第51页
姜朝英、姜开生叔侄二人断卖杉木山场字（红契）	道光十一年二月二十日	同上，第55页
姜占鳌、姜杨贤弟兄二人断卖山场杉木约	道光十一年三月初八日	同上，第56页
姜占鳌、姜杨贤弟兄二人断卖山场杉木约	道光十一年四月初八日	同上，第56页
姜通文、姜通元、姜光宗叔侄断卖杉木山场约（红契）	道光十八年七月十六日	同上，第63页
姜凌云断卖山场杉木约（红契）	道光二十三年七月二十日	同上，第67页
姜本洪、姜本德、姜老隆弟兄三人断卖山场杉木契	道光二十四年八月十三日	同上，第71页
姜本宏弟兄三人断卖山场杉木字	道光二十四年九月初八日	同上，第72页
姜开祥、姜贵生弟兄二人断卖山场杉木约（红契）	同治九年五月二十五日	同上，第89页

文书名称	立契时间	资料出处
姜喜保、姜桥保弟兄二人断卖山场杉木字（红契）	光绪元年一月初二日	《清水江文书（第一辑）》第2册，第92页
姜凤岐断卖山场杉木字（红契）	光绪十五年二月初五日	同上，第104页
姜凤至断卖山场杉木字	光绪十七年三月二十五日	同上，第105页
姜兆开断卖山场杉木约	光绪二十一年九月初五日	同上，第112页
龙海清断卖地土杉木字	民国元年十月二十八日	同上，第134页
姜永通断卖山场杉木字	民国二十年六月十二日	同上，第151页
姜永炽、姜永清断卖山场杉木契	民国十四年八月初二日	同上，第152页
姜元秀断卖山场杉木并栽手字	民国十五年六月初一日	同上，第155页
范老五断卖杉木约	嘉庆八年十二月二十日	同上，第204页
姜起山、姜凤兰、姜善兰父子三人断卖杉木约	嘉庆九年十二月二十四日	同上，第205页
姜廷华断卖杉木约	嘉庆十一年六月初三日	同上，第207页
姜廷仕断卖杉木山场约	嘉庆十四年五月十一日	同上，第211页
范锡畴断卖杉木山场约（红契）	嘉庆十八年十二月初十日	同上，第214页
姜成周、姜通文兄弟断卖山场杉木约（红契）	嘉庆十九年五月二十二日	同上，第215页
姜官绞父子断卖杉木约	道光元年十二月十八日	同上，第224页
姜通文断卖油山山场杉木约	道光元年十二月二十六日	同上，第225页
姜目连断卖山场杉木约（红契）	道光四年三月初三日	同上，第229页
彭守敬断卖杉木字	道光九年十二月初八日	同上，第232页
姜登志断卖杉木约	道光十四年闰四月初五日	同上，第233页
姜世琏断卖山场杉木约	道光十一年三月初四日	同上，第235页
姜皮松、姜平松弟兄二人卖山场杉木约	咸丰十一年十月初七日	同上，第262页
姜凤至断卖杉木山场约（红契）	同治二年七月十六日	同上，第264页
姜凤仪断卖山场杉木约（红契）	同治二年十月初五日	同上，第265页
姜开仕断卖山场杉木约（红契）	同治二年十二月二十六日	同上，第266页
姜开文父子断卖山场并栽手杉木契（红契）	同治二年十一月二十八日	同上，第267页
姜凤飞断卖山场杉木字（红契）	同治十二年六月二十五日	同上，第278页
姜凤至断卖杉木约	光绪二年四月二十五日	同上，第280页
姜凤至断卖山场杉木约（红契）	光绪十年闰五月初九日	同上，第291页
姜占魁父子断卖山场杉木栽手字（红契）	光绪十九年五月二十五日	同上，第303页
姜恩泰父子断卖山场杉木契	光绪二十三年六月十九日	同上，第313页
姜永炽断卖山场杉木并土栽手字	民国四年五月初十日	同上，第320页

续表

文书名称	立契时间	资料出处
姜定国断卖山场杉木并栽手字（红契）	民国十五年三月二十二日	《清水江文书（第一辑）》第2册，第335页
姜有道断卖山场杉木约	时间不详	同上，第358页
龙长生断卖杉木约	嘉庆二十二年十二月初二日	同上，第220页
姜凤至断卖山场杉木字（红契）	光绪十四年四月初九日	同上，第300页
姜凤凰断卖山场杉木约（红契）	光绪三年五月二十七日	同上，第282页
孙松友断卖杉木约	道光元年正月二十八日	同上，第222页
姜卧隐断卖杉木字	乾隆五十四年九月二十三日	《清水江文书（第一辑）》第3册，第6页
姜廷烈卖杉木字	乾隆五十八年十月初八日	同上，第7页
姜今保断卖杉木约	嘉庆十三年二月十三日	同上，第19页
姜廷华父子断卖山场杉木约	嘉庆十七年十二月二十四日	同上，第23页
姜成周、姜通文弟兄断卖杉木约	嘉庆十八年五月二十日	同上，第24页
姜保柳父子断卖杉木约	嘉庆十九年闰二月十四日	同上，第27页
姜老龙断卖杉木约	嘉庆二十年三月二十六日	同上，第29页
姜保柳父子断卖杉木约	嘉庆二十一年十月初六日	同上，第31页
龙现第断卖杉木契	嘉庆二十二年正月初九日	同上，第32页
姜廷香断卖田与山场杉木字	嘉庆二十二年二月初六日	同上，第33页
姜廷才断卖杉木约	嘉庆二十二年五月初八日	同上，第34页
姜善兰断卖杉木约	嘉庆二十二年十一月二十四日	同上，第37页
姜廷香断卖杉木约	嘉庆二十四年五月初二日	同上，第40页
范腾高父子断卖杉木约	嘉庆二十五年二月初十日	同上，第41页
姜绍周父子断卖杉木山场并土约	道光元年十二月二十三日	同上，第46页
姜廷华父子断卖杉木约	道光二年二月初四日	同上，第49页
孙邦约弟兄四人断卖杉木约	道光三年十二月二十八日	同上，第52页
姜开元、姜开书兄弟四人断卖山场杉木约（红契）	道光三年十二月二十七日	同上，第53页
姜成珍断卖杉木山场字（红契）	道光四年四月初十日	同上，第55页
姜开元断卖杉木约	道光六年三月初七日	同上，第58页
姜奉乔父子断卖杉木约	道光七年三月初二日	同上，第60页
姜维远等卖杉木字	道光九年十二月二十七日	同上，第66页
姜成珍断卖山场杉木约	道光十年六月二十五日	同上，第68页
姜三绞断卖杉木山场字	道光十一年正月二十八日	同上，第70页
姜老苏断卖杉木山场字（红契）	道光十一年二月初三日	同上，第71页
姜门范氏六英断卖田并杉木油树约	道光十八年七月十二日	同上，第81页

文书名称	立契时间	资料出处
姜世元、姜世杰父子断卖杉木约	道光二十年二月二十八日	《清水江文书（第一辑）》第3册，第86页
姜兆彪卖山场杉木约（卖杉木）	道光三十年六月初一日	同上，第98页
姜开望断卖杉木约	同治五年十二月二十六日	同上，第103页
姜佐兴等断卖山场杉木约	同治九年七月二十九日	同上，第105页
姜兆魁断卖山场杉木约	同治十三年七月初十日	同上，第106页
姜化理、姜化龙、姜喜太弟兄三人断卖山场杉木字（红契）	光绪六年六月初七日	同上，第109页
姜元英弟兄断卖山场杉木字	光绪二十七年二月二十五日	同上，第112页
姜凤祥断卖油山杉木字	民国二年三月二十九日	同上，第128页
姜包□断卖山场杉木约	时间不详	同上，第156页
姜克贞断卖山场杉木约	光绪六年五月二十日	同上，第108页
姜金锆断卖山场杉木并土约	宣统二年十月二十四日	同上，第123页
姜之琏等断卖油山字	道光十一年五月二十日	同上，第73页
姜美保卖杉木约	嘉庆十五年正月十三日	同上，第165页
范文浩断卖山场杉木约	嘉庆十五年十二月十七日	同上，第166页
姜廷荣断卖杉木山场约	嘉庆十六年十二月初四日	同上，第167页
杨文泰父子断卖杉木约	嘉庆十八年十月十四日	同上，第169页
龙祥生断卖杉木山场约（红契）	嘉庆二十年二月十二日	同上，第170页
姜占魁断卖杉木山场约（红契）	嘉庆二十四年二十一日	同上，第171页
陆光和断卖杉木约	道光三年八月初三日	同上，第175页
姜世安断卖杉木山场约	道光九年十二月二十八日	同上，第180页
姜苏连等弟兄二人断卖杉木约	道光十年五月二十五日	同上，第182页
姜元结断卖山场杉木契	道光十一年四月初九日	同上，第183页
姜世培、姜明德叔侄二人断卖山场杉木字（红契）	道光十一年九月十五日	同上，第185页
姜世琏断卖杉木字	道光十二年二月二十八日	同上，第186页
姜世宽断卖杉木约	道光十二年三月初九日	同上，第187页
姜之俊断卖山场杉木字	道光十三年四月初三日	同上，第191页
姜凤智断卖杉木约	咸丰十年五月二十六日	同上，第204页
姜开仕断卖杉木约（红契）	咸丰十年八月初三日	同上，第205页
王老大父子六人断卖杉木字	咸丰十一年十月二十三日	同上，第208页
姜凤至、姜凤云弟兄二人断卖杉木约	同治十三年七月十四日	同上，第218页
姜保生断卖山场杉木字（红契）	光绪十年六月三十日	同上，第225页
姜万成断卖山场杉木约	光绪十三年三月初三日	同上，第229页
姜凤至断卖油树山场字	光绪九年三月初六日	同上，第234页

续表

文书名称	立契时间	资料出处
姜春茂断卖山场杉木、枫木字	民国九年五月十六日	《清水江文书（第一辑）》第 3 册，第 251 页
姜文举断卖山场杉木并栽手字	民国十年十月初十日	同上，第 254 页
姜定国断卖山场杉木并栽手字	民国十五年六月初四日	同上，第 260 页
姜定国断卖油山并土杉木字	民国十五年六月初四日	同上，第 261 页
姜成顺断卖山场杉木字	民国二十四年十一月二十八日	同上，第 266 页
姜克贞卖枳树一根字	光绪六年五月初六日	同上，第 223 页
姜凤至断卖山场杉木字（红契）	光绪二十四年五月二十二日	同上，第 238 页
姜福元等卖青冈树契	咸丰十年十二月十九日	同上，第 206 页
龙长生断卖山场杉木约（红契）	道光元年六月二十五日	同上，第 329 页
姜苏连、姜位连弟兄断卖杉木约（红契）	道光四年四月十九日	同上，第 332 页
姜老尚断卖山场杉木约（红契）	道光四年十一月二十八日	同上，第 333 页
姜丙生断卖杉木约	道光二十八年七月二十七日	同上，第 358 页
姜开仕断卖山场杉木约	同治二年七月十九日	同上，第 368 页
姜渭滨断卖山场杉木字	光绪二十八年十一月初十日	同上，第 398 页
姜金培断卖山场土栽股份字	宣统元年十二月二十六日	同上，第 401 页
姜氏玉交等断卖山场杉木字	民国三十六年五月十四日	同上，第 432 页
姜老岩断卖杉木字	嘉庆三年六月十一日	同上，第 313 页
杨通经弟兄断卖杉木契（卖地主股份杉木）	嘉庆十六年四月十三日	同上，第 320 页
杨通经弟兄断卖杉木契	嘉庆十六年四月十三日	同上，第 321 页
姜英保断卖山场杉木约（红契）	嘉庆八年十月二十八日	同上，第 314 页
杨通经弟兄断卖山场杉木契	嘉庆十六年三月十四日	同上，第 320 页
杨通经断卖杉木契	嘉庆十六年四月十三日	同上，第 321 页
龙现华断卖杉木山场约（红契）	嘉庆十九年闰二月二十七日	同上，第 324 页
姜廷华父子断卖杉木山场字（红契）	嘉庆二十二年二月初六日	同上，第 326 页
杨昭贵断卖杉木约	嘉庆二十三年二月二十七日	同上，第 327 页
姜显明等断卖山场杉木约	道光二年三月十二日	《清水江文书（第一辑）》第 4 册，第 36 页
范咸芳弟兄等断卖山场杉木约	乾隆五十四年三月十八日	同上，第 3 页
姜廷辉父子等断卖山场杉木约	嘉庆十年十二月初九日	同上，第 10 页
姜国琮弟兄等断卖山场杉木约	嘉庆十年十二月初九日	同上，第 11 页
姜廷瑜断卖山场杉木约	嘉庆十一年二月初一日	同上，第 12 页
范老十卖山场杉木约	嘉庆十一年十月二十三日	同上，第 13 页
范文熏断卖山场杉木约	嘉庆十二年四月二十日	同上，第 14 页

续表

文书名称	立契时间	资料出处
龙老美父子二人断卖山场杉木约	嘉庆十三年闰五月十九日	《清水江文书（第一辑）》第 4 册，第 15 页
范老占断卖山场杉木约	嘉庆十六年四月初八日	同上，第 19 页
姜福乔等兄弟二人断卖山场杉木约	嘉庆二十年十二月十六日	同上，第 24 页
姜朝俊断卖山场杉木字	嘉庆二十二年六月十二日	同上，第 29 页
姜连未父子断卖山场杉木契	嘉庆二十三年六月初一日	同上，第 30 页
杨发龙父子二人断卖山场杉木契	道光元年二月十二日	同上，第 33 页
姜绍青卖山场杉木约	道光元年九月初七日	同上，第 34 页
姜光尧弟兄断卖山场杉木字	道光二年闰三月初五日	同上，第 37 页
姜廷烈卖山场杉木约	道光三年正月二十四日	同上，第 38 页
姜朝弼断卖山场杉木字	道光四年四月初九日	同上，第 40 页
范老丙断卖山场杉木约	道光十一年十二月十九日	同上，第 48 页
姜世琏等断卖山场杉木约	道光十八年二月十三日	同上，第 55 页
范士魁断卖山场杉木字	民国三年三月初三日	同上，第 244 页
龙德富等断卖山场杉木约	乾隆五十八年十二月初五	同上，第 289 页
杨□保断卖山场杉木约	乾隆六十年五月二十八日	同上，第 290 页

从表 2-3 可见，在清水江林业契约文书中，涉及青山买卖的文书甚多。笔者系统查阅了《清水江文书》，发现该大型丛书搜集的有关山场经营权转让的文书共 1709 件，各时期文书分布情形见表 2-4、图 2-6。

表 2-4 《清水江文书》中山场经营权文书转让统计表

时间	文书数量（份）	占总额百分比	文书总数（份）	红契数量（份）
雍正	1	0.06%		
乾隆	92	5.4%		
嘉庆	360	21.1%		
道光	430	25.2%		
咸丰	47	2.8%	1709	93
同治	60	3.5%		
光绪	246	14.4%		
宣统	36	2.1%		
民国	424	24.8%		
其他时间	13	0.8%		

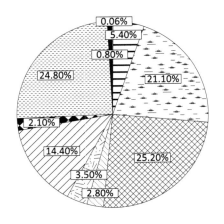

图2-6 《清水江文书》中各时期山场经营权转让文书占比图

三、一并转让山场所有权和经营权者

前文言及的都是单项的转移山场所有权、转让山场经营权者,其实在林农如遇到经济困难,因为缺银较多,用度甚急时,只得将山场和其中所栽林木一并出卖。山场卖出后,卖主不再拥有山场和林木的蓄禁管护权,在清水江林业契约文书中称之为"断卖杉木并山坡字""断卖杉木并山场约""立断卖山场与杉木约""立卖山场并杉木字""立卖油山并杉木字"等。如《乾隆五十六年七月二十四日杨廷美断卖杉木并山坡字》[1]《嘉庆元年十二月二日杨明士断卖杉木并山场约》[2]等,此类林业契约文书通常以"断卖山场与杉木约""断卖山场并杉木字"等起首,部分文书中还习惯用"一卖一了,父断子休""一卖一了""高坡滚石,有去无回"等,以强调表述一并断卖山场和林木,具体见契约2-33至2-45。

---

① 李斌:《贵州清水江文书·黎平文书(第一辑)》第1册,第4页。
② 同上,第7页。

契约 2-33

立断卖杉木并山场约人姜兴保，为因家下缺费用无出，自愿将先年同龙起谓、姜应保得买农姓银封现杉木山场一块，四□均占，自愿将本名一股，凭中出卖与徐宗党名下承买为业。当日凭中议定断价银二两整，亲手收回应用，其杉木山场自卖之后凭买主管业，不与外人争论异言，地租栽手如有外人异言，俱在姜兴保一人理落，一卖百了。今恐人信难凭，立此断卖杉木山场文契存照。

外批先有当约一纸一时难以寻出

凭中龙软党代笔易耀山

乾隆四十七年十二月二十六日立断 ①

契约 2-34

立卖杉木并地人姜老又，为因家中要银用度无从得处，愿将自己杉木一块，土名党冲，其山二十六小股均分，老又占一股，请中度卖与本房姜佐周、姜朝瑾父子名下承买蓄禁管业，当日二比议定价银一两整，其银领回，日后不得异言。今恐无凭，立此卖约存照。

凭中代笔姜锡禄

乾隆五十年三月初六姜老又立 ②

契约 2-35

立断卖杉木并山坡杨廷美，为因缺少费用无出，自己愿将地名格籽板三股均分，廷美所占一股，请中出断与杨□极名下得买为业。当凭中议定价银一□一□五分正，入手收回用度。其山杉木自断之后，任从买主修理管业，卖主不许弟兄相干，一断百了，父断子休，二后不得异言。恐后无凭，立此断字存照。

凭中吴银海

---

① 张应强、王宗勋：《清水江文书（第一辑）》第 1 册，第 110 页。
② 张应强、王宗勋：《清水江文书（第一辑）》第 13 册，第 216 页。

代笔杨朝位

乾隆五十六年七月二十四日立①

契约 2-36

立断卖杉木并山场约人杨明士，为因缺少银用，今自愿将土名归丧、德隆田坎上坡一块两股所占一股，又将归南坡一块二股所占一股，又将归凤岩滴水坡一块六股均分所占一股，共三处杉木不论大小出断与杨吕极名下。当面凭中议定价银四两五钱正，亲手收用。其杉木山场自断之后，任凭买主修理管业耕种，日后卖主不得异言，一断百了，自断己休。今欲有凭，立此断字永远存照。

凭中杨老三

代笔杨士正

嘉庆元年十二月初三日立②

契约 2-37

立断卖杉木山场并土约人岩湾寨范宗素，为因要银用度无处得出，自愿将到杉木山场一块坐落土名南见，此山分三大股，范宗素名下占一股，上凭芳田角为界，下凭德华，左凭宗治之木为界，右凭咸中为界，四至分明。请中问到于加池寨姜廷德名下承买为业。当日凭中议定价银十两正，亲手收足应用。自卖之后，任从买主上山修理管业，卖主不得异言，倘有此情，俱在卖主一命前当，不与买主之事。一卖一了，父卖子休，高坡滚石，有去无回。今恐人心不若古，立此断卖存照。

内添二字，内除一字

代笔范绍祥凭中玉连

嘉庆十九年三月初十一日立③

① 李斌:《贵州清水江文书·黎平文书（第一辑）》第1册，第4页。
② 同上，第198页。
③ 张应强、王宗勋:《清水江文书（第一辑）》第3册，第325页。

契约 2-38

立断卖山场与杉木约人本寨姜生龙，为因家中用度缺少银用，无处所出，自己将到地名冉幼山场，此山分为五大股，地主占三股，栽手占两股，今此山界至，上凭学忠木为界，下凭士周，左凭冲为界，右凭文善木为界，四至分明。此地主三股出卖与姜廷德名下承买为业，议定价银三两整，亲手所卖，日后不得异言。一卖一了，父卖子休。今恐无凭，立此断约存照。

姜世和书

嘉庆二十一年二月二十六日立 [①]

契约 2-39

立断卖山场并油山约人姜朝弼，为因缺少用度，自愿将到报旧抑油山一块，上凭老和，下凭朝俊、左凭木洪，右凭朝俊、朝英；又将乌慢之山一块（无木）分为十五股，本名占四股，上凭田，下凭溪，左凭岭以包柳为界，右凭现华；又将党东油山一块分为十股，本名占一股，周围凭路；又将众上共山（有木）一所，土名燕子山，上凭中仰之山，下凭私山，左凭中仰，右凭党村大路为界，又将从古盉（有木）山场上下二块分为十股，朝弼占一股，上凭路，下凭溪左凭冲右凭田坎下小冲为界。今请中出卖与胞兄姜朝英名下承买为业，当面凭中议定价银十三两正，入手应用。自卖之后任凭买主管业，不得异言。今欲有凭，立此断字为据。

外批又将皆客梭杉木一块分为十五股，本名占一股出卖，无土污慢对面两边溪（无木），又将险节之山（无木）分为五十五股，本名占二股出卖，又将党独侪山（无木）山场一块，其有油山杉木在内。

凭中姜诏季荣春

道光四年五月十五日之俊笔立 [②]

---

① 张应强、王宗勋：《清水江文书（第一辑）》第 1 册，第 10 页。
② 张应强、王宗勋：《清水江文书（第一辑）》第 11 册，第 157 页。

契约 2-40

立卖山场其杉木并地土人寅寨龙乔寿，今因要钱度用，无所出处，自愿将到与旺仁共有土名高必腰，并平宗翁山场杉木二处□连，二股均分，今将我面下一股出卖，上依河珠连保山场，下依□景荒平为界，左依古路为界，右依朝汉山场为界，四至分明，要钱出卖。请中问到龙仁景、龙大吉二人名下承买，当面言定大钱三千一百文。其钱领足应用，其山场杉木并地土卖与买主耕管为业。自卖之后，不得异言。今恐无凭，立卖执据。

凭中太和

代笔佛佑

道光二十七年九月二十七日立[1]

契约 2-41

立卖山场并土杉木字人平鳌姜克顺，为因缺少用费无从所处，自愿将先年与陆志儒得买地名党喉山场一所，与加什寨姜恩瑞所共之山一概出卖。其山界限上凭顶大路，下凭田，左凭下乌什之路破冲为界，右凭光大之山为界，此山分为九股，今将名下得买陆志儒一股，请中出卖与中仰陆镜堂名下承买为业。当日凭中议定价银一两零八分整，亲手领足，银契两交分未欠。其山自卖之后任凭买主修理管业，我卖不得异言，恐有不清俱在卖主理落，不与买主相干。今欲有凭，立此卖字为据。

内添二字

凭中陆大才

光绪二十二年三月十八日子姜为政亲笔立[2]

---

① 张新民：《天柱文书·第一辑》第13册，第34页。

② 张应强、王宗勋：《清水江文书（第一辑）》第1册，第195页。

契约 2-42

立断卖山场杉木并油山字人本家姜大明、姜凤文、姜凤岐、姜沛祥、姜恩燦弟兄、献义叔侄、元英弟兄众等，为因去下扒洞清山费用之项无处得出，公孙叔侄众等商议，将地名皆绞山场油山一块，此山界址上凭献义之油山以上，右边以大路为界，下凭冲以田为界，左右凭冲，四至分清，不得错乱。今将出卖与姜献义名下承买为业，当日凭中议定断价大钱三千零八文，众等领用。自卖之后任凭买主修理管业，公孙叔侄等日后不得异言，恐口无凭，立此卖字存照为据。

内添一字涂二字

凭中代笔姜光顺

光绪二十五年十一月初十日 ①

契约 2-43

立断卖山场并杉木字文斗下寨姜恩浩，为因缺少钱用度，无处寻出，自愿将主遗山场一块坐落地名报楼，其山界限，上凭庙田与沟为界，下凭盘沟，左凭铨相山与土垦为界，右抵溪为界，四至分清。此山分为四大股，保龙占一大股，贤龙占一大股，有龙占一大股，本名占一大股。今将有龙、贤龙、本名共合三大股，今将出断卖与河边李忠发名下承买为业，当面凭中议定价钱三千四百八十文，亲手收足应用，未欠分文。其山自卖之后，任凭买主修理管业，我卖主房族弟兄并外人不得争论，如有争论异言，俱在我卖主上前理落，不关买主之事。恐后口说无凭，立此断卖山场并杉木字永远发达存照是实为据。

凭中代笔姜交志

光绪三十四年七月二十五日恩浩亲押立 ②

---

① 张应强、王宗勋：《清水江文书（第一辑）》第 1 册，第 205 页。
② 张应强、王宗勋：《清水江文书（第一辑）》第 13 册，第 162 页。

契约 2-44

立断卖油山并杉木字人本房姜文昌弟兄，为因缺少钱用，无处所出，自愿将油山一块地名冉善，界址上凭买主油山，下凭田，左右凭田，四抵分清。今将凭中出断卖与本房姜元瀚、姜元灿弟兄二人名下承买为业。当日凭中议定价钱六百八十文，亲手收足应用，不欠分文。其油山自卖之后，任凭买主上油山修理管业，卖主弟兄不得异言，倘有不清，俱在卖主理落，不关买主之事。恐口无凭，立此断卖字为据。

内添四字

岩湾凭中范基禄

民国丙寅年六月初六亲笔立[①]

契约 2-45

立卖山场土地并杉木字人皎环村林昌隆，今因要洋用度，无从所得，自愿将到土名香蜡冲山一幅，上抵小路为界，下抵小溪并买主田为界，左抵龙永禄田冲为界，右抵林岩木山以坎，并抵林启焕山以岭为界，四至分明，要洋出卖。自己请中上门问到春花凉台林昌福名下承买。当面凭中三面言定价洋壹佰伍拾玖元八角八仙整。其洋亲领应用，其山交与买主，永远耕管为业。恐有不清，卖主理落，不得异言，立有卖字为据。

凭中代笔林昌魁

主人林昌隆（印）

民国三十一年古历四月二十六日立[②]

从上可见，以上诸类内容为一并转让山林经营权和所有权者的文书中，其中卖主因为"无钱所出"，将自己名下山场与杉木出卖，自卖之后，山场及杉木与卖主无关，文书中称之为"断卖"。其山场杉木断卖后，卖主日后难以赎回，

---

① 张应强、王宗勋：《清水江文书（第一辑）》第 11 册，第 1 期，第 64 页。
② 张新民：《天柱文书·第一辑》第 17 册，第 237 页。

这一点在文书中，有明文说明，如"一卖一了，父卖子休""一断百了，父断子收""高坡滚石，有去无回"等。传统社会极为重视土地财产，甚至不惜花钱置办产业以传给后代子孙，因此山场土地受到重视。文书中的"一卖一了，父卖子休"体现了传之后代的产业被迫出卖，后世子孙与之无缘。"高坡滚石，有去无回"的意思是日后子孙难以赎回，将山场所有权断卖。"高坡滚石，有去无回"典故源于苗族古老的传说，传说言苗族在古代洪水滔天之后，幸存了一对兄妹，为了繁衍后代，在神仙的提议下，要求兄妹结婚，但近亲结婚是禁忌，妹妹为了让哥哥死心就用高坡滚石的办法，从山上将石头滚到山脚，以此打消哥哥的想法。"高坡滚石"意在说明做事如高山滚石，不许反悔。总之，以上文书实际上属于山场所有权、林木管护权一并出卖的青山买卖特例。与山场经营权转让不同的是，在出卖山场所有权过程中，将山场上所栽的人工营林一并出卖。此类所有权买卖较单纯的山场所有权的买卖内容而言相对复杂，相关研究引起学界的关注。值得一提的是，这样的山场并人工营林买卖属青山买卖，具体见本书的相关章节。

需要注意的是，由于清水江流域白契较多，故在起首时并不规范，如"断卖山场杉木"字样，理解有二：一种是断卖山场和杉木，即为卖山场所有权；另一种是断卖山场中的杉木，即只卖杉木，不卖山场，转卖山场经营权。因此，遇到类似文书名，需通看契约文书的内容，以作进一步区分。值得一提的是，标的物与山场一并出卖者契约文书很多，现综合已经出版的各类文书，详情见2-5。

表2-5　清水江文书中山场所有权和经营权转让文书例举

文书名称	时间	出处
姜恩浩断卖山场并杉木字	光绪三十四年七月二十五日	《清水江文书（第一辑）》第13册，第162页
姜登科等断卖山场并地土字	民国十三年二月二十四日	同上，第197页
姜老又卖杉木并地约	乾隆五十年三月初六日	同上，第216页
姜交志、姜交烜弟兄二人断卖山场并杉木字	民国二年四月十六日	同上，第254页
姜绍魁卖山场杉木并地字	嘉庆五年闰四月十九日	《清水江文书（第一辑）》第12册，第38页
姜朝榜等卖杉木并地契	嘉庆十五年八月十三日	同上，第343页

续表

文书名称	时间	出处
姜兆璠卖山场芳油山并杉木字	光绪二十三年十二月二十日	《清水江文书（第一辑）》第11册，第245页
姜年长断卖山场杉木并土字	民国十年八月十三日	同上，第285页
姜兆珊卖油山并杉木字	光绪十二年四月十一日	同上，第12页
姜梦松断卖油山并杉木自字	民国十一年五月十三日	同上，第38页
姜元秀断卖油山并杉木字	民国十四年十二月二十八日	同上，第50页
姜文昌弟兄断卖油山并杉木字	民国十五年六月初六日	同上，第64页
姜朝弼断卖山场并油山约	道光四年五月十五日	同上，第157页
姜开善、姜开吉断卖油山杉木同油山场约	道光二十八年八月初二日	同上，第168页
孙光前断卖油山杉木并土契	民国十四年十一月初八日	《清水江文书（第一辑）》第1册，第82页
姜生龙断卖山场与杉木约	嘉庆二十一年二月二十六日	同上，第10页
姜兴保断卖杉木并山场约	乾隆四十七年十二月二十六日	同上，第110页
姜彬周等断卖杉山并地契	乾隆五十九年五月二十六日	同上，第300页
范文机卖山场杉木并土约	嘉庆十七年五月二十四日	同上，第323页
姜金培断卖山场杉木并土约	光绪二十三年四月二十八日	同上，第375页
姜克顺断卖山场并土杉木字	光绪二十二年三月十八日	同上，第195页
姜大明等断卖山场杉木并油山字	光绪二十五年十一月初十日	同上，第205页
姜胜祖、姜胜武弟兄卖杉木并地契	嘉庆九年二月十三日	《清水江文书（第一辑）》第2册，第2页
姜开相等断卖并土杉木约	道光二十九年六月初五日	《清水江文书（第一辑）》第3册，第96页
姜凤章等断卖山场杉木并土字	同治八年五月十六日	同上，第104页
姜金镕断卖山场杉木并土字	宣统三年九月二十七日	同上，第125页
杨秀辉立断卖禁山并地约	光绪十五年十二月二十六日	《清水江文书（第三辑）》第1册，第3页
杨秀辉立断卖茶山并土约	光绪十八年正月十八日	同上，第5页
杨秀仁立断卖杉山并地土约	民国二十六年六月十八日	同上，第25页
张久林立断卖杉山并土字约	民国三十三年五月初六日	同上，第39页
张久彬、张久盛弟兄立断卖禁山杉木并地土字	民国三十三年九月初八日	同上，第41页
姜有信立断卖山场并杉木约	乾隆五十五年十一月初六日	同上，第80页

文书名称	时间	出处
杨明士断杉木并山场约	嘉庆元年十二月初三日	《贵州清水江文书·黎平文书》第1册，第198页
杨廷美断卖杉木并山坡字	乾隆五十六年七月二十四日	同上，第4页

　　检阅张应强、王宗勋等整理出版的《清水江文书》33册中发现，该套丛书涉及转让山场经营权和所有权者共1044份，详情见表2-6、图2-7。

表2-6 《清水江文书》中山场经营权和所有权转让的文书统计表

时间	文书数量（份）	占总额比重	文书总额（份）	红契数量（份）
康熙	1	0.1%	1044	68
乾隆	73	7.0%		
嘉庆	171	16.4%		
道光	155	14.8%		
咸丰	30	2.9%		
同治	20	1.9%		
光绪	170	16.3%		
宣统	30	2.9%		
民国	382	36.6%		
其他时间	12	1.15%		

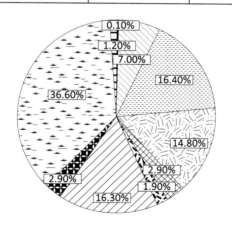

图2-7 《清水江文书》中各时期转让山场经营权和所有权的文书占比图

第二节　山场租佃契约文书

前文所言的主要是山场所有权和经营权的长期转让，除了以上三类转让形式外，还存在着短期的山场租佃转让，以及以蓄禁杉木山场经营权转让情况，当地人将租佃山场称之为"写山"①，"写山"林业文书即山场租佃契约文书，租佃契约简称为佃契，亦称佃字或佃帖②。按照相关内容，这样的山场租佃契约经营权的短时间转让指的是从栽杉管护，至杉木郁闭成林，转让时间一般是在三至六年内，这段时间是杉木种栽到郁闭的重要时期，这段时间的经营也是人工营林能否稳定的前提，这一时期就需要种林技师——栽手参与到这一经营过程中，内容涉及种活幼苗、郁闭成林，属于山林租佃经营权的内容。在短期管护嫩树苗郁闭成林过程中，栽手就能获得一部分管护嫩树苗郁闭成林的股份，该部分属山场经营权，经营时间大致以杉木郁闭后到砍伐时为限，这也是山场经营权。按租佃文书的内容，大致可以将其分为两类：山场租佃契约，以及分股合同，即栽手在管护嫩树苗郁闭成林后，所获得的管护期山场的经营权。

一、山场租佃中获得短时间土地经营权

有明以降，清水江流域木材贸易大盛，激发了生息在沿岸各民族群体经营林木的积极性，还吸引了不少外界人到此种植林木。为了发展林木生产，出现了许多无地或少地的农民向山主或地主订立契约以获得土地的经营权的情况，由此产生了诸多山场租佃文书。这样的山场租佃在契约文书中通常称为"佃山""佃地"等，具体内容多为"某某佃山场字/合同/帖字""某某佃山字/合同字""某某佃种山场清单""某某佃山栽杉种粟字""某某佃栽山场约""某某佃种粟栽杉木字""某某佃山场栽杉木字""某某佃栽杉木种地字"等。这样的林业契约文书起首常以"立佃字""立佃栽杉木字""立佃山场字人""立佃字合同约""立佃山场栽杉木字""立佃帖字""立佃山栽杉种粟字"等，具体参

---

① 贵州省锦屏县平秋镇魁胆村志编纂委员会：《魁胆村志》，知识出版社 2017 年版，第 87 页。
② 杨有庚：《清代清水江林区苗族山林租佃关系》，载贵州省民族事务委员会编：《贵州"六山六水"民族调查资料选编（苗族卷）》，第 201 页。

见以下 4 件契约。

契约 2-46

立佃字合同约人中仰寨陆廷佐、陆光朝、龙宗卿三人，今合佃到加什寨姜佐兴、姜文玉、姜华周、姜有周、姜连周、姜文德、姜廷炳、姜廷烈、姜朝俊、姜必周等所以山场，坐落土名党鸠山场一所，其山界至上凭顶，下凭田，左凭通显之木为界，右凭高盏冲为界，四至分明。付与三人栽杉种地，日后木植长大，两股均分，栽主占一股，地主占一股，二比不得异言翻悔。木植砍尽，地归原主。恐后无凭，立此佃字合同发达存照。

外批姜廷佐栽上岭中截

姜光朝执一张姜佐兴执一张

代笔陆通显

嘉庆八年闰二月十七日 [1]

契约 2-47

立佃山场字人党养山杨光武父子，今佃到加池寨山场一块，坐落地名党养，在德宗之田坎上，所栽之杉木限在五年长大成林，日后四股均分。地主姜之美、姜世泰、姜凤仪三人名下占三股，栽手名下占一股，以后发卖，不许卖与别人，倘有此情，勿怪地主。今恐无凭，立此佃字为据。

凭中代笔孙邦彦

道光二十年十一月二十日立佃 [2]

契约 2-48

立佃字人元洲府无俄滩住居念洞迥廷龙坡姚发贵父子四人，因无地种，亲身上门来到主家加池寨开让、开义，河边朱远泉、岩湾范绍明、

① 张应强、王宗勋：《清水江文书（第一辑）》第 1 册，第 116 页。
② 张应强、王宗勋：《清水江文书（第一辑）》第 3 册，第 195 页。

姜绍加、姜绍粹、姜本璠、姜学恒、姜本真、姜乔素、姜老孔、姜老在、姜老丙、姜绍恭等，有共山一块，土名冉牛右边岭，界限上凭兄兜路为界，下凭岩洞，左凭岭直下坡小冲为界，右凭冲，四至分明。种粟栽杉言定二股均分，地主占一股，栽手占一股，限至六年之内满山俱要成林，另分合约，如不成林，栽手无分，任从主家另招别客。各安本分，不得客上招客，停留面生□人，其有山内岭上蓄禁杂木、油树、竹子一切等项俱作两股平分。今恐无凭，立此佃字二纸为据。姜开让收一张，范绍学收一张，右边领佃字。

凭中范绍昭

道光二十六年八月初一日范本大笔立 [1]

契约 2-49

立佃栽杉木字人党漾董老岩弟兄，今佃到加池寨山主姜世泰、姜开文、姜大荣弟兄，姜显弼、姜文高弟兄等土名番三□山场一块，界址上凭荒坪，下凭田沟，左凭岭与文斗之山，右凭冲以大荣叔侄之山为界，四至分明。此山土主分为五股，世泰占一股，开文、凤仪叔侄占一股，大荣弟兄占一股，姜显弼、姜开旺占一股，姜文高弟兄占一股，共合五股。今佃与董姓栽杉，日后木植成林，五股均分，地主占三股，栽手占两股，倘至五年不得成林，栽手并无股份，任凭地主另招别人栽种，栽手不得异言。今欲有凭，立此佃字五纸各执一纸存照。

外批开文、凤仪叔侄一大股系是先年祖业

笔中王有道

同治二年七月二十四日立 [2]

从以上 4 件契约可见，这样的文书有的直接称为栽杉木合同，其内容主要为农民向地主佃地，通过双方协商，最后以栽杉郁闭成林而获得利益，这也是土地租佃的一种特殊表达方式。此类表达所反映的问题有二：其一是租佃人与

---

① 张应强、王宗勋：《清水江文书（第一辑）》第 4 册，第 344 页。
② 张应强、王宗勋：《清水江文书（第一辑）》第 2 册，第 83 页。

山主的权利和义务，其二是栽手付出了劳动所获得的股份，即山林经营权，此股山林在砍伐后还得将山场归还给山主，即"木植砍尽，地归原主"等。

契约 2-50

立佃字人中仰寨陆廷佐、陆光朝、龙宗卿三人，今佃到加什寨姜佐兴、姜文德、姜华周、姜文玉、将朝俊、姜廷炳、姜廷烈、姜必周、姜有周、姜连周等所有山场，坐落地名党鸠山场一所，其山界至上凭顶，下凭旧地，左右凭冲。付与三人栽杉种地，限制两年木植成林，倘有惟误，三人自愿出与宗卿自愿翁务水田一坵，廷佐自愿屋边水田一坵，光朝自愿虫风水田一坵，倘有三人哪人惟误不种者，凭从众等下田耕种地木元者，佃字不得执番退与三人。恐后无凭，立此佃字为据。

代笔陆通显

嘉庆八年闰二月时期日立 [1]

契约 2-51

立佃山场栽杉木字人杨光武，今佃到加池寨姜成瑜、姜朝英、姜之豪、姜之美、姜开明、姜世杰等山场上下二块，地名冉衣，此山土栽分为五股，地主占三股，栽手占二股，限五年成林，如有荒芜，栽手无分，立此佃字为据。

外批土主二大股故柳所占一大股又分为五小股，朝英、朝弼弟兄等占二股，之美、世连占一股，光秀、世杰、世儒三公占一股，成瑜、世昭二公占一股；彩臣占一大股又分为二股，之豪、开明共得买议保一股，成瑜、世洪共得买相保一股。日后子孙照佃字分股□，不得欺心异言。候杉木成林，立合同字样为据。

老佃字付与世连执佃字一纸

子亲笔杨昌和字

沾抄老佃字番与子孙永远存照

---

[1] 张应强、王宗勋：《清水江文书（第一辑）》第 1 册，第 117 页。

道光十四年二月十九日 [1]

契约 2-52

立佃山场字人党养山杨光武父子，今佃到加池寨山场一块，坐落地名党养，在德宗之田坎上，所栽之杉木限在五年长大成林，日后四股均分。地主姜之美、姜世泰、姜凤仪三人名下占三股，栽手名下占一股，如后发卖，不许卖与别人，倘有此情，勿怪地主。今恐无凭，立此佃字为据。

凭中代笔孙邦彦
道光二十年十一月二十日立佃 [2]

契约 2-53

立佃字人本房姜恩秀、姜恩焕弟兄二人，今佃到姜恩瑞、姜恩泰、姜恩原弟兄之山一块种粟栽杉，地名培系济生悟略，界限上凭洪，下抵岩洞，左凭洪，右凭小毫与显清之山为界，四至分清。今凭中佃与姜恩秀、姜恩焕栽杉，日后杉木长大五股均分，地主占三股，栽手占二股，限至五年成林，如不成林，自愿将补先松架景秧田大垅作抵。恐后无凭，立此佃字是实。

凭中姜兆明姜凤至
代笔姜凤法
光绪二十二年二月二十六日立 [3]

契约 2-54

立佃帖字人本寨姜秉忠父子，今佃到姜大荣弟兄、堂侄沛仁叔侄二家之山场一块，地名兄傍开，此山界址上凭开周、开渭之山，下凭水沟，左凭山主二家之山为界，右凭岭以沛仁叔侄之山为界，四至分明。

---

① 张应强、王宗勋：《清水江文书（第一辑）》第 1 册，第 58 页
② 张应强、王宗勋：《清水江文书（第一辑）》第 3 册，第 195 页。
③ 张应强、王宗勋：《清水江文书（第一辑）》第 1 册，第 373 页。

今佃与佃□父子种粟栽杉，言定五年满山成林，五股均分，地主占三股，栽手占两股，若不成者栽手便无股份，日后杉木长大，照依股数另分合同。恐栽手异日出手，先问地主，无人承买方出别人，二此不得异言。今欲有凭，立此佃字存照。

同治十一年正月初十日子显仁笔立 [1]

契约 2-55

立佃字人党秧宋乔寿弟兄，今佃到加池寨主家姜凤仪、恩瑞姜恩厚伯侄之山场一块，地名岗套，此山界址上凭主家与堂东所共之山，下凭主家与大昭所共之山，左凭兆璠等之山，右凭大昭、克顺凤仪所共之山，四至分明，今佃与送乔寿弟兄种粟栽杉，当日议定五股均分，地主占三股，栽手占两股，自佃之后，限于五年成林，如有不成，任凭主家另招人栽种，日后成林，必登主家，二比另立合同。倘有栽手出卖之时，先问地主，后问他人，如□□主家不依。恐后无凭，立此佃字存照为据。

凭中代笔姜兴周
光绪十二年十一月二十三日 [2]

契约 2-56

立佃种杉木字人党漾寨宋文宏、宋文瑞、吴见广三人，今佃到加池寨姜显韬、姜显国、姜显贵、姜显渭、姜恩泰、姜恩厚、姜恩瑞、姜永□叔侄等与南怒马廷樑，此有共山一块地名翻三里，此山界限，上凭坪，下凭田，左凭岭，右凭冲，四抵分清。此山先契五股均分，今作为十五两分派，马廷樑等占七两贰□无分。显国弟兄占五两五□，显渭占七□五分，恩泰、恩瑞、恩厚弟兄叔侄占一两五分。言定三年木植成林，地主栽手分为五股，地主占三股，栽手占二股，过此三年如有不成林，佃栽并无股份。日后木植长大，倘或出卖必先问众山主

---

[1] 张应强、王宗勋：《清水江文书（第一辑）》第 1 册，第 385 页。
[2] 同上，第 370 页。

同收买，不许一人私卖与别人，如有私卖，栽主并无股份。恐口无凭，立此佃字为据。

佃字三张显国收一张，恩瑞收一张，马廷樑收一张

代笔姜献义

光绪三十二年十二月初一日立①

契约 2-57

立栽杉合同字人豪大龙锦锡，有地在于洞瓮一团，上抵龙炳圭子木与地主山，下抵溪，左抵龙文木儒昌山，右抵龙姓山，四至分明。问到地良寨龙光求文木栽成子杉五百株，十股均派，地主二股，栽主八股，归栽修耨，地主不管，日后其木长大，斫伐出河，售卖出关，山地归原主，不得异言。恐后无凭，立有合同各执一纸为据。

内添二字

讨笔姚皆榜

民国八年岁次己未三月初三日立②

契约 2-58

立佃山栽杉种粟字人本寨姜梦海、姜秉魁、姜继美、姜纯义、姜纯秀五人，今佃到姜梦熊、姜梦麟弟兄，作幹、作连、源淋、春魁、秉干、秉珍、秉魁、秉光与格翁范如恒弟兄叔侄等所共之山场一块，地名尾包，界址上凭金盘形会内之山与土坎为界，下凭大河，左右凭大冲，四抵分清。自佃后限定五年栽杉成林，地主栽手作五股均分，地主占三股，栽手占二股，如不成林，栽手并无股分。恐口无凭，立此佃字为据。

姜梦海笔

---

① 张应强、王宗勋：《清水江文书（第一辑）》第 2 册，第 126 页。
② 张新民：《天柱文书·第一辑》第 14 册，第 198 页。

民国乙丑年十一月初一日立 ①

契约 2-59

立佃种粟栽杉木字人本寨姜生贵、□三志，今将佃到姜梦鳌、姜元秀、姜永到叔侄等之山场一块，地名冉匆否，界限上凭土垦与之渭之山，下凭岩洞，左凭冲，右凭岭，四抵分明。此山分为五股均分，地主占三股，栽手占二股，地主三股，姜梦鳌占一股，姜元秀弟兄占一股，余一股又分为五股，姜永道叔侄占四股，姜梦鳌一股。自佃之后，言定三年栽杉成林，不得荒芜，若有荒芜不成林者，栽手并无系分，地主各自修理栽植，如其佃栽成林长大，恐其缺长补短，要出卖者先问地主，后问他人。今欲有凭，特立此佃字为据。

> 内添五字
> 姜秉文笔
> 民国十九年九月二十二日 ②

契约 2-60

立合同字人摆硐（洞）寨吴银光，招到孟杯村刘永顺佃到土名高洞地土乙团，上抵登岭，下抵地主杉木，左抵地主杉木，右抵杨昭拔地土为界，四至分明。地主、栽主贰股平分，木有长大，砍伐下河，地为地主，不得异言。恐口无凭，有合同为据。

> 亲笔
> 立合同为据
> 民国二十八年九月初二日立 ③

契约 2-61

立合同字人摆硐（洞）寨吴银光，今因招到孟杯村刘永顺开到岫

---

① 张应强、王宗勋：《清水江文书（第一辑）》第 1 册，第 169 页。
② 同上，第 256 页。
③ 张新民：《天柱文书·第一辑》第 14 册，第 140 页。

芳（荒）地土三团，第一团地名大冲田，其杉山上下左右抵地主为界，到第二团高孟脚，其地限上下抵地主，左下边抵步高杉木，右边抵地主为界，第三团地名葛麻冲杉山乙团，其地上下左右抵地主[杉]为界。三团抵字即清，二比同立合同，平半均分，木有长大，砍伐下河，地归原主，不得异言。恐口无凭，有合同为据。

亲笔

立合同为据

民国二十八年九月初二日立①

契约 2-62

立合伙合约姚俊楷、姚俊梁、杨秀椿三人，今凭龙阶玉作证，收俊楷、俊梁之山地名平科耀一团，共垦植桐，议定自植之后，连年共同耨修，五年内若有不肯耨修，以作为无股论，保护地权利权之责，共同担任，不得独累。但地主与栽主享受利益之权，自栽之后，四年为始，由栽主点拾贰年后，双方共点，两股均分。此系各人情愿，并无勒逼等情。今欲有凭，立有合约一样三纸，合钤各执一张为据。

姚俊楷（手印）

合约人姚俊梁（手印）

杨秀椿（手印）

凭笔龙阶玉（印章）

民国二十九年古历十月十二日立②

从以上13件清水江流域山场租佃林业契约文书的内容构成来看，大致保留了立契人双方的姓名、立契原因、所租佃山场的具体位置和山界抵至所在、立契双方责任、双方利益分成、立契时的中人、立契执笔人姓名、立契年月日、立契双方持契人姓名等③。根据文书约定，在租佃山场过程中，栽手的责任是对

---

① 张新民：《天柱文书·第一辑》第14册，第141页。
② 同上，第145页
③ 单洪根：《锦屏文书与清水江木商文化》，中国政法大学出版社2017年版，第32—33页。

山场进行经营管护，要求是"不得荒芜"，并在"三至五年"内让所栽杉苗长大成林，维护山场林业生产的稳定。与此同时，如栽杉顺利郁闭成林，栽手将能获得当初约定的林木股份分成，一般为"地主栽手作五股均分，地主占三股，栽手占二股"，也有部分文书作二股均分，栽手地主各占一半。

栽手作为租佃山场的客方，除了应尽的山场管护义务外，还会受到一定限制。首先，在木植成长过程中，栽手如遇到"缺长补短"（指家庭生计难以维持之时）需要断卖自己名下所占栽手股份时，需要先问地主，取得地主同意后才能发卖，如若"地主不依"，严重情况下，将会造成"如有私卖，栽主并无股份"。其次，木植管护长大成林之后砍伐发卖后，山场土地仍归原主所有。再次，栽手对所占股份并无绝对自由的处置权，在出卖山股时，一般情况下还得与地主商议，如果地主不愿意购买，才能将股份卖给第三方，这也是青山买卖的内容，具体见下文相关章节。最后，在租佃协议中，恐栽手不履行义务，将山场抛荒，栽手租佃山场时要用自己的其他产业作为抵押和保证，栽手的工作成果经地主验收后，才能获得其所种植山场相应的股份的机会，现略举3件文书如下，以供读者参考。

契约2-63

立租帖人蒋玉山，今租到文堵寨姜国柱、姜大集、姜廷理、姜映辉、姜光长、姜通圣等之山，坐落地名眼安山，挖山种杉，限至三年一概种齐，不得荒芜。若有荒废，自愿将到先年租栽姜廷理等番列之山栽手之分做抵，任从管业，蒋姓不得异言。恐口无凭，立租佃字是实。

外批此山照依木客所砍之处耕种，又不得越界妄种，又不许在山内起坐屋。

凭中姜大相光士

代笔杨霞东

嘉庆十八年八月初六日立租字大发①

---

① 杨有庚：《清代清水江林区苗族山林租典关系》，载贵州省民族事务委员会编：《贵州"六山六水"民族调查资料选编（苗族卷）》，第199页。

契约 2-64

立租典字人湖广省黔阳县蒋玉山、景春兄弟，因佃到文斗下寨主家姜朝瑾、朝甲兄弟等之山，土名坐落纠坏，此山上平姜朝琦山，下平路，左平朝瑾本山，右平冲，四至分明。佃与蒋姓种粟栽杉，言定五股均分，地主占三股，栽手占二股，限定五年木植一起成林，如若不成，栽手毫无系分。玉山、景春自愿将先年佃栽姜光前污救略之山栽手（股）做抵。倘有不成，任凭朝瑾弟兄仰当管业，而将姓兄弟不得异言。今恐人信难凭，特立佃当字为据。

凭笔中姜光士
嘉庆十九年七月十六日立 ①

契约 2-65

立合同契人本房范维远所有祖山一块，地名乌欲，左边上截系本家所栽，下截付予范德和三保官、献珑、德显、老岩、老连、朝宗七人种粟栽杉，迄今五年完足二比。请中面议同分合约一纸张，五股均分，地主占叁股，栽手占贰股。自分之后，栽手逐年修理，不得荒芜。如有逐年内过十二月不见修理，地主出功，栽主补还，不得推故。日后长大发卖，念清合约方许议价。砍伐之余，不许私蓄，地归原主，另商租佃。今恐无凭，立此合契永远存照。

外批此木还未成林，另限栽手挖修一二年，不得推闪。界限上凭顶二株以，下凭冲，左凭维远之木，右凭四公之山。

凭中范绍祖
嘉庆十九年五月初二日亲笔立 ②

契约 2-63、契约 2-64 中的蒋玉山等为湖南省黔阳人，对于地主而言，他们属外乡人，故为保证林木管护郁闭成林，"玉山、景春自愿将先年佃栽姜光

---

① 杨有庚：《清代清水江林区苗族山林租典关系》，载贵州省民族事务委员会编：《贵州"六山六水"民族调查资料选编（苗族卷）》，第 199 页。
② 张应强、王宗勋：《清水江文书（第一辑）》第 15 册，第 338 页。

前污救略之山栽手（股）做抵"。而契约 2-65 中也明确说明，因"木未成林，还得限栽手挖修一二年，不得推闪"等，"推闪"是土语，意为推辞、躲避。这样的规定对于幼树郁闭成林有着积极意义。对此杨有庚先生认为，"这是地主对外来农民附加的苛刻条件，防止其种粟自食而废造林，亦防止其造林不成而逃逸他乡，无从追究责任"[1]等。

　　总的来说，清水江文书中林业租佃文书数量巨大，据统计，仅就锦屏地区的林业文书言，就有 60% 为山场租佃文书[2]，可见其所占份额之巨。现以张应强、王宗勋等整理出版的《清水江文书》为例，系统梳理如下：

表 2-7　《清水江文书》中山场租佃文书例举

文书名称	时间	出处
姜昌泰等佃山场字	道光六年七月十三日	《清水江文书（第一辑）》第 1 册，第 33 页
姜世招佃山场字	咸丰二年二月十六日	同上，第 54 页
姜兆环等佃山帖字	光绪八年二月二十五日	同上，第 66 页
姜秉文等佃种山场清单	光绪三十三年二月初二日	同上，第 73 页
姜凤元等佃山字	光绪三十三年二月初八日	同上，第 74 页
陆廷佐、陆光朝、龙宗卿佃山场字	嘉庆八年闰二月十七日	同上，第 116 页
陆廷佐、陆光朝、龙宋卿佃山场字（以水田相抵）	嘉庆八年闰二月十七日	同上，第 117 页
陆廷交父子佃山场分股合同	嘉庆十二年二月十一日	同上，第 119 页
陆光廷佃山场字	道光六年正月二十七日	同上，第 137 页
龙起华、龙辉珠佃种山场字	道光十六年二月二十日	同上，第 148 页
孙松友等佃山场字	嘉庆二十三年十月十四日	同上，第 333 页
孙松友等佃山场字	嘉庆二十四年六月初四日	同上，第 337 页
龙老三佃山场字	道光二十一年十一月十一日	同上，第 354 页
宋家旺佃山字	道光二十四年六月十五日	同上，第 355 页
龙老言佃山字	咸丰十一年九月二十日	同上，第 363 页
姜开胜等佃山场字	光绪二年二月十三日	同上，第 367 页
宋乔寿弟兄佃山场字	光绪十二年十一月二十三日	同上，第 370 页
姜恩秀等佃山场字（秧田作为抵押）	光绪二十二年二月二十六日	同上，第 373 页

---

[1] 杨有庚：《清代清水江下游苗族林契研究》，载《锦屏文书研究论文选集》，第 16 页。
[2] 单洪根：《锦屏文书与清水江木商文化》，中国政法大学出版社 2017 年版，第 32 页。

续表

文书名称	时间	出处
姜恩光佃山场字	光绪二十六年八月初十日	《清水江文书（第一辑）》第 1 册，第 376 页
姜凤凰等佃山字	光绪二十九年三月初八日	同上，第 377 页
姜作文等佃种栽杉字	民国十四年九月二十六日	同上，第 384 页
姜继美等佃山字	民国二十八年二月二十日	同上，第 386 页
姜源淋招人佃种山场字	民国十八年二月二十日	同上，第 387 页
范绞贵佃栽山场约	嘉庆二十三年二月初八日	同上，第 332 页
陆光儒佃山字	道光元年十月十六日	同上，第 134 页
陆光和等佃山字	道光三年十月十八日	同上，第 136 页
陆光廷佃山场字	道光六年正月二十七日	同上，第 137 页
姜秉忠父子佃山场帖字	同治十一年正月初十日	同上，第 169 页
姜培祥等三人佃山字	光绪四年六月十二日	同上，第 171 页
龙祥春佃种山场字	民国四年正月十七日	同上，第 240 页
陆志春、陆志成等三人佃山场字	民国八年二月十五日	同上，第 250 页
陆光和、潘国盛佃山字	道光三年十月十八日	同上，第 136 页
孙松友、姜世瑚佃山场字	嘉庆二十四年十月十四日	同上，第 333 页
孙松友、龙长生佃山场字	嘉庆二十四年六月初一日	同上，第 337 页
龙老三佃山场字	道光二十一年十一月十一日	同上，第 354 页
宋家旺佃山字	道光二十四年六月十五日	同上，第 355 页
龙老言佃山字	咸丰十一年九月二十日	同上，第 363 页
姜恩秀、姜恩焕弟兄二人佃山场字	光绪二十二年三月二十六日	同上，第 373 页
姜凤凰、姜恩厚佃山字	光绪二十九年三月初八日	同上，第 377 页
姜作文等佃种栽杉字	民国十四年九月二十六日	同上，第 384 页
姜绞贵佃栽山场字	嘉庆二十三年二月初八日	同上，第 332 页
姜凤池等佃山场字	光绪十九年二月初四日	《清水江文书（第一辑）》第 2 册，第 108 页
雷国安佃山场帖字	嘉庆十三年二月初二日	同上，第 9 页
姜顺佃山字	嘉庆二十三年七月初一日	同上，第 31 页
姜奉乔等佃山字	道光二年正月二十二日	同上，第 36 页
姜奉乔等佃山字	道光二年正月二十二日	同上，第 37 页
宋万成等佃山场字	道光二年二月二十八日	同上，第 40 页
龙正和佃栽杉木种地字	道光十年十二月初十日	同上，第 54 页
杨光武佃山场栽杉木字	道光十四年二月二十九日	同上，第 58 页
杨光武佃山场栽杉木字	道光十四年二月二十九日	同上，第 59 页
龙文章等佃栽杉木种地字	道光十四年八月初二日	同上，第 60 页
王明远、杨殿安、蒲秀梅佃栽杉木种地字	道光十四年八月三十日	同上，第 61 页

续表

文书名称	时间	出处
陆政施佃栽杉木字	道光十八年十一月初六日	《清水江文书（第一辑）》第2册，第64页
陆廷直、杨昌华佃栽杉木字	道光二十年八月十四日	同上，第65页
陆光智、陆光国佃山场字	道光二十年十二月十九日	同上，第66页
陆光廷佃山场字	道光二十三年十月十九日	同上，第69页
粟元和佃山场字	道光二十五年十一月二十四日	同上，第73页
吴锦圣佃山场字	咸丰八年十二月初七日	同上，第76页
姜世道等佃山栽杉字	咸丰十年三月十三日	同上，第80页
吴锦廷佃山场字	同治元年十二月十九日	同上，第82页
董老岩弟兄佃栽杉木字	同治二年七月二十四日	同上，第83页
姜保生等佃山字	光绪七年十二月十三日	同上，第99页
姜大明等佃山场字	光绪二十四年正月二十三日	同上，第115页
姜凤文等叔侄佃山字	光绪二十八年正月初九日	同上，第118页
姜开连、姜祖□佃山字	光绪二十九年五月初三日	同上，第119页
宋文宏等佃栽杉木字	光绪三十二年十二月初一日	同上，第126页
姜受明佃山字	宣统元年二月十四日	同上，抵130页
姜恩焕、姜文辅叔侄二人佃山字	民国六年七月十三日	同上，第142页
姜炳干、姜炳珍兄弟二人佃山字	民国七年十一月初九日	同上，第144页
姜继琦、姜继元弟兄二人佃山字	民国八年十二月初十日	同上，第145页
姜春魁佃山字	民国十年二月二十五日	同上，第146页
姜维生佃山分股合同	民国二十一年六月初三日	同上，第160页
姜文举佃山场字	民国二十四年正月二十八日	同上，第162页
姜光秀、姜世运佃种姜宗保等山场分股字	时间不详	同上，第194页
吴忠庆、周顺忠、周顺开三人佃种山场字	咸丰六年七月二十六日	同上，第259页
陆景春等分山合同	光绪七年二月二十二日	同上，第287页
陆光畔佃栽杉木种地字	光绪七年二月二十日	同上，第288页
姜兆祖等佃山字	光绪十三年三月十四日	同上，第297页
姜兆元佃山分股合字	光绪十九年七月十四日	同上，第306页
吴锦云、吴锦礼叔侄佃山场字	光绪十五年十一月十六日	同上，第301页
姜官宝等佃山场字	嘉庆十年二月十三日	《清水江文书（第一辑）》第3册，第14页
杨文泰承任栽杉木字	嘉庆八年二月十二日	同上，第11页
张士清佃山场栽杉字	道光二年正月二十五日	同上，第48页
杨昌华等二家佃山栽木种地字	道光八年十月二十日	同上，第62页
陆光廷佃山场字	道光十八年七月十二日	同上，第80页

续表

文书名称	时间	出处
姜福元等佃山场字	道光二十一年二月十一日	《清水江文书（第一辑）》第3册，第87页
苗老兄佃山场字（发卖先问地主）	道光二十一年十月二十九日	同上，第88页
姜福宗佃山场字	道光二十二年正月二十七日	同上，第89页
姜光朝等佃山字	道光二十六年二月十三日	同上，第92页
姜开书佃山字	道光二十八年十月十六日	同上，第94页
姜宗连佃山场字	光绪十七年二月二十八日	同上，第111页
姜渭滨、姜文举佃山字	民国九年二月初五日	同上，第133页
姜凤凰等分山合同清单	民国九年六月十四日	同上，第134页
陆光云弟兄均分山场合同	嘉庆十三年四月十二日	同上，第163页
汪射、宋万和佃山场字	嘉庆十七年九月十五日	同上，第168页
孙松友佃山场字	嘉庆二十五年六月十二日	同上，第173页
王老兄佃种山土字	道光二十年七月初五日	同上，第194页
杨光武父子佃山场字	道光二十年十一月二十日	同上，第195页
王玉山、王喜发叔侄二人佃山场字	光绪二年二月二十八日	同上，第221页
姜宗连佃山场字	光绪十七年二月二十八日	同上，第232页
姜作清、谢德昌佃种姜凤岐等人山场合同	民国九年十月初七日	同上，第253页
龙老旺、宋乔寿佃山场字	宣统四年三月初五日	同上，第404页
张子明等佃种山字	民国二十七年十月初二日	同上，第427页
姜秉忠父子佃山场字	光绪二十年正月十二日	《清水江文书（第一辑）》第4册，第79页
王老重佃山场字	道光十九年三月十五日	同上，第57页
姜福中等佃山场字	道光二年十二月二十八日	同上，第164页
姜秉魁等佃种冉牛山场字	民国三十三年二月二十八日	同上，第260页
陆正滔佃山字	道光四年正月二十九日	同上，第311页
宋万成佃山帖	道光十三年九月十九日	同上，第325页
杨光武佃山场栽杉木字	道光十四年二月二十九日	同上，第326页
陆光成弟兄佃山场字	道光十七年十二月二十三日	同上，第330页
龙老望佃山字	光绪二十三年正月二十八日	同上，第393页
姜显富佃山场字	民国四年十二月十二日	同上，第439页
姜继琦、姜继元弟兄二人佃山字	民国八年十二月初十日	同上，第453页
吴毓斌佃山字	民国十一年正月十四日	同上，第459页
范德泽叔侄等佃种山友字	民国三十六年二月十四日	同上，第499页
姜纯经等佃山字	民国三十七年二月二十六日	同上，第505页
宋万才佃栽杉木地字	道光三年十一月初五日	同上，第309页
李老丢、王之元佃山场帖字	咸丰十年三月十一日	同上，第354页
吴士宽父子佃山场字	同治四年三月十六日	同上，第358页

从表2-7可见，表内所举皆是《清水江文书》中山场租佃林业文书。清水江各民族居民正是通过这种自己和请人栽种的方式，实现了清水江两岸山地青山常在、良性循环、永续利用。

值得一提的是，在《清水江文书》中，还有部分命名与上述表2-7所例举有所不同的文书名，其内容也是租佃山场。契约名有"某某分栽手合同""某某佃种山场清单"等，现举2件契约如下，以供参考：

契约2-66

光绪三十三年二月初二姜秉文等佃栽我等冉高迫下边岭之山，界限上凭发恩上坵长田，下凭河，左上凭岭，下凭小冲，右凭大冲为界。秉文等只佃到地坪止，其余上截凭我等修理管业，秉文另立有佃字存在，凤来家日后不得异论。

尧清总存凤来一纸恩瑞一纸我佃字来□来笔计

光绪三十三年二月初二日 [1]

契约2-67

立分合同栽手字人本寨姜继贤、姜继琦，二人种到本寨姜元秀、姜永道、姜梦熊、姜梦鳌、姜献忠、姜坤泽、龙海波等所有共山一块，地名皆里谷垢，其山界址上凭定国等之山，下凭自己地主之下幅，左凭岭，右凭冲目下业已栽成，栽手各自努力蓐修。日后木植长大出售砍伐，地主栽手作五股均分，地主占三股，栽手占二股。恐后无凭，立此合同各执为据。

中华民国癸亥年正月十六日梦熊笔立 [2]

契约2-66文书名为"姜秉文等佃种山场清单"，文书中交代"光绪三十三年二月初二，姜秉文等"佃到姜恩瑞、姜凤来等人的山场以及租佃的山场大小。契约2-67文书名为"姜继贤等分栽手合同"，契约开头内容为"立分合同栽手字"，

---

① 张应强、王宗勋：《清水江文书（第一辑）》第1册，第73页。
② 同上，第260页。

文书中交代了姜继贤等人佃种到姜元秀等人的共山一块，交代了山场四至所在，栽手的义务以及山场木植股份分析等问题。两件契约都是佃种山场的文书，文书名与表 2-7 所列租佃文书不同。因此，在遇到类似"分栽手合同""佃种山场清单"时，需要仔细区分，判断其是否属于山场租佃文书。

二、分山场股份合同

山场租佃之时，双方利益分成在文书立租佃契约当日就会说明，但根据文书约定，必须是木植成林，且栽手只有尽到管护山场的义务，才能享有林木股份。因此当林木郁闭成林后，表明栽手已经尽了自己的山场管护义务，一般栽手与地主会另外立契进行分股。通过梳理众多文书发现，在清水江林业文书中，这种契约文书名通常以"某某分山场股份合同""某某分山场合同""某某分山场土栽合同""分山场清单合同""某某佃山分股合同""某某佃栽山合同"等来命名。契约开头为"立分合同字""立分山场合同字""立佃栽合同字""立分清单合同字"等，其中以"立分合同字""立分山场合同字"较为常见。这种新立的分股契约，可将其视为租佃契约的后续环节，构成了完整的租佃契约。这类契约形式具体见以下 6 件契约：

> 契约 2-68
>
> 立分合同字人姜老凤，先年佃到文斗寨姜廷魁、金关廷元、龙廷彩、廷拔、姜士荣、宗胆、吴文相八人之山，地名加什唐栽杉种粟，至今成林长大，二比书立合同，此木分为五股，地主占三股，栽手占两股，日后砍伐，照股均分，二比不得异言。今恐人性难凭，立此合同二纸各执一纸为据。
>
> 代笔主家龙廷拔
>
> 有先年佃字一纸付与金关存合同，二纸通明收存一纸，栽手存一纸
>
> 嘉庆二十五年十一月二十八日立①

---

① 张应强、王宗勋：《清水江文书（第一辑）》第 1 册，第 19 页。

契约 2-69

立分山场合同字人岩湾寨范德贤，有山贰块地名冉柳金，上一块界址上凭德连之田，下凭廷元之木，左右凭岭，下一块界址至上凭沼淹田沟，下抵岩良，左凭路，右凭路岭，佃与蒋封山种地栽杉，迄今杉木成林，立分合约，此山贰块之木分为五股，地主占三股，栽手占二股，二比心平意愿，不得异论。此木俱要栽手日后逐年修理，不得荒芜，如有荒芜不修理者栽手并无毫分。今恐人心不古，立此合同字纸二比各执一纸存照。

代笔范献瑚

凭中佃山人马献书

嘉庆二十年二月初九日 ①

契约 2-70

立分合同字人本寨姜开明、姜舒太、姜福宗、姜宗周四人所有山场一块，地名冉告，在世太之田坎上，此山界限上凭油山，下凭田坎上、左凭油山，右凭德迁老木，四至分清，此山栽手地主分为七股，地主占四股，栽手占三股。今以木植长大成林，栽手邀约地主分立合同，二纸土栽各执一纸为据。

外批栽手收存一张，世英收存一张

买栽手人姜开明

代表姜开相

道光十一年十月十五日立 ②

契约 2-71

立分合同字人瑶光寨姜培周、加池寨姜兆璠，因先年加池寨姜兆璠佃栽到瑶光寨姜培周名下之山一块，在加池寨地名皆荣多，界限上凭开周之山，下凭佃主之山，左凭岭，右凭兆瑞之山，四抵分清，土

---

① 张应强、王宗勋：《清水江文书（第一辑）》第 1 册，第 326 页。
② 同上，第 37 页。

栽分为五股，姜培周占土股三股，姜兆璠占栽手二股，今栽木植成林，立分合同二纸，土主栽手各执一纸，以好管业。自分合同以后，栽手姜兆璠勤俭修理蓄禁，不得荒误寸土。恐口无凭，立此合同为据。

凭中姜佑乔

光绪八年十月初十日兆璠之子显德笔立 [1]

契约 2-72

立分清单合同字人姜凤凰、姜凤沼、姜凤元、姜凤翎、姜献义、姜献魁、姜源淋叔侄、公孙等之老三公山，地名金盘形，其山界限上凭顶，下凭徂坡与凤凰叔侄之山，左凭冲，右上截凭岭，下截凭徂坡与凤凰叔侄之山为界，此山土栽分为五股，地主占三股，栽手占二股，地主之三股分列于后。姜凤凰、姜凤翎叔侄占一股，此山一股又分为三小股，显□叔侄先年得买克贞一股，姜凤元、源淋叔侄公孙攻占一股，姜凤治、姜凤岐、献义、献魁叔侄公孙等共占一股，此三股之山分清，日后木植被大发卖，照此分单均分各支，子孙不的争多论寡，恐说无凭，立此分单各支各执一张为据。

外批塘东姜炳芳□佃种字存□献义手收

民国七年正月十五日姜元贞笔立 [2]

契约 2-73

立佃栽合同字人姜梦熊、姜元贞、姜恩宽、姜显邦、姜培宇、姜兆生、姜源霖、姜定邦、姜恩焕、姜永道、姜成象、姜永炽、姜显高等，共有高迫上边岭山业下丰截一幅，上凭土垦横过到两边冲，下抵大河，左凭大冲，右凭小冲，以半截先佃与姜献文、献忠、文辅、文举、家宝五家种粟栽杉，今已成林，特分合同土栽，各执一纸，后杉木长大，出卖作五股均分，地占三，栽占二，栽手献文、家宝二人之二股已卖与梦熊修官。恐有人心不古，重山友与栽主分立合同为据。

---

① 张应强、王宗勋：《清水江文书（第一辑）》第 3 册，第 110 页。
② 同上，第 249 页。

民国十三年八月初八日恩宽笔立 [1]

从以上 6 件契约文书可以看到，从种植幼苗到郁闭成林，栽手已然完成了协议规定的内容，因此栽手就能得到主家木植分股。此后木植进入中幼林阶段，地主与栽手再次订立新的山林管护协约，继续对山场林木进行管业，直至林木长大发卖。有的在合同最后，重新约定，"俱要栽手日后逐年修理，不得荒芜，如有荒芜不修理者栽手并无毫分""自分合同以后，栽手姜兆璠勤俭修理蓄禁，不得荒误寸土"。由此可见，山场租佃文书内容可分为两个部分，一是栽手签订种植幼苗的契约（即栽杉种粟阶段），保证在限定时间，让木植郁闭成林，然后栽手和主家各分得约定的林木股份，完成山场租佃的第一次协定。二是在木植顺利郁闭成林之后，山场需要继续经营管护，让林木长大成材，这时需要另立契约，继续完成山场管护任务，一般继续由栽手续约。这种续约的契约文书名通常以"某某分山场股份合同""某某分山场合同""某某分山场土栽合同""分山场清单合同""某某佃山分股合同""某某佃栽山合同"等来命名。其契约开头内容分别有"立分合同字""立分山场合同字""立佃栽合同字""立分清单合同字"等，其中以"立分合同字""立分山场合同字"比较常见。这种山场分股契约，是租佃契约的后续环节，构成了租佃契约的完整性。按照如上所述，清水江文书中分山场林木股份的契约文书很多，具体见表 2-8。

表 2-8　《清水江文书》中佃山分股合同例举

文书名称	立契时间	资料出处
姜老凤等分山场股份合同	嘉庆二十五年十一月二十八日	《清水江文书（第一辑）》第 1 册，第 19 页
姜开明分山场合同	道光十一年十月十五日	同上，第 37 页
潘长明父子分山场杉木合同	道光十八年十月初三日	同上，第 45 页
姜开明等弟兄分山场杉木合同	道光十八年十月初三日	同上，第 46 页
龙运宗分山场合同	同治九年三月十九日	同上，第 60 页
范炳相分山场合同	民国辛酉十年开山至辛未二十年正月十六日	同上，第 79 页

---

[1] 张应强、王宗勋：《清水江文书（第一辑）》第 1 册，第 262 页。

续表

文书名称	立契时间	资料出处
陆廷交父子佃山场分股合同	嘉庆十二年二月十一日	《清水江文书（第一辑）》第 1 册，第 119 页
姜佐兴等分山场股份合同	嘉庆十四年三月十三日	同上，第 122 页
姜继贤等分栽手合同	民国十二年正月十六日	同上，第 260 页
姜梦熊等佃栽山合同（木植已经长大）	民国十三年八月初八日	同上，第 262 页
老养分山场合同（木植栽满）	嘉庆六年七月初七日	同上，第 304 页
老养分山场合同	嘉庆六年七月初七日	同上，第 305 页
范德贤分山场合同	嘉庆二十年二月初九日	同上，第 326 页
龙愿宗分山场合同	同治九年三月二十五日	同上，第 365 页
姜恩焕等分山场合同	民国十三年十一月二十日	同上，第 383 页
李银友等分山场合同	嘉庆八年十二月十三日	《清水江文书（第一辑）》第 2 册，第 1 页
龙昌文、龙昌贵弟兄佃山场合同	嘉庆十五年二月十五日	同上，第 11 页
姜廷元分山场合同	嘉庆十七年十一月十一日	同上，第 20 页
姜成德分山场合同	嘉庆二十四年四月初八日	同上，第 32 页
宋万才分山场合同	道光二十九年十一月十五日	同上，第 74 页
张世恒弟兄分山场合同	咸丰十年正月十七日	同上，第 79 页
姜开朝分山场合同	同治八年二月初四日	同上，第 86 页
龙文明、龙荣太叔侄分山场合同	光绪二年六月初三日	同上，第 95 页
姜献义等分山场股份清单	光绪十九年正月十六日	同上，第 107 页
陆宗礼分山合同	民国二十年	同上，第 159 页
姜源淋等分山股份合同	民国二十七年正月十五日	同上，第 165 页
龙有政分山场合同	民国三十六年六月初八日	同上，第 182 页
陆光德弟兄三人等分山场合同	道光八年六月初二日	同上，第 231 页
姜开朝分山场合同	同治八年二月初四日	同上，第 272 页
陆景春等分山场合同	光绪七年二月二十日	同上，第 287 页
陆志海等分山场股份合同	民国二十九年三月初八日	同上，第 338 页
张必隆父子分山场合同	嘉庆二十年正月二十二日	同上，第 217 页
陆源淋、陆志海等分山场股份合同	民国二十九年三月初八日	同上，第 338 页
杨文泰佃山场分股合同	嘉庆十七年七月十六日	《清水江文书（第一辑）》第 3 册，第 22 页
姜官宝分杉木合同	嘉庆二十三年十二月十四日	同上，第 39 页
姜培周、姜兆璠分山场合同	光绪八年十月初十日	同上，第 110 页
姜廷华分山场合同	嘉庆十三年正月十七日	同上，第 18 页
姜官宝分杉木合同	嘉庆二十三年二月十四日	同上，第 38 页
陆光云弟兄均分山场合同	嘉庆十三年四月十二日	同上，第 163 页

续表

文书名称	立契时间	资料出处
张必友弟兄分山场合同	道光二年五月二十日	《清水江文书（第一辑）》第 3 册，第 174 页
姜丙生分山场合同	道光二十九年五月二十九日	同上，第 201 页
龙丁酉叔侄佃山分股合同	同治五年七月初十日	同上，第 210 页
姜梦熊等分山场合同	民国十四年十一月初六日	同上，第 259 页
姜源淋等分山场土栽合同	民国二十五年闰三月十四日	同上，第 268 页
姜源淋等分山场股份合同	民国二十六年五月二十日	同上，第 269 页
姜源淋、姜承钦等分山场股份合同	民国二十六年五月二十日	同上，第 270 页
姜源淋等分山场合同	民国二十九年九月十八日	同上，第 273 页
姜元瀚等分栽手合同	民国三十九年元月二十六日	同上，第 283 页
李老岩分山场合同	道光十二年十一月二十四日	同上，第 189 页
姜源林叔侄等分山场股份合同	民国二十八年正月十六日	同上，第 428 页
姜纯经等分栽手合同	民国三十七九年正月二十日	同上，第 435 页
老养佃山场合同	嘉庆六年七月初七日	同上，第 314 页
姜志寅、姜志士、姜承志立分栽手合同字	民国十三年八月十五日	《清水江文书（第三辑）》第 10 册，第 146 页
姜志春等立分合同山友字	公元一九五三年古历六月十四日	同上，第 175 页
姜廷位、姜廷瑾、姜文杰立分关合同字	嘉庆九年六月十五日	同上，第 222 页
罗思爵等立合同约	道光十七年十一月初十日	同上，第 242 页
罗仕立合同约龙（买来的山）	道光二十四年十月初六日	同上，第 244 页
姜兴文等立合同字	嘉庆五年六月十五日	同上，第 392 页
姜兴文等立分合同字	嘉庆五年六月十五日	同上，第 393 页
姜盛永等立分土栽合同字	民国十一年五月初四日	同上，第 440 页
王得才等立合同栽杉契	嘉庆二年二月二十九日	《清水江文书（第三辑）》第 9 册，第 336 页
张永青立分合同字	嘉庆二十四年六月十五日	同上，第 348 页
范荣芳立分栽手合同字	民国三年四月十三日	同上，第 431 页
姜燮相等立分栽杉成林合同	时间不详	同上，第 476 页
李惟忠立佃字	嘉庆十八年五月二十日	同上，第 487 页
杨胜辉立合同字	嘉庆十二年十一月十八日	《清水江文书（第三辑）》第 8 册，第 10 页
姜载渭立分杉木合同	道光六年十一月十二日	同上，第 55 页
李光文立分杉木合同	道光六年十一月十二日	同上，第 56 页
周天元、周天明弟兄立分合同栽手字	道光十一年七月初六日	同上，第 62 页
姜伟、姜济歧立分合同约	道光十一年四月初九日	《清水江文书（第三辑）》第 7 册，第 162 页

续表

文书名称	立契时间	资料出处
李文科、李文展弟兄立分杉木合同字	股下半年二月二十八日	《清水江文书（第三辑）》第 8 册，第 175 页
姜岩松、姜生松立分合约付字	嘉庆九年八月十二日	同上，第 197 页
姜永和立分合同字	光绪二十五年二月十七日	同上，第 217 页
姜文典立分合同字	道光十八年二月初四日	同上，第 288 页
姜三绞、姜老元立分合同字	道光二十年十二月二十五日	同上，第 293 页
姜老胖等立分合同字	咸丰十一年五月十三日	同上，第 336 页
范锡荣等立分合同字	咸丰十一年五月十三日	同上，第 337 页
范锡荣立分合同字	咸丰十一年五月十三日	同上，第 338 页
范锡荣、范锡禄立分合同字	同治九年正月十九日	同上，第 347 页
姜宗礼立分合同字	嘉庆二十三年七月二十八日	同上，第 381 页
姜开美、李文科立分合同字	光绪八年三月二十八日	同上，第 426 页
姜佐兴、姜现华弟兄立分合同字	嘉庆十二年十一月初三日	《清水江文书（第三辑）》第 6 册，第 29 页
姜廷德、姜□□兄弟立均分合同字	嘉庆十三年三月二十三日	同上，第 32 页
陆光宗父亲立均分合同字	嘉庆十三年三月二十三日	同上，第 33 页
范维远立分合同字	嘉庆二十四年六月二十七日	同上，第 62 页
姜士兴、吴光彩、吴其生立分合同字	道光元年十二月初四日	同上，第 68 页
陆光成弟兄立分合同字	道光四年五月二十二日	同上，第 77 页
姜癸未父子立分合同字	同治十四年七月二十三日	同上，第 162 页
王玉山、王老保叔侄、孙通兴立分合同字	光绪二年九月初九日	同上，第 164 页
陆光寒、陆大德、陆大仕叔侄立合同字	光绪三年十一月十二日	同上，第 167 页
姜兆租、欧成文立合同字	光绪六年三月初六日	同上，第 170 页
姜秉忠立分合同字	光绪二十年正月十二日	同上，第 184 页
龙老旺立分合同字	光绪三十四年十一月二十九日	同上，第 208 页
吴毓斌立分合同字	民国二十一年六月二十日	同上，第 268 页
佃栽分股合同	民国三十三年六月初六日	同上，第 285 页
姜纯经等立分合同栽手字	公元一九五〇年正月二十日	同上，第 297 页
姜继贤、姜继琦立分合同栽手字	民国十二年正月十六日	同上，第 523 页
龙才勇等立分合同字	民国二十七年二月初六日	《清水江文书（第三辑）》第 3 册，第 87 页
吴德锟立合同字	民国十九年六月初一日	同上，第 74 页
吴德锟、吴德钦立合同字	民国二十四年十二月初一日	同上，第 80 页
吴老金立合同字	民国二十八年十一月二十一日	同上，第 95 页
□胜熙、□秀松立合同字	光绪二十九年前五月二十八日	同上，第 201 页

续表

文书名称	立契时间	资料出处
杨钟魁弟兄立分合同字	嘉庆十九年二月十一日	《清水江文书（第三辑）》第 1 册，第 82 页
彭相极、彭守德立合同字	道光十一年三月二十五日	同上，第 93 页
姜思贤、姜老六立分合同	嘉庆五年十月初八日	同上，第 116 页
龙云成等立总共合同约	民国五年二月初三日	同上，第 458 页
龙仁恩等立合同约	民国五年二月初四日	同上，第 460 页
龙云成立佃栽杉木合同字	民国十六年十月初八日	同上，第 466 页
姜老蓝、姜老包立佃帖合同字	嘉庆三年十一月十七日	《清水江文书（第二辑）》第 1 册，第 17 页
姜文恒立分山合同字	嘉庆十五年二月初七日	同上，第 35 页
石廷相父子立分山合同字	嘉庆十五年二月初七日	同上，第 36 页
姜文昇等立招贴合同字	嘉庆六年十一月十五日	同上，第 209 页
杨胜辉立佃山合同字	嘉庆十二年十一月十八日	同上，第 212 页
姜廷机等立分杉木合同约字	嘉庆二十三年二月初十日	同上，第 219 页
龙廷贵、龙廷亮弟兄立分杉木合同约字	嘉庆二十四年十月十九日	同上，第 221 页
范生妹、姜必庆、姜先年立佃字分栽手合同字	民国十二年十二月初五日	同上，第 402 页
姜学广立分山合同字	民国十四年三月二十日	《清水江文书（第二辑）》第 2 册，第 25 页
姜学广立分山合同字	民国十四年三月二十日	同上，第 26 页
吴老四等立分山合约	乾隆六十年十二月初九日	同上，第 153 页
姜廷伍、姜文杰叔侄立分合同字	嘉庆八年七月初十日	同上，第 166 页
姜廷华等立分合同约	嘉庆十三年十月二十一日	同上，第 173 页
姜通海、姜学海、姜正海弟兄立合同字	嘉庆十六年五月二十四日	同上，第 178 页
姜秉智等立分合同字	光绪十四年十二月初九日	《清水江文书（第二辑）》第 3 册，第 79 页
谢宜山等立分山场栽杉股数合同字	嘉庆元年二月	《清水江文书（第二辑）》第 4 册，第 405 页
王永恩立分杉木股数合同字	民国十四年三月十三日	《清水江文书（第二辑）》第 5 册，第 322 页
王泗林、王先有父子立合同字	公元一九五二年二月初八日	《清水江文书（第二辑）》第 6 册，第 413 页
王光祖、王光元立合同字	民国二十九年二月十五日	《清水江文书（第二辑）》第 7 册，第 116 页
王光祖、王宗炳立有合同字	民国三十一年二月二十二日	同上，第 117 页
王光祖、王宗炳立有合同字	民国三十一年二月二十二日	同上，第 118 页
王秀云、王秀坤兄弟立合同字	民国七年正月二十六日	同上，第 201 页
王锡佑立佃地土约字	民国二十七年二月初四日	同上，第 392 页

续表

文书名称	立契时间	资料出处
王炳煜等立合约字	民国二十七年二月初四日	《清水江文书（第二辑）》第7册，第393页
王林泽等立合同字	民国三十六年古历二月二十日	同上，第402页
王彦祥里租帖合同字	民国十四年十月二十八日	《清水江文书（第二辑）》第8册，第148页
王有吉、王有祥立合同字	民国十五年正月初五日	《清水江文书（第二辑）》第9册，第203页
王秀敉立合同字	民国十四年五月初三日	同上，第321页
王贵祥立招帖合同字	民国三十五年三月初四日	同上，第477页
王秀沛、王秀□立分合同字	民国十六年十一月二十八日	《清水江文书（第二辑）》第10册，第348页
王贵祥立招帖字	民国三十八年二月初二日	同上，第367页
姜寅卯等卖栽手杉木分股合同	民国三年十二月三十日	《清水江文书（第一辑）》第13册，第61页
陆宗富等分栽山杉木合同	民国五年十一月二十三日	同上，第62页
林大全等分栽手杉木合同	民国八年四月十五日	同上，第67页
六朝元分山场股份合同	嘉庆十二年四月二十日	同上，第100页
姜克荣等立分山合同	光绪九年十一月十四日	同上，第153页
姜培刚佃种山场合同	宣统三年正月十九日	同上，第253页
姜杰相等分山场股份合同	民国二十年十月初五日	同上，第356页
姜绍韬等分山股份合同	嘉庆二十三年三月初六日	《清水江文书（第一辑）》第12册，第64页
杨维药佃种山场合同	道光十五年四月初六日	同上，第81页
姜绍吕、姜济泰等分山场合同	道光十八年十月三十日	同上，第84页
姜凤廷、姜凤沼弟兄二人佃种山场合同	光绪三十一年二月初一日	同上，第138页
陆宗富兄弟分栽杉合同	民国五年十一月二十三日	同上，第156页
姜恩发等分杉木合同	民国九年三月初六日	同上，第173页
姜恩发等分杉木合同	民国九年三月初六日	同上，第174页
姜高才佃种姜登池等分栽手合同	民国二十二年九月初十日	同上，第188页
龙启运等佃种山场合同	嘉庆十五年十一月二十三日	同上，第251页
蓝金山佃种山场合同	嘉庆十七年正月二十五日	同上，第254页
蓝金山佃种合同	嘉庆十七年正月二十五日	同上，第255页
蓝金山佃山地合同	嘉庆二十五年十二月十八日	同上，第265页
姜文珍、蓝金山佃山合同	嘉庆二十五年十二月十八日	同上，第266页
李献忠佃种山场合同	道光二十三年六月二十八日	同上，第280页
张德元等佃种山场合同	嘉庆十三年三月十二日	同上，第339页
杨秀华等佃种山场合同	嘉庆十五年十一月二十四日	同上，第344页

文书名称	立契时间	资料出处
蓝京山、蓝富山兄弟二人佃种山场合同	嘉庆十六年六月初九日	《清水江文书（第一辑）》第 12 册，第 345 页
姜载渭等分股合同	嘉庆十六年六月	同上，第 346 页
杨红仁佃种山场帖字	道光二年十月十九日	同上，第 371 页
姜元瀚等佃栽杉木合同	一九五一年元月三十日	《清水江文书（第一辑）》第 11 册，第 141 页
张和弼父子分山合同	嘉庆十三年正月二十二日	同上，第 148 页
陆通模分山合同	嘉庆二十二年十月初五日	同上，第 151 页
张必龙弟兄分山合同	道光二年五月二十二日	同上，第 155 页
姜恩溥、姜献朝佃种山场合同	民国十三年八月初八日	同上，第 297 页
孙宗有佃山场字（佃山修理分股）	嘉庆十六年五月初四日	《清水江文书（第一辑）》第 10 册，第 67 页
张必龙弟兄分山场杉木合同	道光二年五月二十二日	同上，第 110 页
姜老龙等分山场杉木合同	道光二年七月十七日	同上，第 111 页
姜之豪、姜之模等分山场合同	道光三年二月十五日	同上，第 113 页
姜之豪、姜之模等分山场合同	道光三年二月十五日	同上，第 114 页
龙文奇佃种山场合同	道光四年二月二十日	同上，第 121 页
宋万才佃山场字（佃山修理）	道光十六年十月初九日	同上，第 156 页
姜兆祖、欧成文佃种山场股份合同	光绪六年三月初六日	同上，第 232 页
龙老旺、佃种姜凤岐、姜凤德等分山场股份合同	民国二年正月十一日	同上，第 354 页
姜登熙等佃山场帖并合同	民国二十二年二月初六日	同上，第 418 页
姜源淋、姜继美、姜继章等分山场股份合同	民国二十五年闰三月十四日	同上，第 425 页
龙全飞等立分山场股份合同	道光十一年二月十九日	《清水江文书（第一辑）》第 9 册，第 48 页
陆茂华、陆茂文弟兄二人分山场股份合同	民国六年九月初十日	同上，第 137 页
姜廷烈等分山场合同字	道光四年六月二十五日	《清水江文书（第一辑）》第 8 册，第 40 页
龙芝成分山合同字	光绪十二年十二月十八日	同上，第 93 页
姜秉魁等分栽手合同字	民国三十六年二月二十二日	第 156 页
姜秉魁等分土栽合同字	民国三十八年八月二十日	同上，第 163 页
姜之豪等分山场合同字	道光十一年三月初八日	同上，第 45 页
姜奉生、姜开明、姜宗周等分山场栽手合同字	道光十一年十月十五日	同上，第 202 页
龙老寅、龙老友弟兄佃山分股合同	同治二年五月十二日	《清水江文书（第一辑）》第 7 册，第 224 页

续表

文书名称	立契时间	资料出处
姜元瀚等分山场栽手股数合同	民国三十六年二月二十日	《清水江文书（第一辑）》第6册，第131页
姜元瀚叔侄等分山场股份合同	民国三十七年八月初二日	同上，第151页
姜元秀弟兄叔侄等分佃栽合同	民国三十七年九月十四日	同上，第152页
姜继元等分土栽合同	民国三十八年八月二十日	同上，第156页
杨先明等分栽手合同	民国三十九年元月二十六日	同上，第158页
姜元瀚等分山场合同	一九五〇年古历十一月二十二日	同上，第159页
姜秉魁等人与张子明、陆应全分栽手合同	民国三十三年十二月二十七日	同上，第369页
范绍纯佃山字合同	嘉庆十二年十一月初一日	《清水江文书（第一辑）》第5册，第5页
姜祯宝分山场合同	嘉庆十七年二月十八日	同上，第7页
周天元、周老焕伯侄分山场股份合同	咸丰十一年正月初四日	同上，第33页
姜桥保、姜愿保佃山场并合同字	咸丰十一年十月初七日	同上，第35页
姜文圣等与张和弼父子分杉木合同	嘉庆十三年正月二十二日	同上，第332页
陆景春分杉木股份合同	咸丰二年二月十九日	同上，第400页
王玉山、王保衣、孙通兴分杉木合同字	光绪二年九月初九日	同上，第419页
姜兆祖、欧成文佃种山场合同字	光绪六年三月初六日	同上，第422页
姜梦能等分合买栽手杉木股份合同	民国十四年十一月初六日	同上，第456页
范维远租佃山场杉木合同契	嘉庆十九年五月初二日	同上，第338页
范维远分山场合同	嘉庆二十四年六月二十七日	《清水江文书（第一辑）》第4册，第32页
姜士兴、吴光□、吴其生分山合同	道光元年十二月初四日	同上，第35页
姜兆祖等分山合同	光绪六年三月初六日	同上，第71页
姜起龙出分山场合同	嘉庆十三年正月二十一日	同上，第139页
姜佐兴、龙现华弟兄等分栽木股份合同	嘉庆十二年十一月初三日	同上，第295页
陆光成弟兄佃山场购房合同	道光三年五月二十二日	同上，第312页
姜癸未父子佃山分股合同	同治十四年七月二十三日	同上，第367页
王玉山叔侄三人佃山分股合同	光绪二年九月初九日	同上，第369页
陆光寒、陆大德、陆大仕叔侄三人佃山分股合同	光绪三年十一月二日	同上，第372页
姜兆祖、欧成文佃山分股合同	光绪六年三月初六日	同上，第375页
姜秉忠佃山分股字	光绪二十年正月十二日	同上，第389页

续表

文书名称	立契时间	资料出处
龙老旺佃种姜凤端等山场股份合同	光绪三十四年十一月二十九日	《清水江文书（第一辑）》第 4 册，第 413 页
吴毓斌佃山分股合同	民国二十一年六月二十日	同上，第 472 页

查阅《清水江文书》发现，幼林管护郁闭成林再次转让山场经营权的文书约 216 份，各时期具体情况见表 2-9、图 2-8。

表 2-9　《清水江文书》中佃山分股合同文书统计表

时间	所占数量 / 份	占总额比重 /%	总额 / 份
乾隆	1	0.5%	
嘉庆	64	29.6%	
道光	36	16.7%	
咸丰	7	3.2%	
同治	9	4.2%	216
光绪	25	11.6%	
宣统	1	0.5%	
民国	69	31.9%	
其他时间	4	1.9%	

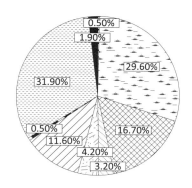

图 2-8　《清水江文书》中各时期山场佃山分股文书占比图

如表 2-8 所见，是栽手租佃山场种植林木郁闭成林后，与主家签订的二次管护合同。栽手签订合同后，继续对山场进行经营管护，直至中幼林长大成材，砍伐下河，主佃双方分得各自利益，山场租佃的所有过程才结束。

以上皆为山场权属转让的重要契约类型。值得注意的是，清水江流域人工营林是一种以杉木为优势树种，并兼营油桐、油树等的仿生态森林生态系统。除了杉木等租佃字外，还有一类典契，与前面栽杉种粟字不同是，此类典契涉及成熟油茶林、油桐林等，因此类树木已经挂果，故出典有严格时间限制，时间到了就得收回，此可以讲是一类特殊的山场经营权转让契约，具体见契约 2-74。

> 契约 2-74
>
> 立典油树地契人刘荣光，今因家下缺少用度，无从得出，自己母子商议，情愿得到土名猫形油树一半下服，上抵岭，下抵水田，左拆刘常元，右抵罗姓油树，四抵分明，欲行出典，无人承受。自己上门向到刘德思名下承典，当日凭中言定典价钱拾千文整，其钱亲领入手，某业任从典主耕管三年，收花为息。日后不得异言，今幸有凭，立此典字为据。
>
> 凭中刘期富
> 代笔刘常钦
> 民国丁巳年六月初十日立[1]

"民国丁巳年"，即公元 1917 年。"油树"，即油茶树，该树成熟后，所产茶果是重要的食用茶油来源，因此这样的经济林可以典当，典当后茶山经营权就暂时交由承典人管护收花，即文书中所言。故对于此类权属转让契约敬请引起读者注意。

第三节　开山种木字及其他

需要注意的是，清水江山场权属转让契约文书，除了出卖经营权、所有权，

---

① 张新民：《天柱文书·第一辑》第 22 册，第 297 页。

以及通过租佃的形式暂时转让土地的经营权外，其实还有一类原先不是山场，需要开垦种树，故暂时由开垦人开垦经营的，而所栽的人工营林由栽主与地主共同分成的，这应该也是权属山场转让的一种特殊形式。为了区别其他成熟山场权属转让契约，笔者根据其内容，将此类文书称为"开山种木字"，"开山"，与成熟山场相对，意味着此类山场为新开的。就契约文书称呼类型言，大致包括有"立合同字""立建种山场字""立佃字"等，具体见以下契约。

契约 2-75

立合同字人杨安隆，情因开到本村龚占鳌，今到塘黄坡杉土一团，上抵胡宏章田坎为界，下抵凹抵龚东永杉土为界，左抵龙东源田坎为界，右抵沟抵东源杉土为界，右下抵龚东永杉土为界，四抵分明，开移栽木之嫩杉木。目前陆续栽有数拾余根巳经成林，其木贰股均分。栽主六根，地主四根。日后栽主不开，后来地主各人移杉栽木，再栽不限定多少，二比一同修薅。其木成林，亦系二股均分，不得异言。恐后无凭，立有合同执一纸存照。

安隆请笔姜老全

光绪三十一年十月十三日立字①

契约 2-76

立佃字付开字人勒洞村龙现寿、灿金、荣炳、绍思、绍荣、连显、绍文、连芳、连浩、连楷等，情因祖人遗下有三权坡共山乙团，上抵登岭，下抵摆洞张姓山，左抵龙现寿山，右抵伍共山为界，四至分明，今佃与高命龙则炳兄弟开垦栽杉木，当中面议四六分派，栽主六股，地主四股。杉栽叁年之内，开垦人修理。叁年之外，式比同蓐。然后木大长成，砍伐下河出山关，山地归原主。此山恐有来历不明，认随地主理落，不关开垦人之事。恐口无凭，有佃字乙纸存照。

凭中人罗渊福、伍绍南

---

① 张新民：《天柱文书·第一辑》第 21 册，第 164 页。

亲笔龙绍文

民国贰拾伍年岁次丙子九月十六日立字①

契约 2-77

立合同字［人］刘根泉，承因圭鲁溪口山壹贰冲壹岭，蒙龙大学开垦栽杉，承贰枯（股）平分，栽主壹半，地主一半，二彼修嵩木大林砍伐下河出山，开山地归元（原）主，不得异言。恐口无凭，立此合同为据。

立合同为是据实（半字）

凭中刘耀球根深

父笔刘永定

民国三拾壹年岁次壬午正月初八日立②

契约 2-78

立建种山场字人龙则厚，情马引冲有山场一团在抵罗渊林，下抵罗康照田，上抵翻岭，抵龙步然为界，右抵龙姓山为界，上抵路，下抵龙姓山为界，四至分明，自己上门问到勒洞罗康沛山场建种栽木，双方意愿。其秧木归本主，开成之后，平半钧（均）分。其秧本建种人栽，四六钧（均）分。将杉木成林三年，同修出售。自道种之后，不得异言。恐口无凭，立有建种一纸为据字实。

新（亲）笔

民国三十九年九月初十日立③

从以上4件契约可见，其内容与租佃、山场权属转让契约文书有很大的差异，如契约2-74言及的开垦种杉，并肩负有管护林木长大成材之责。但最后都言及，这样的山地，在杉木成材砍伐后，要地归原主。故可见这也是一种变相的租佃

① 张新民：《天柱文书·第一辑》第10册，第352页。
② 同上，第312页。
③ 同上，第356页。

开山种杉合同，不同的是，这样的山以前并不是人工营林成熟山场，故开垦后成了人工营林，开垦地栽手也必须给地主一定的报酬。所以栽主肩负着开山种杉，进而参与幼苗、中幼林管护之责，当可以视为一种较为特殊的山场权属转让契约。

值得注意的是，还有一种是外地移民投靠清水江流域各村寨，进而定居者，所到村寨有可能将"管不到的地区"，暂时让其耕耘，这也是土地经营权权属转让的一种特殊形式，即"清白投字"，从契约内容看，当然涉及山场权属转让问题，具体参见契约2-79。

契约2-79

立清白投字人龙梅珍、陆富宇二姓，为因徙外，无地方安身，立意投到文斗寨界内，地名中仰住居。蒙众头公姜祥元、姜现宇、姜隆宇、姜科明等，把我二姓安身，大家相为邻寨兄弟。自投字之后，勿论前后左右，寸土各系文斗地界，我陆、龙二姓不过借以安居，莫生歹心。如肯出力，勤恳挖掘者得吃上层之土皮，倘蒙伯佔之心，天神鉴察，假文斗众等不许挖动者，抑天神鉴察。所有管不到之处，任凭中仰打草、打柴过活。挖种、收租等情，如弟如兄，大家不使以强欺弱。恐日久人心不古，立此清白投字为照。

代笔陈艾宇

康熙二十三年正月十五日 ①

"洪道"在清水江文书中也称"洪""红""鸿""宏"或"洪路"等，是林地里专用于把木材运到山下河边的漕道 ②，一般这样的洪道是沿山脊或边坡开辟，要求无陡坎，这样的洪道也是山场权属重要部分。如上文言及新垦山场字，本来就没有所经洪道，就得遵守"旧路不灭、新路不开"的原则，在此情况下

---

① 陈金全、郭亮：《贵州文斗寨苗族契约法律文书汇编——易遵发、姜启成等家藏诉讼文书》，第231页。
② 吴声军、叶景青：《木材与运输：清水江人工营林之"洪道"研究——以锦屏县文斗苗寨的考察为中心》，《贵州大学学报（社会科学版）》2017年第5期。

就得立讨路借字，具体见契约 2-80、2-81、2-82。

契约 2-80

立借讨字人唐朝珍，今讨到文斗寨姜相德、姜连合、姜相清、姜绍齐、姜绍熊等之山，地名翁扭之山路经过，右山路相国、绍齐所共，左边连合、绍齐所共。其木过路者，夫子一齐小心过路，架木不得坏其子木。其坏者，取价自己赔补。恐无凭，立此借字为据。

代笔唐朝珍

凭中姜绍周

道光十九年九月初四日立①

契约 2-81

立讨字人姜老和、姜老养、王文鸿、姜老生，今讨到姜绍吕、绍熊、绍齐、钟英、钟泰、相弼众位之山过路。日后不得坏木，若有坏木，照木（价）赔还。以后绍吕等之木植过路，依照其旧。今欲有凭，立此讨字是实。

凭中姜凌汉、老齐、相荣、李天才、朱达才

代笔姜凌汉

道光廿三年十一月卅日立②

契约 2-82

立讨字人锦屏县平略寨吴志科、茂易砍伐陆姓污漫山乙块木植，经过党周，因为老洪路危险不能经过。吴志科登门到加池寨姜源林番贵训之山场上下两团之山路放木经过。上团与本峇姜元秀弟兄等所共之山，下团是姜源林一人之私山，四抵上凭元秀源林共山，下凭溪，左凭洪路与陆姓之山，右凭冲与元秀弟兄山，日后木植经过二比，不得异言。恐口无凭，立此讨字是实。

---

① 锦屏县地方志编纂委员会：《锦屏县志（1991—2009）》，方志出版社 2011 年版，第 1287 页。
② 陈金全、杜万华：《贵州文斗苗族契约法律文书汇编——姜元泽家藏契约文书》，第 381 页。

凭中梁志成

代笔姜纯章

民国贰拾伍十月廿一日 ①

从以上 3 件契约可见，讨借路字人因为自己林木得从他人林地经过，这样就需要借道，因此这也应该是一种特殊借地经营的形式，对此也应该引起关注，进而推进清水江林业契约文书研究的精细化，也只有这样，才能弄清楚清水江流域山场权属转让契约文书的类型，进而为下一轮的山地林业经济发展服务。

小　结

本章所述的山林权属转让契约文书，就其内容言，涉及的文书类型多样，内容甚为详实，这是因为山场是人工营林林业发展的基础，必须解决好山场的问题才能规避林业发展进程中不必要的纠纷。值得注意的是，这样的权属转让就实际内容言，与下文言及的青山买卖等有一定的重合，但需要提醒读者的是，此章研究的对象是山场，而青山买卖研究的对象是山场上活立木，就其实际内容言有着本质的差别，故敬请读者引起注意。

---

① 张应强、王宗勋：《清水江文书（第一辑）》第 2 册，第 164 页。

第三章
幼苗培育与山林管护契约

如果说山林权属转让是人工营林林业经营的前提和基础的话，那么幼苗培育与山林管护则是推进人工营林繁荣的技术保障，这样的技术内容涉及人工营林种子的获取、幼苗的培育、山场的管护、病虫害和火灾的预防等诸多方面。故深化其研究，对于正确认识清水江流域林木生产的稳定和林木经济的繁荣有着重要意义，挖掘林业契约文书背后管护的本土知识，可以为今天我国山区林业经济发展和生态建设提供来自历史层面的智力支持和借鉴。

第一节　人工营林种子获取、保存和育苗

清水江流域历史上有"杉木之乡"之美称，这一荣誉的获得与各族居民在经营人工营林过程中所形成的系统管护知识有着直接关联。然要言人工营林的管护知识，首先涉及的就是人工营林种子的获取、保存和育苗等。

一、种子获取与保存

清水江流域人工营林种子的获取，有清以降的诸典籍中多有记载，下就杉木种子、油桐种子的获取加以说明。相关内容在《黔南识略》、（乾隆）《贵州通志》《黔语》、（民国）《麻江县志》等文献中都有详实的记载，具体内容见表3-1。

表3-1　清至民国时期典籍载清水江杉树选种概略

典籍记载	资料出处
（黎平府境）山多戴土，树宜杉，……杉阅十五六年始有子，择其枝叶向上者，撷其子，乃为良。裂口坠地者，弃之。	《黔南识略》卷二十一《黎平府》
黎平山多戴土，树宜杉，杉阅十五六年，始有籽，择其枝叶向上者，撷其子，乃为良。裂口坠地者，弃之。择木以慎其选也。	（乾隆）《贵州通志》卷十五《物产志》

续表

典籍记载	资料出处
杉历数寒暑乃有子。枝叶仰者，子乃良，撷而蓄之。其蟫而坠者，弃之。	《黔语》卷下《黎平木》
杉木，花两性，雄花亦出至秋月，结毬果大如指头，在枝叶仰者良。	（民国）《麻江县志》卷五《农利物产下》

从表3-1可见，涉及杉木种子来源的关键技术有三：一是人工营林所用种子的母树选择必须是十五年以上的成年杉木，且"枝叶向上"健康；二是获取优良健康种子的途径是从母树上采摘；其三是不健康、自然掉落在地上裂口的杉果，要"弃之"。这一传统知识的硬性要求，在清水江林业契约文书中也多有体现，现摘抄《清水江文书》中一份采种合约内容如下，以供参考。

　　锦屏县林业部工作站甲

　　采种合约称方

　　茅坪片乡新东社乙

　　（一）双方同意，由乙方负责采集杉木种子壹佰市斤，价售给甲方，特立本合同，其条件如下，由双方共同遵守。

　　（二）双方议定每市斤杉种为币陆角正。

　　（三）乙方必须选择二十年至四十年向阳独立健壮母树之种子，并要采集饱满光泽好的，有病虫害和不到年龄母树的杉种，即不予收购。

　　（四）乙方须采集之杉种阴干簸净，按期于本年十二月十五日（即古历□月□日）前送交林业工作站收购。不得藉故任何理由少交，多交或不交。

　　（五）乙方采集种子，必须切实注意生产安全和保护母树工作。

　　（六）双方同意在签订合同的同时，照采集的数量酌交一部分定金壹拾元，由乙方龙华炘担保人负责，保证如故如期完成任务。

　　（七）本合约经双方同意签章有效。

　　　　　　　　　　　　甲方锦屏县林业工作部（盖章）

　　　　　　　　　乙方茅坪片乡新东社龙华炘（盖章）

　　　　　　　　　　公元一九五七年九月廿三日①

---

① 张应强、王宗勋：《清水江文书（第三辑）》第4册，第150页。

此件林业契约文书涉及的种子选取标准有三：其一是母树的选择；其二是杉种要求；其三是母树的保护等。此合同值得关注的问题有四：其一是对采集种子的母树选择有一系列严苛的要求，如树龄必须在二十至四十年，要求是健壮生长于向阳坡的母株，或稀疏林中无病虫害、无人力损伤的孤生母株等。据田野调查发现，杉木须经过十五年后，才逐渐结种，树龄在二十至四十年间，种子才饱满，故有这一规约。将典籍的记载与这份契约文书相比对，不难发现契约文书中对母树的树龄要求提高了，甚至是要求树龄在四十年以上的母树采种，其间的原因在于，在文献记载的时代当地人工林主砍伐的时间较早，超过二十年树龄的母树很少。20 世纪中期，由于人工林主砍伐的周期延长，树龄高的母树得以留下。若就采种的知识和技术而言，杉树树龄越高，其所结的种子质量就越好。

其二是对采集的种子也要求甚为严格，在时间上，成年杉木果实一般于一年的 11 月上中旬成熟，种果颜色呈现为黄褐色。清水江流域各族居民采摘时间选定于"霜降前后"，他们认为此时的种子最为饱满，是最富有光泽的健康种子。对病虫害或不到年龄的母树种子不予收购，正是对种子质量严格把握的体现。但甚为遗憾的是，资料中没有言及如何识别未达到树龄的母树所结的种子。

其三是采种时，直接用扎钩摘下果球，将果球取下采回后，摊在日光下暴晒，待果球的鳞片张口后通过捶打取出种子筛净即可。这样处理过的种子就可以出售了。值得注意的是，选种不仅取自成年老树，而且杉树籽也不允许接触林地的土壤，必须是采摘果球，促使鳞片自然开裂，以脱粒使用，目的是避免种子接触到土壤里的微生物而染病。故文献称其为自然"裂口坠地者，弃之"，道理就在于此。

其四是采种的母树必须无病无害，至于如何识别母树的病害，文献中已经提及，凡杉树尖端枝叶呈卷曲状则表明该树已经染病，乡民还补充说："如果杉树的树皮从红色转化为灰色，也是杉树已经染病的表征，凡这样的杉木都不能做母树使用。"上文合同中还提到要选择长在向阳的，甚至是孤立生长的大树作为母株使用，其原因也在于，生长在这些区段的杉树，染病率较低。选择这样的杉木作为母树，保险系数较高。以上第三点和第四点恰好是对乾隆年间黎平府各族居民采集杉种技术要求的补充，也说明此类采取杉种的经验至今仍然有效。据研究表明，经过此类搜集精选的种子，发芽率甚高，可以达到95%以上。更重要的还在于，用它们所育出的杉树苗具有较强的抗病能力，不容易染病。

如前文言，清水江流域的人工营林是以杉木为优势树种，兼营油桐、油茶等的人工经济林的泛称，采集杉木种子是如此，其他种子的获取也不例外，如获取油桐种子也是一样。《五溪蛮图志》第二集《五溪风土》"土产"载，选桐种母树"最宜斜向东南而不当恶风之山坡。得选壮年树所结之桐球为种，用以剖开置暖室，以草秆护过严冬"[1]。此段资料所揭示的内容有三：其一是对采集种子的母树选择有一系列严格的规定。"壮年桐树"一般指树龄五年以上，长势旺盛，要求是健壮生长于向阳坡的母株，或疏林中无病虫害、无人力损伤的孤生母树等条件。这样的母树所结果球的种子高度成熟整齐，能获得稳定的出芽率。其二是桐树种必须从桐树上摘取，掉在地上的果球不能作为桐种，目的是规避选用到已经遭逢了病虫害的果球。凡遭逢病虫害的果球或种子，不仅会影响种子的出芽率，而且还将所带的病菌传给萌发后的幼苗，影响到后来油桐的产量和质量。至于如何判断果球已经充分成熟，当今田野调查资料可资补充，其要点是果球光泽透亮，果皮呈现为微红色或者红色斑点，则表明果球充分成熟，可以采摘为种子之用。值得一提的是，我们在田野调查中发现，当地居民还发现了桐果柄短长的遗传机制，为了桐果高产，他们一般会选取果柄短者。他们说，柄长者种出的桐油树成熟结果后，仍为长柄果球，这类桐树的桐果因风吹易自然掉落，影响产量。其三是桐球摘下后，为了防止桐籽霉变，需要将桐籽与桐壳分离。这样分离出的桐籽还得认真处理，不应当直接堆在一起，这样会造成桐籽"结露"，容易造成霉变和提早生芽。故需要放置在温室里，并护以干草秆加以防寒。在这样的寒冷环境下，种子会自然进入休眠状态，种子的桐油酸含量会提高，水分会减少。经此处理的种子既不会提前出芽，又不会

---

[1] 〔明〕沈瓒编撰、〔清〕李涌重编、陈心传补编：《五溪蛮图志》，第117页。

遭逢霉菌的感染、病害虫的啃食，确保种子安全越冬 ①。

为提高桐种出芽率，播种前需进行选种催芽，方法是先用温水浸泡种子 24 小时，把浮于水面的种子淘汰，从沉水的种子中选择色泽光亮、饱满、无病虫害的去实施播种。故《五溪蛮图志》又载："取桐种置盆内，先在阳光下以温水浅浸十余句钟。三换温水，取出备用。" ② "句钟"，即清代时所谓的"一点钟"。凭借这一记载可见，沅江流域包括清水江流域各族居民在经营油桐人工林过程中，已经形成了一系列的选种、保种、育种的本土知识，而且，培育出来的树苗，可以最大限度地规避病虫害的感染。

二、育苗

以上资料都涉及了种子的获取、保存等相关问题，再就是育种了。就人工杉林种子的培育言，具体见表 3–2。

表 3–2　典籍所载杉木实生育苗法概略

典籍记载	资料出处
春至，则先粪土，覆以乱草，既干而后焚之。然后撒籽于土面，护以杉枝，厚其气以御其芽也。秧初出，谓之"杉秧"。既出而复移之，分行列相距以尺，沃之以土膏，欲其茂也。稍壮，见有拳曲者则去之，补以他栽，欲其亭亭而上达也。	《黔南识略》卷二十一《黎平府》
（杉选种后）美其性也。春至，粪土、束刍覆之，緼火焚之。乃始布子，而以枝茎午交蔽之，固其气，不使速达也。稚者曰杉秧，长尺咫，则移而植之，皆有行列，沃以肥壤，欲其茂也。壮而拳曲，即付剪刈。易以他载，宽直也。于是结根竦木，五条婵媛，丛生高冈，族茂幽阜，不二十年而蓁蓁蓁蓁，蔚若邓林矣。	《黔语》卷下《黎平木》
（选种后）春至，则先粪土，覆以乱草，既干而后焚之。然后撒子于土面，护以杉枝，厚其气以御芽也。秧初出谓之"杉秧"，既出而复移之，分行列界，相距以尺，沃之以土膏，欲其茂也。树三五年即成林，二十年便供斧柯矣。	（光绪）《黎平府志》卷三下《食货志》"物产"
杉木，春至粪土，束刍覆之，温水焫之，乃布子，蔽以枝叶，使不速达。	（民国）《麻江县志》卷五《农利物产下》

值得注意的是，表 3–2 涉及关键问题有三：一是林地清理采用火耕的方式，

---

① 马国君：《清至民国沅江流域油桐业拓展与本土知识关联性研究》，《中国农史》2019 年第 5 期。
② 〔明〕沈瓒编撰，〔清〕李涌重编，陈心传补编：《五溪蛮图志》，第 116 页。

而且不管是育苗还是定植，都需要过火，育苗时更需要严格控制焚烧的速度，目的是，通过火焚去抑制微生物的滋生，确保育苗和定植的杉木免受病害的侵扰。二是育苗过程中，对于染病的树苗要迅速清除，防止病害蔓延。三是为了保护幼苗，还要给杉苗覆盖上杉枝，等等。有的为了防止幼苗遭到牲畜啃踏而损坏，还要"用油桐树叶将杉树幼苗尖包起来，或用牛粪兑水撒在幼苗上，牛不见嫩尖或嗅到牛粪味便不再啃吃"。此外，还得随时检查苗木的生长状态，"采取严格的淘汰制，不管是杉幼苗还是移植后的杉树，一旦发现枝叶卷曲，或者树皮由红转灰，都必须果断淘汰，否则会导致病害蔓延"①。这一做法体现了清水江流域各民族同胞已经熟练掌握了一整套选种育苗的技术，此类技术对于维护林木生长甚为重要。

需要注意的是，清代以来，清水江流域的林副产业也甚为发达，如油桐树、油茶树的种植，也牵涉到选种育苗等诸多问题。《五溪蛮图志》第二集《五溪风土》"土产"载，选桐种母树"最宜斜向东南而不当恶风之山坡。得选壮年树所结之桐球为种"。据此可见，油桐果实种子的获取与人工林业发展有直接关联。据文献记载，清水江流域各族居民播种桐籽时间的一般选在立春后清明前，播种时，种脐必须朝下，不能朝上。关于播种桐籽的选取具体见前文，经过这样选种的种子，每穴种籽 3 粒，按品字形排列，覆土厚 5—8 厘米，在季节性干旱的地区有的还要盖草保墒。对此，(民国)《岑巩县志》载，油桐树于"冬腊月至正二月间，以种子直接播之，俯置土种（谓种子仰置，则树高枝稀，结实不多）上覆松土，俟发芽须加保护。长成后，高一二丈，叶类梧桐，柄长，春末盛花。桐每年在立夏后至处暑前须锄一次，则枝叶繁茂，结实夥，而油汁亦多"。材料中的"俯置""仰置"主要是播种以桐籽的种脐朝向为标准，种脐朝下种，则谓之"俯置"，亦称"直播"，反之则"仰置"。如实施"仰置"，一是幼苗发芽后，根要弯曲才能向下伸展，这就会对幼苗的生长造成不利影响；二是桐籽的子叶肥厚，桐籽出芽后很难顶穿土层长出地面，即使其能够长出地

---

① 马国君、罗康智：《清水江流域林区时空分布及树种结构变迁研究》，《原生态民族文化学刊》2013 年第 3 期。

面，种子中储存的养分也会被消耗太多，导致长成的树苗不能健康生长。因而，下种时种子必须"俯置"。

图 3-1　锦屏杉木苗圃

这一材料反映了清水江流域及其邻近地区的各族居民已经掌握了通过刺激种子的方法，扩大油桐树种植规模，进而提高其结实产量，这样的知识系统，是林业文化遗产的重要内容，需要引起林学界关注。关于这样的技术，《五溪蛮图志》第二集《五溪风土》亦载："播种之桐树，至立夏时，必有嫩芽发出，每堆三株。此时宜锄松其土，略施便溺一次。待树长出一二尺，复待除草，将树兜周围扒一三寸许深之圆形小沟，施六合肥（此为桐树所最适宜之一种肥料。以晒干擂碎之塘泥、坑粪和以菜枯及渣、粗康、茶枯即成），或坑异莘枯于内，复以松土。秋间又宜除草施肥，并将桐树地中的空处之所有柴兜、树根铲除精尽，以便播种油菜、小麦或烟草、红薯。"此段材料与前段资料而言，增补了一些新内容，值得关注地方有三：

其一是桐苗出芽后，要"便溺一次"。该句意思是说桐苗出芽后，要用人或家畜的大小便对其施肥。特别值得一提的是，他们施的肥以家畜大小便为多，因为家畜一般不会吃食自己的尿液和粪便。故这样的施肥方式还有利于规避鼠害和家畜的践踏。

其二是桐树长出一二尺，在树兜周围扒一三寸许深之圆形小沟，施六合肥。此处的"六合肥"是由晒干捣碎之塘泥、坑粪和菜枯及渣、粗康、茶枯等组成。其中"塘泥、坑粪菜枯及渣、粗康"，是能提高桐树生长速度的土壤肥料。"茶枯"也叫茶籽饼，颗粒呈紫褐色，是油茶籽经榨油后的渣饼，有效成分是皂角甙素。皂角甙素是一种溶血性毒素，能使鱼的红细胞溶化，故能杀死野杂鱼类、泥鳅、螺蛳、河蚌、蛙卵、蝌蚪和一部分水生昆虫。皂角甙素易溶于碱性水中，使用时加入少量石灰水，药效更佳。由于茶粕的蛋白质含量较高，因此这也是一种高效有机肥，广泛应用在农作物及果树栽种中，效果极佳，是一种植物源农药。值得注意的是，沅江流域的土壤里多蚂蚁、土蚕（金龟子的幼虫）等虫类。这样的做法可以规避病虫害对幼苗的侵害。

其三是在种植油桐的山场还要间种油菜、小麦或烟草、红薯等。这些植物的根系发达，每年都换茬，根系枯萎后在土壤中会留下纵横交错的孔道，有利于提高土壤的通透性。如前文言，清水江流域温暖湿润，土壤容易板结，通过间种以上诸类作物，可以保证桐树根有充足的氧气，因而不会在桐树生长过程中因土壤板结窒息而死。同时桐树幼龄阶段喜光而不耐光，若在夏天，阳光直晒，则死亡率高，生长差，这样做还可以给油桐幼苗遮阴。这些方法和技术大大提高了油桐树的成活率，拓展了油桐林的规模[1]。

从上可见，清水江林业契约文书，以及各类方志文献对"人工营林"种子的获取、保存以及育苗都有了详细的记载，这些记载为清水江人工营林的发展提供了技术保障，下面就不得不研究人工营林的幼苗管护了。

第二节　人工营林幼苗管护

清水江流域的土壤以黄红壤和黄壤为主，土壤厚重而肥沃，适合发展人工营林。明代以来，随着"皇木"采办规模的扩大，清水江流域便开始了人工杉

---

[1] 马国君:《清至民国沅江流域油桐业拓展与本土知识关联性研究》,《中国农史》2019 年第 5 期。

木林的种植。《姜氏家谱》载，姜氏先辈"于万历年，居中仰者，咸移附居，只知开坎砌田，挖山种杉"[①]，该段资料言及了万历年间，生息在清水江流域的中仰寨姜姓家族就开始人工种植杉木林了。有明以降，由于人工杉林产量大，清水江流域获得了"杉木之乡"之美称，故要探究其间的原因，我们就不得不对幼苗郁闭成林以及中幼林管护成材的本土知识进行细致的探究了，这就是文书所言的"栽杉种粟"与"蓄禁"了，下即此为序，展开讨论。

一、栽杉种粟

清水江流域林木繁荣与郁闭林前的"栽杉种粟"有着密切的联系。"栽杉种粟"是清水江林农们在种植杉木幼苗的过程中所采用的"林粮间作"技术的称谓。林粮间作"以三年为宜，头年种小米。二三年种玉米为佳"[②]。原因在于清水江流域气候温暖湿润，降水丰富，每年降水量在1300毫米以上。同时，流域内土壤以黄红壤和黄壤为主，这样的土壤密度较大，常年如遇到雨水浸泡，土壤的通透性不够，容易诱发杉木黄化症等问题，不利于树木的生长。因此，在定植杉木幼苗时，当地的林农往往会间种植各种旱地农作物，以提高土壤的通透性，促进杉树迅速成材。清乾隆年间，贵州巡抚爱必达在其著作《黔南识略》卷二十一《黎平府》中言："山多载土，树宜杉，土人云：种杉之地，必中种粟及包谷一年，以松土性，欲易植也。"（光绪）《黎平府志》卷十二提到："栽杉之山，初年俱种包谷，俟树盖地方止。"（乾隆）《贵州通史》卷三中也说道："种杉之地选就后，不得立即种杉，须先在这片土地上种植一两年庄稼后方能栽杉，小季种麦、大季种包谷。作用在于以松土性，利于杉树的种植和生长。"这些记载虽然简短，但精炼地概括了清水江流域的林农们采用的"林粮间作"的杉苗培植方法，值得注意的是，就资料而言，此处的林粮间作是栽杉木的前两年，必须预种麦一二年，目的是为第三年种杉提供疏松的土壤环境，这可以视为林粮间作的一种时间安排。但是在查阅清水江文书后发现文书中的

---

① 杨有庚：《〈姜氏家谱〉反映的明清时期文斗苗族地区经济文化状况》，载贵州省民族事务委员会编：《贵州"六山六水"民族调查资料选编（苗族卷）》，第190页。
② 杨有耕：《锦屏县魁胆侗村林业生产的基本经验》，载贵州省民族事务委员会编：《贵州"六山六水"民族调查资料选编（侗族卷）》，第428页。

林粮间作，都是在造林的当年同时间作农作物，清水江流域民间农谚亦云："林粮间作好，林下出三宝。当年种小米，二年种红苕。三年未郁闭，再撒一年荞。庄稼施了肥，林子除了草。林粮双丰收，林农哈哈笑。"①

图 3-2　天柱县远口乡潘寨林粮间作

对以上两类林粮间作原理，杨有耕先生有惊喜的发现，先生认为"林粮间作宜于第一年种小米，第二三年种包谷。栽杉前须先在炼垦好的山地种上小米，可避免将粟撒播在杉穴内，夺取穴内之水分和养分。至四月，一年生幼杉根系进入生长高峰期，已长高的粟苗对幼杉起到了保土护杉的作用""幼杉长至第二三年，株身逐年增加，根系逐年扩展，短株浅根的小米也不适宜。应改种包谷，让高于幼杉的农作物，起到为幼杉遮阴的作用，……幼龄阶段的幼杉喜光而不耐强光，若在夏天阳光直晒，则死亡率高，生长差，故套种粟，则减弱强光，提高相对湿度，降低叶面和土壤的水分蒸发，以保证幼杉的成活率和迅速健康生长。"②从资料可见，幼林间种的粮食大多为"粟"，也就是小米，也有麦子和玉米等。另外也有间作经济作物和蔬菜的，如锦屏平略镇岑梧村，林地间种的作物有烟叶、瓜菜等；魁胆村间作的作物有杂粮、棉花等③。值得一提的是，清

①　徐晓光：《清水江文书"杉农间作"制度及"混交林"问题探微》。
②　杨有耕：《锦屏县魁胆侗村林业生产的基本经验》，载贵州省民族事务委员会编：《贵州"六山六水"民族调查资料选编（侗族卷）》，第 429 页。
③　同上，第 430 页。

水江林业的发展，都需请栽手管护，故这样的记载，在乡土文献"清水江文书"租佃契约多记载为"佃种小米栽杉木""栽杉种粟""种粟栽杉""开山种粟"等，具体参见以下 6 件林业契约。

契约 3-1

立佃帖种地本寨人姜庚养、姜福保、姜老坛三人，今佃种到姜映祥、姜映辉、姜绍生、姜绍宏二家所共之地，土名加什唐之山。日后栽杉种粟，杉木长大作三股均分，地主占贰股，栽手占一股，日后二比不得异言。木限在七年内木要栽成林，如有不成，自愿将到田圻抵当。姜庚养田地名皆休长，田抵当；姜福保自将地名鸠休大田抵当；姜老坛自将皆脱大田半节抵当。限在七年内长大成林，不得荒芜。如有不成，任从地主□当头发卖栽手，不得异言。如有异言，居在地主发卖是实。日后三家发达，立佃帖为据。

代笔绍牙

嘉庆十五年九月初三日佃帖发达为据立 ①

契约 3-2

立佃山场栽杉木字人董老七为因缺水地种，今求到加池寨地主姜开文、（姜开）明弟兄山场一块，土名翻三礼，其有界限，上凭打仔父坪子为界，下凭连烈之田至蒲坎下至老换□之田坎上为界，左凭岭以文堵分之山凭岭分界，右凭大冲分界，内有一大岭一冲。此山上栽分为五股，栽手占贰股，地主占叁股，将地主叁股分为拾股，姜开明占一股、开文各占一股，今付与董姓栽杉种粟，准限四年杉木成林。恐有惰慢，荒芜不成林，栽手并无系分。日后杉木成林，照依佃字分立合约，不得争论。股份恐有发卖，先问地主无人存买，然后社出外。今欲有凭，立此佃字为据。

凭中姜之模、宋万成

---

① 张应强、王宗勋：《清水江文书（第一辑）》第 12 册，第 53 页。

姜世琏单立佃字是矣

道光十二年十月十八日 ①

契约 3-3

立佃字人本房姜开胜、遇连二人，今佃到姜凤仪、恩瑞、恩茂叔侄等之山场三块，地名皆勇衣攸。此山界限上凭岩洞与大荣叔侄之山，下凭溪，左右凭岩洞四至分清。又壹块污堆，界址上凭岩洞，下凭溪，左凭岩洞，右凭水毫。此山在皆补良，故我下边又对面壹块下边，界限上凭照高山脚，下凭溪，左凭岩洞，右凭岩洞。此山在皆栽足，四至分清。开胜、遇连二人今佃种粟栽杉，日后木植长大成林，伍股均分，地主占叁股，栽手占贰股。恐有不成，栽手全无股份，地主另援招与别人栽木。恐后无凭，立此佃字为据。

外批：一旦栽手日后出卖之时，先问山主，没（后）问他人。倘不问到山主，决不衣（依）卖。

笔、中姜克顺

光绪二年二月十三日 ②

契约 3-4

立佃字人本寨姜秉忠父子，今佃到姜大明、献义、公孙□山场壹块，地名顽九楚早冲，此山界址：上凭洪，下凭交冲，左凭显国、大明共之山，右凭兆瑞之山，四至分清。今佃与姜秉忠父子种粟栽杉，日后木植长大成林，伍股均分，地主占叁股，栽手占贰股，此地主叁股分为贰大股：献义叔侄占壹股，大明叔侄占壹股，这一股分为陆股，培刚得买凤岐壹股。日后若卖与此契，内股数均分。恐口无凭，立此佃字存照为据。

姜兴周笔

光绪二十年正月十二日立 ③

---

① 张应强、王宗勋：《清水江文书（第一辑）》第 2 册，第 57 页。
② 张应强、王宗勋：《清水江文书（第一辑）》第 1 册，第 367 页。
③ 张应强、王宗勋：《清水江文书（第一辑）》第 4 册，第 388 页。

契约 3-5

立佃种粟栽杉木字人本寨姜生贵、□三志今佃到姜梦鳌、姜元秀、姜永到叔侄等之山场一块，地名冉勾否，界限上凭土垦□之渭之山，下凭岩洞，左凭冲，右凭岭，四抵分明。此山分为五股，均分。地主占三股，栽手占二股。地主叁股：姜梦鳌占一股、姜元秀（弟兄）占一股，余股又分为五股（姜永道叔侄占四股、姜梦鳌一股）。自佃之后，云定三年栽杉木成林，不得荒芜。若有荒芜不成林者，栽手并无系份。地主各自修理栽植，如其佃栽成材长大，恐其缺长补短，要求卖者先问地主，后问他人。今欲有凭，特立此佃字为据。

内添立字姜秉文笔

民国十年九月二十二日 [1]

契约 3-6

立讨字人龙生文，因家贫穷，生活难逃，自己上门问到勒洞业主龙凤山，土名宗水排坡荒山壹团，佃种小米栽杉木，连耕三年。长大成林，肆陆分成，业主肆股，栽手陆股。经双方同意，不得异言。恐口无凭，立有讨字□□（为据）。

讨笔罗八锡

讨字人龙生文

民国三十六年正月初五日 [2]

从以上 6 件契约文书看，涉及内容有五：其一是在租种荒山契约文书中，一般都会约定栽手在栽种杉木的同时种植小米，即"栽杉种粟"。有的契约文书虽没有直接写"栽杉种粟"，而是写作"栽杉木种地"，但所表达的含义大致一致。需要注意的是，栽杉的时间一般选在阴天，栽幼杉时，杉苗身要直，覆土要疏松，杉苗尖要朝向山谷，同时，为了防范流水、坠土损苗，还要在幼杉

---

① 张应强、王宗勋：《清水江文书（第一辑）》第 1 册，第 256 页。
② 张新民：《天柱文书·第一辑》第 19 册，第 223 页。

的上方钉一块木板。这样的技术，锦屏"十大杉木王"将其总结为"全面整地宽打窝，阴天栽杉最适合。宜用一年健壮苗，根散压紧填满窝。打下桩子挡泥土，杉苗尖子朝下坡。林粮间作双管理，保证树苗快成活"[①] 短短56字，将清水江流域人工营林的林粮间作种植技术讲得甚为清楚，这一技术属于林业文化遗产的重要内容，应该引起学界注意。其二是规定了成林期限一般为三至六年，因为这一时段是杉木苗"奠基"的关键阶段，直接关乎杉木苗是否能扎根生长、进而顺利成材，加之幼杉生长面临的威胁主要是太阳暴晒、地表积水和强风等，因此，林农们在幼苗期的管理和看护显得尤为重要。根据林农们的多年实践经验，一片杉木是否能繁茂成林，一般情况下从植苗后五年左右的生长状况即可略见一斑。其三是"地主"唯恐栽手栽种和管理不当，使土地荒芜，给双方带来损失，故特意在合同中明确提到"栽手"的义务，即"修理为业，不得荒芜"。有的"栽手"甚至为此立下了抵押条款。其四是林木郁闭后，栽手就可以获得一定股份等。其五是若"栽手"想要将其股份或成材后的树木卖出，需要先征求"地主"或其他持股人的同意，这就体现了持股人的优先购买权，保障了合同持股人的权益。如《道光十二年十月十八日董老七佃山场栽杉木字》其中明确规定了"股份恐有发卖，先问地主，无人存买，然后社出外"。从上可见，"栽杉种粟"是一套很好的管护林木的技术，也是促进幼林成林的重要工作，据统计，清水江林业文书中与"栽杉种粟"相关者甚多，具体见表3-3。

表3-3　租佃合同中"栽杉种粟"概略

文书名称	记载内容	资料来源
光绪五年正月二十六日王玉山佃山字	种粟栽杉	《清水江文书（第一辑）》第1册，第65页
嘉庆二十年十二月二十九日潘常明佃田字	种粟栽杉	同上，第130页
道光元年十月十六日陆光儒佃山字	栽杉种粟	同上，第134页
同治十一年正月初十日姜秉忠父子佃山场帖字	种粟栽杉	《清水江文书（第一辑）》第1册，第169页
光绪四年六月十二日姜沛祥等三人佃山字	种粟栽杉	同上，第171页

---

① 杨有耕：《锦屏县魁胆侗村林业生产的基本经验》，第431页。

续表

文书名称	记载内容	资料来源
民国四年六月初四日龙恩大、龙恩和弟兄二人佃山场字	种粟栽杉	《清水江文书（第一辑）》第 1 册，第 241 页
民国十年九月二十二日姜生贵、□三志佃种粟栽杉木字	种粟栽杉	同上，第 256 页
光绪二年二月十三日姜开胜、姜遇连佃山场字	种粟栽杉	同上，第 367 页
光绪十二年十一月二十三日宋乔寿弟兄佃山场字	种粟栽杉	同上，第 370 页
光绪二十二年二月二十六日姜恩秀、姜恩焕弟兄二人佃山字	种粟栽杉	同上，第 373 页
光绪二十六年八月初十日姜恩光佃山场字	种粟栽杉	同上，第 376 页
民国十四年十一月初一日姜梦海等佃山栽杉种粟字	栽杉种粟	同上，第 385 页
民国十八年二月二十二日姜继美等佃山字	栽杉种粟	同上，第 387 页
道光十二年十月十八日董老七佃山场栽杉木字	栽杉种粟	同上，第 57 页
道光二十三年十一月二十八日陆光成佃山场字	栽杉种粟	同上，第 70 页
道光二十三年十一月二十八日粟元和佃山字	栽杉种粟	同上，第 73 页
咸丰二年正月二十五日姜光朝、姜世运、姜开祥佃山场字帖	栽杉种粟	同上，第 75 页
光绪四年十月十一日姜禀忠父子佃山字	种粟栽杉	同上，第 98 页
光绪十九年二月初四日姜凤池等佃山场字	种粟栽杉	同上，第 108 页
民国五年正月二十日姜恩元等佃山场字	种粟栽杉	同上，第 136 页
民国六年闰二月初三日姜凤凰等佃山字	种粟栽杉	同上，第 139 页
民国二十五年二月十六日姜纯魁佃山字	种粟栽杉	同上，第 163 页
嘉庆二十四年三月十二日宋万和佃山场字	栽杉种粟	同上，第 221 页
咸丰八年正月初十日姜开绪佃山场字	栽杉种粟	同上，第 260 页
同治九年正月二十三日姜兆昌、姜玉秀佃山场字	种粟栽杉	同上，第 276 页
光绪二年七月初十日姜开胜、王保衣、孙通兴佃山字	种粟栽杉	同上，第 281 页
民国六年三月十五日姜永清二人佃山分股合同	种粟栽杉	同上，第 323 页
民国十四年二月初四日姜凤德等佃山字	种粟栽杉	同上，第 332 页
道光二年正月二十五日张士清佃山场栽杉木字	栽杉种粟	同上，第 48 页
道光十五年三月十一日姜福宗、姜福元弟兄佃山场栽杉木字	栽杉种粟	同上，第 78 页
道光二十一年二月十一日姜福元、姜福宗佃山字	栽杉种粟	同上，第 87 页

续表

文书名称	记载内容	资料来源
光绪三十年十一月初十日姜凤瑞、姜恩厚佃山场字	种粟栽杉	《清水江文书（第一辑）》第 1 册，第 117 页
民国六年闰二月二十八日范记岩佃山字	种粟栽杉	同上，第 128 页
嘉庆二十五年六月十二日孙邦约佃山字	种粟栽杉	同上，第 172 页
道光半年十二月初六日董老七佃山场字	栽杉种粟	同上，第 179 页
道光十三年正月二十一日杨昌和兄弟佃山字	种粟栽杉木	同上，第 190 页
咸丰十一年二月初四日潘大能佃山场字	种粟栽杉	同上，第 207 页
同治元年十二月二十六日姜杨兴弟兄佃山场字	种粟栽杉	同上，第 209 页
同治六年六月十六日龙文明父子佃山场字	种粟栽杉	同上，第 212 页
同治十四年十月初六日送今寿佃山字	种粟栽杉	同上，第 219 页
光绪二年二月二十日姜生发、姜长连佃山场字	种粟栽杉	同上，第 220 页
光绪十九年九月十四日姜凤文等佃山场字	种粟栽杉	同上，第 237 页
民国十四年九月二十六日姜作名等佃种栽杉木字	栽杉种粟	同上，第 258 页
民国二十五年二月十六日杨先明佃山字	种粟栽杉	同上，第 267 页
同治四年七月二十九日吴廷锦佃山场字	栽杉种粟	同上，第 373 页
宣统二年九月二十五日董应生佃山场字	栽杉种粟	同上，第 402 页
道光二十六年八月初一日姚贵发父子佃山场字	栽杉种粟	《清水江文书（第一辑）》第 4 册，第 63 页
光绪二十年正月十二日姜秉忠父子佃山字	种粟栽杉	同上，第 79 页
道光八年六月二十四日杨老往佃山场字	栽杉种粟	同上，第 318 页
道光十三年九月十九日宋万成佃帖	种粟栽杉	同上，第 325 页
道光二十六年八月初一日姚贵发父子四人佃山场字	种粟栽杉	同上，第 344 页
咸丰十年七月十八日吴回光父子佃山字	种粟栽杉	同上，第 355 页
同治三年四月二十四日龙老七等佃山场字	种粟栽杉	同上，第 356 页
同治四年三月十六日吴士宽父子佃山场字	种粟栽杉	同上，第 358 页
同治八年七月初四日姜培成、龙荣太佃山场字	种粟栽杉	同上，第 366 页
同治十四年七月二十三日姜癸未父子佃山字	种粟栽杉	同上，第 368 页
光绪六年三月初六日姜兆祖、欧成文佃山分股	种粟栽杉	同上，第 375 页
光绪二十年正月十二日姜秉忠父子佃山场字	种粟栽杉	同上，第 388 页
宣统元年十二月初三日姜凤凰等佃山场字	栽杉种粟	同上，第 415 页
宣统三年正月十八日龙发泰、姜双连、姜松宁佃种粟栽杉字	种粟栽杉	同上，第 419 页
民国二年六月二十二日姜凤瑞、姜成安佃山场字	种粟栽杉	同上，第 425 页

续表

文书名称	记载内容	资料来源
民国二年七月初二日姜恩光、姜连赐、姜松成佃山场字	种粟栽杉	《清水江文书（第一辑）》第 4 册，第 426 页
民国四年十二月十二日姜作清弟兄二人佃山场字	种粟栽杉	同上，第 439 页
道光八年十一月初八日吴正贵弟兄佃山场字	栽杉种粟	《清水江文书（第一辑）》第 5 册，第 13 页
道光二十三年三月十八日姜保喜、姜新春佃山场字	栽杉种粟	同上，第 21 页
道光二十四年十二月初三日杨殿安、蒲秀梅佃山场字	栽杉种粟	同上，第 22 页
道光二十八年八月初六日姜光秀、姜开义、姜开渭佃山场字	栽杉种粟	同上，第 26 页
咸丰元年十月二十四日王老年、王老虽兄弟二人佃山场帖子	种粟栽杉	同上，第 28 页
咸丰六年七月初八日周天元佃山场字	种粟栽杉	同上，第 31 页
咸丰十一年三月二十六日吴士宽父子佃山场字	种粟栽杉	同上，第 34 页
咸丰十一年十月初八日吴士宽父子佃山场字并抵头约	种粟栽杉	同上，第 36 页
同治四年二月十八日姜开朝佃山字	种粟栽杉	同上，第 37 页
同治四年二月十八日姜开朝佃山字	栽杉种粟	同上，第 38 页
同治十年正月十四日李老鸠叔侄佃山场字	种粟栽杉	同上，第 40 页
同治十年正月十六日姜乔保等人佃山场字	种粟栽杉	同上，第 41 页
同治十四年十月初六日送金寿佃山字	种粟栽杉	同上，第 44 页
光绪二年七月初十日姜开胜、王保衣、孙通兴佃山字	种粟栽杉	同上，第 45 页
光绪四年十二月十二日姜开胜、姜凤恣佃山场字	种粟栽杉	同上，第 47 页
光绪六年三月初五日姜大明、姜凤飞、姜贵生佃山字	种粟栽杉	同上，第 48 页
光绪三十年二月初十日姜双连、龙顺连、龙发太等佃山字	栽杉种粟	同上，第 66 页
光绪三十年二月初十日姜双连、龙顺连、龙发太等佃山字	栽杉种粟	同上，第 67 页
光绪三十二年正月初七日龙老望、杨老三佃山场字	种粟栽杉	同上，第 70 页
光绪三十四年正月二十八日姜凤瑞等佃栽种粟栽杉字	种粟栽杉	同上，第 71 页
民国五年二月初十日龙发太等佃山场字	种粟栽杉	同上，第 82 页
民国十四年二月初四日姜凤德等佃山字	种粟栽杉	同上，第 117 页
民国二十三年十二月二十九日张子明、陆应全佃种山场种粟栽杉木字	种粟栽杉木	同上，第 134 页
咸丰十九年六月十七日姜福元等佃山字	种粟栽杉	同上，第 404 页

续表

文书名称	记载内容	资料来源
同治四年二月十六日龙金友父子佃山字	种粟栽杉	《清水江文书（第一辑）》第5册，第409页
同治五年十二月十四日龙文高父子佃山字	种粟栽杉	同上，第410页
同治七年十二月二十六日姜丙生父子佃山字	种粟栽杉	同上，第412页
同治十四年十月初六日送金寿佃山字	种粟栽杉	同上，第418页
光绪六年十月二十八日姜乔保佃山场字	种粟栽杉	同上，第425页
光绪六年十二月初五日姜廷魁佃山场字	佃种栽杉	同上，第426页
光绪二十一年八月初一日杨胜荣佃山场字	种粟栽杉	同上，第434页
民国四年正月十四姜凤德、姜长寿叔侄佃山字	种粟栽杉	同上，第445页
民国五年二月初十日龙发泰佃山场字	种粟栽杉	同上，第447页
民国八年五月初五日宋文瑞佃栽山字	种粟栽杉	同上，第451页
咸丰四年八月初一日陆正泰、陆大昌弟兄二人佃山场帖字	种粟栽杉	《清水江文书（第一辑）》第6册，第41页
统治十三年七月二十三日姜癸未父子佃山场字	种粟栽杉	同上，第46页
光绪三年九月初八日姜兆祖、欧成文佃山场字	种粟栽杉	同上，第50页
光绪六年三月初六日姜开胜等佃山场字	种粟栽杉	同上，第51页
民国五年三月初九日姜恩秀、姜献魁等佃山场字	种粟栽杉	同上，第74页
民国七年正月十五日姜必荣等佃山字	种粟栽杉	同上，第77页
民国三十年十月十六日龙有政佃山字	种粟栽杉	同上，第120页
民国三十二年三月十五日姜元秀叔侄等分山合同	种粟栽杉	同上，第122页
民国三十六年十二月初三日龙裕魁、龙裕国弟兄佃山场字	种粟栽杉	同上，第145页
同治二年正月二十八日姜兆昌、姜兆荣兄弟二人佃山字	种粟栽杉	同上，第179页
民国五年正月二十日姜恩元等佃山场字	种粟栽杉	同上，第216页
民国五年正月二十日姜恩元等佃山场字	种粟栽杉	同上，第217页
嘉庆二十三年二月二十五日姜服兰佃山场字	栽杉种粟	《清水江文书（第一辑）》第7册，第188页
道光十九年四月十三日苗老兄佃栽杉木种地字	栽杉木种地	同上，第206页
统治四年二月十八日姜凤飞父子佃山字	种粟栽杉	同上，第227页
同治五年十二月二十五日龙文高父子佃山场字	种粟栽杉	同上，第228页
同治九年正月十五日姜秉忠佃山场字	种粟栽杉	同上，第231页
宣统二年十一月十三日姜贵隆弟兄佃种姜凤凰、姜显贵等山场股份合同字	种粟栽杉	同上，第286页
民国五年三月初九日姜恩秀、姜献魁等佃山帖字	种粟栽杉	同上，第290页
咸丰九年十一月初三日姜运保佃山场字	栽杉种粟	《清水江文书（第一辑）》第8册，第69页

续表

文书名称	记载内容	资料来源
咸丰十年正月二十二日吴锦廷佃山字	种粟栽杉	《清水江文书（第一辑）》第 8 册，第 70 页
同治五年正月二十四日姜玉连等佃山字	种粟栽杉	同上，第 73 页
同治五年十二月初二日姜开朝佃山字	栽杉种粟	同上，第 74 页
同治五年十二月初二日姜开朝佃山字	种粟栽杉	同上，第 75 页
光绪十八年二月初三日姜记祖等佃山字	种粟栽杉	同上，第 96 页
光绪二十五年七月二十八日吴喜隆等佃山字	种粟栽杉	同上，第 107 页
光绪二十五年十一月十六日吴老四佃山字	种粟栽杉	同上，第 108 页
民国元年正月初八日龙老旺父子佃山场字	种粟栽杉	同上，第 116 页
道光十五年十月二十一日姜世宽佃山场字	种粟栽杉	同上，第 207 页
同治元年三月初十日吴肥晚佃种杉山字	佃种杉山	同上，第 224 页
同治五年五月十七日姜秉忠、徐启秀佃山字	栽杉种粟	同上，第 230 页
同治八年七月初五日姜培成、龙荣泰佃山字	栽杉种粟	同上，第 232 页
光绪十八年二月二十二日杨老二佃山场字	种粟栽杉	同上，第 260 页
道光十六年十二月初四日杨昌和佃山场字	种粟栽杉	《清水江文书（第一辑）》第 9 册，第 67 页
咸丰十年姜世通、姜世运等佃山栽杉字	佃山栽杉	同上，第 89 页
同治七年五月初四日杨昌发佃山字	栽杉种粟	同上，第 101 页
民国二十四年六月二十日龙恩焕、龙裕魁等佃山场合同	开山种粟	同上，第 155 页
道光十年六月十九日杨昌和佃山字	栽杉种粟	同上，第 226 页
道光十九年八月十五日陆光治、陆光国佃种粟栽杉木字	种粟栽杉木	同上，第 251 页
嘉庆十五年十月初十日孙忠友佃山场字	种栽杉木	同上，第 361 页
道光十六年二月二十一日杨怀相佃种山场字	种粟栽杉	同上，第 379 页
道光十六年二月二十一日杨怀相佃种山场字	种粟栽杉	同上，第 380 页
道光三年八月初一日杨通有佃山场字	种粟栽杉	《清水江文书（第一辑）》第 10 册，第 117 页
道光四年八月初七日姜奇生、姜富生等佃种山场字	栽杉种粟	同上，第 123 页
道光六年三月初九日姜朝英佃种山场字	栽杉种粟	同上，第 125 页
道光六年四月十八日姜朝弼佃种山场字	种粟栽杉	同上，第 127 页
道光八年二月二十日王老二、王老三佃种山场字	栽杉种粟	同上，第 130 页
道光八年六月二十四日王老兄佃山场字	栽杉种粟	同上，第 133 页
同治八年十一月二十八日姜廷俊佃种山场字	种粟栽杉	同上，第 202 页
同治十四年十月初六日送金寿佃种山场字	种粟栽杉	同上，第 217 页

续表

文书名称	记载内容	资料来源
光绪二十一年正月初八日姜凤德佃种山场分股合同	种粟栽杉	《清水江文书（第一辑）》第 10 册，第 295 页
光绪二十三年二月初九日陆大昭、陆志高、陆志珍佃种山场字	种粟栽杉	同上，第 303 页
光绪二十四年二月二十一日姜保发叔侄佃字帖	种粟栽杉	同上，第 308 页
道光二十八年二月十四日范学恒佃栽杉种粟字	栽杉种粟	《清水江文书（第一辑）》第 11 册，第 7 页
嘉庆十一年正月十九日张仕贵佃山场字	栽杉种粟	同上，第 147 页
嘉庆二十四年四月十二日张必龙弟兄三人佃栽山场字	栽杉木种粟	同上，第 152 页
道光八年七月二十二日董老七佃山场帖字	栽杉种粟	同上，第 159 页
同治三年三月初三日姜开朝、姜乔发叔侄二人佃山场字	种粟栽杉	同上，第 170 页
同治三年三月初三日姜开朝、姜乔发叔侄二人佃山场字	种粟栽杉	同上，第 171 页
道光八年六月二十四日杨老往立佃山场字	栽杉种粟	《清水江文书（第三辑）》第 6 册，第 87 页
道光十三年九月十九日宋万成立佃帖	栽杉种粟	同上，第 99 页
道光二十六年八月初一日姚发贵父子立佃字	种粟栽杉	同上，第 128 页
咸丰八年十二月十八日龙通顺弟兄立佃字	种粟栽杉	同上，第 144 页
咸丰十年七月十八日吴回老夫子立佃字	种粟栽杉	同上，第 147 页
同治四年三月十六日吴士宽父子立佃字	种粟栽杉	同上，第 151 页
同治八年七月初四日姜培成、龙荣太立佃字	种粟栽杉	同上，第 160 页
同治十四年七月二十三日姜癸未父子立佃字	种粟栽杉	同上，第 163 页
光绪二十年正月十二日姜秉忠父子立佃字	栽杉种粟	同上，第 186 页
宣统元年十二月初三日姜凤凰等立佃字清单	栽杉种粟	同上，第 210 页
宣统三年正月十八日龙发泰、姜双连、姜松宁立佃种粟栽杉字	种粟栽杉	同上，第 213 页
民国二年六月二十二日姜凤瑞、姜成安立佃字	种粟栽杉	同上，第 221 页
民国二年七月初二日姜恩光、姜连赐、姜松成立佃字	栽杉种粟	同上，第 222 页
民国四年十二月十二日姜作清弟兄立佃字	种粟栽杉	同上，第 235 页
嘉庆十五年九月初三日姜庚养、姜福保、姜老坛佃种地帖	栽杉种粟	《清水江文书（第一辑）》第 12 册，第 53 页
道光十九年二月十六日姜老胖、姜老龙佃种山场字	栽杉种粟	同上，第 89 页
道光二十四年六月二十四日刘芝盛佃山场帖字	佃种栽杉	同上，第 109 页
道光二十四年六月初九日龙光星、龙光渭兄弟佃地栽杉种粟字	栽杉种粟	同上，第 110 页
咸丰七年三月二十七日杨昌甲弟兄三人佃山场字	栽杉种粟	同上，第 116 页

续表

文书名称	记载内容	资料来源
咸丰十年十一月二十九日黄均安佃地栽杉种粟字	栽杉种粟	《清水江文书（第一辑）》第12册，第119页
同治二年正月十六日杨定安等佃栽杉种粟字	栽杉种粟	同上，第121页
同治三年九月初十日姜兆祥、姜兆魁、姜兆佳弟兄佃山场字	种粟栽杉	同上，第124页
光绪十九年十二月十五日杨廷和父子佃种栽杉字	栽杉种粟	同上，第134页
光绪三十四年九月十一日姜华德等佃种山栽杉种粟字	栽杉种粟	同上，第141页
民国二年阴历九月十一日姜德贵、姜登池佃山种粟栽杉字	栽杉种粟	同上，第150页
民国八年三月初四日朱家国等佃种栽杉种粟字	栽杉种粟	同上，第164页
民国九年旧历二月初七日林荣科、林荣清佃山场栽杉字	栽杉种粟	同上，第171页
民国九年旧历二月初七日潘大直等佃山栽杉种粟字	栽杉种粟	同上，第172页
民国九年七月十三日林荣恩等佃山种粟字	佃山种粟	同上，第176页
民国十一年阴历六月二十一日姜德贵等佃栽杉种粟字	栽杉种粟	同上，第177页
民国十二年九月初七日姜永卿、姜如圣叔侄二人佃山种粟栽杉字	种粟栽杉	同上，第179页
民国十九年十月初四日姜宏林等佃山种粟栽杉字	种粟栽杉	同上，第183页
嘉庆五年十月二十日龙老亮弟兄三人佃种山场合同	种粟栽杉	同上，第246页
道光十三年十月二十八日龙仁玉、龙玉珠兄弟二人佃栽杉字	种粟栽杉	同上，第273页
道光十七年六月初六日姜老庚、姜老申弟兄佃种栽杉木字	佃种栽杉木	同上，第276页
道光二十六年七月初六日孙永高佃种山场字	栽杉种粟	同上，第289页
道光二十九年四月初七日龙文瑜等佃栽杉种粟字	栽杉种粟	同上，第296页
咸丰五年十一月十七日舒昌麒佃栽杉种粟字	栽杉种粟	同上，第301页
乾隆四十五年六月初四日姜士周等佃种地栽杉合同字	种粟栽杉	同上，第326页
嘉庆十五年十一月二十四日杨秀华等佃种山场合同	种粟栽杉	同上，第344页
道光二年十月十九日杨红仁佃种山场帖字	种地栽杉	同上，第371页
道光二十一年闰三月初一日龙茂怀、龙光星立佃种栽杉种粟字	栽杉种粟	《清水江文书（第三辑）》第7册，第88页
咸丰六年七月十七日范锡寿立佃帖字	栽杉种粟	同上，第109页
咸丰八年十二月二十八日罗天贵、刘喜高立佃栽杉种粟字	栽杉种粟	同上，第110页

续表

文书名称	记载内容	资料来源
咸丰半年正月二十一日姜光□等立佃栽杉种粟字	栽杉种粟	《清水江文书（第一辑）》第7册，第172页
咸丰八年九月十二日杨志坤、杨再有立佃栽杉种粟字	栽杉种粟	同上，第174页
光绪二十一年十二月二十八日姜世俊等立分合同佃帖字	佃栽	同上，第178页
道光十九年十月二十日龙光星、王二生立佃帖字	栽杉种粟	同上，第291页
咸丰二年十月初三日李老明、姜老庚立佃栽杉种粟字	栽杉种粟	同上，第317页
咸丰二年十一月十六日范炳质立佃字	种粟栽杉	同上，第318页
咸丰五年三月初六日黔阳县人立佃帖字	栽杉种粟	同上，第319页
咸丰六年四月十六日舒昌凤立佃种栽杉字	佃种栽杉	同上，第320页
咸丰七年十一月二十二日范绍华立佃山场栽杉种粟字	栽杉种粟	同上，第321页
咸丰八年七月初三日王老寿、龙老三立佃栽杉种粟字	栽杉种粟	同上，第322页
咸丰八年十月二十五日姜老寿立佃栽杉种粟字	栽杉种粟	同上，第323页
咸丰八年十一月初八日姜老远立佃栽杉种粟字	栽杉种粟	同上，第324页
咸丰八年十二月初九日姜正邦立佃栽杉种粟字	栽杉种粟	同上，第325页
咸丰九年正月二十日姜老寿立佃栽杉种粟字	栽杉种粟	同上，第326页
咸丰九年二月十二日姜老总、姜老仁立佃栽杉种粟字	栽杉种粟	同上，第327页
咸丰九年六月十七日姜老宗立佃栽杉种粟字	栽杉种粟	同上，第328页
咸丰九年十月二十一日姜老合立佃栽杉种粟字	栽杉种粟	同上，第329页
咸丰九年十一月二十二日刘文荣、杨应善立佃栽杉种粟字	栽杉种粟	同上，第330页
咸丰十年二月初四日姜老宗、龙九林立佃栽杉木种粟字	栽杉木种粟	同上，第331页
咸丰十一年二月初九日姜宋保、刘老概、台老九立佃栽杉种粟字	栽杉种粟	同上，第332页
咸丰十年十一月初一日范锡荣、范锡禄弟兄立佃栽杉种粟字	栽杉种粟	同上，第335页
咸丰十一年十一月初六日范锡荣等立佃栽杉种粟字	栽杉种粟	同上，第339页
同治元年八月初四日姜老合□子立佃栽杉种粟字	栽杉种粟	同上，第340页
同治元年九月十一日姜天隆立佃栽杉种粟字	栽杉种粟	同上，第341页
同治四年正月□日姜天隆立佃地种粟栽杉字	种粟栽杉	同上，第343页
光绪元年三月十二日姜吉□立佃种山场栽杉种粟字	栽杉种粟	同上，第348页
光绪七年三月十三日龙松茂、杨保你立佃栽杉种粟字	栽杉种粟	同上，第351页

续表

文书名称	记载内容	资料来源
光绪二十年七月二十五日龙松茂、孙什保、姜正魁立佃种粟栽杉木字	种粟栽杉	《清水江文书（第一辑）》第7册，第352页
光绪二十三年二月初八日龙松茂等立佃栽种粟字	佃栽种粟	同上，第354页
光绪三十二年八月三十日张以文等立佃栽杉种粟字	栽杉种粟	同上，第357页
道光二十一年五月十一日龙光运、龙宗达、舒昌隆立佃种栽杉字	种粟栽杉木	同上，第403页
道光二十二年正月初六日杨殿安、龙阁林立佃种栽杉字	栽杉种粟	同上，第404页
道光二十六年九月初六日姜老合、李老明立佃栽杉种粟字	栽杉种粟	同上，第410页
咸丰五年十月二十日周天元立佃栽杉种粟字	栽杉种粟	同上，第413页
咸丰九年二月二十二日黄同光、黄同春弟兄立佃种栽杉字	种粟栽杉	同上，第414页
同治元年四月初一日姜□□、姜相儒立佃栽杉种粟字	栽杉种粟	同上，第415页
同治五年七月初七日杨殿安立佃栽杉种粟字	栽杉种粟	同上，第419页
光绪五年四月初一日林荣高、潘通旺、龙通泽立佃栽杉种粟字	栽杉种粟	同上，第424页
光绪二十二年十一月二十三日龙保立佃帖	种粟栽杉	同上，第432页
光绪二十四年九月十一日姜天发等立佃种栽杉种粟字	栽杉种粟	同上，第434页
光绪二十五年二月十七日姜永和、姜元标立佃种粟栽杉木字	种粟栽杉	同上，第435页
嘉庆二十年十一月二十八日王民安弟兄立佃栽杉字	栽杉种粟	《清水江文书（第三辑）》第8册，第25页
嘉庆二十二年九月初十日杨胜和弟兄立佃种栽杉木帖	种粟栽木	同上，第36页
道光十六年二月初六日姜光发、姜光国弟兄立佃帖种栽杉木字	种粟栽杉	同上，第69页
道光二十一年十月初二日杨殿安、杨殿海立佃栽杉种粟字	栽杉种粟	同上，第76页
咸丰元年八月初九日姜钟芳等立佃栽杉种粟字	栽杉种粟	同上，第93页
咸丰九年十二月二十九日范炳灿立佃种地字	种粟栽杉	同上，第97页
光绪九年十二月初四日姜东书立佃地种粟栽杉字	种粟栽杉	同上，第101页
宣统元年二月初二日姜德□等立佃栽杉种粟字	栽杉种粟	同上，第112页
民国十年十一月二十九日姜超煾等立佃种粟栽杉字	种粟栽杉木	同上，第147页
同治元年三月十三日林绍举立佃种栽杉种粟字	栽杉种粟	同上，第379页
民国三年八月初五日舒光逐立佃招帖字	佃种种粟	同上，第433页
光绪五年六月二十四日龙耀□立佃字	种粟栽杉	同上，第503页
咸丰九年三月初九日吴光朝立佃字	栽杉种粟	同上，第214页
嘉庆十五年三月十九日姜之林、姜老景立佃字	栽杉种粟	同上，第35页

续表

文书名称	记载内容	资料来源
道光二十年五月十六日周乔开、周乔贵、周什贵立合同字	耕种栽粟	《清水江文书（第二辑）》第 8 册，第 19 页
道光二十九年四月十四日潘光礼、梁昌□、杨通住立佃帖字	种粟栽杉	《清水江文书（第三辑）》第 1 册，第 124 页
光绪三十五年五月二十六日姜尚桓等立招帖	种粟栽杉	同上，第 270 页
民国十八年二月二十二日姜源淋招人佃种山场字	栽杉种粟	《清水江文书（第一辑）》第 1 册，第 387 页
孙邦彦弟兄等退佃字	栽杉种粟	《清水江文书（第一辑）》第 3 册，第 356 页
道光八年六月初二日姜朝英、姜世琏等招佃种字	栽杉种粟	《清水江文书（第一辑）》第 6 册，第 13 页
民国九年二月初五日姜梦熊、姜源淋、姜元贞招佃山栽杉帖字	种粟栽杉	同上，第 231 页
民国八年十二月初六日杨顺举立准字	种粟栽杉	《清水江文书（第二辑）》第 2 册，第 274 页
民国二年六月二十日姜世臣等立招人种地字	栽杉种粟	《清水江文书（第三辑）》第 9 册，第 429 页
民国三十四年□月十八日姜为宏等立准佃山场字	佃种种粟	《清水江文书（第三辑）》第 10 册，第 164 页

经笔者系统梳理统计，在《清水江文书》中，与"栽杉种粟"相关契约中，以租佃合同最多，凡 470 件，占比 84.53%；买卖合同 14 件，占比 2.52%；分山合同 67 件，占比 12.05%。此外还有其他 5 件文书，分别为分关合同、产权声明合同和责任声明合同等，具体情况见图 3-3：

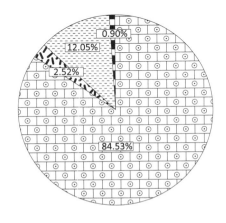

☑ 租佃合同　◪ 买卖合同　⊡ 分山合同　▬ 其他

图 3-3 《清水江文书》中"栽杉种粟"相关合同类型分布概略

　　值得注意的是，以上诸类林业契约文书中有关"栽杉种粟"记载，所种植的旱地粮食作物，除了粟以外，还包括高粱、麦、玉米、薯类等。以上诸农作物的根系发达，而且每年都换茬，根系枯萎后在土壤中会留下纵横交错的孔道，有利于提高土壤的通透性，以确保杉树能够快速积材。种在树苗行间的庄稼长起来后，可以为杉树遮阴，同时人为提高幼林的植被地表覆盖率和粗糙程度，雨季时依靠植物的茎叶削减地表的径流速度，同时依靠盘根错节的群落根系留住表层肥土，从而可以有效地抑制幼林区地表的水土流失。如前文言，清水江流域温暖湿润，土壤容易板结，通过间种以上诸类作物，这样就可以保证人工营林树根有充足的氧气，防止其生长过程中因土壤板结窒息而死。同时人工营林幼龄阶段喜光而不耐光，若在夏天，阳光直晒会提高幼株的死亡率，导致其生长情况差，这样做可以给人工营林幼苗遮阴，大大提高了人工营林幼苗树成活率。需要一提的是，这样的杉木幼苗阶段的管护方式是前三年，以锄头栽杉，并间作杂粮，直到杉林郁闭，"行间种植的作物一般不连续种植，而且种植的位置还得远离树苗，以免影响杉木的生长，后两年拿柴刀去除杂草和藤蔓"，五年后杉木即可自然生长①。

　　经过"栽手"三至六年的精心管护，幼小的杉苗开始进入了中幼林阶段。需要注意的是，"栽杉种粟"的林粮间作模式，帮助清水江流域的林农们在长期生产实践过程中形成了一套完善的育林与护林经验，这样的山林管护智慧，对今天的山林管理仍具有积极的指导意义。然而在幼苗郁闭后，山林的管护还远远没有结束，此时的杉木还需要经过十五年左右的蓄禁管护方能成材，这一时期被称为蓄禁期，这就不得不涉及中幼林时段的林木管护了。

二、林木蓄禁

　　树苗种下三至五年之后，杉木才进入根基扎稳、逐步生长的阶段，人工营林的生长有自己的周期，如杉木，从幼苗定植到大规模砍伐出售，需要二十年左右，甚至更长的时间。《黔南识略》卷二十一《黎平府》言，"树之五年即成林，

---

① 任永权、蒋瑶、陈文波、石敏：《清水江流域传统杉木混农林系统》，《原生态民族文化学刊》2017 年第 3 期。

二十年便供斧柯矣",该段资料所言的"树之五年即成林",即幼林阶段。"二十年便供斧柯矣",是言杉木郁闭成林后进而成材砍伐阶段。在树木砍伐前这一阶段就需要蓄禁,对此清水江文书称之为"蓄禁木植""蓄禁""蓄土养林""禁止砍伐"等字样,具体参见以下两件契约。

契约 3-7

立合同蓄禁杉木约人中仰陆光清、陆光大,加池姜之豪、姜之禄四人,得买党号杉木一块,其界至,上凭顶,下凭忠周之豪之木为界,左凭中口过之豪杉木为界,又上凭路。又下凭岭,四至分明。先年加池姜口口、姜之琏、姜口口等付与中仰陆廷交、陆廷炫二人种地栽杉,土栽约定二大股均分,地主占一股,栽主占壹股,复后栽股转出卖与姜之豪、天禄、陆光清、光大四人为业。二比同心公议,蓄禁木植,日后砍伐下河,约定一齐议价,二比不得私行彤山妄卖,恐口无凭,立此合同蓄禁二纸,各执一纸存照。

书立合同二纸姜之琏存,广大存一纸外批合同之内世培私山,另外一块,上凭之毫、□□,下凭忠周之豪,土栽地主占壹股,栽主占壹股。又姜之豪私山一块,□地主占一股,栽主占一股又外批合同之内公私所占之杉,俱是陆廷交、陆廷炫二人所栽二股均分。

凭中陆光和姜周弼

陆光清书

道光六年五月二十捌日立 [1]

契约 3-8

立招蓄禁杉木合同字人寨母寨林应科,发通马宗广寨蒙杨必清、罗开文等,为因本寨山场一所,地名高塘滥,平大路口有梨子树坳,又凭岑兴相才田角上冲周为界。先年佃栽杉木共计四千余株,因寨楼寨侍众横争,自愿将此山土股一股,凭中捐入土地神祠,以作香火。兹府衙六房四班公同商议,另立合同蓄禁,日后杉木长大发卖,府衙

---

① 张应强、王宗勋:《清水江文书(第三辑)》第6册,第83—84页。

土股占乙股，栽主占乙股，二股均分，后木砍尽之日，此山土仍归寨

母寨众等管业，不得异言，今欲有凭。立此合同蓄禁字为据。

凭中杨加勋杨昌用吴国正

代笔林发文

道光八年八月初七日立合同 [①]

如前文言，人工营林的发展具有时间的长周期性、管理的封闭性和大片性等特点，这就要求封闭管理、制定规则，这就是以上几件文书所言的"蓄禁字"文书了。契约 3-7 载，蓄禁杉木为陆光清、陆光大、姜之豪、姜之禄四人合买陆廷交、陆廷炫二人所种的幼杉林，因为尚未成材，故需要"蓄禁"，以求得林业经营的收益。故文书一般命名为《道光六年五月二十八日陆光清等立合同蓄禁杉木约》[②]《同治五年三月十六日姜恩照等分封禁合约》《民国二一年七月六日孙再高等立分合同佃种蓄禁字》[③] 等。值得一提的是，此类契约所涉及的山场，因为要蓄禁管护，故被称之为"禁山"，此类蓄禁之山与风水林等封禁之山，是有区别的，具体见下文相关章节。此类"禁山"是当地居民在实践生产中认识到"把山林封禁起来，能让山地土质更好、疏林更茂密，他们深感禁山其实是一种节省财力人力的养山方法和手段，于是大家纷纷把自己的山林封禁起来，待到林木成材以后再砍伐出卖"。故"此类禁山是用来交易的，买入的也要封禁经营""故这类禁山有着时间性和周期性封禁的特点"[④]。因此清水江文书凡涉及此类禁山出卖者称之为"出卖禁山字""立卖禁山杉木字"等，这样的林业契约即青山买卖的内容，具体见下文相关章节。出卖的"禁山"由于是中幼林，故买主需要继续蓄禁管业，内容涉及病虫害处理、森林火灾防范诸多问题，同时对于山场人工营林存在的界务纠纷，则卖主向前理落，与买主无关。现摘抄契约 3-9、3-10 以供读者参考。

---

① 张应强、王宗勋：《清水江文书（第三辑）》第 1 册，第 192 页。
② 张应强、王宗勋：《清水江文书（第三辑）》第 6 册，第 83 页。
③ 张应强、王宗勋：《清水江文书（第三辑）》第 1 册，第 311 页。
④ 肖颖蝶：《清水江中下游地区"禁山"探析——以清水江文书为中心的考察》，载王宗勋、张应强编：《锦屏文书与清水江地域文化》，世界图书出版广东有限公司 2016 年版，第 239—260 页。

契约 3-9

立卖禁山地土字人王玉榜今因家下要银使用，无处所得，自愿将到坐落地名夏芳禁山一块，上抵依老德、朝孟禁山为界，下抵依通明田为界，右抵依脱金禁山为界，左抵依通明禁山为界，四至分明，并无参杂。要银出卖，先问亲房每人承买。自己问到本寨王殿怀弟兄名下承买。当面凭笔言定价银一两三钱五分整，其银卖主领足，具禁山地主买主耕管为业。自卖之后，不得异言。若有来历不明，俱在卖主向前理落，不干买主知（之）事。恐后无凭，立此卖字是实。

凭笔王昌华

咸丰五年二月初八日立 ①

契约 3-10

立卖禁山杉木字人彭永德今因缺少钱用，无所出处，自愿将到土名下坯半中地土一团，上抵本主，下抵□交怀，左抵□田，右抵本主为界，四至分明。要钱出卖房族彭富元名下承买。当日三面言定价钱二百灵（零）八文整，其钱亲手领足，□用其他地土永远管业。恐口无凭，立有卖字存照。

代笔彭守节

光绪戊申年二月十五立 ②

以上两件契约文书是典型的青山买卖契，其中王玉榜、彭永德所卖的山场称之为"禁山"，可见该山场尚处于封禁之中，此类山场买卖属山场青山买卖内容，在此不加赘述，敬请读者具体见以下相关章节。

蓄禁字还有一类，就是幼林郁闭成林后，还将人工营林的下一个周期继续交给栽手管护，这就是"分山合同"，在清水江文书中又称为"分山场股份合同"，是在"栽手"按要求履行租佃合同，杉木在规定年限长大成林后，"地主"继续将该山场交给"栽手"管理，同时为明确双方股份划分而签订的"后续合

---

① 张应强、王宗勋：《清水江文书（第二辑）》第 5 册，第 266 页。
② 张应强、王宗勋：《清水江文书（第三辑）》第 2 册，第 392 页。

同"。在合同的结尾,"地主"往往会嘱咐"栽手""日后每年修理,不得荒废"。分山场合同属于租佃合同完成之后,"地主"与"栽手"继续合作而签订的"后续合同"。内容表现为先年交予栽手栽杉种粟,今已成林—双方股份划分—日后每年修理—不得荒废,及立契人姓名、立契时间,具体参见契约3-11。

> 契约 3-11
>
> 立分合同字人佳(加)池寨姜廷华□有山场一块,地名培九,界至:上凭田,下凭文德山,左凭小冲,右凭廷秉山为界,四至分照。因先年付与张和弼父子种地栽杉,修理长大。今木承(成)林,分此合同,照叁股均分,地主占贰股,栽手占壹股。日后每年修理,不得荒□□□□。凭立此合同,永远发达前照。
>
> 凭中姜廷秉
> 代笔姜恩聪
> 嘉庆十三年正月十七吉日立 [①]

在该份合同中,"栽手"张和弼父子先年曾佃种"地主"姜廷华的山场,所种杉木已在规定的年限内郁闭成林,于是双方签订此分山场合同,明确山场的股份划分,并由张和弼父子继续管理山场,这是清水江文书中一份典型的分山场管护合同。以上主要言及是山主与栽手在林木生产过程中的山林管护,目的就是推进人工营林成材。但仅有这些还是不够的,其实山林管护除以上内容外,还涉及民间与政府的法制管理、对山林火灾及病虫害的预防等。

第三节 民间习惯法、政府法令等对山林的管护

清水江流域人工营林的发展,还与民间、政府的管理密切积极相关,目前学界将民间层面林业规约称之为地方习惯法,而政府层面者称之为政府法令。如清水江流域各族居民严格遵守着本民族世代口耳相传的不成文习惯法,如议

---

① 张应强、王宗勋:《清水江文书(第一辑)》第3册,第18页。

椰、鼓社制定的椰规，苗族的议椰词中的"议椰封山育林，议椰不准烧山"[1] 等，以及政府层面颁布的各类法令公示，等等。以上诸类管理条例都是规避林业纠纷的产生，对预防人工营林纠纷有重要作用，故积极推进清水江人工营林的发展，展开对林业规约的研究就显得甚为重要了。其中民间法以文斗寨《六禁碑》等甚为有名，具体内容见下：

> 众等公议条禁开列于左：
>
> ——禁不俱远近杉木，吾等所靠，不许大人小孩砍削，如违罚银十两。
>
> ——禁各甲之阶分落，日后颓坏者自己补修，不遵禁者罚银五两，与众补修，留传后世子孙遵照。
>
> ——禁四到油山，不许乱伐乱捡，如违罚银五两。
>
> ——禁今后龙之阶，不许放六畜践踏，如违罚银三两修补。
>
> ——禁不许赶瘟猪牛进寨，恐有不法之徒宰杀，不遵禁者，送官治罪。
>
> ——禁逐年放鸭，不许众妇女挖阶前后左右锄膳，如违罚银三两。
>
> 乾隆叁拾捌年仲冬月姜弘道书撰立[2]

文斗苗寨位于今锦屏县城西南部，距县城 30 公里，坐落于海拔 600—650 米的半山腰上。全寨 400 余户共 2000 余人，今森林覆盖率为 95% 以上。良好的自然环境，得益于村民自古以来养成的生态保护意识。该碑文也被人们盛赞为"中国环保第一碑"。另外，在此"六禁碑"旁，有一块比"六禁碑"晚立十二年的环保碑，碑文专门对文斗村寨附近的林木管护做了具体的规定："此本寨护寨木，蓄禁，不许后代砍伐，存以壮丽山川。"像文斗苗寨这样的护林规约在清水江流域甚多，如《光绪十六年六月初六日两大款总理乡团人等立禁

---

[1] 贵州民间文艺研究会：《民间文学资料》第 14 集，第 155—156 页。

[2] 陈金全、郭亮：《贵州文斗寨苗族契约法律文书汇编——易遵发、姜启成等家藏诉讼文书》，第 265 页。碑存河口乡文斗村。

条》载："一禁坡上杉油树，理宜各栽各受，如起心偷伐者，孥获公罚银六两六钱以充，有违禁者报众款捆绑送官。"[①]此外还有《民国十九年三月七日林氏家族保护山林利息条约》《大汉民国壬子年甘乌林业管理公议条规》等，现摘抄如下，以供读者参考。《民国十九年三月七日林氏家族保护山林条约》载：

> 尝闻官有正条，民有私约。官无条则其民不治，民无约则其事不成，故条约以作吾人之范围者也。兹我林姓家等，有先祖遗下老山业，坐落地名左塘孔大溪，由田角登岭为界，右圭旧小溪连合，由小溪头开□登岭抵坊颈为界；又关妹山在白垒脚小溪口，左从岩冲登岭为界，右由小溪口依岭为界。窃思我族甚众，零星四住不一，奈山四围与人连界，屡被越争，屡被偷伐，见之心伤，闻者痛恨。余等乃约集本族父老，议五条约以保其山之利息，助相后来之需用。谁有违众议者，定照条约处罚。今将条约列左：
>
> 一议，此山乃先祖之遗业，不可抛弃寸土。他人若有争越诉讼，必起公奋（愤）；谁人违众议者，余之不有与共。
>
> 一议，此山乃系公众之业，不准自行私卖寸土。若有自行私卖者，以众临一，送官禀究。
>
> 一议，此山乃先人遗下之基业，准派钱木，不均地土，只论烟户，不论分房存有去无。若有强争，众人拿伊送官禀究。
>
> 一议，此山杉木公众蓄禁，不准自行砍伐，自行私卖。若违众议自行砍伐私卖者，众人拿伊送官。
>
> 一议，此山蓄禁成林，日后会众砍伐或行卖人，其钱不论何人经管，管者必出收条与各房一张，以存稽改，不得任意自用。借者必要抵头行妄用，若无钱借出，管者自行生利与众，其抵头不准管主收存。
>
> 一议，山内杂柴，谁人若欲取用，或买或讨，伸明各房。若有自行砍伐，以偷盗论，照偷多寡处罚。
>
> 一议，此山之内，或本房或外人，有来开栽者，必立合同与各议

---

① 张应强、王宗勋：《清水江文书（第三辑）》第 3 册，第 414 页。

长，或照木株，或照码子议定。众人认三，栽人认七。

一议，条约四张；"发""达""兴""旺"字号为记，皎环收"发"字号，春花收"达"字号，大步河收"兴"字号，九槐收"旺"字号。共立合同四张，不得更改，各宜保存。若有故意犯众者，照条约处罚，送官禀究，决不宽贷。

"达"字号林启禄、林启焕

有贵

正议长　灿光

岩木

秀灿

副议长　炳光

昌魁

民国十九年庚午三月初七清明同立 ①

《大汉民国壬子年甘乌林业管理公议条规》载：

尝思人生所需之费实本与天下当共之，故曰："君出于民，民出于土，此之谓也。"夫我等地方，山多田少，出产甚难，惟赖山坡栽植杉木为营生之本，属艺五谷作养命之源。夫如是杉木之不可不栽，则财自有恒足之望耳。况近年以来，人心之，好逸恶劳者甚多，往往杉之砍者不见其植，木之伐者不见其栽。只徒目前之利，庶不顾后日之财，而利源欲求取之不尽，用之不竭者难矣。于是与村中父老约议：凡地方荒山之未种植者，务使其种，山之未开者必使其开。异日栽植杉木成林，而我村将来乐饱食暖衣之欢，免致患有冻有馁之叹矣，是以为引之，条规列举后：

——议凡地方公山，其有股之户不许谁人卖出。如有暗卖，其买主不得管业。

——议我山老苑一概灭除，日后不准任何人强认。

---

① 张新民：《天柱文书·第一辑》第18册，第179页。

——议凡有开山栽木，务必先立佃字合同，然后谁开。如无佃字，栽手无分。

——议栽杉成林，四六均分，土主占四股，栽手占六股。其有栽手蒿修成林，土栽商议出售。

——议木植长大，砍伐下河，出山关山。其有脚木不得再争。

——议木植下江，每株正木应上银捌厘，毛木肆厘。必要先兑江银，方许放木。

——议谁人砍伐木植下河，根头不得瞒昧冲江，日后察出，公罚。

——议放木夫力钱，每挂至茅坪工钱壹佰肆拾文，王寨壹佰贰拾，卦治壹佰文。

——议我等地方全赖杉茶营生，不准纵火毁山林，察出，公罚。

——议不准乱砍杉木。如不系自栽之山，盗砍林木者，公罚。

大汉民国壬子年十月十五日

甘乌寨首人范基燕范基相范基朝范锡洪范锡剑范锡林立

匠人刘松生[1]

从此述二件契约可以看出，先人遗留的公山不能出卖，林木蓄禁成林后才能砍伐出卖，这是保护林木永续利用的定期禁山，通过护山条约，有力地支持了当地的林木生产。从以上规约可见，“禁山”是社会内部集体认同的一种行为规约的体现，是维护林木生产的重要内容之一。对此《杨国干等立聚议公山规条合同字》亦载：

因聚议公山规条合同字人启蒙寨孟德房杨国干、杨国礼、杨文富；高寨房杨和均、杨成滋、杨纯钞、杨纯海；果境房杨世信、杨家明、杨家训；盘妹房杨秀彬、杨秀光；高凸房杨家楣、杨家楹五房人等，诚恐寨内人心不古，私将公山并阴地杉木等项私行发卖，是以公

① 陈金全、郭亮：《贵州文斗寨苗族契约法律文书汇编——易遵发、姜启成等家藏诉讼文书》，第267—268页。

同聚议，自今不遵规条者，四房同共与其抗衡。□有条规合同开列于后：

一议公山阴地永远不准发卖；

一议公山杉木不许那（哪）人私卖，势必五房主事人一齐临场始行可也；

一议若有何人请他师于公山内看得地者，不许将阴地谢师；

一议公山内冲岭之田坎，上只许修高一丈五尺。丈五尺之外有杉木者，乃系公山之木；

一议倘有外人盗葬众等公山之内，并偷公山之木，知者务要报给五房主事人，凡众聚议之人，务宜同心协力、认真理楚，倘有何人因循躲闪不集理者，天神共鉴。

......

中华民国十七年戊辰岁又二月初六日杨成滋笔立[1]

值得一提的是，在清水江流域的一些民间组织为保护其山场，亦制定了护林公约，相应地规定了一系列的赏罚措施，具有强制的效力。据研究，历史上清水江流域有多个这样的款组织，如清水江九寨地区曾是一个大款，下有9个小款[2]，加池属青山界四十八苗寨大款，四十八寨订立有榔规款约[3]。现摘抄民国四年《锦屏俾嗟寨款约》，民国五年《锦屏俾嗟寨款约》等如下，以窥豹一斑。

窃以时逢乱世，约我款同心，而同心约之不齐，由禁止不严也。今我寨中军民，人心不一，屡禁屡犯。今将约集众人，再加严禁。我等地方山多田少，全靠蓄禁荒山，栽培树木，勿论松杉、油蜡一切等项，均皆足以养民之物，利民之用。有等不安分守己之人，日则闲

---

① 张应强、王宗勋：《清水江文书（第三辑）》第1册，第301页。

② 王宗勋：《好讼与无讼：清代清水江下游两种不同权力纠纷解决机制下的区域社会——以锦屏等清水江下游为中心》，载高其才、王奎主编：《锦屏文书与法文化研究》，中国政法大学出版社2017年版，第299页。

③ 王宗勋：《加池四合院文书考释》卷四，第412页。

游，夜则偷盗，或乱野火烧山，盗砍树木，或塘内田中之鱼，乱开乱放，或园内之菜蔬等项，破篱而乱偷，或挖墙拱壁，甚至结党成群，或内勾外引，磕索人户，盗窃猪牛种种，害人惨无天日。我等目不堪观，心实可伤，无发可私。兹（药）邀乡邻同心一议当知父戒其子，兄勉其弟，如有犯者，大则报款以经官，小则论刑而议罚，欲知浇漓之习，永敦守理之风，其有条规开列于后：

一议我寨中前后禁山，不论松杉油蜡一切等项，不准乱砍，犯者罚□千三百文，拿获者靠□乙千二百文；

一议我寨中塘中田内之鱼，不准乱开乱钓，犯者罚钱叁千三百文，拿获者一千二百文；

一议我寨中不准乱放野火烧山，犯者罚钱□千六百文，拿获者三千六百文；

一议我寨中不准停留面生歹人，若有那家停留者，众人齐集将他捆送款外，罚叁千三百文；

一议我寨中不准内勾外引，磕索人家，盗窃猪牛，犯者罚钱六千六百文；

一议我寨中容本地仓禾谷，不准盘出刘与保，故地方若有那人强盘者，罚钱六千六百文，拿获者乙半；

一议我寨中园内瓜菜等项者，犯者罚钱乙千三百文，拿获者叁百三十文；

以上之事，各宜小心，勿谓言之不先也。

民国乙卯年乙阳月中浣朔日众等仝立 [1]

窃以时逢乱世，约我款，而同心约之不齐，由禁止不严也。今我寨中军民，人心不一，屡禁屡犯。今将约集众人，再加严禁。我等地方山多田少，全靠蓄禁荒山，栽培树木，勿论松杉、油蜡乙切等项，均皆足以养民之物，利民之用。有等不安分守己之人，日则闲游，夜

---

[1] 张应强、王宗勋：《清水江文书（第三辑）》第 3 册，第 473—474 页。

则偷盗，或乱野火烧山，盗砍树木，或塘内田中之鱼，乱开乱放，或园内之菜蔬等项，破篱而乱偷，或挖墙拱璧，甚至结党成群，或内勾外引，磕索人户，盗窃猪牛种种，害人惨无天日。我等目不堪覩，心实可伤，无发可私。兹（药）邀乡邻同心一议当知父戒其子，兄勉其弟，如有犯者，大则报款以经官，小则论刑而议罚，欲知浇漓之习，永敦守理之风，其有条规开列于后：

一议我寨中前后禁山，不论松杉油蜡乙切等项，不准乱砍，犯者罚四千三百文，拿获者靠分乙千二百文；

一议我寨中塘中田内之鱼，不准乱开乱钓，犯者罚钱叁千三百文，拿获者乙千三百文；

一议我寨中不准乱放野火烧山，犯者罚钱拾叁千六百文，拿获者分三千六百文；

一议我寨中不准停留面生歹人，若有那家停留者，众人齐集将他捆送款外，罚叁千三百文；

一议我寨中不准内勾外引，磕索人家，盗窃猪牛，犯者罚钱六千六百文；

一议我寨中本地仓禾谷，不准盘出刘与保，故地方若有那人强盘者，罚钱六千六百文，拿获者乙半；

一议我寨中园内瓜菜等项者，犯者罚钱乙千三百文，拿获者叁百三十文；

以上之事，各宜小心，勿谓言之不先也。

一议我寨中茶山油子，不准何人乱点，棉花二项各自警界，如有犯者罚钱乙千三百文；

九冬十月各户耕种荞麦

一议我寨中轮流守牛，不准何人乱放耕牛糟蹋，如有何人犯者，每凭议谷半斤补主家，外罚□□□□；

一议我寨中蓄禁柴山，不准乱砍，犯者罚钱乙千三百文，拿获者□□□三百文；

众等议有条规，一切等尔，如有何人犯者，罚钱入款，每年另积谷伍拾斤，一村寨中用

民国丙辰年九月十五日众等立①

"民国乙卯年"，即 1915 年；"民国丙辰年"，即 1916 年。以上二则款约历史背景是民国初期，社会整体动乱，社会管理无序，严重危害了锦屏俾嗟寨经济发展。为了规约人心、稳定社会，锦屏俾嗟寨寨民制定了这份款约，其中就有多处涉及林业的内容，具体包括蓄禁山场、严禁乱放野火烧山等，体现了清水江流域各族居民对于人工营林管护的高度重视。民国时期，国际实业竞争激烈，为了发展实业以谋社会生存，清水江流域的有识之士亦提出了"振兴林业"的规约，如《邛水县（今三穗县）瓦寨联合林业工会护林规约》，具体内容见下：

> 吾邛水四面山林，荒废有年，樵采焚窃，行将殆尽。今值实业竞争之际，非振兴林业，不足以谋社会之生存，开利源之基础。近年来垦地造林，接踵而至，若不结合团体，研求保护，不无火焚盗伐之损失及勤劳怠终之弊病。兹经公订各种规约、遵守如左：

> 本区域内及本会会员所有山林，均应培蓄，如有滥伐荒废，本会得限止或警告之。不得已时，须即申明。

> 防火焚烧森林山野，一经调查确实，得照地面被焚物产之多寡估价赔偿后，罚洋三元至五十元，或照《森林法》第二十四条，呈请官厅依法惩治。

> 盗人杉树一株，赔洋二元；其他如桐、茶、松、漆、橡、楮、桑、槐各种应蓄树林及其他果树等等，均按株价估价赔偿外，罚洋三元至十元。

> 盗人园林各副产物（即竹笋、树枝、果实、柴草、蔬菜、秧苗、标识等），除照物价赔偿外，罚洋一元至三元。

> 桐、茶果实成熟，各有主权，如拿获偷盗者，除罚赔还外，罚洋一元至三元。

> 砍柴之人，在本区域内或本会会员山内，侵盗一切应蓄之材木

---

① 张应强、王宗勋：《清水江文书（第三辑）》第 3 册，第 476 页。

者，每挑柴罚洋五角。本人山内或他区域内者，不在此限。

浪（滥）防牛马猪羊践踏树苗、农产等物者，除相地赔偿外，罚洋一元至三元。

以上赔偿之数，无力缴纳者，轻则酌照银元计算，罚充本林场苦工，重则照《森林法》第二十一条至三十条，呈请官厅执行。本会事在创始，财力薄弱，设置巡查暂从缓计，由本会调查部及各会员，均负责监察责任。自公司议决始，事在必行，务各父诫其子，兄告其弟，在校儿童，尤宜加意，严诫谨守，是所望祷。

此布
中华民国九年六月 [①]

邛水县，即今三穗县，位处清水江的北岸。此份公约是作为民间组织的瓦寨联合林业工会所制定的护林规约，对各种破坏林业的行为以及相应的处罚都作了细致而周全的规定，体现了强烈的护林意识，诸类民间规约曾对于地方林业的稳定发挥了积极作用。

就政府层面而言，涉及山林管理的文书亦甚多，要维护林木生产的稳定，就必须严厉杜绝外来移民的无序开发。雍正朝开辟黔东南苗疆，为了杜绝外来移民侵占苗民田土、砍伐苗民山林诸事宜的发生，就做了严厉规定。张广泗说，苗疆"屯田宜严界限也。察各处安设屯军，原系逆苗绝产，履亩勘察，按户分授，间有因余苗现田错杂于内，并成段落，归入军屯，当将僻远不便安屯绝田，俱经承办。各员带同军苗等勘明至址，埋石立标，界限井然，并无牵混。但恐屯军初到，妄行越界侵占苗人田土、山场、或砍伐苗人竹木，若不严行查禁，将来互行结控，势所不免。嗣后如有屯户人等敢于划定界址之外，侵占苗人田土、山场，并砍伐苗人竹木，或被苗人首告，或经该管卫弁查出，定将该屯均照盗耕种他人田者计亩论罪，强者加一等律治罪，仍追所得花利给主、革除屯军，递回原籍安插。将所遗军田房屋，另照顶补，如百户、总旗、小旗失于察

---

① 潘志成、吴大华：《土地关系及其他事务文书》，贵州民族出版社 2011 年版，第 166—167 页。

觉，严加惩处，徇隐不报者，照依本犯，一例治罪，倘该管卫弁失于察觉，并徇隐不报者，一并照例参处"[1]。对此，鄂尔泰亦说，查黔东南新辟苗疆"军苗产业各有界址，若屯军越界侵占，不行定例严禁，必滋军苗生事之端，应如该督张广泗所奏，嗣后如有屯户人等于划定界址之外，将苗人田土山场侵越，占为己业，并砍伐竹木，或被首告，或被查出，应照盗耕种他人田土者，一亩以下笞三十，每五亩加一等，罪止杖八十，强者加一等律分别治罪"[2]。官府还明文规定："不得放任牲畜践踏，不得在植林地带烧山积肥。违者，官府将根据林主报告，均令照数追赔。"[3] 而对"无赖之徒盗伐他人树木者，有犯必惩"[4]。基于上述，乾隆十五年，贵州巡抚爱必达说："新疆一带各苗寨，令地方官稽查，不得听汉人置产，亦不许潜入其地。"[5]《古州杂记》载，清水江流域的"牛皮大箐，深山密菁，遍山数围大木不可亿计，历年落叶堆积深之寻丈"[6]。因为人工营林的发展带来了丰厚的林业收益，政府为了保障林业发展，针对土地荒芜、乱放野火等行为，也提出了治理之长策，这一切对于推进清水江流域人工营林的稳定有着积极意义。如《文斗团绅为重整团规事呈黎平府文并附十条款禁》载：

> 挖土开荒，栽杉种树，为我地方历来有之本业，出产之大宗。近来公土私业多就荒芜，推原其故，一由各家少壮除外托木营生，贪图目前小利；一由乱放野火延焚，遍岭满坡青山变成赤地；加以盗砍零木椿桐私行贩卖。即如上山砍柴之人，不带旧扛随身，拔伐子杉做扛，大砦数百烟，小村数十户，每人每日新砍柴扛一根，周年通盘打算，必致盈千累万。山间出产有限，人生之取用无穷。此言及此，深

[1] 张广泗：《张广泗奏革苗疆派累厘定屯堡章程折》"乾隆三年七月二十八日"，载《清代前期苗民起义档案史料》（上），光明日报出版社1987年版，第241—242页。

[2] 鄂尔泰：《鄂尔泰等奏革除苗疆派累并厘定屯堡章程折》"乾隆五年十月初五日"，载《清代前期苗民起义档案史料》（上），第260页。

[3] 中国科学院贵州民族历史社会调查等：《清实录：贵州资料辑要》，贵州人民出版社1964年版，第22页。

[4]〔民国〕《贵州通志·前事志》（三），贵州人民出版社1998年版，第445页。

[5]〔清〕《清高宗实录》卷三百六十二，乾隆十五年四月十日，中华书局1986年版。

[6]〔清〕林溥：《古州杂记》，《榕江县志》，贵州人民出版社1999年版，第1020页。

为可惜！碍得罚处，关系正大，实为厉阶。拟请特示颁谕，酌定办理章程，则地方之利由此而兴，弊由此而除意！[①]

清水江流域矿产资源丰富，中华人民共和国成立以前，我国的矿冶采取皆为手工粗放生产，对林业生产的稳定性产生了较大破坏。文献曾言，"有矿之山，概无草木"，因此发展林业，就得在林区内一定程度上限制矿业的无序开发，以防止这样的生产影响人工营林的稳定生产。如清乾隆年间的《贵州黎平府（严禁矿业开发）告示》载：

> 贵州黎平府正堂加五级纪录十五博，为严行封禁，以靖地方事，照得靖属民人杨正举等具报，龙里司属婆洞等寨池名乌斗溪产有银矿，禀请开采一案，业经本府札饬龙里司前往查看，兹据该土司申报前来，随经本府核批，据详该处盗采已横进五尺余，直下二丈余，已非一日之功，该土司何得诿为不知。既经查有棚舍并盗采肖名魁等，自必设有炉产器具，即拿解何以仍听棲止，殊属不合，仰即选择干练亏兵协同来役客拿肖名魁、蒋才佐、林万达、周兴朝、杨正举等到案亲讯，如有一名纵脱，惟该土司是问，此缴等因批示在案。查乌斗溪地方周围俱系苗寨，丛山峻岭，奸宄易藏，除将周兴朝等责惩外，合行出示晓谕严行封禁。为此示仰龙里司属婆洞等寨民、苗人等知悉，即将私挖之洞口填塞，毋许本地人民勾通外省奸民潜至乌斗溪私开、私挖。如有不法之徒潜往盗挖，尔等各寨头人即行禀报，以凭严拿究治。尔等亦不得附和私开，如敢故违或经访问或被禀报，一并按例究办，决不姑宽。各宜凛遵、毋违，特示。
>
> 右仰通知
>
> 乾隆五十八年八月十九日示
>
> 告示（押）

---

① 陈金全、郭亮：《贵州文斗寨苗族契约法律文书汇编——易遵发、姜启成等家藏诉讼文书》，第175页。

发加池寨实贴晓谕 [①]

矿业的无序开发不仅会危害社会的稳定，对山林的影响亦甚为严重，本件契约对于维护林业稳定有着积极意义。龙里司，即当年锦屏县辖的龙里长官司，该土司杨姓，管龙里诸寨，范围涉及今加池寨 [②]。目前保存最为完好，幅面最长，字数最多的林业文书属光绪十四年的《黎平府开泰县正堂加五级记录十次贾右照给培亮寨民人范国瑞、生员范国璠的山林田土管业执照》，该大型文书凡101列，计2888字，每列文字的首尾均用朱笔圈点，内容涉及契约主买断29处田产和21处山林，堪称锦屏县档案馆镇馆之宝。值得一提的是，为了避免纠纷，还加盖有"贵州黎平府开泰县印"。具体见图3-4：

图3-4　黎平府开泰县正堂加五级记录十次贾右照给培亮寨等山林田土管业执照

到了民国时期，山林管护契约更为完善，这样的契约文书加盖有贵州财政厅印、黎平印、天柱县印、锦屏县印、邛水县印等。又如民国三十四年，天柱县通过了《保护奖励植桐办法》，办法凡十三条，具体见下：

第一条　本办法遵照省府三十四年八月三十一日建三通字第五八号训令暨酌本县实际情形订定之。

第二条　本县各乡镇保护奖励植桐事宜，凭依照办法办理。

第三条　各乡镇所有荒山荒地，除不能种植农作物者，均应广植油桐。

---

① 张应强、王宗勋：《清水江文书（第一辑）》第8册，第184页。
② 〔清〕罗绕典：《黔南职方记略》卷八《土司下》。

第四条　各乡镇每年春季造林，以广植油桐为宜。

第五条　私有宜林荒山荒地，应同各乡镇公所限期责成山主应植油桐，如逾期不种者，由乡镇公所将土地无代价租给贫民种植，其收益归承种人所有，山主仍保有该土地所有权。但在油桐收获有效期间，山主不得借口需索或收回熟荒等理由。

第六条　公有荒山荒地，准由人民依照土地法及贵州省督垦荒地办法之规定，承领植桐，其成绩优良者，得无偿取得该土地耕作种。

第七条　奖励私人及团体植桐。

第八条　前条私人及团体植桐，按下列成绩分别奖励之。

甲、私人植桐

一、每年植桐面积在百亩以上，即其成活率达百分之七十者为甲等。

二、每年植桐面积在七十亩以上，而其成活率达百分之六十五者为乙等。

三、每年植桐面积在四十亩以上，而其成活率达百分之四十者为丙等。

乙、团体种植

一、每年植桐面积在八十亩以上，即其成活率达百分之七十者为甲等。

二、每年植桐面积在六十亩以上，而其成活率达百分之五十者为乙等。

三、每年植桐面积在四十亩以上，而其成活率达百分之四十者为丙等。

第九条　本办法规定奖励为左列各款

甲、私人植桐

一、成绩列在甲等者，由本府呈请省政府颁给奖章。

二、成绩列在乙等者，由本府发给奖章，并呈报省府备查。

三、成绩列在丙等者，由乡镇公所发给奖章，报府备查。

乙、团体植桐

一、成绩列在甲等者，记功或发给奖章。

二、成绩列在乙等者，发给奖章。

三、成绩列在丙等者，传令嘉奖。

团体植桐受奖励者，为该团体主管人员。

第十条 前条植桐成绩在每年七月一日以前，由各乡镇公所汇报来府，再由本府派员视察达到规定者，分别奖励之。

第十一条 各乡镇公所管辖区域内，植桐应切实督率当地人民严密保护。

一、绝对严禁放火烧山。

二、初植油桐限期禁止牧畜。

三、如有损坏油桐情事发生，应按情结轻重依法究办。

第十二条 本办法如有未尽事宜，得随时修改之，并报省府备查。

第十三条 本办法自呈请核准后施行。[①]

民国三十五年，锦屏县参议会决议规定："凡私有山林砍伐后不及时更新造林者，由政府招人垦殖，将来收益山主占十分之一，栽主十分之九。"[②]此外，政府为了促进地方林业的发展，振兴地方经济，颁布了一些关于植树造林的法令和文书。光绪三十一年（1905），锦屏县《三营劝造林告示》记载："抚台告示，除官种之外，虽有各家种五十株或二十株之谕。此系初种之例，不得不为从宽。今纵不能多种，而所定株数今年则宜挨户种足，三年之后，无论公私土地，务须全行栽植。如逾三年再有旷土，实属有意抗违，即概行作为公业，无论何项人等，准其进山栽植。"政府不仅规定了每户栽树的数量，而且严厉管束久荒不栽者，这足以体现林业在当地生产活动中的重要性。为指导林农们更好地进行林业生产，政府还会颁布一些指导性的告示，帮助林农改进技术，提高生产效率。《钦命贵州巡抚部院庞告示》云：

钦命贵州巡抚部院庞为

---

① 天柱县林业志编纂领导小组：《天柱县林业志》，第 320—321 页。
② 锦屏县林业志编纂委员会：《锦屏县林业志》，第 80 页。

剀切示谕广兴茶利事：照的中国行销外洋物产，以丝、茶为大宗，但外洋来买中国的丝，织成货物，仍旧卖于中国。是蚕丝一项，中国并赚不得外国的钱。惟有茶叶一项，外洋需用，年多一年。现在印度虽已产茶，据西医划分印茶，说不如中国的茶，多含滋养质，可以益人。所以洋商卖印茶时，必掺入中国的茶内，使人不觉。可见中国的茶，乃一天然美品，其利是外洋夺不去的，你们贵州产茶的地方很多，只可惜种茶制茶的方法，不知讲究，所以每年所产，止够本省的用，既不比别省的红绿茶行销国外，亦不比武夷、普洱、六安、龙井，内地通行。其实贵州万山丛杂，下雾下雨的时多，就气候上考察起来，是一种好茶的地域，只要你们讲种茶制茶的方法，从此讲求讲求，将来你们贵州的茶，能够行销外洋，这个利息，岂不是很大么？你们要讲求种茶的办法。

第一是要辨土质。土色赤而杂有砂石的最上，土色黑内无砂石的次之，土色或黄色或白杂有真土的为下。如卑湿的赤色土，或土内有积水，茶根受渍即死，便不相宜了。至于地位，种在山上，最好是斜坡，若是向西的山坡，坡下有河水湖水，既得水气，又受阳光，种出的茶，茶味最好。若在平地，泄去积水，种茶却也茂盛。

第二是播种。每年白露节后，茶子老熟，择其中有三颗核的，采来作种，采下不可暴晒。再于种茶地内，每隔四五尺，掘土成坑，坑深一尺，将坑土锨熟。下粪后，用糠灰与焦土，将茶子拌匀，每一坑种三四颗，坑上轻盖松土一二寸，不可踏实，到次年春暖时，茶苗自然发生了。茶苗生后，有草便锄，天旱即灌。苗高三四尺，将其树头折去，根下便多生枝条。若想先在近地多种茶苗，候苗大了，再行移栽山上，可先择向南肥地，锨细成畦，畦短不拘，阔约四五尺，畦上开沟三条，每条相隔尺余，至次年春暖时便可移栽了。

第三是培壅。茶苗生长后，根旁蔓草，每年至少要锄五六次，六月天气太热，宜铺草于草根下，冬季霜雪严寒，又须用稻草或砻糠围护根下，加上薄土。每年如此陪护，至第四年便可采叶了。用的肥料，第一年茶根尚嫩，宜在茶树两旁，浇稀薄水粪。第二年根株已旺，粪可渐浓。第三年冬季，浇粪可渐浓些。四年之后，每年于发芽前

浇粪一次，名曰春肥。摘叶前四五日，浇稀粪一次，名曰着色肥。冬季
又浇粪一次，名曰寒肥。总之，雍茶的方法，必须离根数寸，用小锄掘
一畦，浇粪其内，方有功效。五六年后，树高数尺，每年清明后，将树
梢剪去，根下便多生嫩枝，或用镰刀割去老枝，余枝用草扎盖，每日用
水浇灌，四十日后，除去杂草，全树俱发嫩芽，采叶既多，制茶尤美。

……

至于茶的利息，据日本农学家所说，每六尺为一步，三百步为一
段，每段地所种的茶，四年后可以采叶，可得茶三百两，五六年可得
茶千两，八年可得茶三千两，十年后可得茶二万两。贵州未垦的山地
极多，现在又禁止种烟，你们的生计必须设法抵补。倘能照此方法，
一家种茶数段，不须十年，便家家小康了。其各懔遵此示，广兴茶
利，本部院有厚望焉。[1]

从资料可见，此份告示虽然为贵州省种植茶叶通令，但这样的告示为今锦
屏县九寨所收藏，反映其在清水江流域对于推进人工营林发展影响深远。如前
文言，清水江流域的人工营林，是以杉木为优势树种，兼营油茶、茶叶、油桐
等多种经济林业的泛称，进而说明了清水江流域的林业经济发展，是在以生产杉
木为优势树种的前提下，还关注其他林副经济发展的多样态山地林业经济的典
范，这样的经济形态大大促进了清水江流域林业经济的发展。此外，除了各类管
护外，还有一些关于如何预防或治疗病虫害的告示，这些文书亦体现了政府在
促进当地林业生产过程中的积极作用，这样的政府规约，再加上民间规约合力，
大大推进了清水江流域人工营林的稳定，推动了清水江流域人工营林的大发展。

第四节　病虫害预防

清水江流域人工营混交林形成于清初，一直延续至今。混林业不仅能促进
人工营林发展，还能防止病虫害蔓延。从历史文献来看，这样种植的林木很少

---

① 龙泽江、傅安辉、陈洪波：《九寨侗族保甲团练档案》，第79—80页。

发生森林虫害。中华人民共和国建立后，政府曾鼓励建立过硬人工纯林，诱发了严重的病虫害。据研究，从 20 世纪 60 年代起，由于森林资源经营不善，营造纯林、盲目引种外来树种，致使林木不仅病害种类增多，且危害面积逐年增大。据 1963 年调查，油茶病害由 1 种增至 18 种；松树病害发生更为突出，其中马尾松病虫害尤为严重，其病害 9 种(1965 年调查)，[1]。如 1967 年 6 月，天柱县白市、远口区 4000 公顷马尾松林受松毛虫危害，15 年生马尾松林虫口密度每株平均 50 条，多达 168 条，针叶被吃光，林子一片枯黄。"松林内毛虫遍地，人畜不能进。"又如 1972 年，台江县国营林场 10 年生马尾松林发生松梢小卷叶蛾与松梢螟危害，受害率达 100%[2]；1978 年，锦屏、天柱发生的油茶毛虫，虫口密度每株达 600 条，树皆童然[3]。这些发病林区，多为纯林、幼林区或国营人工林场，因此重新审视清水江人工混交林与病虫害预防就甚有意义，下以杉木林、桐林为例加以说明。

一、杉木林病虫害的预防

近年来，林学家对清水江流域杉木林的频发性病虫害做过系统的研究，并断言这一地区的杉木病虫害十分严重，对当前杉木林生产，特别是长期中断采伐后的杉木维护会构成严重的挑战。他们指出，立枯病、炭疽病、细菌性叶枯病、生理性黄化病、金龟子、白蚁、杉梢卷叶蛾、双条杉天牛、杉梢小卷蛾等，最具杀伤力。杉木对病虫害具有一定的排抗性，在非纯杉林情况下，很少发现病虫灾害[4]，然而随着杉木为主用材林的发展，特别是纯杉林种植区域的不断扩大，不少地区的杉木人工林，已遭受不同程度的病虫危害，群众将这种危害称之为"不冒烟的森林火灾"，这些病虫害具体情况见表 3–4。

---

① 贵州省地方志编纂委员会：《贵州省志·林业志》，贵州人民出版社 1994 年版，第 204 页。
② 黔东南州地方志编纂委员会：《黔东南州志·林业志》，贵州人民出版社 1994 年版，第 156 页。
③ 贵州省地方志编纂委员会：《贵州省志·林业志》，第 206 页。
④ 周政贤：《贵州森林》，贵州科技出版社、中国林业出版社 1992 年版，第 640 页。

表 3-4　杉木林主要病害、虫害情况 ①

类型	病/虫害名	病/虫状
病害	杉木黄化病（侵染性病害）	是杉木幼林主要病害。发病后，3—5 年即枯死，有的虽不枯死，但生长缓慢，平顶早衰，形成"小老树"。发病后，杉木针叶由下而上和由内向外逐渐失绿变黄。杉木黄化病形成的原因，主要是土壤潮湿板结（幼苗易窒息腐烂）或含水过低、有机质含量低、栽植不好等。黄化严重的幼树，容易受炭疽病的侵染，使新梢大量枯死。
	杉木炭疽病	在我国各杉木产区都有发生，尤以丘陵地区为严重。2—3 年生的幼树发病严重时，可使整柱死亡，4—10 年生幼树，发病轻者针叶枯萎，重者大部分嫩梢枯死。杉木炭疽病的典型症状是颈枯，即在顶芽以下 10 厘米内的针叶发病，严重的还会继续向枝条下部扩展，枯死的嫩梢是勾头状。病叶先端变褐色或针叶中段产生不规则形黑褐色病斑，然后针叶尖端枯死。病害继续，使针叶完全枯死，并蔓延到嫩茎上，逐渐使嫩茎变黑褐色枯死。杉木炭疽病由子囊菌中的围小丛壳菌侵染所致，与土壤贫瘠、板结，以及多雨水浸泡直接关联。
	杉木叶斑病	又称杉木细菌性叶枯病，在我国杉木产区各地发生比较普遍，尤以海拔 300 米以上的山区和半山区最常见。在当年生新叶上，最初出现针头大小的淡红色至淡色斑点，病斑周围有淡黄色水渍状晕圈，针叶背面晕圈不明显。病斑扩大成不规则状，可使成段针叶变成褐色，最后针叶病斑以上部分枯死或全部枯死。严重时，嫩枝也染病，使嫩梢变褐色，植株梢部针叶枯死，林冠似遭火焚。
	杉木叶枯病	又称杉针黄化病，是由杉叶散斑壳侵染所致，为杉木幼林和成林中常见病害。
	杉木枯枝病	杉木枝枯病，也是微生物感染引发的疾病。
虫害	双条杉天牛	是杉木主要害虫。幼虫蛀害直径 4 厘米以上的杉木，使树势衰弱，针叶逐渐枯萎，常造成风折，甚至整株枯死。这种天牛 1 年或 2 年发生一代，以成虫或幼虫越冬。成虫出现盛期，正是杉木扬花授粉期。卵多产于树皮裂缝中，卵孵化后，幼虫起初在韧皮部取食，树干上层出白色树脂，以后蛀入木质部。该虫防治上较为困难，但因食性狭窄，故可以在树种选择上多元化，避免营造纯林。
	杉梢小卷蛾	是杉木一种重要害虫，对于新发展的杉木林地区而言，危害甚重。此虫食性单一，专食杉木嫩梢顶芽，2 年生苗木到 20 米高的大树均能危害，尤以 3—5 年生幼树受害最重，在灾变区，幼林害柱几乎达到 100%，主梢被害率 60% 以上。

---

① 周政贤：《贵州森林》，第 640—667 页；贵州省地方志编纂委员会：《贵州省志·林业志》，第 206—218 页；黔东南州地方志编纂委员会：《黔东南州志·林业志》，第 159 页；《黎平县林业志》，贵州人民出版社 1989 年版，第 179—180 页；《安化县林业局：杉木丰产栽培技术》，http://lyj.anhua.gov.cn/jgdj/2012-11-26-259.html。

因而面对以上病虫害，民间采取了间苗、间伐同样是顺应杉树生物属性的关键技术规程。《黔南识略》卷二十一《黎平府》载，苗木种植后"稍壮，见有拳曲者，则去之，补以他栽，欲其亭亭而上达也"。《黔语》下卷《黎平木》载，所植杉木"壮而拳曲，即付剪刘，易以他栽，贵在直也。于是结根竦木，五条婵媛，宗生高冈，族茂幽阜"。（民国）《麻江县志》云："杉木，秧长尺余，移而植之，皆有行列，便于芟蕹壮而典者，剪去另植。"①

据课题组田野调查到的乡民操作的技术规程，也可以间接揭示相关技术有防病虫害功能。乡民介绍说，杉木是否染病，关键是要看树皮的颜色。健康的杉木皮颜色为红褐色，如果杉木皮转成灰色，表明这棵树已经染病，必须要砍伐掉。可见，整个管护过程中，技术操作的指向依旧是防病虫害。乡民进而还认为，杉木从染病到枯死往往会持续好几年的时间，最担忧的是杉木在主伐前连片枯死，尽管还可以砍伐，但后期的积材量会大幅度减少，影响总体经济收入②。杉木皮颜色开始转成灰色，仅是轻度染病，对木材还没有构成严重影响，及时砍伐不仅达到了防病的成效，而且还可以减少损失，因而只要把握好时机，总体的积材量反而会明显增加。

二、油桐林的病虫害预防

如前文言，清水江流域的人工营林，是以杉木为优势树种，兼种油茶、油桐、蜡树等仿生森林系统的泛称，因此也需积极管护。如油桐树出苗后，亦要勤于管护，如果不加以管护，就会影响桐树的生长。目前清水江流域诸农村还传有种桐俗谚云："一年不垦桐山荒，二年不垦叶子黄，三年不垦减产量，四年不垦树死亡。"从此可见，要提高油桐树产量，就得加强油桐林管护，主要体现在给油桐树修枝和病虫害预防上。

（一）剪枝

桐树一般到第三年就开始挂果了，因此对油桐树扶杆、树冠管理就甚为重

---

① 〔民国〕拓泽忠：《麻江县志》卷五《农利物产下》之"木之属"。
② 马国君、罗康智：《清水江流域林区时空分布及树种结构变迁研究》，《原生态民族文化学刊》2013年第3期。

要了。当地谚语云，桐树"一年是根杆，二年树冠是把伞，三年油老板"，然要达到这一结果，就需对桐树实施剪枝。油桐修剪应于开花后进行，因为油桐花芽生长在一年生的树枝上，秋冬不宜修剪。《五溪蛮图志》第二集《五溪风土》载："第二年春初，见桐树之第一盘大枝桠长成时，当将其所发第二轮小枝桠之梢头剪去斜口，于下略涂以桐油，使其枝桠向上生长，勿任横蔓，以俾林中之空气得流通。如是，其被剪之处，必将另有一盘朝天长出。以后二盘、三盘，均宜如此剪之。"此段资料揭示关键问题有三，其一是给油桐树修枝的形状要呈宝塔形，这样做目的除了空气流通，还能更好地使桐树接收阳光。如果树枝见不到阳光，将导致结出的油桐质量差，或不挂果，地区桐树要种在向阳或半遮阴处。其二是枝条修剪伤口的处理。沅江流域温暖湿润，微生物发育快，为了防止伤口遭病菌感染，当地各族居民已经掌握了一整套修剪技术，他们会把修剪下来的枝桠及时地搬运出桐林区之外，并在桐枝修剪处涂上桐油等。其三是修剪的枝桠为横蔓，因为此类枝条会影响油桐树内的空气流畅，不利于油桐树的生长，故这样的枝桠一定要修剪，要保持枝桠向空中上方生长。这样就能保持油桐树接受的阳光充足，提高桐籽质量。

（二）病虫害预防

对人工桐林管护还涉及油桐病虫害的防范。据研究，桐树的病虫害主要有白蚁、食桐蚕、蛀虫（钻心虫）和桐癣等。对此《五溪蛮图志》第二集《五溪风土》有专门描写，内容涉及病虫害名和治理技术等，具体见表3-5。

表3-5　沅江流域苗侗民族防桐树病虫害例举 [①]

虫害名	防虫害技术记载
白蚁	当桐芽出土，长至一二尺时，其黄土或红砂土之桐林地，常有白蚁侵蚀桐根，宜经常察看。如发现一桐有蚁，则宜即以石灰、茶枯拌硫磺舂碎，加以洋油等杀虫药料，将桐树兜下之土扒开，以现桐根为度，将制好之药末置兜下，略覆以土，蚁必退去。

① 〔明〕沈瓒编撰，〔清〕李涌重编，陈心传补编：《五溪蛮图志》，第117—118页。

续表

虫害名	防虫害技术记载
桐叶蚕	还有一种蚕类虫，形似蚕。长约寸许，或二三寸不等。身有刺毛，着人肌肤，立起肿痛。腹有丝，能做茧化蛾而产卵。甚食桐叶如蚕。除此害虫之法：冬季可当其蛹伏茧内时除之。每冬，可细向树枝间寻之，见枝上附有如球之茧，即取而焚之。春季为其出蛾产卵之期，可拣其暝冥之夜，于林间空隙，燃烧柴叶草屑之明火数堆。蛾性扑火，可诱以致其死命。日间还得注意，见叶上附有成排褐点而小如芝麻之虫卵，亦得摘下焚烧之，始免其繁殖。
钻心虫	桐树之干，亦尝生蛀虫（又名钻心虫），能使桐树无形枯死。此则当视察树干，如见有筷子或手指大之孔窍，即当以铁钉蘸洋油，对虫孔刺之，将虫刺死。或用百部研末，入硫磺酸硝，纳少许于竹筒中，闭其一端，而对虫孔以火燃之，使虫触烟而死。
桐癣	桐癣（俗名桐疤），为桐树生虫之起。始见时，宜以刀削之，以免后患。植桐果能如此细心，他日获利时将必更厚。

　　表3-5反映出的问题有三，其一是危害桐树的病虫害主要是白蚁、桐叶蚕、钻心虫等，此外还真菌"桐癣"，此类真菌主要会使桐树枯心，进而影响桐树林的稳定。"白蚁"属足肢纲昆虫，多生存在黄土、红砂土中，经常吃油桐树根。"桐叶蚕"是刺蛾一类昆虫，对桐树危害很大。其二是针对不同油桐树的处理病虫害的方法甚为独特，主要采用生态药剂，火烧等办法，如对于白蚁，主要是"以石灰、茶枯拌硫磺春碎，加以洋油等杀虫药料，将桐树兜下之土扒开，以现桐根为度，将制好之药末置兜下，略覆以土，蚁必退去"。"洋油"一般指煤油，此油类主要是加速茶枯内植物油的溶解。"硫磺"，别名硫、胶体硫、硫磺块等，外观为淡黄色脆性结晶或粉末，有特殊臭味，是无机农药中的一个重要品种，不溶于水，与碱反应生成多硫化物。它对人、畜安全，不易使作物产生药害，但对足肢纲昆虫具有很强的杀伤力，足见他们对生物药剂的性能把握之精深。此外，他们还采取人工杀虫法，如对桐叶蚕采取的除蛹法、火烧法，钻心虫采取的是铁钉蘸洋油刺死法，对待真菌"桐癣"采取的是刀削法，等等。其三是灭虫方法与施肥并行，如灭白蚁采用的药剂"石灰、茶枯"，值得注意的是，此类药剂还是一种重要的有机肥。

　　从上可见，清水江流域各族居民已经掌握了一整套维护人工油桐林稳定、防止病虫害的本土知识，故发掘和研究这样的知识对于推进今天人工营林的发展，防止化学药物对土壤、人体等的再次毒害有着积极意义。

三、人工营林的混合种植

清水江流域的人工营林实际上是一种以杉木为优势树种,兼种油桐、油茶等仿生态混交林,这样的种植技术不仅可以获得很好的林业经济收益,同时可以减少杉林早期病虫害[1]。目前出卖此类混交林的文书很多,现摘抄4件文书如下,以供参考。

契约 3-12

立断卖山场杉木并丛树约人本寨姜开生、姜丙生、侄姜乔和、姜乔生为因缺少银用,无处得出,自愿将到山场木一块,地名培格,上凭开祥水沟,下凭冲,左凭买主田脚,右凭开祥田脚,与开行山为界。今凭中出卖与姜发盛名下承买为业,当面议后,任凭买主管业,倘有不清,且在卖主埋落,不关买主之事。恐口无凭,立此断契存照。

代笔开旺

同治九年二月二十六日立[2]

契约 3-13

立卖杉木□树腊树栽手字人彭仁清为因缺少钱用无处得,自愿将到团脑杉山一块,上凭路,抵高求之山为界,下抵盘讲,左抵路与买主之油山为界,右抵彭龙二姓之山为界,又下盘讲坎却杉木山一块,上凭盘讲,下凭地坎,左凭岭芳山,右凭岭为界,四至分明。其山分为四股,本名所占一股山卖与包(胞)兄彭仁彬名下承买为业,当日凭中三面议定,价钱贰拾千零八百八十文。□亲手领足,应用不欠分文。自卖之后,任凭包(胞)兄畜(蓄)禁管业,包(胞)弟不得异言。倘有□理不清,包(胞)弟理落。恐口无凭,立有卖字为据是实。

凭中龙荣发

---

① 贵州省锦屏县志编纂委员会:《锦屏县志》,贵州人民出版社 1994 年版,第 509 页。
② 张应强、王宗勋:《清水江文书(第一辑)》第 9 册,第 277 页。

民国癸亥年五月十四日亲笔立①

契约 3-14

立合同字人伍永富，情因家下有地名关山坡，共有壹拾九脚半(1)，扵壬戌年开荒，栽植桐、椿、漆树、杉木，计数伍百余株，作为七三均分，地主三股，栽主七股。目下未经成林，桐子与漆地主每年当收十分之三，及有杉木砍伐下河出山，关山不得再行复任，栽主三分。恐后无凭，立有合同为拠。

第十一合同凭众（中）

请笔胡合炳

民国十七年后二月廿八日立②

契约 3-15

立卖杉木漆树地土字坪地寨龙怀权，今因家下要银使用，无处得出，自愿将到即路溪半冲桐油山脚地土一块并杉木漆树出卖，上抵买主桐油山，下抵溪，左抵龙姓地土，右抵毫为界，四抵分明。要洋出卖，先问亲房，无洋承受，自己请中正上门问到江西街吴代明二人名下承买。当日凭中议定价洋肆仟贰佰元，由其洋亲手□足，应用不欠。出文其杉木漆树地土凭□交与买主永远管业。自卖之后不得异言，倘有来历不清，卖主向前理落，不关买主之事。恐口无凭，立有卖字为据。

代笔龙永根

凭中长松

民国乙酉年（三十四）年六月初十日③

在以上 4 件契约中，"丛树"为地方俗名，指马尾松，有的文书称之为"枞树"或"崇树"。"女贞树"，别名冬青、蜡树等，为木犀科女贞属，系重要的

---

① 张应强、王宗勋：《清水江文书（第一辑）》第5册，第52页。
② 张新民：《天柱文书·第一辑》第12册，第131页。
③ 张应强、王宗勋：《清水江文书（第三辑）》第2册，第52页。

经济树种，因能放养腊虫产蜡，故在清水江文书中称之为"腊树"或"虫树"，又因该树种嫩芽是加工苦丁茶的重要原料,故亦称其"茶腊树"①。"漆树"属漆树科漆属，是中国最古老的经济树种之一，籽可榨油，木材坚实，为天然涂料、油料和木材兼用树种，漆液是天然树脂涂料，素有"涂料之王"的美誉。

清至民国时期，杉木与油桐、油茶树的混合栽培已十分盛行，在已经整理出版的《清水江文书》《天柱文书》《黎平文书》等书籍中就收录了诸多杉树与桐油树、油茶树、白蜡树、马尾松（崇树、枞树）等树种混合培植的契约文书，具体见表3-6：

表3-6　《天柱文书》等诸丛书有涉清水江流域混交林文书概览

文书名称	混交林树种名	资料来源
乾隆六年七月潘廷凤卖白蜡杉木树契	白蜡树、杉木	《天柱文书·第一辑》第4册，第119页
道光十一年四月潘光海卖油树杉木地契	油树、杉木	同上，第282页
咸丰三年二月罗迪训卖山场杉木桐油树秧草柴薪契	桐油树、杉木	《天柱文书·第一辑》第8册，第154页
同治三年二月吴开烈卖油树杂木地契	油树、杂木	《天柱文书·第一辑》第3册，第243页
同治十年十二月舒谟清卖油树并杉木地契	油树、杉木	《天柱文书·第一辑》第1册，第201页
光绪八年二月十八日黄汉林卖桐油树柴山木植地荒契	桐油树、柴山	《天柱文书·第一辑》第3册，第13页
光绪十七年十月潘润庆卖油树杉木杂木地基契	油树、杉木、杂木	《天柱文书·第一辑》第5册，第173页
光绪十三年十一月吴开兰卖油树杉木地契	油树、杉木	《天柱文书·第一辑》第3册，第256页
宣统二年八月初八日金臣卖荒坡油树杉木地契	油树、杉木	《天柱文书·第一辑》第5册，第234页
民国七年三月初六日吴见恩、吴见富、吴见山等兄弟留人卖山场枞树杉木字	枞树、杉木	《天柱文书·第一辑》第8册，第161页
民国十七年十月二十三日龙永钾、龙永祥、龙永贵等四人卖杉木漆树字	杉木、漆树	《天柱文书·第一辑》第13册，第84页
民国二十四年六月陆志明卖土杉木漆树桐树字	杉木、漆树、桐树	《天柱文书·第一辑》第11册，第120页

---

① 李红香:《历史植物地名与山地经济发展研究》,《贵州大学学报（社会科学版）》2018年第3期。

续表

文书名称	混交林树种名	资料来源
民国二十五年十一月二十八日陈世亮卖柴山油树杉木契	油树、杉木	《天柱文书·第一辑》第1册，第113页
民国二十七年十月初八日杨门易氏东妹、杨九金母子卖柴山阴阳三宅油树杉木契	油树、杉木	同上
民国三十年六月二十三日龙泽干卖杉木漆树桐油树字	杉木、漆树、油桐树	《天柱文书·第一辑》第12册，第21页
民国三十三五月二十一日潘积茂卖油树柏木地契	油树、柏木	《天柱文书·第一辑》第5册，第153页
民国三十五年九月蒋昌周卖油树沙木地土字	油树、沙木	《天柱文书·第一辑》第6册，第275页
民国十四年十一月初八日孙光前断卖油山杉木并土契	杉木、油树	《清水江文书（第一辑）》第1册，第82页
道光二十四年五月二十三日姜光朝、姜世俊断卖杂木并杉木契	杉木、杂木	同上，第159页
道光三十一年十一月二十七日姜兆祥、姜荣宗、姜华宗弟兄三人断卖山场杉木油山字	杉木、油树	同上，第165页
道光二十九年三月十一日姜开星错砍姜凤仪叔侄油树认错字	杉木、油茶树	同上，第356页
嘉庆十一年六月初三日龙志整等断卖杉木山场、油山字	杉木、油树	《清水江文书（第一辑）》第12册，第206页
嘉庆二十一年正月初八日姜学宗、姜生兰父子断卖杉木山场油山与屋地基并土约	杉木、油树	同上，第218页
道光元年十二月二十六日姜通文断卖油山山场杉木约	杉木、油树	同上，第225页
道光三年十二月二十六日龙长生断卖茶树并土约	杉木、油茶树	同上，第228页
道光十一四年二月初一日姜世元断卖油树并地土约	杉木、油茶树	同上，第240页
光绪二十七年九月二十日姜长贵断卖油山杉木字	杉木、油树	同上，第326页
民国十一年十二月二十八日姜永兴断卖油山杉木并土字	杉木、油树	同上，第328页
民国十二年二月十九日姜显光断卖油山杉木并土字	杉木、油树	同上，第329页
民国十四年七月二十日姜永清断卖油山杉木并土字	杉木、油树	同上，第334页
道光二十三年四月十四日潘炳贵卖茶山杉木山场字	杉木、油茶树	《清水江文书（第一辑）》第3册，第90页
民国二年三月二十九日姜凤祥断卖油山杉木字	杉木、油树	同上，第126页
民国十三年二月十九日姜献文断卖油山并土杉木字	杉木、油树	同上，第134页

文书名称	混交林树种名	资料来源
民国十五年六月初八日姜恩贵弟兄断卖油山杉木并土字	杉木、油树	《清水江文书（第一辑）》第 3 册，第 142 页
道光十三年十二月十八日姜世琏断卖油山并土杉木约	杉木、油树	同上，第 192 页
民国九年五月十六日姜春茂断卖山场杉木、枫木字	杉木、枫木	同上，第 251 页
民国九年五月二十一日姜春茂断卖山场杉木、枫木并土字	杉木、枫木	同上，第 252 页
民国十五年六月初四日姜定国断卖油山并土杉木字	杉木、油树	同上，第 261 页
道光十五年十月十四日姜老苏断卖杉木山场又油山字	杉木、油树	同上，第 343 页
道光十五年十月十四日姜老苏断卖杉木山场又油山字	杉木、油树	同上，第 344 页
道光十五年十月十四日姜渭滨断卖山场杉木等字	杉木、樟树、红麻、梨树	同上，第 398 页
道光十三年二月初八日姜世琏断卖山场杉木约	杉木、杂木	《清水江文书（第一辑）》第 4 册，第 324 页
道光二十六年正月十七日姜义荣母子断卖芳平杉木桐油树字	杉木、桐油树	同上，第 341 页
同治八年七月初一日姜大明叔侄弟兄等分阴地油山杉木田合同	杉木、油树	《清水江文书（第一辑）》第 5 册，第 50 页
民国十一年六月初九日姜元魁断卖油山并土字	杉木、油树	同上，第 113 页
民国十五年五月二十五日姜献忠、姜献猷弟兄二人断卖油山并杉木字	杉木、油树	同上，第 128 页
民国十五年六月初四日姜永兴断卖油山杉山场杉木字	杉木、油树	同上，第 130 页
咸丰二年正月二十九日姜开庆、姜癸卯叔侄断卖山场油山杉木约	杉木、油树	同上，第 399 页
道光十八年七月十二日姜门范氏六英断卖田并杉木油树约	杉木、油树	《清水江文书（第一辑）》第 6 册，第 81 页
光绪三十四年八月十八日姜作奎断卖油山场杉木字	杉木、油树	同上，第 209 页
光绪三十四年八月十八日姜秉文父子断卖荒油山并山场杉木字	杉木、油树	同上，第 314 页
道光二十一年六月初七日姜□生断卖油山杉木山场约	杉木、油树	《清水江文书（第一辑）》第 7 册，第 48 页
乾隆五十二年二月十二日吴文魁断卖杉木油山约	杉木、油树	《清水江文书（第一辑）》第 8 册，第 14 页
道光十二年十二月二十五日姜世培断卖油山杉木山场约	杉木、油树	同上，第 47 页

续表

文书名称	混交林树种名	资料来源
光绪二十年二月十五日姜秉智弟兄断卖山场杉木杂木字	杉木、杂木	《清水江文书（第一辑）》第8册，第268页
道光十四年二月十八日姜世培断卖油山树杉木约	杉木、油树	《清水江文书（第一辑）》第9册，第64页
光绪十五年十二月十二日姜秉智、姜秉信弟兄二人断卖油山杉木山场字	杉木、油树	同上，第113页
民国元年六月二十四日姜显渭父子断卖油山杉木字	杉木、油树	同上，第130页
道光十三年十二月二十日姜开运断卖油山杉木约	杉木、油树	同上，第241页
道光十六年三月二十六日姜兆彪断卖油山杉木约	杉木、油树	同上，第243页
道光十七年二月十五日姜生皎、姜八生断卖油山杉木约	杉木、油树	同上，第247页
同治九年二月二十六日姜开生、姜丙生、姜乔生等断卖山场杉木并丛树约	杉木、马尾松	同上，第277页
民国六年十月十九日姜国发断卖油山并土杉木字	杉木、油树	同上，第311页
道光十二年七月二十一日姜绞生、姜尚生、姜忠生断卖山场杉木崇树约	杉木、崇树	同上，第375页
道光十二年七月二十一日姜绞生、姜尚生、姜忠生断卖山场杉木崇树约	杉木、崇树	同上，第376页
咸丰三年三月初八日姜开善断卖山场杉木茶油地、桐油地字	杉木、茶油树、桐油树	同上，第393页
咸丰四年七月十八日姜开生、姜开吉弟兄二人断卖山场杉木油桐茶油木字	杉木、茶油树、油桐树	同上，第394页
嘉庆二年十二月二十三日杨桥元卖杉木油树字	杉木、油树	《清水江文书（第一辑）》第10册，第13页
嘉庆十九年十一月初九日姜三皎断卖杉木油树字	杉木、油树	同上，第80页
嘉庆二十一年六月十三日姜合龙断卖山场杉木油树约	杉木、油树	同上，第87页
道光六年五月二十五日姜寿生兄弟四人断卖油树杉木约	杉木、油树	同上，第128页
道光九年二月初八日龙长生断卖杉木油山字	杉木、油树	同上，第135页
道光十年三月二十一日姜廷珍断卖杉木油树字	杉木、油树	同上，第138页
光绪八年四月初四日姜大荣父子断卖山场杉木、楠木并栽手契	杉木、楠木	同上，第240页
光绪十二年六月二十八日姜培信、姜岩贵等断卖山场杉木油山油树字	杉木、油树	同上，第263页

续表

文书名称	混交林树种名	资料来源
光绪二十二年二月初八日姜生发父子断卖山场杉木栽手并油树字	杉木、油树	《清水江文书（第一辑）》第 10 册，第 299 页
光绪四年二月十二日姜兆璋卖山股份契	杉木、杂木	《清水江文书（第一辑）》第 11 册，第 8 页
光绪十二年四月十一日姜兆珊卖油山并杉木字	杉木、油树	同上，第 9 页
民国十一年五月十五日姜梦松断卖油山杉木字	杉木、油树	同上，第 31 页
民国十一年后五月十三日姜梦松断卖油山杉木字	杉木、油树	同上，第 32 页
民国十四年十二月二十八日姜元秀断卖油山并杉木字	杉木、油树	同上，第 44 页
民国十五年六月初六日姜文昌弟兄断卖油山并杉木字	杉木、油树	同上，第 58 页
民国三十五年十一月初十日姜纯荣、姜纯江弟兄断卖油山杉木字	杉木、油树	同上，第 115 页
道光十五年五月二十三日姜光齐卖山场字	杉木、油茶树	同上，第 161 页
道光二十八年八月初二日姜开善、姜开吉弟兄断卖油山杉木同油山场约	杉木、油树	同上，第 168 页
光绪二十三年十二月二十日姜兆璠卖山场芳油山并杉木字	杉木、油树	同上，第 245 页
蒋仲华佃栽杉并杂树字	杉木、杂木	《清水江文书（第一辑）》第 12 册，第 304 页
民国十七年六月十九日姜景恩立卖栽手杉木并漆树约	杉木、漆树	《清水江文书（第二辑）》第 1 册，第 33 页
宣统三年四月二十九日彭仁富立断卖子山杉木漆树字	杉木、漆树	《清水江文书（第二辑）》第 4 册，第 341 页
民国十一年正月十八日谭品清等立卖地土杉木黎木字	杉木、黎木	同上，第 360 页
民国十五年四月初三日彭仁玲立断卖杉木漆树字约	杉木、漆树	同上，第 366 页
民国十五年四月初三日彭仁□、彭仁正弟兄立断卖杉木桐油树字	杉木、桐油树	同上，第 367 页
民国十六年五月二十六日龙荣保父子立断卖杉木栽手棋树字	杉木、棋树	同上，第 371 页
光绪三十五年五月二十四日杨胜旺、杨胜求、杨胜宽立断卖嫩杉木桐油树字	杉木、桐油树	《清水江文书（第二辑）》第 5 册，第 52 页
民国八年四月十四日彭高年、彭高远立卖杉木□树腊树栽手字	杉木、蜡树	同上，第 74 页
民国十二年五月十四日彭仁清立卖杉木□树腊树栽手字	杉木、蜡树	同上，第 77 页

续表

文书名称	混交林树种名	资料来源
民国三十七年十二月二十六日龙有祥立卖地杉木柴山字	杉木、杂木	《清水江文书（第二辑）》第 6 册，第 368 页
王吉党立合同字约	（木黍）树、杉木	同上，第 394 页
民国十五年四月初二日龙永旺父子三人立卖漆树杉木字	杉木、漆树	同上，第 432 页
民国二十三年二月十六日王秀沛立卖嫩杉漆树字	杉木、漆树	同上，第 438 页
民国二十八年十月初九日龙耀文立卖山场地图杉木桐油树字	杉木、桐油树	同上，第 444 页
民国三十七年十二月二十六日龙有祥立卖地土杉木柴山字	杉木、柴木	同上，第 458 页
嘉庆三十二年六月初十日王木乔、王乔林、王老长兄弟卖禁山、茶山、杉木地约	杉木、油茶树	《清水江文书（第二辑）》第 7 册，第 4 页
道光十六年八月初六日王贵才父子立卖油山杉木字	杉木、油树	《清水江文书（第二辑）》第 8 册，第 69 页
咸丰五年四月初九日刘清元、刘清荣兄弟立卖油山杉木地土	杉木、油树	同上，第 83 页
民国元年五月十六日王永沛立卖地土油山杉木字	杉木、油树	同上，第 288 页
民国元年五月二十三日王彦章立卖油山地土杉木字	杉木、油树	同上，第 289 页
光绪三十一年□月初六日王彦祥立卖地土禁山杉木油山字	杉木、油树	同上，第 427 页
民国十六年六月初二日杨朝彬立断卖油山杉木并地土约	杉木、油树	《清水江文书（第三辑）》第 1 册，第 19 页
民国二年三月初三日黄有禄等立合同佃种字	杉木、油茶树、杂木	同上，第 292 页
启蒙团五房等立分合同佃字	杉木、油茶树	同上，第 293 页
光绪十六年后二月十八日吴金宏、吴金照立卖梨木杉木字	杉木、梨树	同上，第 346 页
民国十四年古历三月初十日许门潘氏立卖桐油树杉木地土字	杉木、桐油树	《清水江文书（第三辑）》第 2 册，第 41 页
民国十四年古历四月初九日许成名立卖桐油杉木地土字	杉木、桐油树	同上，第 42 页
民国三十四年六月初十日龙怀权立卖杉木漆树地土字	杉木、漆树	同上，第 47 页
民国二十年六月初四日滚发荣立卖地土松木杉木禁山契字约	杉木、松木	同上，第 352 页
民国三十一年二月二十七日龙凤生立卖地土杉木桐油树字	杉木、桐油树	《清水江文书（第二辑）》第 2 册，第 419 页

文书名称	混交林树种名	资料来源
光绪□年□月□日唐洪斌、唐洪翰兄弟立契永卖地土杉木油山得受业价宝银字	杉木、桐油树	《清水江文书（第三辑）》第3册，第180页
民国二十八年六月二十八日吴恒□、吴恒德立卖桐杉地契	杉木、桐油树	同上，第183页
光绪二十九年十二月二十五日□胜彩立断卖杉木山果木并土一概在内字	杉木、杂木	同上，第198页
民国十五年二月十二日李大斌仝母欧氏立断卖荒油山杉土字	杉木、油树	同上，第257页
民国二十九年二月十七日杨胜洪立卖荒油地杉木山土字	杉木、油树	同上，第280页
康熙四十三年二月十三日吴告良立断卖杉山坡地蜡树约	杉木、蜡树	同上，第312页
道光十一年三月二十九日龙通仕立断卖杉木土茶山约	杉木、油茶树	同上，第391页
光绪三十二年四月二十二日吴添盛叔侄立断卖杉木杂柴阴地并土字约	杉木、杂木	同上，第421页
民国三十八年吴秀锦仝侄相云等立断卖杉木土栽黎子树楠竹菜园并土字约	杉木、黎子树、楠竹	同上，第434页
道光十四年五月二十九日姜通元立断卖油山杉木丛木字	杉木、油山、丛木	《清水江文书（第三辑）》第7册，第73页
道光元年六月初十日姜大受立卖菜园并油山杉木山场约	杉木、油树	同上，第269页
光绪二十六年六月十四日姜述圣父子立断卖油山并杉木字	杉木、油树	《清水江文书（第三辑）》第9册，第424页
光绪二十年又五月初五日姜福寿父子立断卖油山并杉木字	杉木、油树	同上，第504页

　　笔者对清水江文书中有关混交种植的文书进行了系统梳理，发现涉及油茶树的有73例、桐油树的有11例、漆树的有7例、马尾松的有5例、梨树的有4例、女贞树的有3例、其他树种如枫木、楠木等的有7例，具体分布见图3-5。

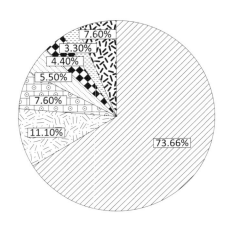

油茶树 ☑ 桐油树 ☐ 漆树 ☐ 马尾松 ☐
梨树 ☒ 女贞树 ☒ 其他 ☒

图 3-5　清水江文书中杉木混交林各树种数量

除了已出版的清水江流域诸县的文书外，在天柱县档案馆收集的此类文书还有《道光二十六年姜义荣母子断卖芳平杉木桐油字》《咸丰三年二月二十九日罗迪训立卖山场杉木桐油秧草柴薪字》《民国二十三年三月八日吴刘氏恩环、荣氏玉环卖山场杉木虫树等项字》《民国二十三年二月八日吴祖伯卖山场地土虫树杉木墦地契》《民国二十九年八月十八日吴祖照卖山场地土虫树杉木字》《乾隆四十四年六月八日潘雨高卖茶树契》《乾隆四十七年六月十四日潘赞成卖油树契》《道光十年三月十四日蒋□□卖茶油树树墦场契》等。从表 3-6 搜集的文书内容看，这是一种以杉木为优势树种，兼种油桐、油茶等树种的混交林种植模式。具体做法是油桐树、油茶树为辅助树种散种于杉树林中，栽培移植多以"混合间植"为主，或桐树与杉、茶等树木间植，即"桐树幼苗常种植于大树下，故大树截去，幼苗已长成而可代生产矣"[1]。

从上文可见，清至民国时期，油茶、油桐等与杉木的混合栽培已十分盛行，这一混交林做法，值得关注问题有三：其一是"混合间植"育林模式不仅能提

①［美］康堪农（C.C.Concannon）：《桐油概况》，凌锡安译，贺阊校，实业部汉口商品检验局1933 年版，第 56 页。

高森林生态系统之物种多样性，还有利于其他经济林规模的扩大，保证当地林农的经济收入，促进当地林副经济生产持续稳定的发展。其二是油桐树、油树指的不是同一类经济树种，油桐树是落叶阔叶树，即我们本文探讨的经济树种之一；而油树是油茶树，该类树为常绿阔叶树。因为是山林买卖，故需要认真书写，以规避纠纷的产生。其三是这样的混交林是为了提高对病虫害的预防，直到今天，清水江流域的杉木林中还得种上桐树、油树、杨梅树等。对此类种植的原因，彭泽元、覃东平在其《锦屏县集体林区林业产权制度改革实验调查报告》中言："从（锦屏）林业生产来说，单一的树种不利于病虫害的防治，混交林更利于树木的生长。"[1]

值得注意的是，与单纯林相比，混交林的树种丰富，不同树种的搭配有利于充分利用地上地下空间，提高光合作用的效率，为生态圈内的生物创造良好的生长条件。在此条件下，混交林容易招来各种益鸟益兽，能够有效控制寄生虫、菌类的生长，提高了防御病虫害的能力，保证了林地生态系统的稳定性。因此，清水江流域的杉木林并非杉木纯林，当地的林农们在植树造杉木林时，还按15%的比率定植了其他树种，如杨梅、麻栎、清柑、樟树、油茶树等[2]。此外他们还有一整套杉木育苗、护苗技术。这样的栽培技术，有利于林木的换茬，在杉木还没有足够荫蔽时，可以保证当地经济的产出；在杉木郁闭后，各类其他树林开始萎缩，但是在杉木主伐后，这些杂生树种一般都不加采伐，而是留出空间，支持其生长，这是一种混合循环的农耕经营经验，很值得我们今天借鉴。

第五节　火灾预防

森林火灾是危害林木生产的大敌之一，查阅有涉清水江流域的典籍，发现清代该流域的火灾一般为城镇火灾，《黔书》卷下《禳火》载："（火灾）列处

---

① 彭泽元、覃东平：《锦屏县集体林区林业产权制度改革实验调查报告》，载《贵州民族地区生态调查》，贵阳市实验小学印刷厂印刷 2001 年版，第 139 页。
② 吕永锋：《清水江地区人工林经营中的水土保持手段述评》，《贵州民族学院学报（哲学社会科学版）》2004 年第 1 期。

城市者为患尤甚，一遇火往往延焚数百家，少亦数十家。"需要注意的是，城镇火灾不仅给城镇带来巨大的经济损失，并且在其后的重建过程中，对森林的破坏也是十分明显的。（民国）《黄平县志》卷二十《物产》载："公私庐舍尽付之一炬，一时修复，四野材木俱空。"① 可见火灾后的城镇修复重建还需要消耗大量木材。清水江流域各地的地方志中多有关于当地州县城镇火灾的记载情况，具体见表 3-7。

表 3-7　清代清水江流域各州县火灾概略

时间	地点	文献记载	材料来源
康熙五年三月初四日	天柱	三月初四夜复火。北街下巷毁数十家。	（康熙）《天柱县志》下卷《祥异》
康熙九年	黎平	有怪火为害巨，半月方已。	（光绪）《黎平府志》卷一《祥异》
康熙十一年春三月	镇远	镇远火三日，毁民居殆尽，发今赈之。	（光绪）《平越直隶州志》卷一《祥异》
嘉庆十一年秋七月	黎平	郡城东门坡脚火，延烧数十家。	（光绪）《黎平府志》卷一《祥异》
嘉庆十六年秋八月	黎平	泮池旁民舍火，二贤祠俱烬。	同上
道光十八年十二月	黎平	二郎坡火，延烧左右铺房民舍百余家。	同上
道光二十二年九月	黎平	城东三十里潭溪司火，延烧七百余家。	同上
道光二十三年八月初五日	黎平	城东六十里菁寨屯火，延烧百数十家。仝日菁寨宅火，亦延烧百数十家。	同上
咸丰五年	黎平	东门内荷花塘火，延烧百余家。	同上
同治九年	黎平	四牌街火，延烧百余家。	同上
同治十年十月	平越	城内火，延烧四十余家。	（光绪）《平越直隶州志》卷一《祥异》
光绪五年	平越	城内火，延烧民居百余家。	同上
光绪六年三月十七日	黎平	府城内庆远厢火，延烧百余家。	（光绪）《黎平府志》卷一《祥异》
光绪七年六月二十四日	平越	城内大街火，延烧一百余家，街市为之一空。	（光绪）《平越直隶州志》卷一《祥异》
光绪十二年正月初一日	黎平	府城内四牌楼火，四面延烧百十家。	（光绪）《黎平府志》卷一《祥异》

---

① 〔民国〕陈绍令等修、李承栋纂：《黄平县志》卷二十《物产》。

据资料显示，清朝初年，对森林火灾就有预防记载，《康熙十一年增冲禁碑》载，"为尝闻思事以靖地方，朝廷有法律，乡党有禁条，所以端土俗"，"一议山场杉木，各有乡界，争论，油锅为止"；"一议偷棉花、茶子、罚银六千文整，偷柴、瓜菜、割蒿草、火烧山，罚银一千二百文"；"一议失火烧房，烧自身之房，惟推火神与洗寨，须用猪二个；若烧临寨四五家，十余家，猪二个外，又罚铜钱三百三十六。失火烧坟墓者亦同处罚"[①]。《高宗实录》卷一三○载，乾隆五年十一月初六日，大学士九卿会议《贵州总督广泗将署贵州布政使陈德荣奏黔省开垦田土、栽植树木一折》言："查黔地山多树广，小民取用日繁。应如所议，今民各视土宜，逐年栽植，每户自数十株至数百株不等，种多者量加鼓励。……种植既广，宜劝民以时保护。查种植在山，非稼穑在田者可比。应如所议。嗣后民间牲畜，如有肆意纵放，致伤种植，及秋深烧山，不将四围草莱剪除，以致延烧者，均令照数追赔。"

中华人民共和国建立后，尤其是建国初期，清水江流域每年仍是山林火灾多发区，造成了重大的经济损失，这一状况直至20世纪90年代后才有所好转。下面以锦屏、黎平、天柱三县为例，来看清水江流域中华人民共和国建立以来的森林火灾情况，具体见表3-8。

表3-8 中华人民共和国建立后清水江流域各县火灾情况[②]

年度	锦屏县		黎平县		天柱县	
	山火次数	毁林面积（亩）	山火次数	毁林面积（亩）	山火次数	毁林面积（亩）
1950	—	—	—	—	11	1500
1951	—	—	—	—	8	1000
1952	10	2021	—	—	5	300
1953	14	3712	—	—	34	3500
1954	40	21714	—	—	48	4500

① 石瑞青：《从现存碑刻内容看增冲传统文化的变迁》，载贵州省民族事务委员会编：《贵州"六山六水"民族调查资料选编（侗族卷）》，第313—314页。
② 黔东南苗族侗族自治州地方志编撰委员会：《黔东南苗族侗族自治州州志·林业志》，中国林业出版社1990年版，第150—155页；《天柱县志》，贵州人民出版社1993年版，第462页；贵州省锦屏县志编纂委员会编：《锦屏县志》，贵州人民出版社1995年版，第505页；贵州省委黎平县编委会编：《黎平县志》，巴蜀书社1989年版，第311页。

续表

年度	锦屏县		黎平县		天柱县	
	山火次数	毁林面积（亩）	山火次数	毁林面积（亩）	山火次数	毁林面积（亩）
1955	110	112285	—	—	42	4000
1956	16	5414	—	—	38	3500
1957	39	6454	—	—	24	3500
1958	17	3415	—	—	10	500
1959	21	3693	—	—	—	—
1960	18	6453	—	—	—	—
1961	20	7161	—	—	28	800
1962	119	49384	—	—	69	31241
1963	32	6630	—	—	22	2157
1964	5	4740	—	—	18	260
1965	5	4742	—	—	19	2500
1966	50	21050	—	—	110	1500
1967	23	2791	—	—	50	2300
1968	17	3415	—	—	100	2800
1969	163	72400	67	5588	145	7640
1970	104	53300	67	5585	17	2650
1971	5	625	13	2604	9	300
1972	49	59000	98	32889	121	5650
1973	51	9050	41	6570	80	24284
1974	67	9052	35	11219	99	9679
1975	75	30250	91	13131	11	865
1976	11	4024	21	4449	28	2800
1977	71	36367	98	70000	78	17593
1978	32	5041	55	6457	11	1498
1979	94	23832	109	34730	41	4813
1980	36	5766	73	42872	—	—
1981	46	5746	95	49735	24	11274
1982	33	5982	15	9206	20	1934
1983	21	5463	15	5940	19	885
1984	45	4245	24	15135	26	2141
1985	12	1965	—	—	7	550
1986	33	20349	—	—	32	1019
1987	5	2400	—	—	6	456
1988	25	2800	—	—	50	4618
1989	25	1800	—	—	11	439

续表

年度	锦屏县		黎平县		天柱县	
	山火次数	毁林面积（亩）	山火次数	毁林面积（亩）	山火次数	毁林面积（亩）
1990	9	546	—	—	4	141
1991	7	538	—	—	—	—
1992	10	320	—	—	—	—
1993	10	456	—	—	—	—
1994	2	40	—	—	—	—
1995	8	680	—	—	—	—
1996	35	2600	—	—	—	—
1997	4	480	—	—	—	—
1998	5	904	—	—	—	—
1999	17	724	—	—	—	—
2000	4	720	—	—	—	—
合计	1660	631128	917	316290	1481	167087

对此，政府加以严厉制止，如立于天柱坌处镇雅地村《光绪二十五年五月镇远司董示》载，司境"出示严禁，不许烧林，倘有违者，鸣鼓重罚，二千六百，四十四文。若坏杉木，以及油林，每株赔钱，八十八文，禁山栗木，每株八文。胆敢违抗，捆送来厅，按律究治，决不容情。"[1]《黎平北八区三江九寨团防总公所布告》载："一议不准放火烧山，违者罚钱拾仟文，如烧及杉油桐茶各木，除处罚钱外，仍按照木数多寡饬令加倍赔还。一议不准偷砍杉油桐茶各木，违者罚钱拾仟文。"[2]民国三年（1914），民国政府颁布了第一部《森林法》，对各地方的护林防火提供了法律依据。民国十九年（1930），贵州省政府发出训令，通令各县保护森林，禁止放火烧山。民国三十四年（1945）四月三十日，天柱县政府发出《禁止放火烧山布告》，规定："民间开荒如不开隔火路，不论是否损害林木，一律严办。"[3]民国十八年（1929），锦屏县临时参议会制定了护林规约，规定凡放火烧山30亩以上，以刑法论处。民国三十二年（1943），

---

① 天柱县林业志编纂领导小组：《天柱县林业志》，第315页。
② 龙泽江、傅安辉、陈洪波：《九寨侗族保甲团练档案》，第87页。
③ 天柱县林业志编纂领导小组：《天柱县林业志》，第144页。

锦屏县根据贵州省政府主席的训令指示，训令县属各机关、团体、学校及乡镇保公所，并印刷布告五百余份，张贴宣传，布告文曰："锦屏县政府示，放火烧山者枪毙，攀拔苗木者严惩，见火不灭者连坐，拿获人犯者重奖。"①

此外，历史上，清水江流域的居民们还十分注重火灾预防，形成了一套防火消灾的传统仪式。对此，陈浩所作的《八十二种苗图并说》中有"木佬"和"罗汉苗"的记载。该书"木佬"项言："有王、黎、金、文等姓，散居各府县，冬则掘地为炉厝火，卧以牛羊皮，无被盖。祭鬼用草扎成一龙船，上插无色纸旗，往郊外祭之，遇时节则歌以为欢。""罗汉苗"项亦言："每逢三月三日，男妇老少各携食物供佛，歌舞三日，不食烟火，亦寒食意也。"

木佬即分布在今黔东南、黔南的仡佬族的一支，材料重点描绘了该民族群体的一种特殊的宗教节日活动，即"扫火星"。祭祀活动大致如下："通过占卜确定仪式时间后，整个村寨所住的人家都得将一切生产、生活用火熄灭，连食品也得仰仗前几天准备下来的干粮充饥，然后由鬼师提着一只公鸡，另有一人端一盘水，挨家挨户检查火是否完全熄灭，并捡起熄灭后的灰烬装入草扎的龙船中，然后送到村外河边杀鸡祭祀，用火将龙船烧毁，灰烬倒入河中。据说，举行这一仪式后，寨中就不会再失火了。"②罗汉苗即分布在今都柳江流域的侗族支系，材料中提到了罗汉苗保持着寒食禁烟火的习惯。对此，杨庭硕先生等人认为"罗汉苗"与"木佬"的这一宗教习俗仪式一样，是该民族群体固有的习俗，与汉族的"寒食节"并无关系。这种习俗正是生活在山林密布地区的侗族先民们为防火消灾、祈求平安而形成的传统。

故为了预防火灾，清水江流域各族居民采取了立防火公禁碑、乡规民约等加以防范，现摘抄《青山界防火公禁碑》，具体内容见下：

> 尝思天地之利莫大于五行，而火居其次。闻上古之世，茹毛饮血，饮食之制未精。迨至燧人仰观俯察，钻木取火，烹饪得以初兴，故孟曰："民非水火不生活"。是水火固人所赖以生，而不可一日无。况水火虽

---

① 锦屏县林业志编纂委员会：《锦屏县林业志》，第172页。
② 杨庭硕、潘盛之：《百苗图抄本汇编》，贵州人民出版社2004年版，第201页。

有裨于人，亦有时而损于人者也。无如天灾流行，何地没有？而我地方尤有甚焉。奈我地地密人稠，皆曰"人之大意"，而祝融之灾叠见。虽家多足食，斯造之匠工难持。是以先人立禁，罚重难遵。我等公全改禁：自此以后，凡起火之家，无论贫富，公议罚钱三千三百文，以为送火神之费。倘有不服，公全送官究治。今者世道变更，人心不古，故刊碑勒石以垂不朽云。是为序。

众首事姜吉盛姜开位姜文佐姜正贤姜包架

光绪二年润五月二十一日立 ①

该碑文是青山界腹地黎平县平寨乡的村民们为了防治火灾而达成的协议，对引发火灾者规定了严厉的处罚，规定"凡起火之家，无论贫富，公议罚钱三千三百文，以为送火神之费。倘有不服，公全送官究治"。值得一提的是，清水江流域苗族、侗族古规规定，凡失火、纵火烧毁他人山场、房屋者，均得向受害者赔礼道歉并负责赔偿损失。若故意纵火，致使他人财产损失巨大者则处以丢到火里等极刑 ②。这样的乡规民约在新中国成立后还在沿用，如 2001 年底，增冲村村民修改和制定了《增冲村村规民约暂行条例》第 17 款规定："对于大意造成火警事件的除用费外（洗寨费用），并处以 50—100 元的罚款。山火除赔偿损失外，处以 30—50 元的罚款。" ③

除了以上各类对森林火灾的预防外，其实在清水江文书也多体现，大都为认错字、甘结字等，文书内容涉及立认错字人、失火原因、造成损失、赔偿或惩罚等，具体见表 3-9，以及契约 3-16、3-17、3-18。

---

① 陈金全、郭亮：《贵州文斗寨苗族契约法律文书汇编——易遵发、姜启成等家藏诉讼文书》，第 267 页。碑立于青山界腹地黎平县平寨乡纪德村小学边老牛堂旁。
② 王宗勋：《加池四合院文书考释》卷四，第 424 页。
③ 石瑞青：《从现存碑刻内容看增冲传统文化的变迁》，贵州省民族事务委员会编：《贵州"六山六水"民族调查资料选编（侗族卷）》，第 319—320 页。

表 3-9　清水江林业文书中关涉森林火灾例举

文书名称	立契时间	文书来源
姜宋氏母子与姜源淋、姜永炽立和息了局字	民国十二年二月十二日	《清水江文书（第一辑）》第 1 册，第 80 页
杨惟厚失火烧山认错字	民国三十五年正月二十六日	《清水江文书（第一辑）》第 2 册，第 173 页
杨□□失火烧山赔礼认错契	民国三十七年二月二日	《清水江文书（第一辑）》第 3 期，第 121 页
状告妄谋祖业副状	时间不详	同上，第 212 页
黄有求、黄道海父子具甘结字	时间不详	同上，第 304 页
放火烧山赔银记录	光绪十九年	同上，第 391 页
杨维轰培修杉山字	民国三十七年古历二月二日	《清水江文书（第一辑）》第 6 期，第 146 页
姜登智立错字	道光十二年三月十四日	《清水江文书（第一辑）》第 10 册，第 147 页
显智、显邦放火烧山赔款纪录	光绪十九年二月廿七日	《加池四合院文书考释》卷四第 418 页
姜源淋赔火款收据	□□年夏历五月初七日	同上，第 413 页。
姜宋氏母子失火烧山和息了局字据	民国十二年二月十二日	同上，第 430 页。

契约 3-16

立错字人塘养村杨惟厚情因去岁九月，因运不顺，失火所烧姜源林之六百山一块。该姜源林于本年正月内到达本村，接请地方父老龙甲长有政与民理论。窃民有案可查，只得无奈夫妇二人相商，□请原中龙甲长有政代民邀（要）求说令：日后不得异言，持立错字是实为据。

凭中代笔

民国三十五年正月二十六日 [1]

从契约 3-16 中可以看出，塘养村的杨惟厚因不慎失火烧掉了加池寨姜源林的山林一块，事实清楚，证据确凿，面对姜源林的上门质问，只得请寨中长老主持立认错字，承认自己失火烧山的事实。需要注意的是，该件认错字只是

---

[1] 张应强、王宗勋：《清水江文书（第一辑）》第 2 册，第 173 页。

明确了失火的责任，并未有相应的赔偿或处罚措施。

契约 3-17

立和息了局字人姜宋氏子姜来□、姜根□弟兄请情因去岁冬月廿二日往土地名包党松种地，失火烧毁姜源淋、姜永炽二人之杉山一块。来□弟兄自知理屈，登门哀求向淋、炽等。目睹心伤，经中理讲。来□凭中自砍将猪牛赔赏（偿）伊母，不愿往土王寨固防总局具控。二比未经审批，亲族排解，将猪牛退回，书立和息存照。

　　凭（中）亲族姜凤德、姜纯秀、姜祖□、宋学文、龙世田等

　　　　　　　　　　　　　　　　　　　笔彭献瑞

　　　　　　　　　　　民国十二年二月十二日立 ①

契约 3-17 为一起失火烧山纠纷调解合同，姜氏兄弟在种地过程中不慎失火烧山，于是登门向山场主人姜源淋等认错求情，自备猪、牛等登门赔偿。经亲族排解，退回猪牛，而立字和息了局。

契约 3-18

立培修杉山字人塘养村杨维轰兹于民国卅七年二月一日为种粟造林失火焚烧加池寨地主姜继元、姜魁、姜静、姜文举、姜炳魁、姜元翰、姜文昌、宋枝田弟兄等众山友，及中仰栽手人陆茂文、张宗耀、龙裕文、张子□、龙辅理、龙□熄之杉木，上下贰幅，地名番达连。自己登门请求者蒙姜廉、文斗姜建才、姜宗铭、姜同顺等□□调解。维轰自愿赔补大洋壹拾捌元整，并将此山□土三年修理成林。栽手仍归中仰，以丁其□。如不成林，惟杨维轰是问。恐口无凭，立此修理字是实。

　　　　　　　　　　地主存一纸，栽手存一纸

　　　　　　　　　　凭中姜建才、姜廉、姜宗铭

　　　　　　　　　　　　　代笔姜向昭

---

① 张应强、王宗勋：《清水江文书（第一辑）》第 1 册，第 80 页。

民国卅七年古历二月二日立 ①

契约 3-18 为一件因种粟造林失火烧山赔偿合同。失火者杨维轰亲自登被焚毁山场姜继元等门，请人上门调解，并承担了两项赔偿责任，其一是赔补大洋十八元；其二是答应在三年内将焚损山场修理成林。进而还言，"如不成林，惟杨维轰是问"，以强调此件烧山赔偿合同的有效性和法律性。

小　结

清水江流域人工营林林业管护是一项甚为严格的体系，内容涉及人工营林种子的选取、幼苗的培育、郁闭林的管护以及政府和民间的管理等，这些在清水江林业契约文书中有众多体现，文书涉及林业管护的本土知识和技术技能，这些技术技能对实现清水江流域林木生产的长期稳定，实现林木的大尺度、封闭性、长周期管理具有重要意义。正因为有这样的管理规约，大大促进了清水江林业的繁荣。值得一提的是，清水江流域人工营林管护技术也是我国民族地区林业文化遗产的重要内容，故深化其研究，对于推进我们民族山区林业文化遗产的传承、保护和利用有直接作用。

---

① 张应强、王宗勋：《清水江文书（第一辑）》第 6 册，第 146 页。

第四章
山林纠纷处理契约文书

清水江流域林木的稳定生产，前文就已经言及政府与民间对林业的管理规约，主要是以规避纠纷发生为前提。值得一提的是，在实际的人工营林生产和贸易过程中还是会产生诸多纠纷，也都得依靠文书来做法律判决。本章重点探讨的是纠纷产生以后的处理方式，内容涉及民间、政府以及民间的宗教处理等。深入这一题域研究，挖掘其间的历史经验和教训，以推动我国民族山区人工营林的发展就显得甚为重要了。

第一节　民间纠纷处理

就清水江林业纠纷的处理范式，就其内容看，大致可以分为三个层次，即通过纠纷双方自己协商处理，如果双方处理不了就第三方参与协调，如果依然无法处理，就只能依靠合款的形式处理了，以下就以私自协商和合款形式两种处理方式加以说明之。

一、私自协商处理者

人工营林生产和贸易诸多方面，必然存在着利益关系，故也易诱发众多纠纷，历史时期清水江流域的林木生产亦不例外，纠纷一旦产生，秉着尽快解决，防止矛盾愈演愈烈的原则，首先所采取的是当事双方自行协商之原则，此方法成本低，如能一次性顺利解决，能既不伤纠纷双方和气，又节约了处理成本。且"当地少数民族有这样一句俗语，'口伤口养'，意思就是口里的伤由自己去养，不需要医治，纠纷不需要别人去做工作，由自己去解决"。① 由此看来，自行协商处理为纠纷产生后清水江地区首选的处理办法。协商过程中所订立正式的文书，能直接反映出是否由当事双方自行解决，涉及这种处理手段的文书类型有"清白字""认错字""和解书"等。具体参见契约 4-1。

契约 4-1

立清白字人姜保、生子遇荣为祖遗谷沟盘路下山场一块，谁知先人早卖与本寨姜世连，于道光十八年世连又卖与姜之豪开壤管业，奈世远年湮，我父子未能得知，于光绪十五年又收此山出卖与姜显韬，因姜大明叔侄公孙收此山发卖与龙之元砍伐，姜显韬经中阻止，我父子难逃公论，自愿将四培补显韬退字转回了局，此山仍归姜大明叔侄公孙等管业，惜今以后及不为再行复卖情事。恐口难凭，立此清白字为据。

凭原中文斗姜开明姜世龙姜培刚陆铿堂

光绪廿一年九月初六陆铿堂代书立②

此份即为山场权属纠纷的"清白字"，文书以"立清白字人姜保生、子遇荣"为起首，记载姜保生父子不知其先人已将山场卖给他人，二人将该山场重复出卖与姜显韬。姜大明等人因将山场卖与他人砍伐导致事情暴露，结果是姜保生父子二人经了解承认对山场二次贩卖，并自愿进行赔偿了事，同时也承认了姜大明叔侄等人对山场的所有权。文书清晰地体现了矛盾因山场权属问题而起，承认了先祖出卖山场一事，也肯定了姜大明叔侄等人拥有山场的所有权，矛盾产生后也是姜保生父子自行意识到错误所在，从而自愿立清白字进行赔补退字了局，并承诺今后不会发生类似事情。又如契约 4-2。

---

① 梁聪：《清代清水江下游村寨社会的契约规范与秩序——文斗苗寨契约文书为中心的研究》，第135页。

② 张应强、王宗勋：《清水江文书（第一辑）》第1册，第194页。

契约 4-2

同治十二年九月二十日，姜兆齐、兆璠弟兄叔侄姜克顺、凤仪、显弼、显齐等，为因二比争论皆占污什路坎下岩洞头土木二十株，今兆齐、兆璠兄弟叔侄自愿方圆与姜凤仪、克顺、显弼、显齐等名下管业，当日补□四百文，日后兄弟不得争论。恐口无凭，立此方圆为据。

兆璠笔立 [①]

这是一份解决纠纷的和解书，过失方意识到自身错砍杉木，主动与姜凤仪等人和解，并进行赔偿。纠纷事实清晰，责任明显，因此才有自行解决的可能。自行协商适用于矛盾较小的纠纷，这类纠纷过失行为明显确定，当事人之间又有着良好的关系，双方无意破坏彼此之间关系的平衡，在此类情形下，双方私下处理为最快捷、最行之有效的方法，但这种方法并没有他人作为见证，当事人反悔的可能性较大。一旦自行调解后又再次出现争执或者纠纷事实责任模糊，当事双方都争议较大时，这种方式就已经不足以解决纠纷了。

这类纠纷还存在于个人与集体、集体与集体之间，后者处理起来较前者难。如有的是寨与寨之间的纠纷，结果是经协商，各寨重新明确山场界限、范围，这也是双方协商处理的纠纷类型之一，具体见契约 4-3。

契约 4-3

立清白分山场杉木约人下寨姜宗仁、朝琦、华周、登朝、合四、甲文等，上寨姜廷魁、廷辉、廷瑜、廷桢等，为因混争山□□□□□我意……同乡永作和睦之好。将此山破中间岭，上登顶，下至河。分为二大股。上寨廷魁等分占上边岭傍姜蔼殚之山木。下寨宗仁等分占下边岭，傍姜士朝得买国政周杰之山木。二比心平意愿。上寨各管上边岭。下寨各管下边岭。其山内老木嫩木分清。各执一纸为据。今恐无凭，立此清白字。

下寨姜华周存一纸

---

① 张应强、王宗勋：《清水江文书（第一辑）》第 7 册，第 235 页。

上寨姜廷魁存一纸

凭中姜廷幹、姜映辉

嘉庆七年二月二十五日立①

契约 4-3 记载了姜宗仁、姜朝琦、姜华周等人与姜廷魁、姜廷辉等人因混争山场而起争端一事，为"同乡永作和睦之好"，特将山场分为两股，双方各占一股以达到"二比心平意愿"了事。文书揭示了在处理纠纷时，清水江流域苗侗地区秉持村寨内部和睦基本原则，在这一前提下，有时候受害方为不影响彼此之间的相处，在自身利益受损的情况下也会选择和解了事。

由此可见，清白文书开篇即会体现其性质，以"立清白字人某某""立清白分山杉木约人某某"等为判定依据，"清白"，即了局、清局之意。清白文书是清水江流域发现的调解纠纷或预防纠纷发生并可作为凭证的契约文书，它用直白、简要的文字来理清双方权利义务关系。文书内容涉及纠纷事实、解决矛盾的过程、纠纷解决的手段、最终的结果等。清水江地区清白字文书涵盖的纠纷类型丰富，就林业契约文书类而言，大致包括山场纠纷、林木纠纷、失火错砍、分山分关等，具体情形可参见契约 4-4、4-5。

契约 4-4

立错字人本寨姜登智，因刀耕火种容什之地，失火烧之琏、之毫兄弟地名纲套之山一块，杉木五百有余，登智上门集尚求情，之毫、之琏兄弟念在邻居之处，和睦之人，失火无奈，难得培还，自愿立错字一纸，日后之毫、之琏子孙失错，不必生端异论。今恐人心不古，立此错字为据。

代笔姜世培

道光十二年三月十四日立②

① 张应强、王宗勋：《清水江文书（第三辑）》第 6 册，第 10 页。
② 王宗勋、张应强：《清水江文书（第一辑）》第 10 册，第 147 页。

契约 4-5

　　立认错字人更我刘汉德、龙武川、王木生、龙祖葵等于民国三十四年合作买办地名大耍坡木植一单，该木搬过下团嫩杉，其杉系王凤吕、王凤标、王泗林、庚林□林等原□并地嫩杉拾余株□，至腊月查……凭此错字可□。

　　　　　　　　　　　讨笔人王昌宏
　　　　　　　　　　　父老人王□庚
　　民国叁拾肆年古月十二月七日立错字 ①

　　契约 4-5 是以"立认错字人更我刘汉德"开篇，原因是立错字人在搬运砍伐条木时不慎损坏了王凤吕等人所种的嫩杉，而产生的林业纠纷。遗憾的是，此件文书有关纠纷处理残缺，其中是否有中人参与，并没有明显标志，故视为纠纷双方私自处理。清水江流域各族居民常实行刀耕火种的耕作方式，对收割后的作物进行焚烧以作为肥料，以便来年再种。用焚烧的方式对山场的土地进行消毒 ②，故失火烧山的事情较为常见。需要注意的是，村寨内为熟人社会，故纠纷处理皆重维护邻里关系，如契约 4-4 为"本寨姜登智"因失火烧了"之琊、之毫兄弟纲套"山场杉木引发了纠纷。但因过失方亲自登门认错，最后之毫、之琊兄弟看在姜登智为"邻居之处，和睦之人"，不要求其赔偿。进而还言"日后之毫、之琊子孙失错，不必生端异论"，事情就此解决。从以上例举的契约看，立错字目的有二：一是为显得过错方的道歉更有诚意，比如承诺如他日受损方子孙也有此过失行为，不会追究；二是将错字作为一种凭证，以确保受损方日后子孙不再藉此事索赔。认错字所涉纠纷类型有"错砍""失火烧山""损坏他人幼林"或"中幼林者"等，此类过失行为就危害程度而言较轻，当事人之间的矛盾不大。纠纷产生后，过失方主动承认其错误行为，并赔礼征求对方的谅解，双方立下其契约作为凭证，以免日后再起争端，就此了事。

　　查阅清水江林业文书，涉及这样的内容的文书甚多，故不一一列举。下即

①　王宗勋、张应强：《清水江文书（第二辑）》第 6 册，第 199 页。
②　"消毒"，即为了林木生产，对消除山场病虫害。

以"清白字"为例，就其所涉纠纷作如下分类，详情见表4-1。

表4-1 清水江文书中"清白字"例举

文书名称	纠纷类型	资料出处
嘉庆七年二月二十五日姜宗仁等立清白分山场杉木约	山场纠纷	《清水江文书（第三辑）》第6册，第10页
道光十三年正月十六日姜□□兄弟与姜开明父子立分山场清白合同	山场界线纠纷	同上，第40页
光绪二十一年九月初六日姜保生、姜遇荣父子澄清山场所有权清白字	山场重复买卖	《清水江文书（第一辑）》第1期，第194页
民国二十五年十月二十八日杨秀廷父子清白字	山杉纠纷	《清水江文书（第一辑）》第6册，第112页
民国三十九年三月初七日姜纯熙弟兄、姜元瀚叔侄分山场杉木清白合同	同上	《清水江文书（第一辑）》第5册，第472页

综上，清白文书是民间调解纠纷的文书当中最常见的类型之一，它囊括了清水江流域民族生活的方方面面，整体梳理文书内容，认识有四：其一是清白文书形式多样，以"立清白字人某某""立清白合同人某某""立清白断卖字人某某"等字样开头；其二是清白文书具有声明作用，即理清当事人的权利与义务；其三是清白文书中内容丰富，体现的纠纷调解方式有自行协商或他人调解两种；其四是清白文书可作为后续证据。除清白文书外，涉及当事双方自行解决纠纷的文书还有认错字等。笔者系统查阅《清水江文书》，私自协商处理山场纠纷、失火烧山、林木纠纷等矛盾的契约文书有38件，具体可见表4-2。

表4-2 《清水江文书》中私自处理纠纷文书概略

文书名称	纠纷类型	资料出处
嘉庆七年二月二十五日姜宗仁等立清白分山场杉木约	山场纠纷	《清水江文书（第三辑）》第6册，第10页
嘉庆十六年二月初七姜申保立捕字	同上	《清水江文书（第一辑）》第9册，第202页
嘉庆二十三年七月□日姜宾周等立合同字	同上	《清水江文书（第三辑）》第7册，第256页
道光四年十月初一日姜绍韬等分山合同	山场争论	《清水江文书（第一辑）》第12册，第69页
道光十二年三月十四日姜登智立错字	失火烧山	《清水江文书（第一辑）》第10册，第147页

续表

文书名称	纠纷类型	资料出处
道光十三年正月十六日姜□□兄弟与姜开明父子立分山场清白合同	山场界线纠纷	《清水江文书（第一辑）》第 1 册，第 40 页
道光十三年十二月十七日龙文麟等戒盗约	盗砍杉木	《清水江文书（第一辑）》第 10 册，第 152 页
道光二十四年十二月二十五日姜光禹等立悔错字	山杉纠纷	《清水江文书（第三辑）》第 7 册，第 309 页
同治二年十二月初六日姜凤仪等分山场股份字	一业二主	《清水江文书（第一辑）》第 7 册，第 225 页
同治十二年九月二十日姜兆齐等争山场和解书	杉木争论	同上，第 235 页
光绪四年十月十六日姜大荣、姜恩瑞、姜光朝等将山场充公字	山场争论	《清水江文书（第一辑）》第 8 册，第 244 页
光绪四年十月十八日姜大荣等山场充公字	同上	《清水江文书（第一辑）》第 7 册，第 241 页
光绪四年十月十八日大荣等山场充公字	同上	《清水江文书（第一辑）》第 5 册，第 421 页
光绪十三年三月二十八日杨世英、姜海瑷立分山场股数合同字	股数不清	《清水江文书（第二辑）》第 1 册，第 339 页
光绪六年六月三十日姜氏卧莫断卖山场并土字	一业二主	《清水江文书（第一辑）》第 5 册，第 424 页
光绪十六年六月初六日姜学道、姜学章弟兄立补字	山场纠纷	《清水江文书（第二辑）》第 2 册，第 228 页
光绪十六年六月初六日姜学道、姜学章弟兄立补山场字	同上	同上，第 229 页
光绪二十一年九月初六日姜保生、姜遇荣父子澄清山场所有权清白字	山场重复买卖	《清水江文书（第一辑）》第 1 册，第 40 页
光绪二十三年二月初六日姜罗氏申妹、姜贵顺母子二人断卖油山字	山场纠纷	《清水江文书（第一辑）》第 9 册，第 289 页
光绪三十三年六月十六日姜凤文立分清单合同字	同上	《清水江文书（第三辑）》第 6 册，第 207 页
民国元年□月二十八日范炳魁、范基茂错卖山场杉木字	错卖山场杉木	《清水江文书（第一辑）》第 13 册，第 57 页
民国十三年六月二十三日王世杰、王世彦与王延标为相争了息事据	山杉纠纷	《清水江文书（第三辑）》第 7 册，第 79 页
民国十七年七月三十日姜为煌叔侄立承认字	山场纠纷	《清水江文书（第二辑）》第 2 册，第 350 页
民国十七年七月三十日姜为耀、姜为铎、姜宣韬立承认字	同上	同上，第 351 页
民国十七年七月三十日姜宣藩立承认筹款以维祖业字	同上	同上，第 352 页

续表

文书名称	纠纷类型	资料出处
民国十七年七月三十日姜宣良立承认字	同上	《清水江文书（第二辑）》第2册，第353页
姜为义、姜致祥立承认字	同上	同上，第354页
民国十七年七月三十日姜为美立承认字	同上	同上，第355页
民国十七年七月三十日姜必杰立承认筹款字	同上	同上，第356页
民国十七年七月三十日姜必镛、姜必庆立承认字	同上	同上，第357页
民国二十四年八月初五日王康茂、王志标立错字	杉木纠纷	《清水江文书（第二辑）》第6册，第212页
民国二十五年十月二十八日杨秀廷父子清白字	山杉纠纷	《清水江文书（第一辑）》第6册，第112页
民国三十四年十二月初七日刘汉德等立认错字	杉木纠纷	《清水江文书（第二辑）》第6册，第199页
民国三十九年三月初七日姜纯熙弟兄、姜元瀚叔侄分山场杉木清白合同	山杉纠纷	《清水江文书（第一辑）》第5册，第472页
一九八〇年十月十二日加池、塘东二寨和解山场纠纷合同	山场纠纷	《清水江文书（第一辑）》第3册，第438页
姜老应等立分山约抄白	杉木纠纷	《清水江文书（第二辑）》第3册，第176页
佐兴、之豪、之谨、开让祖公买山场总簿之四七	山场纠纷	《清水江文书（第二辑）》第5册，第78页
佐兴、之豪、之谨、开让祖公买山场总簿之四八	同上	同上，第79页

从表4-2可以看出，统计的38件文书中，嘉庆年间有3件，占总文书数的7.89%；道光年间有5件，占总文书数的13.16%；同治年间有2件，占总文书数的5.26%；光绪年间有10件，占总文书数的26.32%；民国年间有14件，占总文书数的36.84%；中华人民共和国成立后有1件，占总文书数的2.62%；其他有3件，占总文书数的7.89%，具体分布情形见图4-1。

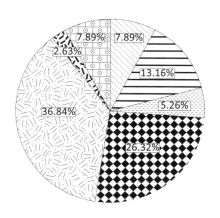

▨ 嘉庆　▤ 道光　▨ 同治　♟ 光绪　▨ 民国
▨ 中华人民共和国建国后　▢ 其他

图 4-1《清水江文书》中各时期私自处理纠纷文书所占比图

从上文可见，通过自行协商处理山林纠纷的现象在清水江流域人工营林的生产过程中是较为普遍的，大都为纠纷情节较轻的事件。但对于情节较重者，就得通过中人、寨老、甚至还有款约参加协调，这就属于第三方参与协调了。

二、第三方参与协调者

从上文可见，以上皆为纠纷双方私自协商加以解决者，但有些山林纠纷问题较严重，还得请第三方参与，如中人、乡约、寨头、房族、地方乡老、首人、伸首、甲长、劝字人等，涉及纠纷类型有错砍他人杉木、油树纠纷、山场纠纷等，具体请参见以下 17 件林业契约。

契约 4-6

立错砍杉木字人本寨姜开书，为因今年三月内错砍姜开明之木一株，地名坐略，请中、乡约、寨头理问，实是错砍，自愿登门错实，日后不敢再砍乱行。如有再砍乱行，自己领罪,亲笔,所立砍字样是实。

姜开书字

凭中姜中周姜之连

道光六年五月二十六日 ①

契约 4-7

立清白合同字人本寨姜□□兄弟与姜开明父子，二比得买辛龙辛贵兄弟之山场杉木壹块，地名冉幼山，此山山界限上凭□忠山，下凭士周山，左凭冲，右凭文献山为界，二比争夺，蒙中等解劝将祖地三股之山场杉木分作贰家，□□兄弟占壹股半，开明父子占一股半，二比自愿立清白合同字样贰纸，每家各收存壹纸，以免后患，是实为据，外批此自界老木贰股，栽手是世洪所占。

劝中龙世彩姜世安

代笔姜世和

道光拾叁年正月十六日立 ②

契约 4-8

立错典后字人本寨姜朝英，自砍木一单姑典姜生笼、光委、应生、世文、开相、世运、开贤、开庆众等乡人由古至今，各有老洪路，无姑拉祸，姜开明之山将山内之木植打坏并开新洪路，古人云新路不开，旧路不灭，无姑开此新路情理难容，故请房族理论他众等自愿错过错放，欲想将酒水培理，我等念在本寨之人，岂有不知各有老洪路，我本系良善，一不要培还木植，二不要他们酒水，现有房族可证，今姜朝英众等木放坏我之木并开新路，恐日后我又放坏他众等之木并开新路，依照旧亦不培理培还，现凭房族立此错字并包子永远存照。

凭中房族姜朝弼姜世培

父请开相笔

道光十四年三月十三日立 ③

---

① 王宗勋：《加池四合院文书考释》卷四，第 400—401 页。

② 王宗勋：《加池四合院文书考释》卷四，第 406—407 页。

③ 张应强、王宗勋：《清水江文书（第一辑）》第 1 册，第 351 页。

契约 4-9

立清白合同字人文斗寨姜相荣、姜相弼、姜相吉、姜相卵、姜正福、姜正仲等与姜绍齐、姜钟英、姜钟秀等今因有地名冉奄山尾一块。其山界至上凭顶；下至污堵溪；左凭大岭，以乌冉溪为界；右凭岩岭，对面南盖溪为界；四至分明。殊于道光二十七年内卖此山木与客人砍伐。二家为股数不清，经控陆主案下，蒙亲友等不忍坐视，入中劝解。此山原系羊报之山，三股均分。上寨占二股，下寨绍齐、钟秀、钟英等占一大股。上寨二股分为七小股，宏才名占一股。又将此一股分为八小股，中仰陆姓等占四股半，下寨姜相荣弟兄等占三股半。二家日后照嘉庆二十二年所绘之图数副三股，上寨落二大股，下寨绍齐叔侄落照得买一大股管业，不得再相争论。今欲有凭，立此清白合同，二纸各执一纸存照。

凭中姜通义、姜通粹、姜起瓒、姜光照、姜怀智、范锡寿、

陆志略

姜绍齐家存一纸姜相荣家存一纸此批

代笔杨登魁

道光二十八年二月二十日立①

契约 4-10

立错字人本房姜开星，因错砍到姜凤仪叔侄油树，地名报库，砍为柴，拿应经官报众，蒙中改劝，自愿登门央求尔等养，若二次在犯报伊亲兄老弟拿下，投河楚治，不得异言。口说无凭，立此错字为据。

凭中四叔大爷姜元芳

请本寨姜开相代笔

道光二十九年三月十一日立②

① 张应强、王宗勋：《清水江文书（第一辑）》第 12 册，第 293 页。

② 张应强、王宗勋：《清水江文书（第一辑）》第 1 册，第 356 页。

契约 4-11

立错字人文斗寨姜永松、甲寅、登元等为因生理，尚到平鳌寨姜盛魁等卖到地名皆依丈，二名荣昌山一块，不幸盛魁等止错界限越砍为召等之山一幅，为召等今中理讲，盛魁等认错退银与客，请中等门求让培礼，在补山价银八角〇八分，当中清楚了事，盛魁等之字，中人说并无界限，为召等之字四抵朗然，今砍错为召之幅，界限上抵盛广以盘路下二三丈与土垦□岩为界，下抵活堵溪，左凭山主，右凭岭与盛魁等之山以□岩为界，日后照错字以老契管业，不得争论，立此错字为据是实。

凭中姜为烈姜尚锦姜东□

光绪廿八年三月十九日永松亲笔立 [1]

契约 4-12

立清白字人姜秉文父子，为因先祖遗有山业一块，地名皆理鸟，其山四界俱是姜源淋山，因秉文将此山发卖与姜作文，砍伐错姜源淋界内十余根，经首人姜梦熊、恩宽理论，劝将此屈之木归秉文卖，在其山之土归源淋永远开挖栽木管业，日后秉文父子并无寸土在此山内，二比依劝了息。恐后无凭，时立清白字为据与姜源淋，永远存照。

凭中姜梦熊、姜恩宽

中华民国八年七月十六日

亲笔立 [2]

契约 4-13

和息了局字人姜宋氏子根、来友弟兄情因去岁冬月廿二日□□，地名包党松种地失火烧□姜源淋、姜永炽二人之杉山壹块，来友弟兄自知理屈，登门哀求而淋、炽等目睹心伤，经中理讲，来友凭中自愿将猪牛赔赏，伊母不愿，□□王寨围防总局，具控二比，未经审。□

---

① 张应强、王宗勋：《清水江文书（第二辑）》第 1 册，第 137 页。
② 张应强、王宗勋：《清水江文书（第一辑）》第 2 册，第 327 页。

亲族排解，将猪牛退回，书立和息存照。

　　　　　凭亲族等姜凤纯纯秀祖升宋学文龙世田
　　　　　　　笔彭献瑞
　　　　　　民国十二年二月十二日立①

契约 4-14

　　具自愿登山勘界人姜源淋与姜元贞，因争刚套山场杉木，我双方各执一词，清远敦请上营伸首姜培俊、姜玉廷、范锦香、中营伸首姜凤礼、姜登鳌、蒋梦熊、姜作干，族长姜凤林等照契登山勘界，听依地方伸首及房族长人等照契分剖，我双方不得彼此再争，。如有不依，任凭地方及族长人等照契据，实禀官严断。口说无凭，立此自愿请地方及族长人等登山分剖字为据。

　　格外：双方自愿喜出勘费光洋拾陆圆整，其酒水谁虚捡，不得翻悔异言。此批。

　　源淋交来契叁张、山图一张，元贞交契贰张、山图一张。当面上、中两营伸首交与族长姜凤翎手执后分剖清楚，将契退还双方。此批。

　　　　　　民国十七年十月廿八日源淋亲笔立②

契约 4-15

　　立分山合同字人姜元贞、姜源淋弟兄为因争持地名刚套山场一幅，界限上凭岭抵元贞之山为界，下凭土埂与元贞、恩宽、继元之山为界，左凭源淋之山以土埂为界，右凭边埂，四抵分清，今凭亲戚房族姜培俊、姜玉廷、范锦香、姜绍廷、范修彬、姜周礼、姜登鳌、范炳立、姜凤翎、姜梦熊、姜作幹、姜纯秀等将此山主分作壹拾陆股，姜元贞弟兄占壹拾四股，源淋占两股，双方合好，不及争论。口说无凭，立此分山合同字人为据存照。

---

① 张应强、王宗勋：《清水江文书（第一辑）》第 1 册，第 80 页。
② 王宗勋：《加池四合院文书考释》卷四，第 432—433 页。

立分合同贰纸，各执一纸为凭。

外批内添二土字日后照契管业

民国拾柒年十一月廿八日元贞笔立①

契约 4-16

立清白字人姜炳魁等，因庚午年贰月间有共山壹块，地名南污粟，卖与纯义砍伐，不知先祖姜克贞之股卖与姜源淋，于今凭姜显塘、姜继元、姜纯熙劝清，日后两下各照契管业。不得异言，立此清白字为据。

内添二字

民国廿二年七月卅日

姜炳魁立②

契约 4-17

立错字人塘木养村杨惟厚情因去岁九月因运不顺，失火所烧姜源淋之六百山一块，该姜源淋于本年正月内到达本□，接请地方父老龙甲长有政为民理论，窃民有安，不可查，只得无奈。夫妇二人相商，仰请原中龙甲长有政代民邀求说，今日后不得异言，特立错字，是实为据。

凭中代笔

民国三十五年正月廿六立③

契约 4-18

立分合同字人姜家□、姜文举、盛荣、盛富、盛贵、绍烈等，先年祖先有共山一块，地名党养，另名□粟，在村老五所佃种马姓之田棚子右手边冲，此山界址上凭土坎以岩，左凭岭以田角其□，右凭冲，下凭水沟，水沟是下三坵田之水沟，四抵分清，其山分为三大股，家

---

① 张应强、王宗勋：《清水江文书（第一辑）》第 2 册，第 156 页。
② 张应强、王宗勋：《清水江文书（第一辑）》第 1 册，第 389 页。
③ 张应强、王宗勋：《清水江文书（第一辑）》第 2 册，第 173 页。

□占贰大股，余一大股文举、盛荣弟兄叔侄等共占，三股分清此山，为被本□姜继元、秉魁、元汗等错卖与河口姜宗银砍伐作贸，我等请中理论，蒙龙乡长□林解劝，断土□家□、文举、盛荣等管业，补山价银贰拾六元，并立清白字存在家□手收，系□林亲笔立，日后子孙照合同管业，不得争论，立此合同存照！

凭中马配□李枝才立分合同永远存照

民国三十六年七月卅日姜盛贵笔 [1]

契约 4-19

立清白字人南路杨启顺，错砍地名党吼张老三屋地坪之木，今以自愿登娄盛荣弟兄、叔侄之门认错，凭中张花寨范锡智劝合补价木材，后代子孙照老字和清白字管业，立此清白字为据。

凭中范锡智

中华民国卅六年十月九日亲笔 [2]

契约 4-20

立分合同字人加池姜元汉、党秧姜家财叔侄等所有共山贰块，第壹块界止培显节其山，上凭洪路，下凭大河，左凭冲抵文斗为界。又壹块地名板党加，其界上凭土埂，下凭大溪，左凭冲抵岩洞，右凭冲抵元汉叔侄山场为界，此山分为四股，先年姜敦昌、姜献义二人□买元英之股，双方各垫出契拟对，姜元英之股一业两卖，今凭塘东姜敦明、培亮、范修杰二人劝解收元英之壹股分为二小股，姜元汉叔占一小股，姜家财占一小股，其有板党加山，内幅元英之股贰人凭分，外幅元英之股归元汉叔侄等管业，其有外幅界止凭土埂，下凭溪，左凭冲家财、元汉等之山，右凭岭与元汉、盛富共山为界，四字分明，日后我两下□林，依照合同股数管业，恐口无凭，立此合同存照。

---

① 张应强、王宗勋：《清水江文书（第一辑）》第 3 册，第 280 页。

② 张应强、王宗勋：《清水江文书（第一辑）》第 2 册，第 351 页。

凭中姜敦明范修杰

民国□□六年二月八日姜家财笔①

契约 4-21

具切结人姜元瀚叔侄等为因吕山场壹块，地名冉皆议与本寨姜坤宏砍伐，被姜文举、盛富弟兄宿请地方保长、甲长理论，双方自愿具切结清左右上界止，上凭土垦抵本家之山，下凭岩洞，左凭冲，右凭岭抵秉魁、元瀚等之山。坐澄为凭元瀚等之先祖归元年管业，为凭文举之先祖归文举等管业，恐口无凭，所具切结具。

谨呈

保长姜锡珍

甲长姜秉魁

具切结人姜元瀚姜坤荣姜坤华姜元魁姜坤桂

民国卅七年七月十日具②

契约 4-22

具遵劝字人姜景淋为因不合恃□良□滥木桥之木先卖与李忠镒，后卖与长富致相争持，今遵分局各位先生劝息，恩瑞父子退山价红银十□整与景淋，收领存在文斗正木五十根归恩瑞自卖，所存污计溪毛木多少全归忠镒搬卖，不得异言，如有不清自甘不便，所结是实。

具遵劝字人姜恩瑞，为因卖滥木桥之股木与李忠镒等砍伐不合，怨景淋山价扣还己账，致木不清，今遵分局各先生劝息，愿补李价木银尾银十三□□整，又捐公益三□三分，又捡费银一□□，又退景淋一股木价并红银十□整，限日期五日送局交清楚，不得有误，着有误者，息任凭专人座守，所存污计毛木多少任李姓搬卖，存文斗正木五十根归我父子自售，不得异言，所结是实。

具遵劝字人李忠镒，因合买姜恩瑞及景淋、永直等乌计杉山之木

① 张应强、王宗勋：《清水江文书（第一辑）》第 2 册，第 276 页。
② 张应强、王宗勋：《清水江文书（第一辑）》第 1 册，第 280 页。

砍伐，□□兑清，恩瑞欲扣景淋股银作还己账，景连又将□之木重卖与长富，致相争持，今遵文斗分局各位先生劝息，除在□领伊售四十六根木□银外，余正木五十根盖有同兴□斧印退归恩瑞，与恩瑞卖，局中先生愿补我木价银拾叁两□，下当存污计小毛木□□廿六根概归李姓运售，为木再有清之处，仍要归姜恩瑞理落，不干我事，雨下自愿，不得异言，所结是实。

□□年二月十三日三处结稿 [1]

值得注意的是，以上 17 件林业纠纷契约的内容涉及错砍他人杉木、油树、山场等事件。如契约 4-6 是因姜开书错砍姜开明一棵树所的纠纷引起，后请中人理问，姜开书立砍杉木字解决。契约 4-10 所载内容是因"姜开星错砍到姜凤仪叔侄油树"所致，油树为常绿阔叶树种，所结茶子为重要的植物食用油来源，为当地重要经济林木，故当地各族居民对其甚为熟识，错砍概率甚小。此纠纷被发现后姜开星却说是错砍，这样的狡辩行为，情节严重，本应报官处理，后经中人调节，才得以解决 [2]。契约 4-19 所载纠纷为杨启顺错砍张老三屋地坪杉木而起，但杨启顺认识到其自身过错，亲自登门道歉，又通过中人劝解，愿意赔补木价银了事，并保证后世子孙依老字进行管业。材料中的"中"，即中人。"乡约"，即清代由地方官府委任的不支俸的基层官吏。"寨头"，即村寨的自然领袖。"伸首"，绅首，即地方头人 [3]。

查阅后发现清水江流域的文书中涉及林业纠纷甚多，文书内容差异大，故不一一述之，现将已经出版的《清水江文书》所涉有第三方参与纠纷处理的整理如下，具体见表 4-3。

---

[1] 张应强、王宗勋：《清水江文书（第一辑）》第 2 册，第 199 页。
[2] 徐晓光：《锦屏林区民间纠纷内部解决机制及与国家司法的呼应——解读〈清水江文书〉中清代民国的几类契约》，《原生态民族文化学刊》2011 年第 1 期。
[3] 王宗勋：《加池四合院文书考释》卷四，第 32 页。

表 4-3 《清水江文书》中第三方参与山林处理契约概略

文书名称	纠纷类型	调解人	出处
乾隆三十四年八月十六日姜文彬等三房分祖遗山场合同	山场争论	亲友	《清水江文书（第一辑）》第 13 册，第 94 页
乾隆四十一年二月二十六日范、彭、陶三姓人等立合同	同上	中人	《清水江文书（第三辑）》第 1 册，第 76 页
乾隆五十年六月二十日范振远、姜士朝立清白合同字	杉木纠纷	同上	《清水江文书（第三辑）》第 9 册，第 331 页
乾隆五十二年十一月二十四日姜天贤、姜老辰父子立典当房屋字	错买杉木一根	同上	《清水江文书（第二辑）》第 1 册，第 199 页
乾隆五十五年八月初九日姜国珍等立清白分山合同约	山场纠纷	亲友	《清水江文书（第三辑）》第 7 册，第 230 页
嘉庆元年二月十八日姜文昇、姜文玉、姜廷举分界址字	山场纷争	中人	《清水江文书（第二辑）》第 2 册，第 154 页
嘉庆六年三月初十日姜四必立复断清白约	股数不清	同上	《清水江文书（第二辑）》第 3 册，第 28 页
嘉庆十三年二月二十七日王银保等立悔字	同上	同上	《清水江文书（第二辑）》第 5 册，第 161 页
嘉庆十七年十二月二十三日杨在全立清白息事字	山场纠纷	同上	同上，第 4 页
嘉庆二十三年八月初九日范绍仲甘伏填偿杉木合同	杉山争论	同上	《清水江文书（第一辑）》第 5 册，第 346 页
嘉庆二十五年十一月二十六日姜举周清白合同	山场混争	同上	《清水江文书（第一辑）》第 10 册，第 100 页
道光四年十一月十三日姜学文、姜绍清立清白字	杉木纠纷	同上	《清水江文书（第三辑）》第 10 册，第 519 页
道光六年五月二十六日姜开书错砍姜开明之杉木字	错砍杉木	乡约、寨头	《清水江文书（第一辑）》第 1 册，第 346 页
道光六年十二月二十九日龙舒远立和息字	山场纠纷	中人	《清水江文书（第三辑）》第 3 册，第 386 页
道光七年四月初四日姜邵怀立清白字	同上	同上	《清水江文书（第三辑）》第 8 册，第 57 页
道光八年十二月十三日范兴秀等立分合约字	同上	同上	《清水江文书（第三辑）》第 6 册，第 90 页
道光八年十二月十三日范兴秀等分山合约	山场纠纷	同上	《清水江文书（第一辑）》第 4 册，第 45 页
道光十一年十一月十四日姜木林断卖山场杉木约	山杉争论	同上	《清水江文书（第一辑）》第 5 册，第 350 页
道光十二年六月初五日何万兴、吴应昌立退悔字	杉木纠纷	同上	《清水江文书（第三辑）》第 3 册，第 394 页
道光十三年八月初八日吴成思等立同心和结合同字	山场纠纷	同上	《清水江文书（第三辑）》第 3 册，第 403 页
道光十四年三月十三日姜朝英开新路坏木认错字	毁坏杉木	房族	《清水江文书（第一辑）》第 1 册，第 351 页
道光十四年三月二十二日山场股份清单	山场纠纷	中人	《清水江文书（第一辑）》第 4 册，第 327

续表

文书名称	纠纷类型	调解人	出处
道光十四年三月初四日姜启□戒偷保证约	偷砍杉木	房族	《清水江文书（第一辑）》第 8 册，第 206 页
道光十六年三月二十四日姜之模等分山场合约	山场争论	中人	同上，第 53 页
道光十六年三月二十四日姜之豪等分山场合同	山杉纠纷	同上	《清水江文书（第一辑）》第 5 册，第 16 页
道光二十三年九月十六日龙维元、姜钟英等隐瞒山图合约	霸占山场	同上	《清水江文书（第一辑）》第 12 册，第 102 页
道光二十八年二月二十日姜相荣等分股清白合同	股数不清	亲友	《清水江文书（第一辑）》第 12 册，第 293 页
道光二十八年二月二十日姜相荣等分股清白合同	同上	同上	同上，第 294 页
道光二十九年三月十一日姜开星错砍姜凤仪叔侄油树认错字	错砍杉木	中人	《清水江文书（第一辑）》第 1 册，第 356 页
同治二年十月十一日吴仁开立错界限杉木字	山场纠纷	同上	《清水江文书（第二辑）》第 2 册，第 217 页
同治十年七月十六日杨学连立错砍字	同上	同上	《清水江文书（第三辑）》第 10 册，第 537 页
光绪九年四月十六日姜恩厚、姜凤来、姜献德和解清白字	股数不清	同上	《清水江文书（第一辑）》第 8 册，第 249 页
光绪十年十月初二日姜开周等山场清白合约	山场争论	同上	《清水江文书（第一辑）》第 7 册，第 252 页
光绪十年十二月二十一日龙秉智换山场字	同上	同上	《清水江文书（第一辑）》第 8 册，第 250 页
光绪十三年闰四月二十八日陆受田叔侄等收银凭证	盗砍杉木	同上	《清水江文书（第一辑）》第 10 册，第 269 页
光绪十三年八月初一日姜相珍、姜熙年、姜熙林等分山场合约	重复买卖	同上	《清水江文书（第一辑）》第 12 册，第 129 页
光绪十六年十月十八日罗志道等立清白字	山场纠纷	同上	《清水江文书（第三辑）》第 10 册，第 251 页
光绪十七年六月二十六日姜贵明、姜贵贤弟兄立清白字	同上	同上	《清水江文书（第二辑）》第 2 册，第 231 页
光绪十七年七月二十日姜占魁等人分山界字	同上	同上	《清水江文书（第一辑）》第 11 册，第 233 页
光绪十八年九月十六日罗志武等立清白山场合同字	同上	同上	《清水江文书（第三辑）》第 10 册，第 259 页
光绪二十二年三月二十四日姜玉连、龙之成等立山场纠纷清白和约	山场界限争论	同上	《清水江文书（第一辑）》第 8 册，第 275 页
光绪二十二年四月十一日龙彦泉等立赔退杉木字	杉木纠纷	同上	《清水江文书（第三辑）》第 1 册，第 348 页
光绪二十六年二月初十日姜兴甫等立分合同	同上	同上	《清水江文书（第三辑）》第 1 册，第 105 页
光绪二十六年四月十七日姜作梅等卖山分单	先卖山场，后号木，阻木客	同上	《清水江文书（第二辑）》第 1 册，第 248 页
光绪二十六年九月初四日姜世龙等分卖山场杉木银合同字	股数不清	同上	《清水江文书（第一辑）》第 12 册，第 137 页

续表

文书名称	纠纷类型	调解人	出处
光绪二十八年三月十九日姜永松等立错字	杉木纠纷，越界错砍	同上	《清水江文书（第二辑）》第1册，第137页
光绪二十九年六月二十日姜克纯等立分山合同字	执契相争，股数不清	客人	同上，第362页
光绪三十年二月二十一日龙吉源等立清白悔过字	杉木纠纷	中人调解，再报官，后中人协调解决	《清水江文书（第二辑）》第3册，第317页
光绪三十年二月二十一日龙吉源等立清白字	杉木纠纷	中人调解，再报官，后中人协调解决	同上，第318页
光绪三十一年七月十四日李双六、杨老毛退还山场字	偷卖山杉	中人	《清水江文书（第一辑）》第12册，第139页
光绪三十二年二月二十五日王晚照、王求恩叔侄立断卖山场土杉木字	山场纠纷	同上	《清水江文书（第二辑）》第10册，第504页
宣统元年六月初七日姜作开等立分山场合同字	杉木纠纷	同上	《清水江文书（第二辑）》第3册，第149页
宣统二年十二月二十一日姜正高立戒约	同上	团首、保长	《清水江文书（第三辑）》第7册，第130页
宣统三年四月初一日姜世昌等立和息了局字	山场纠纷	中人	《清水江文书（第二辑）》第2册，第244页
民国元年十一月初五日龙步喜、龙步云、龙步高兄弟等立甘心退字	杉木纠纷	同上	《清水江文书（第二辑）》第7册，第409页
民国元年十二月二十一日陆相□等立分合同字	山场纠纷	同上	《清水江文书（第三辑）》第10册，第276页
民国三年三月十二日姜永松等分山股份合同	强搬杉木	同上	《清水江文书（第一辑）》第13册，第169页
民国三年闰五月十二日杨忠文等立分山界字	山场纠纷	同上	《清水江文书（第三辑）》第9册，第432页
民国五年九月二十四日王通柏等为劝和以免争端事据	山场纠纷	团绅	《清水江文书（第二辑）》第7册，第411页
民国八年七月十六日姜秉文父子为越界伐错姜源淋杉木事立了息清白字	杉木纠纷	首人	《清水江文书（第一辑）》第2册，第327页
民国八年闰七月十二日姜建德、姜建威弟兄等分山场清白合约	山场界限纠纷	中人	《清水江文书（第一辑）》第9册，第144页
民国八年十月二十七日姜献义等分尾包山股份合同清单	山场股份未清	同上	《清水江文书（第一辑）》第6册，第82页
民国十一年三月十六日姜源淋等清白合同	山场纠纷	同上	《清水江文书（第一辑）》第3册，第256页
民国十二年二月十二日姜宋氏母子与姜源淋、姜永炽立和息了局字	失火烧山	中人、亲族	《清水江文书（第一辑）》第1册，第80页
民国十三年四月十四日杨大硕等立定股数合同字	股数不清，重卖股数	姜坤相、姜梦鳌、姜时春	《清水江文书（第二辑）》第1册，第404页

续表

文书名称	纠纷类型	调解人	出处
民国十七年十月二十六日姜珍银等分山场合同	山场纠纷	中人	《清水江文书（第一辑）》第 11 册，第 178 页
民国十七年十一月二十八日姜元贞、姜源淋弟兄分山合同	山场纠纷	房族	《清水江文书（第一辑）》第 2 册，第 156 页
民国十七年十一月二十八日姜元贞请人费用清单	山场纠纷	首人	《清水江文书（第一辑）》第 3 册，第 262 页
民国十七年十一月二十八日姜源淋、姜元贞山场纠纷解决合同	同上	伸首与族长	同上，第 263 页
民国十七年十二月初二日姜源淋、姜梦熊分山合同	同上	地方老人，上营、中营绅士	《清水江文书（第一辑）》第 2 册，第 157 页
民国十八年二月二十六日姜春茂等分山场纠纷清单合同	同上	中人	《清水江文书（第一辑）》第 3 册，第 264 页
民国十八年三月二十八日王和忠立错字	同上	同上	《清水江文书（第二辑）》第 7 册，第 210 页
民国十八年四月二十八日姜必镛等立定山股数合同字	股数不清	地方姜景恩、宣韬	《清水江文书（第二辑）》第 2 册，第 34 页
民国十□年八月二十日王福广等立合和均平字	山场纠纷	地方父老	《清水江文书（第三辑）》第 3 册，第 48 页
民国二十年五月初八日姜登池等分山合同	偷砍杉木	中人	《清水江文书（第一辑）》第 12 册，第 184 页
民国二十二年七月初一日姜登廷登立分合同字	山杉纠纷	地方，中人	《清水江文书（第三辑）》第 10 册，第 145 页
民国二十二年七月三十日姜炳魁等立清白字	山场重复买卖	姜显堂、姜继元等	《清水江文书（第一辑）》第 1 册，第 389 页
民国二十二年十二月十四日姜正国等分山场合同	错砍杉木	中人	《清水江文书（第一辑）》第 12 册，第 187 页
民国二十五年三月初五日姜宣伟立卖山场杉木字	杉木纠纷	山友	《清水江文书（第二辑）》第 2 册，第 395 页
民国二十六年四月初九日姜必镛等立分单合同字	股数不清	地方父老	《清水江文书（第二辑）》第 1 册，第 426 页
民国二十九年十月十五日姜于宽等立分合同股数字	同上	地方	同上，第 180 页
民国三十一年十月十八日姜元瀚、姜锡禄等卖杉分股合同	同上	中人	《清水江文书（第一辑）》第 1 册，第 272 页
民国三十三年正月二十六日姜东成等分山合同	山场纠纷	父老、保长	《清水江文书（第一辑）》第 6 册，第 124 页
民国三十三年正月二十六日姜东成等人分山合同	同上	父老、保长	《清水江文书（第一辑）》第 11 册，第 190 页
民国三十四年十月初五日范修文等分山场字	山场买卖不清	中人	同上，第 119 页
民国三十五年正月二十六日杨惟厚失火烧山认错字	山杉纠纷	地方父老	《清水江文书（第一辑）》第 2 册，第 173 页
民国三十五年六月二十四日姜发保、姜安德叔侄断卖山场字	杉木纠纷	中人	《清水江文书（第一辑）》第 5 册，第 472 页

续表

文书名称	纠纷类型	调解人	出处
民国三十五年十月初六日姜永璋等分山场合同	同上	调解委员会	《清水江文书（第一辑）》第 3 册，第 275 页
民国三十六年二月初八日姜元汉、姜家才、姜家兴叔侄等分山场股份合同	一业两主	姜敦明、培亮、范修杰	《清水江文书（第一辑）》第 1 册，第 276 页
民国三十六年四月十四日姜永旺、姜元瀚、姜家贵立分合同字	股数不清	中人	《清水江文书（第三辑）》第 6 册，第 290 页
民国三十六年七月三十日姜文举等分山场股份合同	错卖山场	同上	《清水江文书（第一辑）》第 3 册，第 280 页
民国三十六年十月十九日杨启顺为错砍杉木立清白契	错砍杉木	同上	《清水江文书（第一辑）》第 2 册，第 351 页
民国三十七年古历二月二日杨维轰培修杉山字	失火烧山	同上	《清水江文书（第一辑）》第 6 册，第 146 页
民国三十七年二月初四日姜元瀚等分山清白合同	山场争论	同上	同上，第 147 页
民国三十七年三月十八日王光祖、王光文立清白字	山场纠纷	地方父老	《清水江文书（第二辑）》第 6 册，第 409 页
民国三十七年四月初三日锦屏县木商业同业公会通知	杉木纠纷	商会	《清水江文书（第二辑）》第 9 册，第 361 页
民国三十七年六月初三日姜元秀等分山场地土合同	山场纠纷	中人	《清水江文书（第一辑）》第 4 册，第 506 页
民国三十七年七月十日姜元瀚叔侄与姜文举、姜盛富弟兄和解纠纷切结	山杉纠纷	保长、甲长	《清水江文书（第一辑）》第 1 册，第 280 页
民国三十七年八月初三日龙在灵等分山场股份合同	山场纠纷	地方校长	《清水江文书（第一辑）》第 5 册，第 150 页
民国三十九年三月二十九日通知	杉木纠纷		《清水江文书（第一辑）》第 3 册，第 287 页
民国三十九年三月二十九日通知	同上		同上，第 288 页
民国三十九年三月二十九日通知	同上		同上，第 289 页
民国三十九年三月二十九日通知	同上		同上，第 290 页
民国三十九年六月三十日姜盛富等和解山场纠纷字	山场纠纷	亲友	《清水江文书（第一辑）》第 3 册，第 436 页
一九五〇十二月十日姜永珠等分山界址合同	山界争论	地方父老	《清水江文书（第一辑）》第 13 册，第 211 页
公元一九五〇年十二月十日姜永珠等立同心分合同字	山场纠纷	地方父老	《清水江文书（第三辑）》第 7 册，第 189 页
具遵劝补李姓木价尾银契	杉木不清	分局各位先生	同上，第 96 页
劝解条	滥砍杉木	同上	《清水江文书（第一辑）》第 1 册，第 427 页
遵劝字条	同上	同上	同上，第 433 页
姜景淋、李忠镒、姜恩瑞解决争持具遵劝契	杉木纠纷	分局各先生	《清水江文书（第一辑）》第 2 册，第 199 页
外批：姜坤荣等分山事由	阻木	中人	《清水江文书（第一辑）》第 6 册，第 389 页

续表

文书名称	纠纷类型	调解人	出处
姜松桥还姜佐兴银两清白字	杉木纠纷	房族	《清水江文书（第一辑）》第8册，第336页
岑梧寨全寨山契总簿之一五四	同上	地方理论，再保官，后中人解决	《清水江文书（第二辑）》第4册，第154页
岑梧寨全寨山契总簿之一五三	山场纠纷	中人解决	《清水江文书（第二辑）》第4册，第153页
岑梧寨全寨山契总簿之二五三	杉木纠纷	团防理论	同上，第253页
王连忠等立伸帖字	同上	地方	《清水江文书（第二辑）》第10册，第611页
范长庚、范登榜叔侄立悔错字	同上	中人	《清水江文书（第三辑）》第8册，第171页
龙遗书立悔退字	山杉纠纷	同上	《清水江文书（第三辑）》第3册，第454页
姜周杰等分股清白字	山场争论	同上	《清水江文书（第一辑）》第12册，第220页

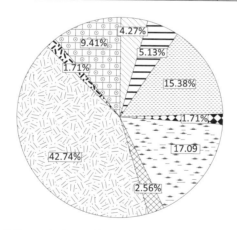

▨乾隆 ▢嘉庆 ▨道光 ◼同治 ▨光绪 ⊠宣统
▨民国 ▨中华人民共和国建国后 ◉其他

图4-2　《清水江文书》中各时期第三方处理纠纷所占比图

由上表4-3、图4-2可知，清水江流域林业纠纷通过第三方处理的方式存续时间较长，林业纠纷契约涉及的类型甚多，具体包括清白文书、认错字、立分合同、甘心退字、戒约、和息字、具遵劝契等。第三方调解人有中人、族长、地方士绅、甲长保长、房族亲友、团首等。以上诸纠纷契约的类型，反映了纠纷处理的多样化。

三、合款处理者

清水江流域为苗侗地区，据文献记载该地区很早就通过榔规款约处理纠纷，为了维护山场的稳定，生息在该流域的各民族群体一定程度上还得借助"款"的权威，来化解纠纷，并推动林业生产和贸易的顺利进行。这里涉及具体的款组织执行人有榔头、媒讲等。（弘治）《贵州图经新志》卷五《镇远府》载："苗俗有事，则用行头、媒讲。行头，能言语讲断是非者。苗讲，苗以苗为行头。民讲，民以民为行头。凡行头讲事，皆用筹以记之。多至一二百筹，少亦二三十筹。每举一筹曰某事云云，其人不服则弃之。又举一筹曰某事云云，其人服则收之，如一二百筹讲至数十筹，二三十筹讲至数筹，然后往报所为讲者，曰某事其人不服，所为讲者曰是，则令其人依数赔偿。或不以为然，行头复如前往讲之，至有十数往，或经月始定。若所讲筹尚多，其人不能尽偿，则劝所为讲者掷一筹与天，一筹与地，又掷一筹与和事之老，然后约其余者责令赔偿。凡讲杀人，谓之算头。讲偷盗牛马曰犯瓦，苗以一火为一瓦，皆酌量事情轻重以为等差，谓之媒讲者，如婚姻用媒以通两家情好也。凡讲行头，皆用银布，名曰缚行头，言缚之使不二心也。大概苗易生衅，凡事媒讲，亦息争端，此乃御边一术也。"从上可见，此资料记载涉及了合款中的记事过程、内容以及处理原则等。正是因为这些内容对于民族的地区的稳定能够发挥积极作用，故称之"苗例"。这样的合款对于维护林木的稳定也有着重要作用。

历史上，清水江流域就具有多个款组织，如今加池寨在古时就属于青山界四十八苗寨打款组织，四十八寨订立款规款约用以管理地方，这些合款规约在文书中有诸多反映，如"照依款上条规，罚钱壹仟叁佰文"，"照其款规，罚银陆两陆钱正"[1]，"养若二人再犯，报伊亲兄老弟，拿下投河处治"，"如有一人先行翻悔者，甘罚生金三两、白水牛一只入官公用，仍旧成交"[2]，"其坡一卖一了，二卖子休，高山滚石，永不回头；如花落地，永不复枝"，"海水东去不回头"[3]，

---

① 王宗勋：《加池四合院文书考释》卷四，第426页。
② 高聪、谭洪沛：《贵州清水江流域明清土司契约文书》"前言"，第16页。
③ 高聪、谭洪沛：《贵州清水江流域明清土司契约文书》，第17页。

等等，这些字样都带有明显的榔规款约特色。为便于大家了解具体情况，现略
举3件文书如下，以供参考。

契约 4-23

立错字人本房姜开星，因错砍到姜凤仪叔侄油树，地名皆报库，
砍为柴，拿应经官报众，蒙中劝解，自愿登门央求尔等，养若二次再犯，
报伊亲兄老弟，拿下投河处治，不得异言。恐口无凭，立此错字为据。

凭中血叔大爷姜元方

请本寨姜开相代笔

道光二十九年三月十一日立 [①]

契约 4-24

立戒约人上寨姜正高，居心不良，行盗砍木，今又盗砍下寨姜世
龙、姜世法、姜登科、姜登文、姜元标等叔侄弟兄之山杉木三十一根，
被山主查知拿获，脏真证确，自知情亏理屈，再三哀求宽宥，以免报
款送官，今恳团首姜卓贤、姜熙豪、姜正才，保长姜寅邓，自愿将盗
砍之木，退还失主，照侬款上条规，罚钱一千三百文，以后痛改前非，
不敢妄为，如有再犯，任凭执之报款，议罚送官究治，罪所应得。口
说无凭，立此戒约为据。

凭中姜熙豪姜正才姜寅邓

姜卓贤笔

姜正高左手大指押（押有指纹）

宣统二年十二月年廿一日立 [②]

契约 4-25

立卖嫩杉木字人圭大村龙成林，情因家下缺乏，要洋用度，无处
所出，自愿将到土名坪杀虎嫩杉木壹团，上抵头岭并龙善和、龙成欢

---

① 王宗勋：《加池四合院文书考释》卷四，第 412 页。
② 张应强、王宗勋：《清水江文书（第三辑）》第 7 册，第 130 页。

杉木，下抵溪，左抵龙成欢嫩杉木，右抵龙善和杉木并埋岩为界。四至分明，要洋出卖，自己请中上门问到演德寨龙令才、龙见祥、龙元招三人名下承买。当日凭中议定价钞洋壹佰壹拾元零八仙整。其洋卖主亲领应用，其嫩杉木交与买主修蓄砍禁，日后木植长大砍伐出溪，一斧砍过出关山，山地归原主，自卖之后，不得异言，恐有买主不清，卖主上前理落。恐口无凭，立有卖契是实。

凭中龙成依

讨笔龙必文

民国贰拾捌年六月初三日立①

"戒约"，即指以款约为基础，由犯事人书写的具有较强约束力的保证性文书。从上述 3 件林业纠纷契约文书内容我们可以窥见，清水江林业契约文书相关规约带有明显的榔规款约性质，如道光十三年，龙文鳞、姜开运、姜凯胜"三人为因盗砍六伯之木，（被）山主拿获，罚银九两九钱"②。宣统二年，姜正高"盗砍姜世龙等人杉木三十一根，被山主拿获，哀求宽宥，以免报款送官，凭团首等人自愿将盗伐之木退还失主，按照款上条规罚钱以前三百文"③等。材料中的"款"就是款组织。值得一提的是，有的文书并没有书写有款字样，但是处治内容就是属于款组织的处罚条款。如契约 4-23 中言，"养若二次再犯，报伊亲兄老弟，拿下投河处治，不得异言"，"投河"，即将人犯的手脚用绳子捆上，并绑上大石头投入河中，这是对严重违反款规的人的一种极刑。这样的款规维护了地方林业生产的稳定。

四、埋碑、背碑和掘碑

清水江流域有诸多维护山场稳定的规矩，除了上文的款约外，其实还有埋碑，此类做法有两套体系，一套是念词，要求全寨人必须记诵，然后将这样的念词刻成碑刻，埋在山场的界上，这就是埋碑了。念词体系课题组成员在田野

---

① 《民国二十八八月初三日龙成林立卖嫩杉木字》，天柱县林业局藏。
② 张应强、王宗勋：《清水江文书（第一辑）》第 10 册，第 152 页。
③ 张应强、王宗勋：《清水江文书（第三辑）》第 7 册，第 130 页。

调查中就多有发现,如在黎平黄岗就发现有这样的两通碑刻,具体内容见表4-4。

表4-4　黄岗界碑与口契对照表

	界刻／口契内容
碑刻一	黄岗寨山场管下地界,从地名光略到登交,上到光弄至随,过杠纳岭,过到告起定,下到天起议随,上地油当,过到登公乐,过起述大田二坵田埂边,过到光卡守,往左下到规河口,随下河水到扒弄养,下到规贯河岔,过起托半坡,下到归密中寨河水,上到扒真为止,断落黄岗寨管下。望我子孙万代传□,践界之碑,永远遵照。 　　　　　　　　七百首人龙林老弟老三老到同心立碑 　　　　　　　　道光二年七月十六日立
碑刻二	立议条规为七百大小村寨齐集开会誓盟公议合志同心事:为因围山垅上抵自□□,出岑告寨,中过岭来彭洞登脉,上扒店与四寨公山,下抵自石鼓庶、上纪天,出水杂、上弄述、下纪棚矛,过□□破,过□仓,出到□□与小黄、占里交界。自公议公山之后,不得生端,七百大小村寨不拘谁人埋葬,不得买卖之。故随心随葬后,倘有谁寨私卖与别人,七百查出,罚钱五十二串,如有□名私买私卖者,一经查出,罚钱十二串,倘有别人占□我等公山,六百小寨必要报明示众。我等七百首人务要同心协力,有福同享,有祸同当,今当天地誓盟公议,以免后患,永保无虞,所立此碑,永垂不朽。 　　　　　　　　七百首人龙林老第老艮老三老翻老到众心立碑 　　　　　　　　道光二年七月初十日立
背碑	七百深山苗界念词:山界从八沙开始,从机受大田下过,直到公罗鱼塘埂,下方为六洞五百所属,直抵独洞村尾渠埂。走过由当斜坡,往上才属黄岗村的山坡。从岭高山脊平分,直至机丁山梁。爬上奔怕山岭,来到银沙青杠林,山以分水岭来分,从铜锣坪边均分,双方同意,直至弄蟒为止(以上为七百深山苗与六洞分界线)。 　　从大溪岭上下,沿着登交山路走,直抵亚水坳,下半部为小黄界,上半部为黄冈山林。再沿经定冲道路走,走出光苗坳,从此平半分。爬上得归山梁,沿着亚令道路行,走出机当棉地,即达龙门田块,直至冷水田中,爬上龙秀岭,通到光阴坳,约来商量,剩下引内、婢宁两地。那才要黄苋的人去往,要蜡军家族的人去守山,要钱银、头大家族的人去守溪。河从邑横分,山从机定来隔,以下为二千九款,以上为七百生苗。 　　合款发誓,杀猪来分山界,杀牛来定田块,住哪山得那山,弄盆来帮守山,当苟来帮守鱼,占里和黄岗守江山,还剩下岑高、歹碑,他们还得守鱼塘。田地各有主,荒山仍共有。谁人占他田死无后,谁人强占他人山死灭绝。七百深山苗,土地绝不让外人来入侵。 　　以下与四寨分界,分山分河,从梦懂深潭分,一合一半。爬上来盆山岭,一半分给四寨。跨过铜虽村,直至河谷,来到岑高村,从它的老寨尾过,直分到岑高的山路,转回到归节溪边,以岑帮山脊为界,还要顾及到心八岭。来到邑敬山头,沿着定盆深山头走,直抵岭三坳,再往下走,来到归密中寨,从其偏坡平分,沿到弄心大山,直到归埂溪,以勉岩为界。直上分到黄鳝尾,再落到道路下,直抵弄斗溪口,转回到最初的山坳。日后你们要牢记,老的常谈,年轻要记忆。

此上内容为课题组成员罗康隆教授在黎平黄冈调查时，发现的两通界碑上所刻的，此两通碑刻位处七百生苗地，罗教授通过界碑内容与寨老《七百生苗边界》口契的对比后发现，两者所指定的地界完全吻合，仅在侗语汉译时的记音文字略有差别而已，足见口契与石刻文书的演变。进而说明了内地化进程中，汉文字得到了推广和传播。表 4-4 有三个问题值得关注，其一是这些碑刻埋藏于道光年间，距今 100 余年了，如按照年鉴学派的观点，说明这一习俗存在时间可能还更早。其二是这样的契约可以与念词对照得到互证，利于问题处理。《黔南识略》卷二十二《下江通判》载："嘉庆中乾楚军兴，有镇筸、铜仁红苗窜入其中，诡为生苗佃种地土。红苗狡黠，而生苗故暗，未之觉也。后遂稍稍侵占，阴埋碑记于土内，给生苗共掘之，指为祖业，生苗无以解。"对此类现象，最后采取的是生苗念词，以及"经有司访闻"等形式加以处理。从此可见这样的埋碑形式的有用性和有效性。其三是埋碑还得举行庄严的埋碑仪式，据杨庭硕教授等学人研究后提出，"举行埋碑仪式时要求整个村寨的人都在场，从而达到公认的目的。除此之外，埋碑还会请寨老、祭司（当地也称鬼师）到场。仪式一般由寨老或者寨老的助手主持，而祭司则在整个埋碑仪式中扮演至关重要的角色。祭司被认为是鬼神在凡间的使者，能够将凡间的讯息传递给鬼神，也唯有祭司能够感知鬼神的存在。在仪式中，祭司通过作法邀请祖先（有时也会请神灵）前来见证仪式，并当着众人的面，虔诚地向祖先禀告众人一致订立的款规。祭司借以禀告神灵的名义向众人公布款规，由于神灵的参与使款规具有神圣性。在款规中明确指出的惩罚与报应，给在场者带来神的震慑，让众人不敢违背。祭司此举主要是利用众人的鬼神信仰以及'善恶有报'来约束民众的行为，从而保证了碑石的稳定性"[1]。需要注意的是，埋碑发生纠纷后，埋碑者就需要通过"背碑"核对以解决纠纷。"背碑"的内容涉及碑的形状、埋碑的地点（埋碑土层的颜色、深度）、碑文的内容等。

埋碑是这样，栽岩也是这样。杨庭硕先生进而言，"在栽岩仪式中，先由

---

① 杨庭硕、李亚：《论习惯法对稳定林地边界的价值——以加池寨现存林契文书为研究对象》，第 344 页。

主持者宣布栽岩仪式开始、说明栽岩的缘由、清点到场人员、宣读栽岩应注意的事项。然后由祭司上前进行请祖仪式，通过念咒语、烧纸①等作法形式邀请祖先前来见证仪式。待祭司完成仪式后，接着宰杀公鸡，将鸡血淋在准备埋下的石头上。他们认为血有通灵的作用，并且在祖先的见证下，这样的石头就具有了神圣性，一般人是不可以随意移动或者毁坏的。如果有人触犯，必将遭到天谴。如此一来，民众心中强烈的神灵信仰就约束着他们的行为，从而保证了林地边界的稳定性以及有效性"。值得一提的是，"栽岩完成后，仪式并没有结束，进而还必须声明我子孙后代永远公认，大家相互监督，任何人都不能随意砍开或者挪动"②。为了保险起见，他们还会立分关字等作为凭证，具体参见契约4-26。

契约4-26

　　立分关字人九家所有山场一块，地名再皆什，分为三幅。姜成凤、宗周、文圣三人占上幅，各幅各管，日后不得混争。如有此情，子孙不得昌顺，现凭栽岩为界，立此分关字为据。

嘉庆十九年正月□日立③

通过这样庄重的仪式，使得埋碑、栽岩的威严深入人心，故规避了纠纷的产生。这样的做法，在清水江林业文书中多有记载，当地居民将其称为"埋碑""栽岩"等。如《民国三十九年九月二十一日补荣登、罗永清清白合同字》言："今凭保甲、地方父老在半坎中埋岩为界址，以后补姓上坎所栽果木不得遮蔽罗姓下坎之阳春，而罗姓亦不得故意砍伐补姓上坎之果木。二比各安本分，日后双方不得藉故生端滋事。"④

值得一提的是，民间在处理纠纷时，也很尊重官方法律的权威，注重官方的调节，故在白契中有的书写有"见官""禀官严断""禀官究治""鸣官究治""鸣

---

① 祭司烧纸是为了将"款规"以特殊的方式呈给祖先，人们相信所烧的纸会化为白烟飘到祖先生活的那个世界，便于保存，而留在现实的灰及烧纸将熏黑的石头被作为判定界址的依据。
② 杨庭硕、李亚：《论习惯法对稳定林地边界的价值——以加池寨现存林契文书为研究对象》，第345页。
③ 张应强、王宗勋：《清水江文书（第一辑）》第8册，第192页。
④ 张新民：《天柱文书·第一辑》第1册，第52页。"阳春"为地方土语，主要指在地里种植的庄稼。

官提究""送官究办""执字赴官""执官究拟",具体参见以下5件契约。

契约 4-27

立错砍杉木字人本寨姜开书,为因今年三月内错砍姜开明之木一株,地名坐略,请中乡约寨头理向,实是错砍,自愿登门错实,日后不敢再砍乱行,如有再砍乱行,执字报众经官,自己领罪,亲笔所立错砍字样是实。

姜开书字

凭中姜中周姜之连

道光六年五月二十六日 ①

契约 4-28

立戒约人平鳌寨姜启学为偷砍到文斗寨姜济泰、本旺、迢义地名冉学诗之木,自被木主擒获伸鸣,四寨人等集齐公议,我自知罪泪央,请我平鳌房族姜宗烈、姜汉、国珍、姜拨央求各寨公等念我愚昧初犯,恩蒙开发改过自新,日后不敢再犯,如有再犯,任凭众公等执字赴官,自于领罪。今欲有凭,立此戒约为据。

平房族平鳌姜拨、汉、宗烈

道光十四年三月初四日亲笔立 ②

契约 4-29

立清白悔过字人卦治龙吉源等,因今凭自将揩号陆相仕、陆相富弟兄所砍土名巧金堆天柱□山之木植壹单,陆姓弟兄当即经中向伊跟究调契,全无,横不上理,陆姓兄弟往城具控再案,龙姓人等自知理屈,原差下乡提伊不敢付案,龙姓央中姜国梁等上门哀恳陆姓了局,不得再生异端,如有勾串内外别人滋事者,任凭陆姓执字付官,自干重罪,龙姓付与陆姓管业,立此清白悔过字为据。

---

① 张应强、王宗勋:《清水江文书(第一辑)》第1册,第346页。

② 张应强、王宗勋:《清水江文书(第一辑)》第8册,第206页。

凭中姜国梁杨通道龙绍登龙燕友

亲笔

光绪三十年贰月二十一日立清 ①

契约 4-30

具自愿登山勘界人姜源淋，与姜元贞因争刚套山场杉木，我双方各执一词，情愿敦请上营伸首姜培俊、姜玉廷、范锦香，中营伸首姜周礼、姜登鳌、姜梦熊、姜作幹、族长姜凤林众等照契登山勘界，听依地方伸首及房族长人等照契分割，我双方不得彼此再争，如有不依，任凭地方及族长人等照契据是禀官严断，口说无凭，立此自愿请地方及族长人等登山分剖字为据，格外双方自愿喜出勘费光洋拾陆园整，其酒水谁虚捡，不得翻悔，无异言此批。

源淋交来契叁张，山图一张

元贞交契贰张，山图一张

当面上中两营神首交与族长姜凤翎手执，

后分剖清楚将契退还双方此批

源淋亲笔立

民国十七年十一月廿八日 ②

契约 4-31

立错字人本寨王和忠，情因误听魁胆之王邦字、王世先、王加田、王志林等人言，与伊错卖错买本寨十八家之主人王加圭（以下十七人人名此处略）等所共之山，土名圭横溪杉木乙团，经被众人查出，欲要送官究办，蒙中人劝解，自愿立退错悔字以凭息事。此自甘心，并不强逼。恐口无凭，立此错字为据。

凭中人王凤华王秀冲王泽成龙端明

---

① 张应强、王宗勋：《清水江文书（第二辑）》第 3 册，第 317 页。
② 张应强、王宗勋：《清水江文书（第一辑）》第 3 册，第 263 页。

民国十八年三月二十八日亲笔立①

契约 4-30 叙述的是姜源淋与姜元贞因刚套山场杉木纠纷发生争执一事，在上、中营伸首、族长等勘验山场后再行分割，但这样的处理并不表示绝对的权威，故在文书中还言，"如有不依。任凭地方及族长人等照契据是禀官严断"。契约 4-27 言，"如有再砍乱行，执字报众经官"；契约 4-28 中言，"如有再犯，任凭众公等执字赴官"；契约 4-29 言，"不得再生异端，如有勾串内外别人滋事者，任凭陆姓执字付官，自干重罪"；契约 4-31 中言，"经被众人查出，欲要送官究办"，等等。在白契中涉及此内容者较多，具体见表 4-5。

表 4-5 《清水江文书》中有涉"报官"内容概略

文书名称	报官内容表述	文献出处
嘉庆十三年二月二十七日王银保等立悔字	执字送官	《清水江文书（第二辑）》第 6 册，第 161 页
道光四年十月初一日姜绍韬等分山合同	执字赴官	《清水江文书（第一辑）》第 12 册，第 69 页
道光六年五月二十六日姜开书错砍姜开明之杉木字	执字报众经官	《清水江文书（第一辑）》第 1 册，第 346 页
道光十三年十二月十七日龙文麟等戒盗约	□官治罪	《清水江文书（第一辑）》第 10 册，第 147 页
道光十四年三月初四日姜启□戒偷保证约	任凭众公等执字赴官	《清水江文书（第一辑）》第 8 册，第 206 页
道光二十四年十二月二十五日姜光禹等立悔错字	任凭绍齐叔侄即字见官	《清水江文书（第三辑）》第 7 册，第 39 页
同治二年十月十一日吴仁开立错界限杉木字	执字赴公	《清水江文书（第二辑）》第 2 册，第 217 页
光绪三十年二月二十一日龙吉源等立清白悔过字	执字赴官	《清水江文书（第二辑）》第 3 册，第 317 页
光绪三十年二月二十一日龙吉源等立清白字	同上	同上，第 318 页
民国十三年六月二十三日王世杰、王世彦与王延标为相争了息事据	禀官按律严究施行	同上，第 79 页
民国十七年十一月二十八日姜源淋、姜元贞山场纠纷解决合同	禀官严断	《清水江文书（第一辑）》第 3 册，第 263 页
民国十八年三月二十八日王和忠立错字	送官究办	《清水江文书（第二辑）》第 7 册，第 210 页
民国十八年古十一月二十五日黄有球、黄道海父子具甘结字	送官究治	《清水江文书（第三辑）》第 1 册，第 304 页

① 张应强、王宗勋：《清水江文书（第二辑）》第 7 册，第 210 页。

文书名称	报官内容表述	文献出处
民国十□年八月二十日王福广等立合和均平字	任凭地方父老照实禀官处治	《清水江文书（第三辑）》第3册，第48页
姜老应等立分山约抄白	执字赴官	《清水江文书（第二辑）》第3册，第176页
岑梧寨全寨山契总簿之一五四	同上	《清水江文书（第二辑）》第4册，第154页

从表4-5可见，清水江流域白契虽多，但都有国家法层面的保障，故我们在研究白契时，千万不能忽视官方法律的作用。为深入研究这一问题，我们就不得不探讨官府对清水江流域发生的林业纠纷的处理了。

第二节 官府管理

民间纠纷处理成功主要有两个原因：一是村寨内部的和谐，二是去官府的诉讼成本较高。随着林业贸易的增长，诉讼成本这一因素在人们是否选择诉讼的影响力逐渐变小，与此同时，林业经济的繁荣也带来了新的复杂关系，这不同于以往一般经过民间手段后即可解决的简单纠纷。在习惯法都不能解决纠纷的前提下，刺激了部分纠纷当事人直接报官，或者自行协商和他人协调无法成功解决时，双方选择诉讼到官，在这种行为之下就会出现一系列的诉讼文书。查阅张应强、王宗勋等整理出版的《清水江文书》发现，属于官府处理的山林纠纷文书约有370件，部分文书由于字迹模糊，无法辨认。梳理这些文书发现，内容涉及民间向官府递交的呈词，大致包括有诉状、诉状稿、状纸、状词、禀稿、禀纸、续禀书等。这些文书的开篇即以"为……事""具禀人……"说明事由，然后以"情因……""事缘……"来说明具体案情，叙述事情经过，结尾论及此等行为对原告及社会的危害，最后恳请县长、大老爷等作主。通篇以夸张手法来渲染原告的悲惨冤屈和被告的横行霸道，恳请官府紧急处理。

按照上诉过程，呈词分为两种，一种是首次向官府呈上的投词，其是对案情事实的交代，另一种则是票传原告的再次陈情、补充以及被告对于被控事实的辩诉甚至是反诉。官府同时在处理过程中还会使用传票、判决书、调解合同、收费凭证等，下将官府处理山林纠纷过程加以说明。

一、投词

中央王朝的力量未曾完全到达清水江流域之前，无讼状态固然存在，但是仅存于苗侗社会或者客民之间。明代卫所的建立，卫所内所辖之民皆为汉人，《广志绎》载："卫所所治皆中国人，民即苗也，土无他人，止苗夷。"[①]（康熙）《清浪卫志》载："卫军非同土著，不过遣发戍守。"[②] 他们沿袭中原习惯，历来好讼，在卫军争讼之下，清水江流域原本无讼状态开始松动。至清雍正朝开辟黔东南苗疆后，中央政府逐渐加大了对清水江流域的控制，在此置流官府立法，使得重大纠纷的主要处理方法由民间处理转向鸣官。有的是矛盾产生后直接诉讼到官府，有的是经由调解或鸣神没有妥善解决才选择报官府处理。因此，出现了大量的投词，类型大致有诉状、诉状稿、状纸、状词、禀稿、禀纸、续禀书等。下即此为序，展开讨论。

（一）诉状

诉状，亦称"诉词"，即诉讼状之简称，是向官府提出诉讼，内容涉及交代双方当事人情况、诉讼请求、事由诸多方面。如《姜凤岐、姜献义等为仗势估霸、恃强横争等事控姜凤沼等人诉状》，具体内容见契约4-32。

契约4-32

具愿书人加池寨姜凤岐、姜献义、姜祖发等，为仗势估霸恃强横争告恩究讯事缘，晚等有祖遗山场一块，地名乌漫，小名荣和，四抵限栽岩，土垦朗然，历来屡管无异，本年十月内，晚等将木此山之木卖与客人范基宏、基彰砍伐生理，自十一月初旬，木植出河修头，突被仗势恃强之姜凤沼、姜恩宽、姜送长等胆将客人出河之木，长大二株，概行横夺拉扯上岸，客人无奈，要晚等理落，晚等请地方甲正姜显贵、姜凤林、姜作幹等向伊理论，继后登山勘验，照界验明，而蒙中等斥伊之非，断令木归晚等，要客人将木开撬放江出售，等请嗣后客人将

---

① 〔明〕王士性：《广志绎》，中华书局1981年版，第133页。
② 〔清〕朱龢：〔康熙〕《清浪卫志》（户口卷），载《中国地方志集成·贵州府县志辑》第22辑，巴蜀书社2016年版，第585页。

木撬成排掛，不料伊等狼狽相依，串恶成党，仗势为大，至廿八九日，又将客人撬成排掛之木川条藤榄一概砍断，是此行为不惟视晚等不足而且效尤地方□，任伊胆作胆为，祸□□日□□报恩旧究，□□□民□有薄业微产，终难保守矣，为此情□□只□存呷。

公局列列先生台前作主，赏准饬丁传姜凤沼等人一干到局讯问明白，再复登山勘验，虚实攸分，赏善罚恶，顶祝公候万代。

被告姜凤沼、姜恩宽、姜送长

原告姜凤岐、姜献义、姜祖发

甲正姜显贵、姜凤林、姜作幹

主家姜沛昌自来稿 [1]

这是一起阻止客人砍木下河的案件，纠纷起因是"具愿人加池寨姜凤岐"等人，因姜凤沼等人勾结仗势欺人，横行阻木下河，请地方甲正姜显贵、姜凤林、姜作幹等劝解，判定原告有理，然被告等人却再次阻止木材下河，原告无奈，特此上诉。为了便于读者参考，现略举 3 件诉状如下，具体见契约 4-33、4-34、4-35。

契约 4-33

告禀

具告禀民加池寨姜世泰、凤仪、明信、恩瑞等，为串钩磕占事。缘蚁祖父得买文斗寨山场一所，地名菜书。数十余年毫无争论，蚁等砍伐数届并无人混争，不意去岁腊月蚁等砍此山一副一百七十余根，突遭本寨恶富姜大荣、姜怀吉等顿起不良之心，私纠文斗富恶姜作英横行磕诈。请中姜光秀、龙文明、姜兆祥向蚁等阻木，诬此副山是伊父之业。蚁等仰中与伊理论，蚁等管业至今经历数代，况前届卖此副与姜光秀、世宽二人生理，并无异言。始而姜大荣不现，暗纵姜作英逞凶。蚁等查知伸言，大荣屡将蚁等山冒认己山，磕难民钱若干，堵蚁等告，大荣理屈心亏，自认勾串是实。继而多奸主谋，忽变言祖父

有契与作英共。既有共契，蚁等砍伐数届，伊二比之祖安不争、父兄奚不究？且佃栽招于何人，岂前任多蠢而后人多明耶？明视蚁等如釜底之鱼，砧上之肉。仰提大荣、执作英到案。今大荣砍木四百余根，蚁等业已阻止，恳委札饬亲封，候分泾渭。泣叩父母老爷台前做主，赏准严究执行，沾恩不朽。

同治五年二月具告^①

契约 4-34

为"平空霸占，续恳严究"事，缘姜大荣、姜沛清、姜作英以"倚山霸山"等情诉蚁等案下，蚁等祖父于嘉庆八年得买文斗姜连芳、国英之杉山，修理管业至今毫无争论。前已禀明，何烦再续，独是恶等生端强霸，藉名冒争。蚁等之山界址：上至一字埂与文斗寨姜廷柱之山为界，下抵大河，左凭大冲，右凭士祥之山为界。临审呈验，与伊等山左右所抵不同，上下所凭亦异。某等各砍某等山内中副，并未越至上节，现有一字埂为凭，何为"倚山霸山"？伊言嘉庆十一年得买，若在某等山中左右，何不书凭某等之山，下抵某等之山，而凭无主之山也，可知伊冒占者一。伊言廿余年砍伐数次，某等山分为数副砍伐。现控此副杉山前经买客姜光秀砍伐生理可证，伊父兄并无一言。何为虚诬？可见伊强占者二。伊言未砍者即使伊业，伊有杉山一所在某等具控杉山之面对，亦分为数副砍，今现在未砍者，某等藉总地名冒占界址不同伊肯让否？何得恃恶混争？殊伊等仗财作胆，倚势欺蚁年老不敢与敌。伊时来时往，不单欺蚁，而且蔑法，害蚁年近七旬候案二月有余。本欲候案，奈盘费用尽，蚁欲回家，受蚁欺压，进退两难，惟有恳乞大老爷台前作主，赏准勒提赴案，斧断施行。

计粘杉山界址图一张（略）^②

---

① 王宗勋：《加池四合院文书考释》卷四，第 458—459 页。
② 王宗勋：《加池四合院文书考释》卷四，第 462—463 页。

契约 4-35

理由

具理由人：加什寨姜源淋，年六十二岁，距区二十里

为"横争混霸，凶阻强封由，恳传案调阅，泾渭攸分"事。源淋情于祖上在嘉庆十年用价得买山场杉木一块，地名番贵顺，屡届新旧契据并无栽手卖字，四抵朗然，临审仰烦调契呈图点阅。不了今年八月内，价卖于客人姜盛昌砍伐，突被本寨姜元翰、元灿、元秀，姜厚培、姜根发、姜要长等凶阻不了，淋实骇异。当经请过地方中人姜梦麟、姜成顺、姜广德等各调契理讲，而伊等之契虽是地名相同，而四抵各异，在中人等莫不直斥伊等之非，不服。又约伊等盟神，而伊等不愿。约伊等登山勘验，而伊等亦不从。一味横争凶阻，硬将相同之地名各别一块之契持来混争，强封山价洋圆于地方。以地名而论，在伊等之山与各管各业，不有争论。今一旦被伊等将嘉庆二十年所有之地名亦系番顺德，特来横争混霸，非调山连契据并图画界限来阅不明。因此，恳调一概山连契据并图画电阅，自然泾渭攸分。不然横争混霸，凶阻强封成风。以言其情，情莫过于此。以言其理，理莫切于此。为此，情切不已，具由恳乞区长台前作主，赏准丁传姜元翰、元灿、元秀，姜厚培、姜根发、姜要长等到区调契调图对质，自然泾渭攸分。施行，戴德。

中华民国四年阴十月日具 [①]

从以上 3 件契约文书都是甚为成熟的诉讼状，内容简明清晰，一目了然。进而也说明了清水江流域已经成了好讼之乡，同时也说明政府是维持林木生产稳定的政治保障。"蚁"，是旧时民众向官府递交诉讼状等文书中的自称。"父母老爷台前"，旧时称为官方的官员为父母官，故称之。"盟神"，即鸣神，具体内容见下文。值得一提的是，以上要求官府处理的诉状都有山场地图，这样的证据可以说明在本研究的第二章山场权属转让就已经提及，因此在阅读本章

---

① 王宗勋：《加池四合院文书考释》卷四，第 468—469 页。

材料时，最好要前后比勘，以深化对这一问题的认识。

（二）诉状稿

诉状是正式提交于官府的正式文件，在起草诉状时，原告会多次修改、抄录诉状，因此会留下一些诉状稿，在部分清水江文书中直接将其命名为"诉状稿"，具体内容请参见以下 2 件"诉状稿"。

契约 4-36

为拉牛为鹿，以□混争，呈恳劈妄事缘，敝处有山，地名南度井东，界限上不登顶与岩□，下抵溪，左凭洪路，右凭姜杨等共山，此山晚□曾视，原占有少数之股，未□书卖于姜□宏祖先为业，宏□宏父卖砍多届，官业亦频，毫无异议，晚祖去□字运坎坷，不能创守，断来有重卖之□，□姜富春，见肉□□，勾引姜熙候狼狈为奸，□川晚先视，曾卖于伊等祖父，伊之字据界限不符，股数各异，本属废契，胆敢□业。局子声听，□见不偏已甚，然宏□、宏父卖砍之两届，不见富春祖父上前清理，然此乃上前，两届□□□论，但即光绪十七年，香宏卖与八洋杨本清砍伐，富春继父作开，曾与香宏争论，宏父得买吴生林之栽手，不料作开理屈，遂尔善退，□不言及土股，现有姜海闻、姜克纯活证，□□作开之父，作开之身，凡不如富春之精明乎，抑作开之父，不有契据，作开之身，亦不有契，刘富春精于文墨，亦有契据乎，此晚之可能也，况伊契异系伪契，故不与晚有所系，即是真契，亦不与晚有所系，何也？以业去之耳成老祖故耳□历来已久，卖砍多届乎，为此骇异，只得办□伏乞。

局长□鉴，劈妄施行

（后附山场图纸一份）[1]

契约 4-37

为指鹿为马□机盗放告恳捏究押□以为商业而保血本事缘，民本

---

① 张应强、王宗勋：《清水江文书（第二辑）》第 1 册，第 434 页。

年三月间凭中姜天煌议妥本寨姜宣滔、姜绍道等得买民等平鳌、□化
两寨共山一块砍伐作贸，当指界限上凭禁山，下左抵河，下右抵溪，
左上凭岩梁，左下凭冲，右凭小岭，四至清白，随即兑价清禁入山砍伐，
共得条木散百余株，业已运堆河岸，待价□售，殊有见肉眼红之邓□
太及继子苏拔桂横不近情，籍以得买民砍左边山场罩争右边之木，互
相经请地方首人姜景恩、姜茂□等理落，请揭契照验，以分□□，据
伊契所载，上凭老木，下抵大河，左凭洪路，右凭岩梁，界限有□周
别，当被中等直斥，并谕两造□□□业，以杜后争等，劝现有看中等
在质，不意邓□太父子盗心复□□，民就□□征收局所民子他出勾串
伊之卖主姜□旁含认□指横□霸，论民砍□系伊□栽手，忽于本年后
六月十七日并不伸鸣地方，但□民印□□之顶木七十八根，增发屏□
连撬乘夜盗放于平略渡口湾泊，次日民子得知，跟随追及，惟查得条
木六十根，共□一十八根不知盗藏何处，民子当伸平略街长龙增发证
□，正拟赴局起诉时，蒙龙增发劝阻，不许控告，共木劝归民领，任
民发卖，寻客两估，滋民由家来城究及一十八根之数不惟不认，阅查
现存之木六十根已被以小易大三四十根，不□着不告恳严究不得，民
之木本无归难保，不□一盗再盗之举，实属□迫，故不已告□。

　　局长台前作主，赏准兵提邓□太及继子苏枝桂、计荣，暨伊之卖
主姜老旁及地方人等同押，原木□断木□并惩处□□施行，实属清便。

具□商民姜必禄，年四十五岁，现任征收局□

被告人平略场邓○○、苏○○

证人姜景恩姜茂□[1]

契约 4-36 以"为……事缘"引出纠纷事实，为造伪混争山场一案，此纠
纷系当事双方直接报官，未曾经过民间纠纷解决机制的处理，同时在文书中
附争执山场地图一幅，便于直截了当地理清山场界限关系。契约 4-37 也是以
"为……"引出纠纷事实，此起杉木纠纷，因中人从中调解，又蒙街长劝阻不

---

① 张应强、王宗勋、:《清水江文书（第二辑）》第 1 册，第 446 页。

许控官，然过失方一犯再犯，又将盗砍杉木以小易大，原告迫不得已诉讼到官。这份诉状稿较之前份，又添加了原告的身份、年龄、住址以及被告人和证人，内容已经比较完善。值得一提的是，正因为是禀稿，所以在此类文书结尾还书有"请斧削利用可也"等字样，为了便于读者参考，现略举诉状如下，具体见契约4-38、4-39。

契约4-38

为"盗砍私人并共股杉山，恳予拘提，依法严惩而保业权"事，缘民有祖遗杉山二副，在党秧地名冈套，坐山为主。第一，在下左边岭系民之私山，管业多载，修理无异。第二幅右边岭之大幅是与族间所共，吾执有契据存在，界址郎然。不了今春古四月初间，被党秧土豪杨维森盗砍罄尽。民等得知，当即登山号阻。奈彼时事务重繁，尚未呈报恩饬提拿严究。且窃此光天化日之下而该盗维森胆敢为此，肆行无忌之为，而良民何以安堵？现查彼砍之私山数目百余株，共山数目二百余株，两共三百余株。而此木自民登山发现后，而该恶得不到手，恐暗起心将木偷裁而去。受害诚严重浅鲜矣。为此情迫，恩拘提该豪恶维森到所依法严惩，庶免效尤，俾保业权，实沾德便。

谨呈 [1]

契约4-39

具告禀人：瑶光乡第九保□□□等，年不一，距城七十里

理由：为造伪混霸，民事代刑事，告姜家旺、姜显堂等一案，兹将本案请求事实理由分呈如次。

一、目的：本案请求依法治裁，此单条木系民等业权所有，纵与他人相共者，各有分别，不料该恶富姜家旺胆敢勾窜痞棍姜显堂造伪混霸，邀恩裁判业权保障以正江风，关于本寨裁判费用，饬被告承担。

二、事实：窃民等兄弟有祖遗杉山二块，一块地名从故笼，又一块名皆从套等二处，红契朗然，历代管业无二异，百数十年不与他

---

① 王宗勋：《加池四合院文书考释》卷四，第470—471页。

人争端，乃于民国三十七年冬月，蚁与韶霭寨龙德敬、曾必兴、吴桥发、吴桥发、吴宽生等，双方自愿砍伐，平头伙将此二山合并，约得条木一百八十余株，从雇夫伐木搬运，迫至本年近三个年头，方统出江。在搬运当中，毫非他人意异，且此木盖有"吴兴顺"斧印为记，众夫友同意于去腊月初旬，自凭中出售与本乡瑶光河街客商姜宗耀、姚培厚等，凭中三面议定售价每码子银洋贰元五角六仙八星整，该富恶姜家旺乘机不诡，闻民等兄弟售本得银兼素牲朴实，见财起意，以为趁此朝风更变，造伪混霸，胆敢勾窜痞棍封价，实属目无法纪，鲸吞蚕食，良弱者无天日矣，情迫不已，具告姜家旺勾窜姜显堂一案。

三、理由：此山原属民等兄弟祖遗，手执红契，业权所有，历代不与人相涉。惟本年因时局风波，强凌弱，众报寡，不讲仁道，顿起不良，被该恶姜家旺勾窜，姜显堂造伪混霸等情，民等莫法处以时关系，当经地方士绅范志璠等理论，谁是谁非，自有权衡解决，殊皆恶不但以民辱可欺，心欲未遂，甚致胆敢口称大言，架祸飞冤，遭地方士绅，祸遭眉睫，似此，迫不得已，祈恳钧会台下律究谁实谁虚，依法裁判。

四、根据：且民等手执文契可凭，归谁共，自掌业权，书立分明，证人证物除审调询即白。

谨呈

锦屏县商会主任文公鉴

中华民国三十九年古三月初十日

证明人姜纯熙范志璠杰 [1]

契约 4-39 的内容主要包括所报官的目的、事实、理由和根据四大部分，开篇即交代了原告姓名、住址、距城距离远近等信息，是为了使县官对案件背景有基本了解。在事实的陈述上，这份诉状逻辑清晰、条例清楚、证据充分。文书所载纠纷事实为姜显堂等造伪霸争他人山场一事，经由地方士绅调解后未果，故报官处理。但因为是投词，故本状词稿还书写有"民等手执文契可凭，

---

① 王宗勋：《加池四合院文书考释》卷四，第 474—475 页。

归谁共，自掌业权，书立分明，证人证物除审调询即白"等字样。

（三）状纸、状词

"状纸"，又叫"状子"或"讼状"，是原告及他人向官方提起诉讼的书面材料，又称"起诉书"。此在清水江文书中多有出现，具体参见《为天人两背、强争妄卖事诉姜世明状纸》：

> 契约 4-40
>
> 为天人向背，强争妄□事缘，富□乡正明□□重计谋强监等情在案，理合诉□童，因先祖遗留□块，土名刚套□□之山，于依系王老三亲手栽植，管业多年，好无异议，忽于□年八月内□将本名□□之山出□□瑶光客姜开甲、本寨姜克□等砍伐下河，欲获多金，□起歹意，胆敢贿赂中仰潘国英等刚帮冒认，越界妄□，童闻得□，亲向客人阻止，客等车夫登山采验，见同字号□额朗然，自行停止，不料□侍当乡正横行包□，主使客强砍童相依之□数十余株，且出言监告，无奈□何，只□仰□之原中姜兆彰、姜开舒，复央□之堂侄姜兆于、姜周向□理讲，□竞天人，□□两背，以致事□未经□，复又请中仰同□理□，景嵩乡正□□杰挽回劝解，童将□谋□情形诉明，前后中俱和事□□侣土木。此童另赔钱三千文以为了局，□童请中一月之久，用费甚多，所得不偿所失，孰意□□弟兄诡诈百出，不思以之理屈，反以强监□侣等，因赴辕□□不愍恩严，□势必吞谋成风，为祸不浅，□不得已诉矣，则□父母老爷□前作立，施行□恩不朽，恐□此次得意，势必强争妄买为常，则□之受□害比较童更甚矣。[1]

契约 4-40 是一份状纸，状纸开篇即书有简要上诉之原因，"为天人向背，强争妄□事缘"，前后经多次请人理讲，未果，故不得不报官处理。因此言"父母老爷□前作立，施行□恩不朽，恐□此次得意，势必强争妄买为常，则□之受□害比较童更甚矣"强调了被告人行为的严重性，如若不及时处理，会殃及更多人。再如《锦春父子后买霸争山场状纸》：

---

① 张应强、王宗勋：《清水江文书（第一辑）》第 5 册，第 250 页。

契约 4-41

为先买为业后谋霸争告恳提究事缘民于光绪二十三年备价得买胞侄元英弟兄地名培显节山一块，契据炳存可阅，此山分为十二股，元英弟兄占三股，历管无异，本年四月内众山友已将此山木植卖与客人姜必鸿等斫伐作贸，议价银三十六两一钱八分，除合食并栽股银两外，三股之土应占银五两零，及将价目分用归着客人开山砍到木植讵意突有党央村之姜锦春父子出争霸阻号，声称得买元英弟兄之股，民闻之骇异，伊亲身登门约民揭字对验，两下契据均系姜元英亲笔，相符，伊系光绪廿七年得买，字迹新旧各别，民契先买数年，应归民领价管业，伊亦甘愿丢体讵，伊父子另生意外递复行阻木，当往地方首人姜凤林、姜恩宽、姜之渭等理论，将二比契据验视，笔迹符合，承中等公议，此山仍劝归民先买管业，而锦春父子后买不能经管，要卖主补价，而元英弟兄于光绪廿八年相继而亡，仰元英弟媳范氏母子照契备价凭赔还，缴退契据以图无事等语，殊锦春父子始则遵劝了息，继则听人唆纵，终则随木下江封阻，希图霸争，势在必得，试思先买者为业后买□为谋，此古今不易之常理，况卖主母子遵依中等补伊契价，窃伊父母□体自受悖谬而行种，虚诬难逃，恩鉴日昨又□民之木四□余株似山先买为业后谋霸争共□，告恳提究将□买业□不分先后，诚恐任意混争，接踵效尤，祸□宣日□不已告乞。

县长台前作主，赏准饬警提集寻明究□□□□①

契约 4-41 记载先后卖主为争夺山场的所有权发生纠纷，当即首人劝解，经过中人公议，双方和解，但被告又听从他人挑拨，再次反悔，阻木下河。且先前卖主已经赔补了事，特上诉状告姜锦春父子，进而说明此等行为对社会的危害，"将□买业□不分先后，诚恐任意混争，接踵效尤，祸□宣日□不已告乞"。

值得注意的是，状纸的表现类型还包括禀纸、禀稿等，禀纸则是由状师代为书写呈报给官府的文书，而禀纸的草稿或抄录稿则称之为禀稿，如《状告姜

---

① 张应强、王宗勋：《清水江文书（第一辑）》第 1 册，第 298 页。

锡禄、姜纯礼禀纸》：

契约 4-42

为乘隙盗放告请俯予□木封阻事：

窃民原与被告人姜锡禄、姜纯礼共同砍有条一单，计木□□株，其木□被告等□□占八股之一，盖有吴兴顺夺印，异者有周生才，号□为记，已撬成排在河，当经民等同意卖与姜宗耀，推周姜宗耀办理□为□□□，未料遂遭被告等于古□本□月廿一日乘隙收木数十根，内中打有利生才号码之木，该被告等没有丝毫股份，一□遭该被告等盗放□下嗣民及□□，即跟踪沿河寻觅，卖于本日□本城公□塘，将木寻获，□此理答具由报请，

□会□□，赏准收木封阻，但以正□规而利将来。

古历元□□四日①

禀纸有书标题，为纠纷事由，契约 4-42 涉及阻止木材下河一事，属盗砍他人木材发卖，在此纠纷过程中，系直接报官，未曾经过其他方式处理。值得一提的是，如果投词许久没有得到答复，那么原告还可以继续上诉状，在文书中称之为"续状"，具体参见契约 4-43。

契约 4-43

具续状民人姜献义、姜源淋等，年趾在卷

为"纠众强争，冒人主权，恳请亲勘以勉拖累"事。缘民先父曾于同治年间用价得买姜开文、姜凤至、姜凤元之山地一所，中证、代笔人众虽然相继而亡，而卖主凤元尚未去世。今民砍先自栽此山之木，忽有姜恩相等见利思意，敢纠众强争，混朦一切。况此山由前清光绪元年先人砍伐之后，自垦自修，毫无别议。及至砍伐稍有微利，而伊等敢向垂涎，纠众妄阻，意欲强食弱肉，而民实难甘心。又此山四抵，卖契中证确然可质，而彼之地名为皆干。而皆干离我污鸡不知几许，

---

① 张应强、王宗勋：《清水江文书（第三辑）》第 4 册，第 360 页。

又皆干四至，在彼则明，在我则暗，有无惟彼自知，而我溪濠四至，上抵姜兴国，下抵溪，左右抵冲，实系先人实业。而彼不分皂白，敢依强势妄争实业，情实难已，只得续呈县长台前赏准□□，归我实业，□□彼冒认，而民补胜沾恩之至。

　　续禀[①]

此件文书源于第一次投词后未果，但被告方还在影响原告对山场林木的经营，面对此种情况原告再次上诉。

二、传票

当投词呈至官府，会由知县等人进行批示，决定是否受理，一旦受理，州县就要传唤原告、被告和人证，使其按期到堂审讯，功能类似现代的法庭传票。需要注意的是，政府传唤方式有三种：其一是由差役持票传唤；其二是由原告通过乡约、地保等传唤；其三是由中证、邻人或亲族等传唤。故通过这样方式就会出现一些传票，具体参见契约 4-44、图 4-3。

　　契约 4-44

　　锦屏县府三区寨□聊保办公处

　　票传知事□案，据加什姜文敏等以藉由为□恃势强阻等情，具愿姜源淋一案到处，除准平排解外，今行传知仰该丁前往县□开具愿、被愿双方于三日到处听候排解，但该丁亦不□藉□前□干□望此传。

　　静

　　计开具愿人文敏、文科、文忠、文载、文烈、文烟、佐张、文清、文正、文魁

民国二十八年十二月卅日[②]

这份传票样式简单，内容涉及案情介绍，以使传递者了解因何事传唤当事人及其他人，并限定期限要求被传唤者按期到县审讯。由于州县事务繁杂，部

---

① 王宗勋：《加池四合院文书考释》卷四，第 474—475 页。
② 张应强、王宗勋：《清水江文书（第一辑）》第 1 册，第 92 页。

分官员差役不会认真审核传唤限期。在差役传唤的情形下，当所诉内容涉及因纠纷而引起殴伤，官府会要求传唤者协同当地首人等进行勘验、验伤，而差役在查明这些情况后需及时向知县回禀等。

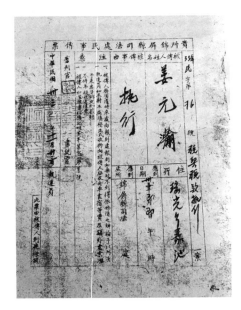

图 4-3　民国三十三年十一月二十三日锦屏司法处召姜元瀚传票 ①

三、堂审过程文书

"堂审过程文书"实际指的是当投词传到政府后，政府就会根据情况，发出传票，当事人收到传票后，需要在传票规定的日期内参加当堂审讯，审讯途中，被告会呈状进行辩解甚至是反诉，以表明自己的气愤和冤情。原告也会再一次提交投词，或是对事情再一次陈诉，或对其进行补充。故"堂审过程文书"是在堂审这一过程中所呈的诸类证词的总称。具体内容请参见契约 4-45、4-46。

契约 4-45

为小题大做、藉田占园、越界混争、恃横阻木诉恳劈究以维主权

---

① 张应强、王宗勋：《清水江文书（第一辑）》第 1 册，第 275 页。

事，缘民冤遭本族恃富霸争之姜源淋以仗势霸砍等情诬控于□案，蒙票传讯理合诉明，候公判讯，窃民于民国辛酉年十一月内用价买获本寨孙光前之园坪，地名皆要，四抵契载朗然，历年修理管业无异，近及本年八月内民雇夫砍伐园内之木六根，大者尺五六，小者尺二三，下河出售，突被见财起意之源淋手执凶器中途拦阻，将木夫姜献义等殴散，不许搬运，民闻骇异，当即经请地方绅耆姜梦熊等理论，将契对照果居田园谷异，风马牛不相及，所凭等现有天然高土坎数丈，坎之上系民园坪，坎之下居伊田界，中人劝解，理应各管各业，区区小事有何争持，恶反负（此二字不通）固不服，一味估打估告，横不向理，民无奈只得具由投区，就近理□，庶免双方拖累，殊恶明知雪桥易架，红日难逃，希图先发制人，一面横阻全单木植，拖累于胡底，似此居心狼毒，显是目无法纪，似此小题大做，情实难甘，若不诉恳劈究则良善有业难管，迫不得已，为此理合绘图粘呈伏乞

县长台前作主，赏准示期集讯，泾渭候分，实究虚□，施行顶祝公候□[1]

契约 4-46

具续由姜作幹、纯义等不一，住址在卷，六月二十一

为焚烧山木，打□滥木，阻流河木，续恳重究追赔事。窃恩状有三不告：不遇青衣不告，实□不告，不遇实情实义之人不告，今遇有土豪姜源淋焚烧幹等地名培格之山数千株，当值价洋千余元，现有姜纯熙可证，又姜源淋起造□不讨，即请石区去幹培格山、打岩、作□、修天井、魂墓并滥山木当值价洋百余元，今逢青天□集，正幹等正逢告追赔之日也，□幹子纯义以阻流木植等情愿存在案，蒙票准提嗃敢多□，幹子用价与姜元贞、姜秉幹、姜秉魁等弟兄买砍地名南氏青山，共得木一百四十四□，毛木三十□，忽被姜源淋全单号阻，不准售卖，当经姜文峰、姜显堂劝解，要山主姜秉魁、秉□弟兄等时价加倍又上门赔还，不准外又要幹等罚幹父子洋百二十元，赔偿十五股之四山价

---

① 张应强、王宗勋：《清水江文书（第一辑）》第 4 册，第 266 页。

洋八十元，方可□休，不然木植一根都莫妄动，根根有□，不然植找标□木，已所占□余□不得已，具愿到文斗区长姜周□、姜尚镛等案下，蒙□仰原中劝解，时价去交抑或照股随生意照股下木，幹父子□□都照，殊恶□□土豪姜源淋一味霸阻，不照中劝，迄今木被阻流。恩恩照源淋所议以此十五股分配，伊占四股均要洋八十元，每股洋二十元，幹父子得买清白之十一股，共该洋贰百二十元，又要罚洋一百二十元，每□卅元，幹占清白之股洋三百三十元，此次洋幹父子充瑶光五区孝校培植人才，今遇有此无情无义之土豪，不惟幹父子受害而地方人人均受其害矣，差不续由加严究追先反强霸，又不打到山种土豪，任伊所作所为，则伊木即是金条子，则幹等之木被烧滥□被滥打印□□矣，为此续恩。

　　区长大人台前作主，加兵往提土豪姜源淋到区重究，按数赔还，恶□效尤则幹等之血本有□被契之木□用客山有主施行。[1]

契约4-45是一份原告在审讯时的再次陈述，此份契约所载内容为杉木纠纷，经过中人劝解未果之后诉官。格式上，开篇以"为……"简单陈述诉讼原因，"缘"引出详细纠纷事实，内容上突出被告的强硬和蛮横无理，突出原告的弱势，结尾以"居心狠毒""目无法纪"等词汇描述被告的蛮横行为，同时又提及此等行为对于社会的公害，以促官府的审理，最后可知，官府处理人员为县长，这样就会加快审理进程。契约4-46与4-45相同，此其为在审讯过程中原告的投词，由"蒙票准提曷敢多□""□幹子纯义以阻流木植等情愿存在案"即可得知。在格式上比上一份契约更完善，文书开头即交代了原告、住址、日期等情形，正文类似其他状纸，结尾恳请区长作主，并提出自己诉求，要被告按数赔还，以追回原告的本金，等等。

如前文言，堂审时，原告还会对纠纷事实进行再次陈述，而被告则会进行辩诉，敬请参见《谋害罪控诉状》，具体内容如下：

---

[1] 张应强、王宗勋：《清水江文书（第一辑）》第9册，第266页。

契约 4-47

为具谋审害，酿祸巨测，尽为一叩事缘职生民等始则被姜□□等伙串强砍，继则被□□□帮扛插讼，客岁以□□职生原案续禀，缕断呈明在卷，恩固洞奚实遗殊恶等神手夺天，金光盖地，以图控不审，为得计圈套以成，着□□□一恶候轩辕门，无凭难断，直欲将强砍之木横骗，并欲将封阻之木换银金吞，公差卧票何日传？齐非恩□提其杜示及示斯诚，职生民等□可为何之候，乞惟林累深而且谋害险巨测之祸从此酿成，恩操生杀大权，父母孔尔，即职生民等备录呈词投奔，上宪依法饭费，金心再四恩准，势不为己，情不为己，只得尽为一叩，倘若奸局陷审，□□顿开，万幸万幸，冒罪读□。

台前赏准作主，□□□聊施行 [1]

文书所载为杉木纠纷，期间未曾经过调解，直接诉讼到官。值得注意的是，此为审讯时，被告的辩诉，由"继则被□□□帮扛插讼，客岁以□□职生原案续禀，缕断呈明在卷"即可推断。开篇"为……"即说明原因，接着叙述纠纷过程，祈求官府明断，文书中没有详细指明处理官员。再请参见《诉姜显泮等持恶混争杉山状纸》。

契约 4-48

为造伪霸争辩恳激究以为良业事缘民有祖遗杉山一连贰块，上一块分为二大股，民先祖姜沛清、清柞前清同治年用□买获本房姜平松一大股，余一大股复分为六小股，先父价买姜显高一小股，下余五小股姜显泮弟兄共占，下一块祖遗山分为贰股，□□□自占半股，先父价买堂兄姜元英之半股又先后买获姜凤□、姜继元、姜来发、龙炳寿等之一大股，两山四抵契载朗然，临审呈电，此属两山均余民国元年砍伐，民家亲自种栗栽杉，通地周知，迄今管业数代，毫无异言，兼有同山共股之姜显泮等可质，又有种地刨山△△等可证，冇料有本寨□行混争，□□等勾串包买包卖之杨△、李△妄行强砍殆盡，民闻之

① 张应强、王宗勋：《清水江文书（第一辑）》第 8 册，第 325 页。

即经请地方△△等向恶理讲，恶为一味横蛮拒中不理，不及己民叔侄等只得登山号阻，恶竟砍先△制人，捏词以……等情诬控民等于□案，蒙票传讯，理宜辩明，似此历砍历栽兼有活证可凭清白之山，一旦被恶强砍霸占，造伪混争，情实雅甘，为此辩乞，□长席前作主依法澈究严办刁顽，以免造伪成风，□□□有攸□，实沾德便！ [①]

与前份文书一样，契约 4-48 为被告在审讯过程中的辩诉，从"捏词以……等情诬控民等于□案，蒙票传讯，理宜辩明"即可得知。以"为造伪霸争……事缘"引出矛盾为当事人间的股份争端，纠纷产生后，原告等人请中人劝解，但被告一律拒中不理，态度强硬傲慢，并且先捏词控告原告等人在案，承蒙官府发送传票，接受审讯，进行辩诉。结尾处"似此历砍历栽兼有活证可凭清白之山，一旦被恶强砍霸占，造伪混争，情实雅甘"，"以免造伪成风，□□□有攸□，实沾德便！"彰显了自己的冤屈及对方的十恶不赦。除状纸之外，还有续禀稿。如《为据势禀明、恳曲谅事诉姜世太等续禀稿》，具体内容如下：

契约 4-49

为据实禀明，续恳曲谅事缘姜世太、凤仪等以恃恶混争具控蚁等在案蚁等以山霸山诉明，今蒙恩临审，曷敢多续，但下情难以，上□不□不□陈于，台下窃思，此山六十余年，木已贰尺余大，皮花尖老，通地皆知，中等□证，伊词称祖父砍伐三次，道光年间光秀砍伐，去岁复又砍伐，殊十余年砍伐一次，此木何□，长□赴所，其诳□一称光秀作客活质，光秀系地方守领，是□理直，直到蚁等□英去□，请光秀、兆祥等向伊理讲，新旧两载，何以光秀毫无□□□，直待到伊菜书之山上幅可栽千，客砍下幅□栽数百，兼有大河阻隔，贰幅俱付与他人栽植，秋至霸占蚁毗邻之山，伊遂将自家姜明信为栽手等诳□□，且伊续词言，蚁抗不赴案，后云贿差私逃，是何□□诬，生活活邀约姜□文等向伊家吵闹，伊前词诬，生为滥瘩，生自赴□领众，生母请□文等不□向伊伸诬良为盗之理，绝不敢滋事妄为，恩□水清

---

① 张应强、王宗勋：《清水江文书（第一辑）》第 1 册，第 292 页。

玉洁，□破奸雄，□不及己，只得续乞。

　　□前为电察斧断施行，该恩不朽①

材料涉及的纠纷内容为山场纠纷，开篇"为据实禀明,续恳曲谅事缘姜世太、凤仪等以恃恶混争具控蚁等在案蚁等以山霸山诉明"结合"今蒙恩临审"可知，此文书为审讯过程中，被告进行诉明续禀稿，纠纷过程中有中人理讲未果，又被原告报官，在此审讯之时表明自己的冤情及原告的过失。再看《姜聘昌等诉姜沛仁欺孀瞒孤、妄行霸争等情续禀稿》：

契约 4-50

　　具续禀加池寨民姜聘昌、玉昌、德昌为势富霸估，恳除□□事，□□佺沛仁控以欺孀瞒孤等情，诬诉民在案，一切情词备栽原尽理□候讯，何敢烦续，窃伊祖姜之瑾与蚁父之豪情原手足，合伙□□刘儿得买公山文契，皆有伊父开让与蚁父之毫、伯佺之□□约，俱系伊蚁二家收存，于嘉庆十四年分派各房另□，蚁□□□二年与本寨姜孝宗父子得买地名洋污山场木植上下二园，□本年七月内伊出卖地名党养、□故望二处之木，获银壹□□□□，伊称系伊私山，蚁弟兄叔佺听天安命守己，毫不与伊争论，今因家道萧条，室为愚□，□□莫济，俯仰实资，恐遭□□之苦，只得将父所遗地名洋污下围之木出售与平鳌客砍伐下河，获价银九两以度日食，伊心尚且未遂，忽于六月廿九日竟有为□不仁之姜沛仁，不问皂白，胆将斧印妄行阻止，蚁闻骇然，当即□□□讲，殊知一味横蛮，毫不近理，称蚁等文契不足为凭，伊母口说□是，□约为据，现有中确质，其中强争霸占显然已一概可见，伊云公□□□有股，于道光年间蚁父将此山木植出卖一次，伊父开让□□□与□又争持于□□□，伊父未逝，蚁等于六月内又将此山木植出售，伊心耿耿未遂，忽云此山分为三大股，伊占一股，蚁占二股，有中活证，揣此情形，前无后有，明系倚才高势大，欺蚁弟兄贫□□□□□□，反控我欺孀瞒孤，公私两害等情妄□恩呈案下卷，不

──────────
① 张应强、王宗勋：《清水江文书（第一辑）》第 5 册，第 249 页。

得劈究，犹恐蒙蔽天聪，将来强争霸占成风，地方效尤，胡底情□汤火，得续文大老爷台前作主，大施□之深恩，沾恩不朽矣，如再造伪，一律究□施行①。

契约4-50虽有破损缺失，但大致能看出这是一桩争夺山场、杉木的纠纷，同时文书被告也是审讯时的辩诉，"□□侄沛仁控以欺媚瞒孤等情，诬诉民在案"可见一斑，以"具续禀人"起，引出原因以及纠纷过程，经历多次的争论，文书渲染了被告的无辜以及原告等人的嚣张，结尾指出此等行为的危害为"将来强争霸占成风，地方效尤"，恳求大老爷处理。

值得注意的是，在投词就会提及证人、证词，而在堂审文书中进而亦提到"有中活证"，表明在上呈状纸时，会提及是否有证人，在票传时证人也会一并传唤审讯，产生了证人证词。故在审讯过程中，除了出现原告的陈述及被告的辩诉之外，还会有证人的新证词，如《范锡泮向锦屏司法处呈报姜家旺等争执山场互控一案事由》，具体内容见下：

契约4-51

呈为据实呈报由：

缘有嘉池寨姜家旺、姜家珍、姜显堂等与姜元瀚、姜坤荣等因党东杉山争持互控一案，窃此党东杉山，实系分为上下二幅。此山曾由民于民国二年用价买砍下河作贸，上幅乃向姜显堂先父姜兆瑚、姜元瀚先父姜献义二人买砍，下幅乃向姜献义叔侄买砍，此诚民亲身价买砍伐，并无偏向遮饰情弊，中因亦忍坐视双方久控悬累，为此据实备由报乞。

钧长鉴核！

谨呈

锦屏县司法处审判官

平略乡樟杞寨居民范锡泮呈

---

① 张应强、王宗勋：《清水江文书（第一辑）》第5册，第217页。

中华民国三十六年九月日具①

据上述材料所载，可知此为证人证词，开篇"缘"引出作证事件，是姜家旺、姜家珍等人与姜元瀚等人因杉山互控一案，其后，又叙述范锡泮曾买这块杉山的杉木砍伐贸易，因此对其有所了解，接着再陈述作证内容，"上幅乃向姜显堂先父姜兆瑚、姜元瀚先父姜献义二人买砍，下幅乃向姜献义叔侄买砍"，并强调是亲身参与，绝对没有偏袒掩饰，并告知作证原因为不忍见"双方久控悬累"，结尾请求明鉴。

四、判决书、调解合同等

部分案件在诉讼到官后，又会在官府或者中人、亲友等人的劝解下调处和息，则会出现调解合同、判决书等。如《姜元瀚、姜梦鳌二人争执山场案调解合约》。

> 契约 4-52
> 贵州锦屏县司法处民事和笔録卅（三）年度民字第七六号
> 原告姜元瀚住锦屏县瑶光乡
> 被告姜梦鳌已故
> 承受诉讼人姜纯熙住锦屏县瑶光乡
> 右列当事人间为山场事件本处当庭试行和解成立特记其大要如左
> 和解内容
> 民国元年十二月初四日杨秀榜等出卖之冉沟□（即阜字）山土计三股，民国十一年二月初二日姜文举拨换所管党周山土计一股，共四股，原被两造，各管一半，翻贵顺山土分业则归原告管业，卅一年古十一月间，原告出售之前开二处山场杉木，所得价金提壹佰伍拾元给付被告，至翻贵顺杉木价金封存国币壹拾伍元，作补缴本处裁判费应归原告领取归□。
>
> 诉讼费用各自负担

---

① 张应强、王宗勋：《清水江文书（第一辑）》第 1 册，第 279 页。

　　　　　　　　　　　　和解到场人

　　　　　　　　　　　　姜元瀚押

　　　　　　　　　　　　姜纯熙押

　　　　　　　　　　　　和解成立年月日

　　　　　　　　　　　　中华民国三十三年六月二十二日

　　　　　　　　　　　　贵州锦屏县司法处民事庭

　　　　　　　　　　　　书记官让杰 [1]

　　此件文书为锦屏县司法处于中华民国三十三年六月二十二日的调解合约，所载内容为就纠纷调解的结果。合约开头即说明调解单位、原告、被告、诉讼人的身份信息、住址、目前状态，正文由和解的内容、到场人、成立年月日三大部分构成，和解内容简单记录了纠纷事件的过程和调解后的结果；和解到场人则是调解过程中，当事双方到堂调解的人；和解成立年月日为调解行为的日期。最后的落款为锦屏县司法处民事庭。

　　清水江流域林业贸易的发展，使人们对诉讼成本的关心大大减低，且部分案件关系复杂，难以调停，所以依然会坚持官府审讯。审讯后，官员会根据原被告的陈述、证人证词等对案件作出判决，如《马世元等诉姜周亮越界霸占杉木案判决书》：[2]

　　　　契约 4-53

　　　　丁丑岁

　　　　中华民国二十六年八月五日立

　　　　从故笸判决书

　　　　原诉　计字柒佰合抄禄费壹元零伍分

　　　　送达费壹角伍分

　　　　锦屏县司法处民事判决二十六年度民字节

　　　　判　决

---

① 张应强、王宗勋：《清水江文书（第一辑）》第 1 册，第 273 页。

② 同上，第 269 页。

原诉人　马世元　侄　马配猷代诉　年三十二岁

马配天　年三十五岁

姜元翰　年三十八岁　　　　　　　　　　锦屏加池

姜献猷　年三十二岁

杨维森　年四十一岁

被诉人　姜周亮　年三十岁　　　　　　　锦屏文斗

姜斌相　年六十余岁　　周亮之父　　同　　上

姜春魁年四十余岁

右例当事人间，因山木涉讼案，诉经本处审理判决如左。

主文

马世元等各股共有从故笼右边之地土杉木，仍各照契所载股份管业。姜周亮等不得越界妄争。姜周亮等已砍马世元等界内山木，判令全数退还。讼费归姜周亮等负担。

事实

马世元等各姓祖人先后得买从故笼之各股地土杉木，各有契约为凭，四至除上下右均无问题外。左（照图由下向上）边与姜周亮等之山连界，姜周亮等即以其全山为归范围，越界霸占，雇夫姜春魁等十余人入山共砍去木（据春魁称）四百余株，被马世元等查实上前阻止，遂起纠纷，投区理剖未协，先后互诉到处，传集一干证明前情，应即依法判决。

理由

查管有不动产所有权之范围，应以契载四至为界，而四至尤须先后契约相符，诉争亦根据衡判。本案被诉人姜周亮等呈出嘉庆十九年七月初三日姜福龙等买与姜朝英之契，及道光六年三月初十日姜廷英买与姜开明之契，又同治九年二月初五日姜化龙买与姜毓英之契，互相较阅，先后契约四至各有出入，此种契约殊难凭信，究令属实，亦只能管从故笼左边冲之范围，即不能越界占有马世元等共有从故笼右边各契界内之山木。至原诉人等管有此山，各股均有契约，栽手字据合同，并前清诉讼文件，层层足证，不能认为有契无业。乃被诉人等当庭陈述。

对于契内之姜开明，初则认为系先祖，此山为其遗下分发继承管业。经原诉人等攻击非其先祖，乃系承认霸占，后又认为此业系向姜开明得买，然又未经同时将得买开明之契约提出，饬其具限赶案，复据呈出之契，又为姜化龙姜化礼之名，认为系开元之后，又经原诉人等呈出碑文查核，开明之后并无化龙化礼之名，亦足以证明契约不实，自相矛盾之点，况查开明得买朝英道光六年之契，系买杉木栽手，迄今百余年，木早经砍去，此契亦只能认为无效之过契，又何能再执无效之契而买与姜毓英，又查毓英之契又非姜开明之名所卖，更何能再执无阅连之契而告争妄占他人连界之业，基上各据衡核自应认定原诉人等为有理由，所有从故笼右边之山木，仍准照各股之契管业，认被诉人等无理由，不能越界妄争，所有已砍原诉人等界内山木，自应全数退送，以维法益，讼费依照民诉法节七十八条办理，发为判决如主文。

本判决得上诉镇远地方法院，上诉期为二十日，

上诉状提出于本处

中华民国二十六年八月五日

锦屏县司法处民事廷

审判官高瀛藩印

曹记官邓亦航印

本件核与原本鲁异

中华民国二十六年八月十五日 [①]

此件文书涉及纠纷类型为山杉纠纷，所载内容为官府对此案件的判决。整体看来，这份文书开篇即交代了日期、事件的判决书、审理单位、抄录费用以及原诉、被诉的身份信息等，并强调"因山木涉讼案"经过锦屏县司法处的审

理所做出的判决。判决书正文由三部分构成：主文、事实、理由。主文为案件的判决结果；事实简单论述了纠纷过程以及诉讼到处，再经传唤审理；理由则一一陈述做出此判决的原因。最后提及，如不服从此判决可上诉至镇远地方法院，时间限期为二十日。落款处为锦屏县司法处民事庭、审判官、记录官、日期等。

堂审判决完成，当事人知道判决内容后，需要根据判决的内容来出具表示是否愿意接受此份判决文书。按照出具人和内容的不同，名称也会不同，"官审结退堂，领原告具遵依，被告甘结"[1]。就是说，原告遵依判决书出具的文书遵依，被告则为甘结。但现实上并没有严格的处分。《加池寨民某某诉姜文才等越界强砍一案遵结约》等对此有详载，具体内容参见契约4-54、4-55。

契约 4-54

具遵结家池寨民□□，今遵结到青天大老爷台前为具诉唐东姜文才等赇奸捏控越界强砍一案，蒙恩审讯，公断蚁等受过龙□矮木价银八两追给与文才数人皇皇无语，敢不恰遵，今具遵结并银一并呈缴，日后不敢滋事，遵结是实。

乾隆二十六年三月□具[2]

契约 4-55

硃批

田在鸠纽，木在乌石溪，相隔十里，为何一契出卖，其□老约□，田着王治浩管业，木归姜佐□等管理，王治浩不得阻拦，□滋事实行，详举不贷。

具遵结加池寨民姜佐兴、姜廷芳、姜之琏□大老爷台前缘故具控王治浩、陆廷贵等强夺一案，蒙恩当堂审讯，断将土名乌石溪、干崇两处杉木断归蚁等照约管业，伊等放之木概令蚁等拖放□卖，王治浩不得□□遵讯，所结是实。

---

[1] 蔡申之：《清代州县故事》，沈云龙主编：《近代中国史料丛刊》第五十辑，文海出版社1970年版，第29页。

[2] 张应强、王宗勋：《清水江文书（第一辑）》第5册，第160页。

批准结^①

值得注意的是，契约 4-55 文书也为当事人出具的遵结文书，与契约 4-54 遵结相似之处在于，正文部分基本相同，先是说明案件，然后官府判决，最后表达自己的责任与意愿。不同之处在于，除了上述内容外，还包括了官府的硃批"田在鸠纽，木在乌石溪，相隔十里，为何一契出卖，其□老约□，田着王治浩管业，木归姜佐□等管理，王治浩不得阻拦，□滋事实行，详举不贷"以及知县等的判词"批准结"。"硃批"，此处指官府用红字书写的批文，此类批文具有法律的权威性，其所批内容代表案子的终结。其中，还有因为情节严重者，明文在判决书中说明按照法律第几款，不准再次起诉，具体见契约 4-56。

契约 4-56

民国三十四年三月十五日胡国金刑事处分书

贵州天柱县司法处刑事处分书　　　　　　　　刑侦字第9号

被告胡国金，男，年五十九岁，天柱膏酿乡凸洞人。

右开被告因窃盗一案，业经本县长兼检察职务侦查，终结认为应不起诉，叙述理由于左：

按犯罪是否成立，或刑罚应否免除，以民事法律关系为断者，检察官得于民事诉讼终结前停止侦查，刑事诉讼法第二百四十条已有明文规定。卷查本案告诉人龙元举，指诉被告胡国金盗窃其杉木大小共二十一根，据告诉人庭称：这山场栽有杉木是我姓四房共的，他（指胡国金）于本年古历正月十一日偷我的木头被我的儿子龙文宣看见，追到他门口就凭甲长胡启三查封起来，请予究办云云。讯之，被告供诉：是他（指龙元举）到我山上砍我的木头去抬回来，并不是偷他的。这山是龙木贵、龙锦一卖把我的，还有契据可凭（原契呈验发还）等语（参见卅四年三月十日侦查笔录），依据上开事实观察本件，当事人统因土地所有权纠纷，系属民事范围，本处于法所限，未便受理。爰依刑事诉讼

① 张应强、王宗勋：《清水江文书（第一辑）》第 5 册，第 284 页。

法第二百三十一条第七款之规定予以不起诉处，如右。

中华民国三十四年三月十五日

天柱县司法处刑事侦查庭

县长兼检验职务谢杰民

右件证明与原本无异

书记官蒋少尧[①]

需要一提的是，由于官府的事务多而繁杂，往往诉讼过程时间较长，会引发诸多不便，因此部分案件的当事人愿以捐赠、充公等形式来加快官府的处理，如《姜元瀚捐赠争执杉木予参议会具愿书》，具体内容见契约4-57。

契约 4-57

具愿书瑶光乡加池姜元瀚自愿将本名于民国十九年得买扒洞姜世吉、世祥弟兄土名柳容后土股之山，又买得本寨姜文辅、姜文举、姜顺望三人之栽手杉山历管无异，忽于去岁古十一月内突被中仰陆宗辉、镒弟兄胆将此山杉木全部估砍，根株无存，复又强拖，现已到达加池寨溪口，正欲成排运放，莫法阻止本排，依法诉请司法处传案审理，又恐牵延时日，不得已，于是将其买土栽所有主□之山木，计数五百余株，约码五十两之普□□，将□罗主栽土股一律捐作本县参议会以作建设之用，至于地土，仍请保障照契管业，所因此次费用□参议会经理员负责发给□便具领，特立具愿书捐□一纸，是实谨呈。

锦屏县参议会议长王，副议长龙

具捐单人姜元瀚，住瑶光乡加池寨

卅七年古三月十三日[②]

材料为捐赠争持杉木的文书，开头以"具愿人某某"，介绍了争论过程，也曾报官审理，但"恐牵延时日"所以表明愿将纠纷杉木捐赠与参议会，土地

---

① 张新民：《天柱文书·第一辑》第20册，第116页。
② 张应强、王宗勋：《清水江文书（第一辑）》第5册，第191页。

照契管业，落款有锦屏参议会议长等人、捐赠人身份住址、日期。这种做法出于官府处理所需时日过久，是为了能尽快解决且最大限度地保障当事人利益。

契约 4-58

锦屏县瑶光乡公所训令

锦屏县瑶光乡公所训令瑶教字第二号，民国三十六年七月廿一日，令第九保保长姜锡珍。

案奉

锦屏县政府本年七月十七日教（36）字第1054号以□该保国民学校呈以加池之南岳会、土地会两公共产业，经全部提充该保保校建筑之用，其中尚有杉山数块，现被痞徒私行滥卖，□即先行封阻并派员前往澈查等，因奉此业，经本所派员查明，南岳会之山，地名党秋、岗套，曾经卖主姜元翰等卖与王□、王名成（此木未砍），又土地会之山，地名皆漏脚（另名）果梭，曾经卖主姜纯熙等卖与文斗姜先贵（此木已砍未搬），除呈复□合行发给封条贰纸，今仰遵照公□前往□贴并随时看管，县报在未经政府开封以前不准何人拉砍拉搬为要。

此会

附发封条贰纸

乡长罗秀章①

通过以上诸类鸣官处理山林纠纷文书的分析，我们可知，鸣官产生的文书数量多且类型复杂，按照处理过程一般可分为投词、传票、堂审时的文书、堂审判决、原告被告的遵结等。但是在官府处理过程中，所需时间、成本都影响着当事人，如果久久不能得到审讯，当事人就会一遍又一遍地向官府告状，从而出现多次重复的投词。另外这也导致了调解伴随诉讼出现，在纠纷进入诉讼阶段后，调解依然存在，这也得到了官府的支持，所以许多案件在官府处理的过程中又回到原先的民间处理，究其原因，还是在于希望纠纷得以尽快解决，

① 张应强、王宗勋:《清水江文书（第一辑）》第5册，第188页。

息事宁人。需要注意的是，在已经出版的清水江流域诸类林业契约文书中，涉及政府处理山林纠纷的契约文书甚多，进而说明了政府积极参与处理山林纠纷案，对此不再枚举。为便于读者参考，笔者特根据林业纠纷的内容，将此类契约分为山场纠纷、杉木纠纷和山杉纠纷三大类，其中，山场纠纷包括强占山场、界限纷争、山场股数纷争、山场重复买卖、偷卖山场等；杉木纠纷内含错砍杉木、强砍杉木、杉木股份不清、杉木重复买卖、阻木下河等；山杉纠纷包括强占山杉、失火烧山等，现列表 4-6 如下，仅供参考。

表 4-6 《清水江文书》中官府处理的文书概略

纠纷类型	契约名称	立契时间	资料出处
山 杉 纠 纷	诉状稿	康熙五十二年 六月初一日	《清水江文书（第三辑）》 第 3 册，第 465 页
	诉状稿	嘉庆十五年 十二月十六日	《清水江文书（第三辑）》 第 6 册，第 40 页
	诉状稿	道光十三年六月□日	《清水江文书（第三辑）》 第 3 册，第 401 页
	词稿簿之五	道光十三年七月□日	《清水江文书（第三辑）》 第 1 册，第 154 页
	词稿簿之六	同上	同上，第 155 页
	词稿簿之七	同上	同上，第 156 页
	词稿簿之八	同上	同上，第 157 页
	词稿簿之一一	同上	同上，第 160 页
	词稿簿之一二	同上	同上，第 161 页
	词稿簿之二四	同上	同上，第 172 页
	词稿簿之二五	同上	同上，第 173 页
	诉状稿	道光十五年六月□日	《清水江文书（第三辑）》 第 3 册，第 404 页
	姜世泰等诉姜大荣等串勾 磕占山场禀稿	同治五年二月	《清水江文书（第一辑）》 第 2 册，第 269 页
	诉状词稿之五四	民国十三年	《清水江文书（第三辑）》 第 6 册，第 365 页
	诉状词稿之五五	民国十三年	同上，第 366 页
	锦屏县政府民事 判决书之二	民国二十四年 十一月初九日	《清水江文书（第二辑）》 第 6 册，第 194 页
	锦屏县政府民事判 决书之三	同上	同上，第 195 页
	李忠秀等状词	民国二十九年 五月初八日	《清水江文书（第一辑）》 第 13 册，第 307 页
	李忠受等状词	民国二十九年 五月初八日	同上，第 308 页

续表

纠纷类型	契约名称	立契时间	资料出处
山杉纠纷	姜元瀚捐赠争执杉木予参议会具愿书	民国三十七年古历三月十三日	《清水江文书（第一辑）》第 5 册，第 191 页
	姜家珍等诉姜纯熙、姜纯香等豪恶仗势、造契吞谋霸砍事状纸	一九五〇年古历十一月二十日	同上，第 196 页
	诉姜世太等特恶混争山场杉木状纸	—	《清水江文书（第一辑）》第 1 册，第 102 页
	诉姜世太等特恶混争山场杉木状纸	—	同上，第 104 页
	姜世太等诉姜大荣、姜沛清、姜作英等霸占杉山续禀稿	—	同上，第 105 页
	诉姜显泮等持恶混争杉山状纸	—	同上，第 292 页
	诉姜周森、姜周亮等仗势霸砍杉木状纸	—	同上，第 293 页
	诉姜家旺等混争强砍杉木状纸	—	同上，第 295 页
	诉姜显春父子横阻放木致使杉木被水冲走状纸	—	同上，第 299 页
	诉姜某某、彭某某、杨某某私设公堂、押契勒罚等情状纸	—	同上，第 453 页
	诉姜某某、彭某某、杨某某私设公堂、押契勒罚等情状纸	—	同上，第 454 页
	诉姜登鳌等偏袒姜恩相伪造契约占山、复请县长委派姜培厚查明真相等情状纸	—	同上，第 455 页
	姜献义、姜源淋等诉姜开文等妄滋错认山场、横行霸阻等情状纸	—	同上，第 457 页
	姜献义、姜源淋诉姜恩相妄滋错认山场、横行霸阻、强砍强卖等情状纸	—	同上，第 463 页
	姜世太等诉姜大荣等造伪混争霸占山场等情状纸	—	《清水江文书（第一辑）》第 2 册，第 371 页
	姜盛富、姜盛静告姜家望、姜显堂状纸	—	《清水江文书（第一辑）》第 3 册，第 298 页
	姜盛富、姜盛贵状纸	—	同上，第 299 页
	为挟嫌混阻妄山罩争诉恳提究以维商艰事	—	《清水江文书（第一辑）》第 4 册，第 267 页
	为挟嫌混阻妄山罩争诉恳提究以维商艰事	—	同上，第 271 页

纠纷类型	契约名称	立契时间	资料出处
山杉纠纷	为因公卖公悖横阻愿乞公评事	—	《清水江文书（第一辑）》第 4 册，第 278 页
	为纵火烧山毁坏杉木恳准存案事	—	同上，第 279 页
	为业各有主横行霸争报恳传究以维主权事	—	同上，第 280
	因山场盗砍状纸	—	《清水江文书（第一辑）》第 3 册，第 310 页
	诉姜纯章等盗卖山场予姜文彬砍伐等情状纸	—	同上，第 441 页
	岩湾、文斗分界争执	—	《清水江文书（第一辑）》第 4 册，第 521 页
	姜献义等诉杨秀江等□山盗木蒇众抗□等事状纸	—	《清水江文书（第一辑）》第 5 册，第 198 页
	姜建德等为仗势仗金、蒇法欺众、禀恳提究杨秀江等事具愿书	—	同上，第 199 页
	诉姜沛仁挟富吞谋，无名横争等事状纸	—	同上，第 206 页
	诉姜大荣等欺孀瞒孤、公私两害等事状纸	—	同上，第 207 页
	诉姜沛仁横行霸吞等事状纸	—	同上，第 212 页
	姜聘昌等诉姜沛仁欺孀瞒孤、妄行霸争等情续禀稿	—	同上，第 217 页
	姜沛仁为欺孀瞒孤、公私两吞事申诉状	—	同上，第 219 页
	为祸桑移柳、恳恩电察事申诉状	—	同上，第 223 页
	为官廉役、舞弊殃民，恳赏除害状纸为俯恳准理，究方得白事禀稿	—	同上，第 228 页
	诉姜光秀、姜兆祥恃恶混争、串拴磕诈事原禀	—	同上，第 236 页
	姜大荣为倚山霸山、诉恳勘验事申诉词	—	同上，第 237 页
	诉姜大荣等违断不遵，复恳严究事状纸	—	同上，第 238 页
	姜沛仁为欺官蒇法、违断不遵、复恳严究事诉姜大荣状纸	—	同上，第 240 页
	为纠凶强砍、报恳疾阻事诉王冶浩等状纸	—	同上，第 243 页

续表

纠纷类型	契约名称	立契时间	资料出处
山杉纠纷	姜佐兴等为串棍行强、违断霸夺事诉王治浩等状纸	—	《清水江文书（第一辑）》第 5 册，第 245 页
	为据实禀明、恩曲谅事诉姜世太等续禀稿	—	同上，第 249 页
	为天人两背，强争妄卖事诉姜世明状纸	—	同上，第 250 页
	姜佐兴等控告王治浩等串谋强夺杉木案具遵结约	—	同上，第 284 页
	为欺官藐法、违断害良、捏词妄控事续诉姜沛仁状纸	—	同上，第 297 页
	为计笕谋买、欺孀害孤、诉恳传讯追退后患以杜事控姜梦鳌状纸	—	同上，第 299 页
	状告妄谋祖业副状	—	《清水江文书（第一辑）》第 11 册，第 212 页
	状词	—	《清水江文书（第一辑）》第 13 册，第 342 页
	诉状稿	—	《清水江文书（第二辑）》第 7 册，第 247 页
	诉状稿	—	同上，第 248 页
	诉状稿	—	同上，第 249 页
	判决书	—	同上，第 251 页
	诉状稿	—	同上，第 252 页
	诉状稿	—	同上，第 253 页
	诉状稿抄件之二	—	《清水江文书（第三辑）》第 1 册，第 318 页
	诉状稿抄件之三	—	同上，第 319 页
	诉状稿抄件之四	—	同上，第 320 页
	诉状稿抄件之五	—	同上，第 321 页
	诉状稿抄件之六	—	同上，第 322 页
	诉状稿抄件之七	—	同上，第 323 页
	诉状稿抄件之八	—	同上，第 324 页
	诉状稿抄件之九	—	同上，第 325 页
	诉状稿抄件之一〇	—	同上，第 326 页
	诉状稿抄件之一一	—	同上，第 327 页
	诉状稿抄件之一二	—	同上，第 328 页
	诉状稿抄件之一三	—	同上，第 329 页
	诉状稿抄件之一四	—	同上，第 330 页

纠纷类型	契约名称	立契时间	资料出处
山杉纠纷	诉状稿抄件之一五	—	《清水江文书（第三辑）》第1册，第331页
	诉状稿抄件之一六	—	同上，第332页
	诉状稿抄件之一七	—	同上，第333页
	诉状稿抄件之一八	—	同上，第334页
	诉状稿抄件之一九	—	同上，第335页
	诉状稿抄件之二〇	—	同上，第336页
	诉状稿抄件之二一	—	同上，第337页
	诉状稿抄件之二二	—	同上，第338页
	诉状稿抄件之二三	—	同上，第339页
	诉状稿抄件之二四	—	同上，第340页
	诉状稿抄件之二五	—	同上，第341页
	诉状稿抄件之二六	—	同上，第342页
	诉状稿	—	同上，第421页
	诉状稿	—	同上，第422页
	诉状稿	—	同上，第423页
	诉状稿	—	同上，第425页
	诉状稿	—	同上，第426页
	诉状稿	—	同上，第427页
	诉状稿	—	同上，第428页
	诉状稿	—	同上，第429页
	诉状稿	—	《清水江文书（第三辑）》第3册，第160页
	诉状稿	—	同上，第399页
	诉状稿	—	同上，第442页
	诉状稿之一	—	同上，第447页
	诉状稿	—	同上，第450页
	诉状稿	—	同上，第456页
	诉状稿	—	同上，第460页
	诉状稿	—	同上，第463页
	诉状稿	—	同上，第464页
	诉状稿	—	同上，第487页
	诉状稿	—	同上，第490页
	刀笔书之一八	—	《清水江文书（第三辑）》第4册，第18页
	刀笔书之九	—	同上，第19页
	刀笔书之二〇	—	同上，第20页

续表

纠纷类型	契约名称	立契时间	资料出处
山杉纠纷	刀笔书之三〇	—	《清水江文书（第三辑）》第 4 册，第 30 页
	刀笔书之三一	—	同上，第 31 页
	刀笔书之三二	—	同上，第 32 页
	刀笔书之三三	—	同上，第 33 页
	刀笔书之三四	—	同上，第 34 页
	刀笔书之五六	—	同上，第 57 页
	刀笔书之五七	—	同上，第 58 页
	刀笔书之九三	—	同上，第 96 页
	刀笔书之九四	—	同上，第 97 页
	刀笔书之九五	—	同上，第 98 页
	刀笔书之九六	—	同上，第 99 页
	刀笔书之九七	—	同上，第 100 页
	刀笔书之一六〇	—	同上，第 163 页
	刀笔书之一六一	—	同上，第 164 页
	刀笔书之一六二	—	同上，第 165 页
	刀笔书之一六三	—	同上，第 166 页
	刀笔书之一六四	—	同上，第 167 页
	刀笔书之一六五	—	同上，第 168 页
	刀笔书之一六六	—	同上，第 169 页
	刀笔书之一六七	—	同上，第 170 页
	刀笔书之一六八	—	同上，第 171 页
	刀笔书之一六九	—	同上，第 172 页
	刀笔书之一七〇	—	同上，第 173 页
	刀笔书之一七一	—	同上，第 174 页
	刀笔书之一七二	—	同上，第 175 页
	刀笔书之一七三	—	同上，第 176 页
	刀笔书之二六一	—	同上，第 264 页
	刀笔书之二六二	—	同上，第 265 页
	刀笔书之二六三	—	同上，第 266 页
	刀笔书之二六四	—	同上，第 267 页
	刀笔书之二六五	—	同上，第 268 页
	刀笔书之二六六	—	同上，第 269 页
	刀笔书之二六七	—	同上，第 270 页
	刀笔书之二六八	—	同上，第 271 页
	诉讼稿禀之七	—	《清水江文书（第三辑）》第 5 册，第 317 页

纠纷类型	契约名称	立契时间	资料出处
山杉纠纷	诉讼稿禀之八	—	《清水江文书（第三辑）》第5册，第318页
	诉讼稿禀之九	—	同上，第319页
	诉讼稿禀之一〇	—	同上，第320页
	诉讼稿禀之一一	—	同上，第321页
	诉讼稿禀之一二	—	同上，第322页
	诉讼稿禀之一三	—	同上，第323页
	诉讼稿禀之一四	—	同上，第324页
	诉讼稿禀之一五	—	同上，第325页
	诉讼稿禀之一六	—	同上，第326页
	诉讼稿禀之一七	—	同上，第327页
	诉讼稿禀之一八	—	同上，第328页
	诉讼稿禀之一九	—	同上，第329页
	诉讼稿禀之二八	—	同上，第338页
	诉讼稿禀之二九	—	同上，第339页
	诉讼稿禀之三〇	—	同上，第340页
	诉讼稿禀之二八	—	同上，第338页
	诉讼稿禀之二九	—	同上，第339页
	诉讼稿禀之三〇	—	同上，第340页
	诉讼稿禀之三七	—	同上，第347页
	诉讼稿禀之八〇	—	同上，第390页
	诉讼稿禀之八一	—	同上，第391页
	诉讼稿禀之八二	—	同上，第392页
	诉讼稿禀之八三	—	同上，第393页
	诉讼稿禀之八四	—	同上，第394页
	诉讼稿禀之八五	—	同上，第395页
	诉讼稿禀之八六	—	同上，第396页
	诉讼稿禀之八七	—	同上，第397页
	诉讼稿禀之八八	—	同上，第398页
	诉讼稿禀之八九	—	同上，第399页
	诉讼稿禀之九〇	—	同上，第400页
	诉状稿	—	《清水江文书（第三辑）》第10册，第375页
山场纠纷	姜甫臣等告陆良海抗租殴打等报单	乾隆二十三年十月	《清水江文书（第一辑）》第4册，第287页
	姜甫臣等具报单	乾隆二十三年十月□□日	《清水江文书（第三辑）》第6册，第1页

255

续表

纠纷类型	契约名称	立契时间	资料出处
山场纠纷	范、彭、陶三姓人等立合同	乾隆四十一年二月二十六日	《清水江文书（第三辑）》第1册，第75页
	诉状稿	乾隆四十五年十月□日	《清水江文书（第三辑）》第3册，第66页
	县衙传告	嘉庆十五年十二月十六日	《清水江文书（第一辑）》第4册，第299页
	欧通贵等立合同字	嘉庆十六年一月十九日	《清水江文书（第二辑）》第5册，第141页
	欧通贵等立合同字	嘉庆十六年十月二十二日	同上，第142页
	欧通贵等立合同字	嘉庆十六年十月二十三日	同上，第143页
	诉状稿	道光十三年六月□日	《清水江文书（第三辑）》第3册，第402页
	杨通元等立卖山场据字	光绪三十四年三月初二日	《清水江文书（第二辑）》第5册，第59页
	姜恩德等分山股份合同	民国四年阴历七月十五日	《清水江文书（第一辑）》第13册，第255页
	姜源淋控告姜元瀚等理由	民国四年阴十月	《清水江文书（第一辑）》第1册，第380页
	姜献义为一业二主、仗矜包买、理请电鉴泾渭攸事理由词分	民国六年十一月	《清水江文书（第一辑）》第5册，第177页
	判决书	民国八年一月十六日	《清水江文书（第二辑）》第5册，第238页
	诉状词稿之六一	民国十三年	《清水江文书（第三辑）》第6册，第374页
	诉状词稿之六二	同上	同上，第375页
	诉状词稿之八九	同上	同上，第402页
	诉状词稿之九〇	同上	同上，第403页
	诉状词稿之九五	同上	同上，第412页
	诉状词稿之九五	同上	同上，第412页
	诉状词稿之一〇八	同上	同上，第420页
	诉状词稿之一〇九	同上	同上，第421页
	枫木寨罗子英等与平鳌寨姜荣春等因山产涉讼一案判词及人名册之一	民国二十二年九月吉日	《清水江文书（第二辑）》第3册，第355页
	枫木寨罗子英等与平鳌寨姜荣春等因山产涉讼一案判词及人名册之二	同上	同上，第356页
	枫木寨罗子英等与平鳌寨姜荣春等因山产涉讼一案判词及人名册之三	同上	同上，第357页

纠纷类型	契约名称	立契时间	资料出处
山场纠纷	枫木寨罗子英等与平鳌寨姜荣春等因山产涉讼一案判词及人名册之四	同上	《清水江文书（第二辑）》第 3 册，第 358 页
	姜元瀚、姜梦鳌二人争执山场案调解合约	民国三十三年六月二十二日	《清水江文书（第一辑）》第 1 册，第 273 页
	锦屏县司法处命令	民国三十六年六月初九日	《清水江文书（第一辑）》第 11 册，第 192 页
	范锡泮向锦屏司法处呈报姜家旺等争持山场互控一案事由	民国三十六年九月	《清水江文书（第一辑）》第 1 册，第 279 页
	姜元瀚等为追退公产恢复校舍等事致县长签呈	民国三十六年十月二十四日	《清水江文书（第一辑）》第 5 册，第 189 页
	告瑶光乡第九保姜家旺等票纸	民国三十九年古历二月初十日	《清水江文书（第一辑）》第 3 册，第 284 页
	诉姜锦春父子后买霸争山场状纸	—	《清水江文书（第一辑）》第 1 册，第 298 页
	上县长书	—	同上，第 412 页
	姜献义、姜源淋等诉讼姜恩相等强买山场折	—	同上，第 449 页
	姜缘淋父子诉姜梦鳌等挟□栽害、勾窜妄票等情状纸	—	同上，第 450 页
	姜献义、姜源淋等诉姜恩相欺上枉下、背案逃走、蓄意蒙蔽等情状纸	—	同上，第 460 页
	姜献义、姜源淋等诉姜恩相欺上枉下、背案逃走、蓄意蒙蔽等情续票稿	—	同上，第 461 页
	姜献义、姜源淋等复请县长委派姜培厚查明姜恩相造契霸占山场真相续票稿	—	同上，第 462 页
	姜源淋诉姜元瀚等横争混占山场并恳请调契调图查明真相状纸	—	同上，第 464 页
	诉姜大荣叔侄等持恶混争山场等情状纸	—	同上，第 466 页
	诉姜大荣、姜沛清、姜作英混争霸山等情状纸	—	同上，第 467 页
	姜世泰、姜恩瑞、姜凤仪等诉姜大荣等审勾磕占山场等情状纸	—	同上，第 469 页
	为恃矜串吞、乞恩诛恶事状纸	—	《清水江文书（第一辑）》第 5 册，第 231 页

续表

纠纷类型	契约名称	立契时间	资料出处
山场纠纷	姜聘昌等为挟富吞谋、无名混争事诉姜沛仁状纸	—	《清水江文书（第一辑）》第 5 册，第 247 页
	姜纯武为无股混争、无买霸占恩禀警传讯、判令返还山场事诉姜元瀚状纸	—	同上，第 257 页
	姜元瀚为仗势混争、告恩严惩，以维主权事诉姜梦鳌状纸	—	同上，第 261 页
	为滥商串党、毒害善良、告请总查、究法治罪事诉姜家珍等状纸	—	同上，第 272 页
	姜开吉为造契吞谋就案呈明事诉姜沛清等具禀稿	—	同上，第 279 页
	诉状稿	—	《清水江文书（第二辑）》第 1 册，第 434 页
	诉状稿	—	同上，第 453 页
	信函	—	《清水江文书（第二辑）》第 2 册，第 63 页
	信函	—	同上，第 64 页
	信函	—	同上，第 66 页
	信函	—	同上，第 67 页
	诉状稿	—	同上，第 250 页
	诉状稿	—	《清水江文书（第二辑）》第 7 册，第 244 页
	判决书	—	同上，第 250 页
	诉状稿	—	《清水江文书（第二辑）》第 10 册，第 615 页
	诉状稿	—	《清水江文书（第三辑）》第 3 册，第 36 页
	诉状稿	—	同上，第 370 页
	诉状稿	—	同上，第 371 页
	诉状稿	—	同上，第 398 页
	诉状稿	—	同上，第 435 页
	诉状稿	—	同上，第 436 页
	诉状稿	—	同上，第 437 页
	诉状稿	—	同上，第 438 页
	诉状稿	—	同上，第 439 页
	诉状稿	—	同上，第 440 页
	诉状稿	—	同上，第 441 页
	诉状稿	—	同上，第 443 页

纠纷类型	契约名称	立契时间	资料出处
杉木纠纷	诉状稿	—	《清水江文书（第三辑）》第 3 册，第 444 页
	诉状稿	—	同上，第 445 页
	诉状稿	—	同上，第 446 页
	诉状稿之二	—	《清水江文书（第三辑）》第 1 册，第 448 页
	诉状稿	—	《清水江文书（第三辑）》第 3 册，第 449 页
	诉状稿	—	同上，第 451 页
	诉状稿	—	同上，第 455 页
	诉状稿	—	《清水江文书（第三辑）》第 6 册，第 303
	王先赞等具遵结	乾隆四十三年二月□日	《清水江文书（第二辑）》第 8 册，第 243 页
	诉状稿	乾隆四十四年七月□日	《清水江文书（第三辑）》第 3 册，第 65 页
	王治浩、王治泽二人挟嫌妄阻字	嘉庆十七年八月十三日	《清水江文书（第一辑）》第 5 册，第 8 页
	诉状稿	嘉庆十九年十二月□日	《清水江文书（第三辑）》第 3 册，第 330 页
	诉状稿	同上	同上，第 334 页
	诉状稿	同上	同上，第 335 页
	吴成秀等具申鸣帖	道光十三年六月初三日	同上，第 400 页
	龙志和、杨可见等具伸帖字	宣统三年五月十三月	《清水江文书（第二辑）》第 2 册，第 245 页
	锦屏县知事民事初审判决书	民国六年八月十五日	《清水江文书（第二辑）》第 5 册，第 225 页
	锦屏县知事民事初审判决书之一	同上	同上，第 226 页
	锦屏县知事民事初审判决书之二	同上	同上，第 227 页
	锦屏县知事民事初审判决书之三	同上	同上，第 228 页
	锦屏县知事民事初审判决书之四	同上	同上，第 229 页
	诉状词稿之一一	民国十三年	《清水江文书（第三辑）》第 6 册，第 319 页
	诉状词稿之一二	同上	同上，第 320 页
	诉状词稿之二三	同上	同上，第 332 页
	诉状词稿之二四	同上	同上，第 333 页
	诉状词稿之二六	同上	同上，第 335 页
	诉状词稿之二七	同上	同上，第 336 页

续表

纠纷类型	契约名称	立契时间	资料出处
杉木纠纷	诉状词稿之二八	同上	《清水江文书（第三辑）》第6册，第337页
	诉状词稿之三二	同上	同上，第341页
	诉状词稿之三三	同上	同上，第342页
	诉状词稿之三四	同上	同上，第343页
	诉状词稿之四六	同上	同上，第357页
	诉状词稿之四七	同上	同上，第358页
	诉状词稿之四六	同上	同上，第359页
	诉状词稿之五九	同上	同上，第372页
	诉状词稿之六〇	同上	同上，第373页
	诉状词稿之六三	同上	同上，第376页
	诉状词稿之六四	同上	同上，第377页
	诉状词稿之一〇一	同上	同上，第418页
	诉状词稿之一〇二	同上	同上，第419页
	诉状词稿之一三七	同上	同上，第462页
	诉状词稿之一三八	民国十三年	同上，第463页
	诉状词稿之一三九	同上	同上，第464页
	诉状词稿之一四〇	同上	同上，第465页
	诉状词稿之一四一	同上	同上，第466页
	诉状词稿之一四二	同上	同上，第467页
	诉状词稿之一四三	同上	同上，第468页
	诉状词稿之一四四	同上	同上，第469页
	锦屏兼理司法□□府民事判决书	民国二十五年十月初二日	《清水江文书（第二辑）》第2册，第38页
	抄开泰县为姜佐兴等诉王治浩棍矜结匪，强索赎金等事安查详记录	民国二十六年二月二十八日	《清水江文书（第一辑）》第5册，第179页
	马世元等诉姜周亮越界霸占杉木案判决书	民国二十六年八月初五日	《清水江文书（第一辑）》第1册，第269页
	排解争执传票	民国二十八年十二月三十日	同上，第92页
	锦屏司法处令姜元瀚等按股返还树木予被告姜桂枝判决	民国二十九年九月二十八日	《清水江文书（第一辑）》第5册，第185页
	关于拦江阻木事情情况的呈报	民国三十七年四月初九日	《清水江文书（第二辑）》第9册，第362页
	姜元瀚具愿书	民国三十七年四月二十一日	《清水江文书（第一辑）》第5册，第149页
	姜元瀚、陆宗祥立包木双方不放字	民国三十七年古历九月十八日	《清水江文书（第三辑）》第6册，第295页

纠纷类型	契约名称	立契时间	资料出处
杉木纠纷	姜元翰、陆宗祥包木双方不放字	民国三十七年古历九月十八日	《清水江文书（第一辑）》第 4 册，第 509 页
	诉状稿	公元一九五一年六月□日	《清水江文书（第三辑）》第 9 册，第 473 页
	诉讼状一封	—	《清水江文书（第一辑）》第 1 册，第 94 页
	诉姜长富、姜景林偷盗杉木状纸	—	同上，第 100 页
	诉姜梦鳖等欺诈封阻卖杉状纸	—	同上，第 291 页
	信函	—	同上，第 437 页
	姜源淋诉姜恩相霸砍强卖并阻查真相等情状纸	—	同上，第 456 页
	诉姜某某等偷砍杉木等情状纸（草稿）	—	同上，第 465 页
	姜恩瑞等诉姜长生持凶械拦江违抗阻木等情状纸	—	《清水江文书（第一辑）》第 2 册，第 363 页
	姜宗耀、姚培厚告姜盛荣、姜锡禄状纸	—	《清水江文书（第一辑）》第 3 册，第 295 页
	姜盛荣等告姜宗耀、姚培厚状纸	—	同上，第 301 页
	状告姜锡禄、姜纯礼禀纸	—	同上，第 303 页
	姜成凤状告姜宗耀等禀纸	—	同上，第 308 页
	为籍田罩争法所难忍诉恩劈究以维良业事	—	《清水江文书（第一辑）》第 4 册，第 262 页
	为大题小作籍田占园混争恃横阻木诉恩劈究以维主权事	—	同上，第 266 页
	为籍田占园越界混争恃横阻木诉恩劈究以维主权事	—	同上，第 283 页
	诉姜献义越界恃强横争、恩请公裁事状纸	—	《清水江文书（第一辑）》第 5 册，第 218 页
	姜老奉等诉杨老包听从姜佐兴教唆造约谋业等事状纸	—	同上，第 220 页
	诉姜兆瑞倚势混争、横蛮封阻等事状纸	—	同上，第 221 页
	姜源淋、姜源珍等为逞凶盗砍、仗势欺良、告恩惩盗救民事禀稿	—	同上，第 227 页
	为统众凶殴、处分不符、诉请依法严惩、以维世道事诉陆宗壁等状纸	—	同上，第 254 页

261

续表

纠纷类型	契约名称	立契时间	资料出处
杉木纠纷	为捕风捉影、恃强横争、请恳传究，以维业权事诉杨维森状纸	—	《清水江文书（第一辑）》第5册，第268页
	姜元贞、姜祖发为串通横阻、神手遮天，恳赏封阻以维商务事诉姜梦螯状纸	—	同上，第271页
	为棍矜结匪、肆行强砍聚劫、奔天除莠安良事诉王治浩等状纸	—	同上，第273页
	姜佐章等为盗山横剥、反噬谋吞事诉姜保佳禀稿	—	同上，第280页
	为违约悔骗、欺良诈害事控姜廷判等诉状	—	同上，第288页
	姜文才等为越占强砍事诉姜起奉等状纸	—	同上，第298页
	姜凤岐、姜献义等为仗势估霸、恃强横争等事控姜凤沼等人诉状	—	同上，第320页
	谋控罪控诉状	—	《清水江文书（第一辑）》第8册，第325页
	姜作干状词	—	《清水江文书（第一辑）》第9册，第180页
	姜纯义为阻流木植承空愿田存案免后骗业图赖事等情呈诉状	—	同上，第341页
	姜纯义具迭遭谋害、□课害商并恳请扶弱抑强等情状纸	—	同上，第342页
	诉状稿	—	《清水江文书（第二辑）》第1册，第446页
	诉状稿	—	同上，第447页
	诉状稿	—	同上，第448页
	诉状稿	—	《清水江文书（第二辑）》第2册，第59页
	诉状稿	—	同上，第60页
	诉状稿	—	同上，第61页
	诉状稿	—	同上，第84页
	诉状稿	—	同上，第481页
	诉状稿	—	《清水江文书（第二辑）》第7册，第243页
	诉状稿	—	同上，第245页
	诉状稿	—	同上，第252页

纠纷类型	契约名称	立契时间	资料出处
杉木纠纷	诉状稿	—	《清水江文书（第二辑）》第 8 册，第 450 页
	刀笔书之二一九	—	《清水江文书（第三辑）》第 4 册，第 222 页
	刀笔书之二二〇	—	同上，第 223 页
	诉状稿	—	《清水江文书（第三辑）》第 3 册，第 489 页
	存查要件之六五	—	《清水江文书（第三辑）》第 4 册，第 360 页
	诉讼稿禀之二〇	—	《清水江文书（第三辑）》第 5 册，第 330 页
	诉讼稿禀之二一	—	同上，第 331 页
	诉讼稿禀之二二	—	同上，第 332 页
	诉讼稿禀之二六	—	同上，第 336 页
	诉讼稿禀之二七	—	同上，第 337 页
	诉讼稿禀之三一	—	同上，第 341 页
	诉讼稿禀之三七	—	同上，第 345 页
	诉讼稿禀之三八	—	同上，第 346 页
其他	锦屏司法处召姜元瀚传票	民国三十三年十一月二十三日	《清水江文书（第一辑）》第 1 册，第 275 页

表 4-7 《清水江文书》中官府处理林业诸纠纷文书占比表

纠纷类型	文书数量（份）	文书占比
山杉纠纷	186	50.4%
山场纠纷	78	21.14%
杉木纠纷	104	28.18%
其他	1	0.27%

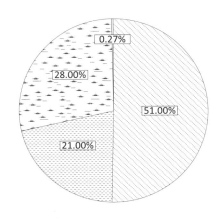

图 4-4 《清水江文书》中官府处理林业各纠纷文书占比图

第三节　民俗管理

"在中国广袤的土地上，几乎每个角落都有寺庙、祠堂、神坛和拜佛的地方。寺院、神坛散落于各地，比比皆是，表明宗教在中国社会强大的、无所不在的影响力。"[1] 这样的超自然力量的信仰遍布全国。清水江流域也不例外，史籍记载，该地区"苗俗尚鬼"，仅就"鬼"的信仰言，丹寨厅就有九大主要"鬼"系、101 种"鬼"[2]，更别遑他论了。林业纠纷是影响人工营林稳定的不利因素之一，如果通过民间协商和政府调解诸方式都不能使纠纷双方和解的话，当地的居民大都会求助神灵。检阅有关清水江流域纠纷处理的文字记载，有明以降，神灵判决仍然占据纠纷处理的重要位置。《黔记》卷十二《群祀志》载："凡我一府境内人民，倘有忤逆、不孝、不敬六亲者，有奸盗诈伪、不畏公法者，有扭曲作直、欺压良善者，有躲避差徭、靠损贫户者，似此顽恶奸邪不良之徒，神必报与城隍，发露其事，使遭官府……若事不发露，必遭阴遣，使举家并染瘟疫，

---

① ［美］杨庆堃：《中国社会中的宗教：宗教的现代社会功能与历史因素之研究》，范丽珠译，上海人民出版社 2006 年版，第 24 页。

② 陆群：《民间思想的村落：苗族巫文化的宗教透视》，贵州人民出版社 2000 年版，第 75—80 页。

六畜田蚕不利。如有孝顺父母、和睦亲族、畏惧官府、遵守礼法、不作非为、良善正直之人，神必达之城隍，阴加护佑，使其家道安和，农事顺序。"陆次云著《峒溪纤志》载："蛮僚有事，争辨不明，则对神祠热油鼎，谓理直者探入鼎中，其手无恙。愚人不胜愤激，信以为然，往往焦溃其肤，莫能白其意者。此习，土著之民亦皆从之，少抱微冤，动以捞速为论。"（民国）《贵州通志·土民志》"黑苗"条云："苗有不明者，只依苗例，请人讲理。不服，则架锅，用油米和水贮锅，置铁斧于内，柴数十担，烧板滚。其人用手捞斧出锅，验其手起泡与否，为决输赢，凭天地神明公断有无冤枉，谓之捞汤。"足见，神灵判决，学界将其简称为"神判"，日本学者武内房司将其称为"鸣神"，其目的是寄希望于超自然力量来解决纠纷，它是"把纠纷的处理诉诸一种当事人都认为是正义源泉的超自然的神的意志力，使嫌疑人或当事人处于一种现实的或潜在的危险状态之中，并进而以为他是受神意的眷顾而安然无恙作为其有罪无罪的检验标准的一种裁判办法"[1]，这种判定方式基于当事双方有共同信仰，坚信并畏惧神的裁判会带来惩罚。就清水江流域言，涉及神灵处理林业纠纷的有南岳庙神、城隍庙神、土地神和林管神等。

一、通过南岳庙神处理纠纷者

南岳庙是与佛、道、儒三教并存的寺庙，在南方广泛存在，南岳庙神系民间神之一，相传他负责管理土地，故民间一般发生难以解决的纠纷时都会拜请南岳庙神加以处理。清水江流域在雍正朝开辟黔东南苗疆后，这样的信仰在当地也得以快速传播，民间亦多利用其来解决民间纠纷。此在清水江林业契约中多有体现，具体参见契约4-59。

契约4-59
立将山场充公字人本寨姜大荣、献瑞、姜凤仪、恩瑞、光朝、庚寿等所有共山壹块，地名冉皆豆，此山界止上凭土坎，下凭大荣叔侄之山，左凭世培之山，右凭大荣叔侄之山，四至分清，此为因争论，

---

① 梁聪：《清代清水江下游村寨社会的契约规范与秩序》，第159页。

各山主自愿凭中将充与南岳庙管业，自充以后，各山主等不得异言，共有田坎下之壹幅凤仪、光朝二家不得混争，俱系大荣叔侄管业，恐口无凭，立此充公字存照为据。

此字存在秉魁家，此张秉魁抄录

凭中南岳龙永清本寨姜保生姜兆彰

代笔克顺

光绪四年十月十八日立 ①

契约 4-59 订立于光绪四年，原因是姜大荣、献瑞、姜凤仪、恩瑞、光朝、庚寿等人因山场存在争论，最后大家自愿将其充公，归南岳庙管业。这是一份将争论山场充作南岳庙管业的文书，反映了林农在处理纠纷的过程中，因难以平息，就直接将山场予南岳庙管业，当地对神明的敬仰由此可见一斑。

南岳大王庙鸣神是由民间生活衍生出来的，人们相信死者以及神灵会庇佑生者，以"善有善报，恶有恶报"的方式指引他们生活，他们坚信神灵会给予人们一定的回报，在这种观念的影响下，祈求神判构建了处理纠纷的重要部分，梳理鸣神文书，发现鸣神出现有以下几种情形，即：一种是纠纷发生后，当事双方直接选择鸣神，请求神灵给予对方惩罚；另一种是纠纷发生后，通过第三方的参与调节，若仍未妥善处理者，转而乞求神判化解矛盾；还有是由官府经手仍未处理妥当，双方再度诉之神灵。以上诸类情形，具体参见以下两件契约。

契约 4-60

立请字人粟胜才，为因先年得买平鳌寨胜之山，地名污茶溪，今与韩世华、谭有信二比争执，自愿请到姜文勋、三今、学海、宗宽、启华等，宰鸡鸣神，胜才出鸡狗，友信当南岳大王面宰割，二比心平意愿，并无逼勒等情，临场亦不敢瘦嚷多言。今欲有凭，立此请字是实。

代笔黄良仁

① 张应强、王宗勋：《清水江文书（第一辑）》第 2 册，第 421 页。

嘉庆二十年十一月二十日立 ①

契约 4-60 记载的是嘉庆年间的一起纠纷，具体为山场纠纷，最后双方自愿宰鸡鸣神，"当南岳大王面宰割"。南岳大王，即南岳大帝②，部分侗寨又称其为忠静大王、中正大王，"把南岳大王看做侗寨安全神和外出做事的保护神、平安神，具有安全神、平安神、保护神等多层面的神格"③。

契约 4-61

立请字人姜明伟、之林、之滨、之漠、之正、起妃、起爵、起漠、起平、起华等为因有杉山一所，地名小龟尾溪，上登顶，下抵水冲，左凭黄草岐屋场，右凭大岭潘治华所栽分界，缘与姜文荣、文台、文齐、老明、起运等混争界限，上争至黄草坡一小岭以下至桥，伊砍新厄为界，二比请中姜兴文、建周、文煌、昌齐等理究，未分真伪，两家自愿凭中鸣神，请伽蓝一尊，皇经一部，鸡狗六付，二比至南岳大王台前拈阄，倘明伟等得阄，照依左边凭黄草坡屋场，右边凭大岭潘治华所栽分界管业，二比不敢妄言，特立请字是实。

一付官祥、老宇、文佐、明伟

二付明伟、老明

三付之林、文荣、起周

四付文齐、文正、三祥、文召

五付二比地主与卖主，二比栽主与卖主

六付

嘉庆十五年十月廿九日起华笔 ④

契约 4-61 是一起山林界止纠纷，与契约 4-60 文书一样，当事双方曾请中

① 张应强、王宗勋：《清水江文书（第一辑）》第 2 册，第 185 页。
②《中国各民族宗教与神话大词典》编审委员会：《中国各民族宗教与神话大词典》，学苑出版社 1993 年版，第 114 页。
③ 钮小静等：《坪坦河流域申遗侗寨民间信仰调查》，《怀化学院学报》2015 年第 2 期。.
④ 张应强、王宗勋：《清水江文书（第二辑）》第 2 册，第 176 页。

人理讲以排解矛盾，仍"未分真伪"，于是双方另请凭中鸣神，旨在以神判解决山林界限问题，不同于契约 4-60 的是，"请伽蓝一尊，皇经一部，鸡狗六付"，"南岳大王台前拈阄"等。"伽蓝"是维护佛教善法的神灵。"皇经"则泛指道经，这表明当时鸣神没有规定向单一的神明，可以同时请多位圣灵进行神判。上述材料中的神明判断是非是以抓阄来体现，人们认为，他们所崇拜的那个神灵是不会眷顾为非作歹的恶人，它会在冥冥之中引领对的一方得阄。

二、投城隍庙处理纠纷者

"城隍"属道教之神，明太祖洪武年间规定各府州县祭祀城隍神，将其视为"剪恶除凶，护国保邦"之神，有所谓"神之亲民者莫如城隍，犹官之亲民者莫如守令"之说。天柱县《康熙重建城隍庙碑记》云："人藏其心，不可测也。测之，惟神。顾神非测也，目不烦观，视于无形，耳不烦听，听于无声，喜怒不呈于色，赏罚不出于口。而善则赐之百祥，恶则赐之百殃。"[1] 故当地人有纠纷之事，自然会"自愿投城隍老爷台前宰鸡鸣神核夺真假"。此在清水江文书中也多有反映，具体请参见契约 4-62、4-63。

契约 4-62

立平心合同字人本寨姜开文叔侄，因与世道弟兄所争皆楼脚油山埂下杉木一行十二根，又争从皎杉木一行，二比争持不定，请中姜光秀等理论，奈是非难明，各自愿投城隍老爷台前，宰鸡鸣神，核夺真假，凭中先断从皎土木一行着开文叔侄永远管业，又先断油山埂下土木一行着世道弟兄永远管业，日后另栽，不许霸占寸土，如有霸占滋事，□立合同一纸存照。

凭中姜之连光秀范绍昭

道光二十二年六月二十一日立[2]

① 政协天柱县第十三届委员会：《天柱古碑刻考释》（下），第 400 页。
② 张应强、王宗勋：《清水江文书（第一辑）》第 1 册，第 48 页。

契约 4-63

立合同字人本寨姜开文叔侄，与世道弟兄所争皆楼脚油山埂下杉木一行，又争丛皎杉木一行，是非不明，因请中姜之连、光秀、向祖照等理论，议断开文叔侄管业丛皎土木一行，又议断世道弟兄管业油山埂下土木一行。二比不平各愿，投城隍老爷台前宰鸡鸣神，日后另栽不许霸占滋事，今恐人心不一，爰立合同一纸，付与中等执政。

> 事主姜世道世明
>
> 姜开文凤仪
>
> 姜思作代笔
>
> 道光廿二年六月廿一日立 [1]

从上述两件鸣神文书所载内容看，均为杉木纠纷，不同于前文所举契约的是，纠纷经过中人理论后，仍是非难明，故纠纷双方至城隍前鸣神，城隍为守护城池之神，后来演变为对应人间地方"阳官"的"阴官"，负责管理这一地区的一切大小阴间事务。也就是说，鸣神并没有固定的求诉对象，只要双方共同信仰某位神明，即可对其进行鸣神。

三、土地、灵官、大圣神等处理纠纷者

值得一提的是，如果经过发毒誓、请一位德高望重的人进行两头劝解来平息纷争，还解决不了，反而事越闹越大者，最后只好上告到官府，让官府加以裁定 [2]。《道光十六年八月文斗寨姜光裕诉姜志远、姜吉兆诉状词稿》载：

> 具诉状民文堵寨姜光裕、姜保五，平鳌寨姜烈等为冤遭捏害计吞骗事。缘道光七年蚁 [3] 等与姜吉兆、吉祥、德盛等合伙向伊父志远得买地名九框杉木一所，兑价四千零二十两，议定大股份，吉兆、吉祥、德盛一大股，蚁等一大股。此木卖获银七千四百四十两，处月利、夫价共赚钱一千九百八十余两，中证姜映光、志安活质。屡求志远派分，

---

① 张应强、王宗勋：《清水江文书（第一辑）》第 10 册，第 168 页。
② 徐晓光：《苗族习惯法的遗留、传承及其现代转型研究》，贵州人民出版社 2005 年版，第 78 页。
③ "蚁"，在清水江文书纠纷文书中，指向官府或诸神诉讼人的谦称，相当于草民、小民。

而志远旋以仍将赚项贩木为缓，信以为真。搁置八年三月向内，向志远分用，总以吉兆 ① 下京未回搪塞。不料吉兆下京调任，吉祥随仕久外未回。蚁等屡讨屡延，央中向讲支吾了事。窃伊以此项重利生放过几本，蚁等望梅止渴，□尽千金。

　　候至十四年腊月内，吉祥始回。十五年三月又邀吉祥同样分用，谁知吉祥股早已入己，仅蚁等受伊牢笼，股份久措不给，心实不甘。又向姜志远求分，无如桑进天良，反齿分厘不给，事出黑天。当请乡约李天星，寨头姜如玉、姜启家、启灿等向讲，亦坚直不认，不已求神鉴察，而志远昧心稍惧，凭中愿出二十五两以为送神之费，慢做商量。四月志远死，适吉兆丁忧回家。蚁等以为受父之欺瞒，子或不肯昧己。葬事毕，请原中向吉兆理讲。而吉兆又分厘不认。泣思蚁等将本求利，岂有甘受鲸吞，复抬灵关、珈蓝各一尊、皇经一部，与伊鸣神。谁丢何憾，奈伊心虚势大，反以大言诈鸣神。除非府堂上情迫控，前任县主程蒙批仰约中查禀，未及卸任。讵知吉兆不思自悔，反以先法害人，捏以蚁等串合一百余匪，聚集文堵坡脚，各执枪炮标杆抢伊木植，大题欲陷蚁等于死地，着伊母舅姜朝弼为报□。殊不知事可捏而地方难瞒，人可欺而台镜不昧，若任伊恃富恃官之吉兆冤捏吞骗，虽死不瞑目矣。不已哀诉乞大老爷台前做主查明严究，顶祝鸿恩不朽。

道光十六年八月□日具诉 ②

　　值得注意的是，材料中的"灵关"，即民间所称的"灵关菩萨"，与珈蓝、土地、城隍等神一样，都有维护民间社会稳定、化解纠纷、降临福祉的职责。在其后历史发展中，为了防范山场纠纷，除了各家各户拥有国家山林承包证外，民间利用这样的信仰处理诸类纠纷还依然存在。据笔者课题组调查，目前在清水江流域还有诸多灵关菩萨简陋的石头庙宇存在，这也进一步证实了历史上通过灵关处理山林纠纷的存在。

---

① 姜吉兆系姜志远长子,曾中举任四川什邡知府一职。参见（光绪）《黎平府志》卷七下《人物志》。
② ［日］唐立、武内房司，杨有赓等：《贵州苗族林业契约文化汇编（1736—1950）》第三卷，东京外国语大学国立亚非语言文化研究所 2001 年版，第 107—108 页。

需要注意的是，在清水江文书中，涉及的神灵甚多，除了以上诸类神外，大圣佛主等也参与山林纠纷处理。这类神灵一般在清水江文书中的"具阴禀"出现，具体见契约4-64。

契约4-64

具阴禀

全稿

中华民国贵州黎平县政府西七区高东乡所属乌山寨居住善良民吴添乾、吴添开、吴添银、吴秀钟、吴秀金、吴秀辉、吴秀钱、吴秀铜、吴秀明、吴秀锦、吴相兴，吴秀程、吴秀桂、吴秀求、吴秀和、吴秀培、吴相祥、吴相家、吴相□、吴相能、吴相周、吴相前、杨再恩叔侄弟兄人等，世代忠厚，毫非不然，不料今载人在家中，祸从天降，缘民叔侄等自高祖吴孝孝公于前清嘉庆年间伙同岑菓张士进用价得买倬爹吴世朝之山，坐落地名归斗溪头，土名翁虐山场杉木一块，上抵潘起才旱沟，下抵溪坎为界，左抵吴朝用田角为界，右抵溪毫为界，此山四抵之内三股之山，高祖孝仲公占一股，张士进占贰股。嘉庆六年立有合同字据为凭。嘉庆七年士进之贰股出卖与归斗潘起仲，业管数栽，又至道光十六年吴成思公得买潘朝琏，此山三分之贰仍然为有□卖红契山场□全归民祖买获管理，到今百数十年之久，况由道光年间至民国十二年陆续砍伐四次，栽修几多次，而且相□山并招佃种等因契纸合同层层、证据叠叠，有凭管业，确鉴砍栽修理，男女老少眼观目视，远迩咸知，惟民管业，人神共晓，毫无他异。

迄今突被锦属大瑶光河口素为老奸狡猾之姚绍先、石光禄、龙锦胜等估霸良民欺压忠厚，又被伊恶等串拴妄控，始于前月，经黎平县周继武审讯，不查本山历来民等管有之确实，皂白未分，反将民等之人收押，尚未开释，案不剖决老恶姚绍先串合美罗寨明中□主黄昌文、石光禄等串拴谋占，恶等动辄恐赫多方，无故将民山杉卖与龙青云砍伐，俗不思业各有主，为此经中揭字，对照地名不合，民山杉木自祖用价买历代执有红契老约合同，耨修管理，多次多□，是足可据，如今被伊恶等姚绍先、石光禄、黄昌文、龙锦胜等串霸强占，意欲督□砍木，是恩□理难伸，想民等管有数代，百多年之业，到今被伊霸夺，何以甘服，反遭伊恶控告民等耗费银钱，损失多金，直此情形冤诉不白，银木两空，为此理万难休是恩无策，而民叔侄等诚心举意，惟有虔心敬叩大圣佛主殿前恳祈。

神圣降下，大显威灵，□准洞鉴，查清此山之虚实，其山民等祖人买管到今，木植樼山修管理砍伐数届，层层有真，民为实理，应降之百祥，恶串霸从世不管不修，今来强占，此系为虚理，应降伊之百殃，莫以虚为实，莫以实为虚，今伊之情虚者天厌之，天厌之日天而言哉，叩之即应。①

具阴禀类似于诉讼当中的禀稿，不同之处在于诉诸对象各异，禀纸是向阳间政府官员所呈的投词，而具阴禀则是向阴间神明诉之冤情的呈词。

仔细检阅契约4-64，这是一起山杉纠纷的案件，纠纷多次出现，曾报官处置没有解决，随即再次发生冲突，于是受害方选择鸣神，求神灵明辨是非，求助的神明为大圣佛主。值得注意的是，材料并没有提到纠纷双方共同鸣神，反而体现的是受害方单独恳求神明显灵，予以公道。这样的"具阴禀"文书甚多，此不一一述之。

四、其他

对于都不涉及以上诸神灵者，民间还祈求神明鉴察，以及通过发毒誓的途径来加以处理，具体见契约4-65。

契约 4-65

立请字人姜东贤、东才兄弟等，为周有祖遗山场杉木，地名冲讲葱，忽被启略越界强卖盗砍，以致我等混争，央中理论，未获清局。今我二比情愿宰牲口鸣神，我等实请到中人姜宗友、文光以并劝中姜怀义，言定明晨初六日，各带堂亲一体齐至冲讲木处，宰牲鸣神，毋许大声毒骂，更毋许伸手揪扭等情。此乃我二比心平意愿，并非中等

---

① 张应强、王宗勋：《清水江文书（第三辑）》第3册，第462页。

强押。照宰牲之后，言定限于四十九日内，如神明鉴察，报应昭彰一家者。任将此木大共二十六棵输以为未受报之家，复定各比堂亲之名，务要实名列案。无如，以输为定，决无异言，立此为据。

代笔凭族人东卓

道光二十七年六月初五日立 [1]

契约 4-65 立于道光二十七年，因越界强砍杉木而引起的纷争，期间，有中人参与调解，未果。于是当事双方选择神判。在此件文书中充分体现了鸣神的基本过程，首先，双方需定好时间、地点，然后宰牲进行鸣神，约定时间期限，等候神明的明鉴，这其实是使当事人置于超自然力量之下处置纠纷的方式，如果当事人约定期间内仍安然无恙，则证明他是受害方，相反，当事人遭遇危险，则说明他是过失方。当然在鸣神的过程中，当事人会进行陈述，出现祈神词。此外，如果不能解决，他们还会发毒誓。

契约 4-66

神祇灵矣，诉断分明，兹恶理灵，今当□姚绍先、石禄、黄昌文、龙锦胜、周继武、雷萧天诛恶无存，抑强扶弱，斡察混争，口吐鲜血，全家俱亡，降伊绝灭，□免后争，儆来后效，善获安宁，良民管业，为致争侵，兹圣力巨展神功有验，诛恶除根，民等善良□沐。

圣恩洞迴显顺

中华民国贰拾贰年九月 [2]

契约 4-66 中言及的"口吐鲜血，全家俱亡"，即显示了民众对神灵的诉求得到灵验，当事人在鸣神过程中发毒誓，求神灵明辨，降报应于罪有应得的一方。需要注意的是，通过第三方排解无法平息争论，通过鸣神还不能处理者，最后还是诉讼到官加以妥善解决。

---

[1] ［日］唐立、武内房司、杨有赓等：《贵州苗族林业契约文书汇编（1736—1950 年）》（第三卷），第 101 页。

[2] 张应强、王宗勋：《清水江文书（第三辑）》第 3 册，第 429 页。

利用习俗处理纠纷是清水江流域非官府处理的重要构成部分，清水江流域长期形成的习惯法成为约束和评判人们的标准，习惯法以各种载体出现，有碑刻、方志、乡村记载等。而鸣神则弥补了民间处理的不足，鸣神的实施基于双方共同的信仰，鸣神的对象可以是单一的也可以同时诉诸多位神灵，鸣神的方式也有多种，比如抓阄、发毒誓等，其结果是否灵验我们不必关注，但可知，鸣神是植根于地方文化当中的，它在相当长的时间内满足了当地人民的需要。随着清水江流域与外界联系的加强，人口流动的频繁，外来的不同价值体系冲击着原本的观念，加之此区域林业贸易的繁盛，山林纠纷层出不穷，人们脱离了鸣神观念束缚，这种传统的处理手段已经无法解决复杂的利益关系，也由于中央政权在此区域立法的完善，于是，人们逐渐倾向了鸣官，但是并不意味着鸣神就消失了，在清水江流域，它依然存在于部分与外界联系较少的村寨当中，仍然发挥着它固有的作用，只是效果不如从前。

表 4-8 《清水江文书》中涉鸣神处理纠纷文书概略

纠纷类型	文书名称	鸣神类型	调解方式	文书出处
山场纠纷	嘉庆十五年十月二十九日姜起书等立请字	南岳大王	先中人协调，后至城隍鸣神	《清水江文书（第二辑）》第 2 册，第 175 页
	嘉庆十五年十月二十九日姜明伟等立请字	南岳大王	先中人协调，后至城隍鸣神	《清水江文书（第二辑）》第 2 册，第 176 页
	嘉庆二十年十一月二十一日栗胜才立请字	南岳大王	直接鸣神	《清水江文书（第二辑）》第 2 册，第 185 页
	刀笔书之二〇三	神灵	—	《清水江文书（第三辑）》第 3 册，第 206 页
	刀笔书之二〇四	神灵	—	同上，第 207 页
	刀笔书之二〇五	神灵	—	同上，第 208 页
	刀笔书之二〇六	神灵	—	同上，第 209 页
杉木纠纷	道光二十二年六月二十一日姜开文叔侄与世道弟兄平心合同	城隍	先中人协调，后至城隍鸣神	《清水江文书（第一辑）》第 1 册，第 48 页
	道光二十二年六月二十一日姜开文、姜世道等分山合同	城隍	先中人协调，后至城隍鸣神	《清水江文书（第一辑）》第 10 册，第 168 页
	民国二十二年九月□日祈神词稿	—	—	《清水江文书（第三辑）》第 3 册，第 429 页

续表

纠纷类型	文书名称	鸣神类型	调解方式	文书出处
山杉纠纷	诉状稿	神灵	报官蒙审，又经地方首人理讲	《清水江文书（第三辑）》第1册，第424页
	具阴禀	大圣佛主	报官蒙审	《清水江文书（第三辑）》第3册，第426页

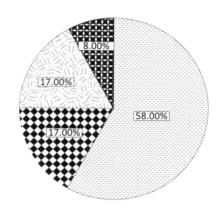

⊠ 山场纠纷　◪ 杉木纠纷　⬚ 山杉纠纷　▣ 其他

图4-5《清水江文书》中涉鸣神处理纠纷文书占比图

小　结

　　从上可见，人工营林经营是一项极为复杂的社会系统工程，这样的工程除了前文言及的人工营林本身的生物属性需与所处区域的自然地理要素兼容外，还得关注人，因为人是人工营林扩大的保证。值得一提的是，任何一项经济工程，都难免会产生诸多利益集团，因此就需要解决人性本身的问题，首先就得规避纠纷的产生，进而对已经发生了的诸类社会纠纷加以细致处理，才能真正推动林业经济的大发展、大繁荣，因此关注前文预防林业纠纷的发生所采取的规避规约，是解决林业纠纷发生后重要的处理模式，总体可以窥见人工营林经济发展的复杂性，纠纷处理方式的多样性，实现林业规模生产长期管护的有效性。

第五章
青山买卖契约文书

清水江林业契约文书甚多，就人工营林买卖契约言，大致可分为青山买卖契、发兜木买卖契等。青山买卖包括幼林、中幼林买卖和成材林买卖。幼林在文书中一般称之为"嫩杉林""子木林"等，因为林木还未成材，需要蓄禁封闭管理，这样的山林，在清水江林业契约文书中被称为"禁山"，此类文书被称为"蓄禁字""蓄禁合同""禁山字"等。值得一提的是，这样的"幼林""禁山"也是可以出卖的，文书称之为"出卖嫩杉木字""出卖嫩杉木约""出卖子木字""出卖禁山字""出卖禁山约"等。而成材林买卖，在文书中一般称之为"出卖老杉木字""出卖老条木字""出卖大木字"等，有的还需要通过文书中记载所卖林木限制砍伐的时间作出判断，如"三年砍尽，地归原主"，等等。此外，青山买卖，还涉及发兜木买卖，内容涉及被砍树的树墩，以及树墩重新发芽到郁闭成林的发兜木买卖。值得注意的是，还有一类就是非建筑用材林，即油茶、油桐、漆树、虫树等林副经济林的买卖，这些也是青山买卖的重要内容，为深化这一研究，下面就幼林买卖契约、成材林买卖契约，以及发兜木买卖契约等类型，依次展开分析。

第一节　幼林买卖契约

从目前诸多清水江林业契约文书看，青山买卖由于所取标的物不同，则命名就会呈现出一定的差异，就幼林买卖契约言，如果是以杉木的生产样态还未成材的幼林言，文书被称其为"嫩杉木字""嫩杉木契""子杉木字""子林字"等，如以林副经济林是否挂果、收割、放虫言，则称之为"嫩油树字"①"嫩油桐树字""漆树字""虫树字"等。如果是以管护手段言，则称为"蓄禁字""禁山字"等。

一、嫩杉木与子木字

《黔南识略》卷二十一《黎平府》记载，黎平府境杉苗经栽手管护"三五年即成林，二十年便供斧柯矣"。意思是说，幼杉郁闭成林至成材砍伐所需的时间大约为20—25年，处在这一时段的杉木林，在清水江文书称之为"嫩杉""子木"②阶段，这一时期的幼林也是可以买卖的，此类幼林买卖林业契约文书，在清水江林业契约文书中很普遍，一般被称之为"卖嫩杉字""卖嫩杉木契""卖子木字""卖子杉木契"③"断卖蓄禁字"等，因是嫩杉买卖，即前文言及的山林经营权转让问题，故契约中多书写有"至（嫩）杉木（长大）砍伐后，地归原主"等字样，具体见前文。这样的林业契约文书内容有三：其一是交代人工营林出卖的标的物，即还没有成材的人工营林幼木，如是杉木，则称之为"嫩杉木""子杉木""小杉木"等，如是漆树称之为"子漆树"，油树则称之为"嫩油树"等。这些都反映了林业还没有成材，没有达到砍伐、收割、采摘的标准。其二是会交代借地养木的时间，一般以一个林木生产周期为限，时间大致为25—30年，故在清水江林业契约文书中言"蓄禁限至叁拾年正""日后木植长成""嫩杉付与买主修薅耕管为业"等字样。其三是买卖双方权益，卖方不能干扰买方对林木的经营，而买方必须履行合同上的内容，蓄禁期满，将山场交还给山主，以进行下一轮的林木生产。这样的幼林买卖从目前遗存在民间的文书看，清代至民国时期都有，具体见以下14件契约。

契约 5-1

立卖嫩杉木字人姜启章，今因要银用度，情愿将已分下嫩杉木二块，坐落地名一处白号山，一处乌号山，共计贰处，作拾股分。启章

---

① 张新民：《天柱文书·第一辑》第5册，第236页
② "子木"，指刚栽植成林，尚未成材的中幼林，也称嫩木。
③ 张新民：《天柱文书·第一辑》第4册，第268页

弟兄占一股半，此一股半，启章名下占一半，包五名下占一半。今启章一半出卖，以本族姜启才、姜映祥二家蓄养管业，依中处定断价银叁两捌钱正，入手应用，其木长大砍伐，照股均派，木尽地归原主，倘有来历不清，不干买主之事。今欲有凭，立卖字存照。

外批：此山作拾两分，启章包五共占一两五钱，启章占七钱五分

凭中姜周杰

代笔姜文启

乾隆五十八年十一月二十六日立[①]

契约 5-2

立断卖嫩杉木字人黄门寨王德才，为因欠到雷寨欧阳肇伦银捌两，无银归还，自愿将已亲手所栽杉木一块，坐落地名白号山，其山贰大股，分文堵众上占地租壹股，王德才占栽手壹股，栽手壹股分为柒小股，肇伦得买德才六股，姜老三名下占壹小股，其山界限大小叁岭，左右凭冲，上凭黄门山，下凭姜老肥山，四至开清。自卖之后，任从买主修理管业。卖主弟兄外人不得事论，倘有来历不明，卖主向前理落，不干买主之事，一卖一了，不得翻悔。今欲有凭，立断字存照。

外批：此山众议王德才种理叁年，以后此山肇伦修六年，老三修一年，木砍尽，地归山主。

凭中姜应科王德隆

代笔姜文启

嘉庆元年年八月二十九日卖主王德才立[②]

契约 5-3

立卖嫩杉木字人胡贤林，今因家下要钱用度，无从得处，自愿将到土名把把冲头嫩杉木壹团四股均分，出卖栽主壹股，上抵岭，下抵路，左抵水壕，右抵岭边以下为界，四至分明，欲行出卖。自己上门

---

① 张应强、王宗勋：《清水江文书（第三辑）》第 7 册，第 232 页。

② 张应强、王宗勋：《清水江文书（第三辑）》第 7 册，第 234 页。

问到龙荣富名下承买，当日凭中言定价钱贰拾捌叁百贰拾文整。其钱亲手领足入手用度，其嫩杉木付与买主耕管为业，自卖之后，不得异言。恐口无凭，立有卖契存照为据。

内添三字。

凭中周政昌

代笔胡玉林

民国丙辰五年正［月］二十三日立卖①

契约5-4

立卖嫩杉木契字人龙光斗，情因缺少用度，无从得处，自愿将到土名豪油柞杉木壹团出卖，上下抵昭灵地，左抵昭田地，右抵昭灵地，此山内除老寿木壹根未售，又土名上冲扒杉木一团，上抵坎，下抵田，左抵龙寿珍墦地，右抵龙培茂墦地，四至分明，要银出卖。自愿请中问到流利本族龙作焕名下承买，即日凭中议妥价足银壹佰两零八钱正。其银亲手领足支用，其杉木付与买主蓄禁管业，日后砍伐下河，其地仍归原主。自卖之后，不得异言反悔。恐口无凭，立有卖字存照。

中笔龙光家

民国五年四月十五日立②

契约5-5

立卖嫩杉木字人吴怀元，今因家下要钱用度，无从得处所出，自愿将到土名佳你冲头左边杉木一团，上扯王作霖等荒山，下扯吴怀元所开杉木，左扯买主杉木，右扯买主荒山，四扯分明，欲行出卖。先问房亲，无人承买。请中上门问到王先定名下承买，当日凭中议定价钱玖拾肆仟伍佰捌拾文整，其钱亲手领足，其杉木付与买主管业，二比意愿，日后二家不得异言。今幸有凭，立此卖契为据。

① 张新民：《天柱文书·第一辑》第16册，第239页。
② 张新民：《天柱文书·第一辑》第18册，第345页

房亲吴怀亨

凭中吴怀贞

代笔杜仁和

中华民国六年三月初六日立字①

契约 5-6

立卖嫩杉木字人龙东永，今因家下要钱使用，无所出处，自愿将到土名谢板冲头嫩杉木乙冲，上抵路，下东吉山，左抵燕品山，右燕川山为界，四至分明，先问房族，无钱承买，问到积德村杨通海承买。当日三面议定价银四两零八分正，其银亲主领足应用，并无下欠分文，其嫩杉木蓄禁限至叁拾年正，砍木下河，地归卖主营业。若有来历不清，有卖主向前理落，不干买主之事。自卖之后，不得异言。恐口无凭，立有卖字存照。

内添乙字。

凭中占荣

子笔砚祖

民国丁巳年四月十二日立字②

契约 5-7

立卖柴山墦土嫩杉字人龙焕彩，今因家下要钱使用，无所出处，自愿将到土名塘黄坡柴山墦土嫩杉一团出卖，上抵胡宏璋田，下抵龚东永山，左抵李裕兴并买主田，右抵买主二共山并龚东永、龙祥禄山为界，四至分明。先问亲房不买，请中上门问到龙光然龙光朋承买，当日言定价钱伍封陆拾枚整，立时钱契两交，并不少欠分文，自卖之后，买主永远耕管为业。恐口无凭，立有卖字为据。

外批：左下小冲所栽之嫩杉木四六均分，内除栽主六根不卖。日后砍伐下河，地归买主。

① 张新民：《天柱文书·第一辑》第 18 册，第 347 页

② 张新民：《天柱文书·第一辑》第 17 册，第 228 页。

内添四字

凭中龙福弟

代笔龙文光

民国拾年八月廿七日立字[①]

契约 5-8

立卖嫩杉木栽主字龙德魁、龙德芳、龙德举兄弟三人，今因缺钱使用，无所出处，自愿将到土名唐场嫩杉木一团，上□□，下抵龙锦厚田，□□□□主为界，四至分明，要钱出卖。先问亲房，无钱承买。□□□门问到本寨龙□汉、云汉兄弟二人名下承买。当日凭中言定价钱肆拾□□□□文整，其钱亲领应用，其□□□□□□□□□管□□远□砍伐，不得异言。恐后无凭，立有卖字为据。

内添三字。

凭中汤应林

伍华然

代笔龙永钾

甲子年五月十四日立字[②]

契约 5-9

立卖子木字人白坌寨龙天仲，今因家下要钱使用，无所出处，自愿将到土名盖沟山杉山一团，上抵富荣寨龙怀山子木，下抵老海冲龙孔照子木，左抵龙四林荒山，右抵卖主山，四处分明，要钱出卖，先问亲旁，无钱承买。请中上门问到演德寨龙仁招二人承买，当面凭中议定价钱八拾仟零八十文，其钱卖主领足，子木交与买主耕管，砍木出河，地归卖主，自卖之后，不得异言。恐口无凭，立有卖契存照。

凭中龙天祥

卖主亲笔

---

① 张新民：《天柱文书·第一辑》第 21 册，第 170 页。
② 张新民：《天柱文书·第一辑》第 13 册，第 174 页。

民国十五年三月卅日立 ①

契约 5-10

立卖嫩杉木字人清浪王先定、王志述、王志昌，今因家下要银用度，无处所出，父子商议自愿将到土名佳你冲头长冲嫩杉木壹团出卖，上抵卖主荒山，下抵卖主荒山，左抵卖主荒山，下截抵王会宇并卖主杉木山，依水沟为界，右抵卖主荒山，四至分明，欲行出卖。先问亲房，无人承买，自己请中上门问到邦寨龙远芳、龙荣芳、龙煜芳、龙汉元四人承买。当日凭中议定元钱壹仟柒佰贰拾柒仟肆佰文整，其钱当中亲手领足，其嫩杉木付与买主蓄禁、修耨、耕管为业。日后木植长大，砍伐下河，地归原主。若有未详不清，不干买主之事，卖主壹担□□□□□□□□□□□□□□。恐口无凭，立有卖字为据。是□□□□□□，内添一字。

外批：内除山脚现载有杉木贰坪，系吴姓之杉，又除老菀木贰根

凭中龙光家龙光杰

王会钟笔

民国十五年六月二十六日立字 ②

契约 5-11

立卖嫩杉字人攸洞胡伍氏清桃，情因缺少用度，无所出处，亲自相将前以所买攸洞杨宗祥之嫩杉，坐落地名他洋登峭坡杉山壹团，无计数根，即日概将出卖。自己请中上门问到地良甫沙杉龙耀恩、龙耀德兄弟二人名下承买，当面议定价钱贰拾贰千捌百文正。其钱亲主领足，其此嫩杉卖与买主修耨蓄禁，长大成林砍伐出卖，任凭地归原主，不得异言。今欲有恐，立有卖字为据。

内添二字

请凭中笔亲家地良龙景光

---

① 贵州省天柱县林业局，原档案号 GT－天柱县林业局－001。
② 张新民：《天柱文书·第一辑》第 18 册，第 386 页。

民国十九年九月初七日立卖字 ①

契约 5-12

立卖嫩杉木字人本房龙成禄，今因要钱使用，无所出处，自愿将到土名引夫冲洞脚杉木壹团，上抵登岭土坎并成归杉，下抵坳，左抵潘岁连、姚开淹嫩杉木埋岩为界，右抵龙成兴共地为界，四至分明，要钱出卖。自己请中上门问到春花林启禄、林启芳兄弟二人名下承买，当日凭中言定价钱式百壹式□六百八十文正。其钱付与卖主亲手领足，其杉木交与买主耕管欲禁，日后砍木出溪，地归元主。自卖之后，不得异言。恐口无凭，立有卖字是实为据。

亲笔龙

凭中李保坤

民国丙寅年九月十二日立 ②

契约 5-13

立卖嫩杉木壹团字人王汝生、□□二人，今因要银使用，无处所出，自愿将到土名长冲头嫩杉木壹团，上抵王永隆油山，下抵□瑞林田坎，左抵坟山，右抵王忠信荒山，四至分明，欲行出卖。先问亲族，无人承就。自己请中上问问到□礼菱、□礼明、□礼全三人名下承买，当日凭中议定价银叁拾壹两肆钱八卜整。其银付与卖主亲手领足，其嫩杉木壹团付与买主耕管为业。日后植长大，坎花(伐)出河,地圭(归)源(原)主。倘有不清之事，卖主上前里落，不与买主相干，二比心愿，不得异言反悔。恐口无凭，立有卖契为据是实。

代笔王正植

凭中王忠臣

亲房王正位□□

① 张新民：《天柱文书·第一辑》第15册，第317页。
② 张新民：《天柱文书·第一辑》第18册，第176页。

　　　　　　　民国□未年腊月拾肆日立卖 ①

契约 5-14

　　立卖嫩杉及地土字人兴隆村龙长庆，今因缺少使用，无所出处，自愿将到坐落地名毫高闷路坎下嫩杉壹团，上抵路，下抵沟冲，左抵高简大坪角，右抵冲并路，四至分明，其杉贰股均分，今将我之股出卖。先问亲房，无钱承买，亲主请中问到地良龙景光名下承买，当面言定价钱四千六百文整。其钱亲手领足，其杉木并地土卖与买主永远为业，其木长大成林，砍伐出卖，出山关，山地归景光耕管为业，别人未得拈股。自卖之后，不得异言，倘有来历不清，卖主理落。今欲有凭，立有卖字为据。

　　　　　　　　　　　　　　凭中张富贵

　　　　　　　　　　　　　　代笔张德昌

　　　　　　　　　　　　民国二十年十月十六日立 ②

　　资料中民国丙辰年，即 1916 年；民国丁巳年，即 1917 年；民国甲子年，即 1924 年；民国丙寅年，即 1926 年。值得注意的是，以上 14 件嫩杉木买卖契约文书需要关注的问题有四：其一是从时间来看，在清代早期就已经有了卖嫩杉木字，而且一直延续到民国时期，这样的青山买卖文化行为，如按照年鉴学派的长时段的分析法分析，这一文化行为的存在应该在明末清初就已经存在了，可能还会更早，进而说明了人工营林管护技术的成熟，而且这样的嫩杉木买卖早已经是司空见惯的社会行为。其二是嫩杉是相对于成材杉而言的一种称谓，故在清水江林业契约文书中，将出卖此类幼杉的文书直接称其为"嫩杉木字""嫩杉木契"等，由于是嫩杉木，故还需要人工管护，故在文书中多提及"其杉木付与买主蓄禁管业""其杉木交与买主耕管欲禁""其杉木买与卖主为业""其嫩杉木付与买主耕管为业""其嫩杉木交与买主开拓（拓）刨兜（蔸）""子木

---

① 张新民：《天柱文书·第一辑》第 16 册，第 150 页。
② 张新民：《天柱文书·第一辑》第 15 册，第 12 页。

交与买（主）耕管，砍木出河，地归卖主"等。资料中的"开拓刨蔸"指的是对所卖青山，买主有权有义务对林木实施管护，务使它能够正常成材，实现商品价值，具体出样和管护技术包括给嫩杉木松土、防止病虫害对林木根部的咬啃、如何处理野生藤蔓缠杀幼树、如何处理樟树类常绿阔叶林树种对杉木幼林的化感作用等本土关键技术，具体可以参见前文的相关章节。其三是杉木从幼林到成材伐卖为一个生长周期，一般为 25—30 年不等。因属嫩杉木买卖，故还需借地养木，借土蓄养，时间一般为杉木的一个生长周期，特殊原因者有的可达 100 年之久，林木成材伐尽后，地仍需交还原主。故在契约 5-6 中载，"嫩杉木蓄禁限至叁拾年正，砍木下河，地归卖主营业"。《民国八年一月十六日蒋景隆、蒋景元、蒋景达等兄弟五人卖杉木禁字》载："其杉木限禁三十年，砍伐下河，除山关山，买主全无，其契退与卖主管业。"[①]《嘉庆八年十二月二十二日范老五断卖杉木约》外批言，"愿凭买主蓄禁百年之内"[②] 等，这也反映了清水江流域各族居民在经营林业过程中采用封闭管理制度，这样的经验是清水江人工营林得以持续规模化生产的原因之一。其四是契约 5-10 中书写有"除老蔸木两根"，"老蔸木"即林木砍伐后，树墩再生幼苗，后经过人工管护成材的林木。要保证发蔸木成材，就会涉及林木砍伐时间、砍伐工具、幼苗管护诸多方面，从这一内容看，清水江流域各族居民育苗法类型除了前文的实生苗法外，其实还有树墩发芽法[③]，对此应该引起学界注意，也请看本书的相关章节。值得注意的是，在契约 5-9 中的"子木"，从其内容看实际是"嫩杉木"。有的文书，直接称嫩杉木为子杉木，具体见契约 5-15。

契约 5-15

立断卖子杉字人攸峒伍永刚、伍永烈兄弟二人名下，今因家下要钱使用，无所处，自愿将到土名冲深子杉一团出卖。计数一千二百株，上、下抵路，左抵龙姓柴山，右抵卖主山为界，四至分明，要钱先卖

---

① 张新民：《天柱文书·第一辑》第 21 册，第 114 页。

② 王宗勋：《加池四合院文书考释》，第 26 页。

③ 马国君、肖秀娟、张坤美：《清水江流域人工营林育苗法类型及其影响研究》，《贵州大学学报（社会科学版）》2018 年第 2 期。

十股之六与龙再升，今将十股之肆出卖与甘硐杨通海名下承买。当日三面言定价钱叁拾伍千零八十文正，其钱亲手领足，并不少欠，其子杉任买主与龙再升协同修薅蓄禁。日后其杉长大成林，砍伐下河，其地任归原主出山关山，不得异言。恐有来历不清，有卖主向前理落，不干买主之事。恐口无凭，立有卖字为据存照。

内添三字。

凭中伍永芳

民国六年九月二十四日立字 [①]

以上所举清水江林业契约文书中的"嫩杉木字""子杉木字"等，反映的是青山买卖的一种类型。由于杉木还处在郁闭阶段，故需要买主进一步管护，这样的管护行为在清水江林业契约文书中称之为"耕管蓄禁""修薅严禁""修耘"等。查阅清水江林业文书，发现数量甚多，具体详见表5-1。

表5-1　清水江文书中"嫩杉木字"文书概略

文书名称	内容	资料出处
光绪二十三年十一月二十八日张荣久卖嫩杉木契	卖嫩杉木，规定"日后杉木砍伐下河，其地仍归地主"	《天柱文书·第一辑》第1册，第157页
民国十一年九月二十八日王继元、王继清、王述珍等卖嫩杉木字	卖嫩杉木，规定"日后杉木砍伐下河，其地仍归主"	同上，第183页
民国十一年十月一日舒谟江卖嫩杉字	卖嫩杉木，规定"日后杉木砍伐下河，其地仍归主"	同上，第184页
民国三十年闰六月七日吴庆申卖嫩杉木字	卖嫩杉木，规定"日后业已长成，砍伐下河，地归原主"	同上，第229页
民国三十一年五月十八日杨正魁卖嫩杉字	嫩杉付与买主耕管修薅蓄禁	《天柱文书·第一辑》第2册，第66页
民国三十一年五月二十日龙连熙、龙连辉、龙连显等卖嫩杉木字	嫩杉日后任其买主修耘、砍伐	同上，第68页
民国三十一年六月十四日龙清庆卖嫩杉木字	嫩杉付与买主耕管	同上，第69页
光绪十八十一月二十六日马大年卖嫩杉木字	嫩杉付与买主耕管为业	同上，第96页

---

① 张新民：《天柱文书·第一辑》第21册，第231页。

续表

文书名称	内容	资料出处
民国九年十二月七日龙伯贵卖嫩杉字	嫩杉付与买主修薅蓄禁	《天柱文书·第一辑》第2册，第129页
民国三十年四月十五日杨金隆卖嫩杉木字	嫩杉付与买主蓄禁为业	同上，第147页
光绪八年十二月十九日龙玉章卖嫩杉字	嫩杉付与买主耕管蓄禁为业	同上，第174页
光绪九年二月二十六日龙年忠、杨招茂卖嫩杉木字	嫩杉付与买主蓄禁为业	同上，第175页
民国三年十二月二十四日龙大玖、龙大刚兄弟二人卖嫩杉木字	嫩杉付与买主蓄禁为业	同上，第193页
民国十年六月二日杨招林、杨招吉父子三人卖嫩杉木字	嫩杉付与买主修薅蓄禁为业，其木长大，概然砍清下河，地归原主	同上，第206页
民国二十九年三月十三日龙宗化卖子山嫩杉木字	嫩杉付与买主管理为业	同上，第260页
民国三十六年契约吴胜理卖嫩杉木字	嫩杉付与买主管理为业	同上，第317页
光绪十二年十月六日杨岳珠卖嫩杉木字	杉木任从买主修薅严禁，日后杉木出卖，地归卖主	《天柱文书·第一辑》第10册，第96页
光绪二十年十二月三日刘金富卖嫩杉木字	嫩杉卖于买主蓄禁为业	同上，第113页
光绪三十四年三月八日龙化林卖嫩杉木字	杉木卖于买主修薅耕管为业，砍二不砍三，……而后砍伐下河，地归原主	同上，第137页
光绪三十四年□月二十日林秀炳卖嫩杉字	嫩杉卖于买主蓄禁为业	同上，第139页
宣统二年三月二十四日龙现来、龙爱银父子卖嫩杉木字	嫩杉卖于买主修薅蓄禁耕管为业	同上，第147页
民国二年四月十六日易长春卖嫩杉木字	杉木杂粮任从买主耕管为业	同上，第161页
民国六年九月二十二日龙大铭卖嫩杉并老杉木字	杉木卖于买主修薅蓄禁耕管为业，日后砍伐，归此栽杉并老杉一班砍尽，地归原主	同上，第165页
民国二十三年七月九日龙绪渊卖嫩杉字	杉卖与买主管理，至后杉木长大，地归原主	《天柱文书·第一辑》第11册，第143页
民国二十三年七月二十三日龙大还、龙大有兄弟二人卖嫩杉木字	杉木卖于买主修薅管理，至后杉木长大砍伐售卖，地归原主	同上，第144页
民国十三年三月二日龙杨氏爱交卖嫩杉字	嫩杉交于买主蓄禁在山，待长砍伐	《天柱文书·第一辑》第12册，第129页
民国庚辛年三月二日龙杨氏爱交卖嫩杉木字	嫩杉付于买主蓄禁，长大砍伐下河售卖	同上，第171页

续表

文书名称	内容	资料出处
民国十三年五月十四日龙德魁、龙德芳、龙德举兄弟三人卖嫩杉木栽主字	—	《天柱文书·第一辑》第13册，第174页
宣统二年九月八日龙钧厚卖嫩杉木契	卖嫩杉木	《天柱文书·第一辑》第15册，第11页
民国二十年十月十六日龙长庆卖嫩杉及地土字	嫩杉木并地土卖与买主耕管为业，其木长大成林，砍伐出卖，出山岗，山地归（买主）景光耕管为业	同上，第12页
民国三年五月二十六日龙占魁、龙占云卖子漆树及嫩杉木字	子杉木漆树付与买主永远锄薅蓄禁，割砍伐下河出卖，出山关，山地归原主	同上，第211页。
民国□年十二月十四日王汝生等卖嫩杉字	嫩杉付与买主耕管为业，日后木植长大砍伐出河，地归原主	《天柱文书·第一辑》第16册，第150页
民国六年四月十二日龙东永卖嫩杉字	杉木蓄禁限至三十年正，砍木下河，地归原主管业	《天柱文书·第一辑》第17册，第228页
民国十年八月二十七日龙焕彩卖柴山墙土嫩杉字	嫩杉付与买主耕管为业	同上，第170页
民国五年四月十五日龙光斗卖嫩杉木字	杉木付与买主蓄禁管业，日后砍伐下河，其地仍归原主	《天柱文书·第一辑》第18册，第345页
民国六年三月六日吴怀元卖嫩杉木契	杉木付与买主管业	同上，第347页
民国十五年六月二十六日王先定父子卖嫩杉木字	嫩杉木付与买主蓄禁修薅耕管为业，日后木植长大砍伐下河，地仍归原主	《天柱文书·第一辑》第18册，第386页
民国三年四月二十六日苏云红卖嫩杉木子	嫩杉卖于买主蓄禁	《天柱文书·第一辑》第19册，第278页
嘉庆九年十一月二十三日姜天九、姜绍道父子断卖嫩杉木字	嫩杉卖于买主蓄禁耕管为业	《清水江文书（第一辑）》第9册，第197页
光绪三十年五月二十四日杨胜旺、杨胜求、杨胜宽立断卖嫩杉木桐油树字	嫩杉卖于买主修理管业	《清水江文书（第二辑）》第5册，第52页
民国九年二月初四日王恩广立卖嫩杉木字	嫩杉木付与买主为业，日后木大伐卖，地归原主	同上，第351页
民国四年六月二十八日王见祥、王焕芳父子立卖嫩杉木字	栽杉付与买主修理为业，至后蓄禁，任凭买主砍伐两届出山关山，地归原主	同上，第433页
民国六年六月初三日王仕登立卖嫩杉木字	其嫩杉木付与买主管业	《清水江文书（第二辑）》第6册，第20页
民国十三年六月初十日王彦科立卖地土嫩杉木字	其杉木任从买主修薅为业	同上，第21页
民国十一年十二月十三日王和元立卖嫩杉木字	杉木交与买主管业，日后砍木出河，地归原主	同上，第308页

续表

文书名称	内容	资料出处
民国十年六月初六日王宁保立卖山场地土嫩杉木字	地土杉木任从买主耕管为业	《清水江文书（第二辑）》第 7 册，第 57 页
民国十一年八月初五日王法恩、王海求叔侄立卖嫩杉木字	嫩杉木任从买主修筹蓄禁，……日后木出山发卖，元主不得异言	同上，第 71 页
民国十二年十月十一日王茂林、王庚林、王金林立卖嫩杉木字	嫩杉木任从买主修理为业	同上，第 76 页
民国二十四年五月十七日王福广立卖嫩杉木字	嫩杉木付与买主管业	同上，第 142 页
民国二十四年六月初七日王志根立卖嫩杉木字	嫩杉木交与买主管业	同上，第 143 页
民国二十四年六月二十一日王志庚立卖嫩杉木字	嫩杉木交与买主管业，杉木长大砍完，地归原主	同上，第 144 页
民国十四年五月初十日王华恩立卖嫩杉木字	嫩杉木任从买主管业，日后木长发卖，地归原主	同上，第 362 页
民国十四年五月十□日王桂标立卖嫩杉木字	嫩杉木交与买主管业	同上，第 365 页
宣统元年七月十四日王晚太立卖嫩杉木字	杉木交与买主管业修筹，日后木等砍伐下山，地归原主	《清水江文书（第二辑）》第 8 册，第 53 页
民国十八年十一月初四日王华恩、王海求父子立卖嫩杉木字	杉木任从买主修筹管业，日后木登发卖出山，地归原主	同上，第 364 页
嘉庆二十一年□月□日刘永要、刘德明立卖嫩杉木字	其木交与买主耕管为业	《清水江文书（第二辑）》第 9 册，第 224 页
光绪二十年八月初七日王寿泰立卖嫩杉木字	其杉木交与买主耕管为业	同上，第 266 页
民国十二年十月二十九日王泽焕立卖嫩杉木字	其杉木交与买主管业	同上，第 312 页
民国十四年古历五月二十三日王乾禄立卖嫩杉木字	其杉木交与买主修理管业	《清水江文书（第二辑）》第 10 册，第 89 页
民国十九年王康清立卖嫩杉木字	其杉木付与侄女（王娇月）管业蓄禁，长大伐卖，地归侄洪珠，原主不得异言	同上，第 113 页
民国二十年五月初三日王康球立卖嫩杉木字	其杉木付与买主修理，俟后木大伐卖，地归原主	同上，第 120 页
民国二十六年三月十四日王志珠立卖嫩杉木字	日后木大，伐卖出山，地归原主	同上，第 127 页
民国十六年四月初六日王泽彬立卖嫩杉木字	杉木付与贰公（本房贰公王有德、王泽焕）耕管为业	同上，第 345 页
民国九年五月二十一日王岩荣立卖嫩杉木字	其杉木交与买主耕管为业	同上，第 393 页
民国十四年十一月十三日龙生模立卖嫩杉木字	杉木付与买主管业	《清水江文书（第三辑）》第 1 册，第 375 页

续表

文书名称	内容	资料出处
民国三十年八月□日王海福立卖嫩杉木字	杉木付与买主蓄禁为业	《清水江文书（第三辑）》第1册，第394页
民国二十八年十月初八日蒋浮新、龙金炉立卖嫩杉木字	杉木交与买主蓄禁为业，后来伐木出山，出山关山	《清水江文书（第三辑）》第2册，第7页
光绪十二年六月十五日龙树本立卖嫩杉木字	杉木卖与买主蓄禁	同上，第103页
民国二十九年十二月□日黄金魁、黄金成立卖嫩杉木字	子杉付与买主管业	同上，第246页
光绪二年三月二十日龙照荣立卖嫩木契	—	同上，第282页
光绪三十一年正月二十四日彭应富、彭应全兄弟立卖嫩杉木字	其嫩杉木付与买主管业	同上，第387页
民国十五年六月十八日龙吉富父子立卖嫩杉木字	嫩杉木交与买主耕管为业	同上，第409页
光绪十一年六月初九日龙关元父子立卖嫩杉木字	其杉木付与买主耕管为业	同上，第18页
乾隆五十八年十一月二十六日姜启章立卖嫩杉木字	嫩杉木蓄养管业，其木长大，砍伐，……木尽，地归原主	《清水江文书（第三辑）》第7册，第232页
嘉庆元年八月二十九日王德才立断卖嫩杉木字	其杉自卖之后，任从买主修理管业	同上，第234页

从表5-1可见，嫩杉木字属人工营林青山买卖中一种特殊类型，即前文所言山场经营权转让者。查阅此类文书，我们还能发现，清水江流域各族居民在栽杉的同时也栽种其他经济树种，如漆树、蜡树、油桐等林副经济林木，故在出卖此类嫩杉林时，也会将其一起出卖，故文书学界将其称为"卖子漆树及嫩杉木字"等。需要注意的是，有的清水江林业契约文书若是并未提及为郁闭林，则需要通读契约全文，以及相关的文字内涵，才能作出判断，如契约5-16。

契约5-16

立卖杉木约人姜天九父子五人，为因家中缺少银用，父子亲身问到无处得出，自愿将到地名培拜小杉木，上凭大集之小杉木，下凭苑德英之木有刀口为凭，左凭以岭下至冲，右凭冲，四至分明。父子占栽手一股，地主占一股，范老生占地主一股，姜天九父子占栽手一股，自愿出卖与本房姜映辉名下承买为业。当面凭中议定价十一两正，亲手收回应用。其杉木自卖之后，任凭买主子孙管业。如有不清，俱卖主在上前理落，不干买主之事，立卖杉木是实。

凭中代笔姜绍牙

嘉庆年十月廿三日 ①

契约 5-16 中"小杉木"，当为嫩杉木林。不同命名反映了杉木在不同生长阶段的样态，也反映了不同书写人、区域对此的特定称谓，应该引起学者注意。因为这样的树还没有成材，故还要蓄禁管护，则被称为"杉木蓄禁"②，这样管护行为是由有特殊林木管护技术的管护人员来完成，故需要与地主签订合同，这样的合同有的直接称为"蓄禁字""蓄禁约""禁字"等，具体见契约 5-17、5-18。

契约 5-17

立合同蓄禁杉木约人中仰陆光清、陆光大，加池姜之豪、姜天保四人买得党号杉木一块，其界至上凭顶，下凭忠周、之豪之木为界，左凭冲湾过之豪杉木为界，右上凭路，又下凭岭，四至分明。先年加池姜文玉、姜之琏、姜宗周等付与中仰陆廷交、陆廷佐二人种地栽杉，土载约定二大股均分，地主占一股，栽主占一股，复后栽主转出，卖与姜之豪、姜天保，陆光清、陆光大四人为业，二比同心公议，蓄禁木植，日后砍伐下河，约定一齐议价，二比不得私行同山妄卖。恐口无凭，立此合同蓄禁，二纸各执一纸存照。

书立合同二纸姜之琏存，光大存一纸。

凭中陆光和姜朝弼

陆光清书

外批合同之内，世培私山令外一块，上凭之豪、老苏，下凭忠周、之豪土，栽地主占一股，栽主占一股。

又姜之豪私山一块，团地主占一股，栽主占一股。

① 陈金全、杜万华：《贵州文斗寨苗族契约法律文书汇编——姜元泽家藏契约文书》，第 202 页。

② 张新民：《天柱文书·第一辑》第 19 册，第 16 页。

又外批合同之内，公私所占之杉木俱是陆廷交、廷佐二人所栽，二股均分。

道光六年五月二十八日立[①]

契约 5-18

立禁字人姜启道、启滨弟兄，禁到姜之正叔侄启远之山场一副，坐落土名引加者，上凭岭，下抵冲，左凭启平山，右凭怀理山，四至分明，今禁到挖种栽杉木，长大成林，言定作五股均分，地主占三股，栽手占两股，日后长大成林书立合同，照依禁字，分厎不得异言。今恐无凭，立此禁字是实。

道光十年二月十七日父姜之谟笔立[②]

启滨引家姐佃字

二、出卖禁山字

清水江流域人工营林经过栽手 3—5 年的管护郁闭成林，此为第一阶段，也即文书以及各方志所谓"栽杉种粟"阶段。其后还需要封闭管理，在清水江林业契约文书中称之为"禁山"。这样的禁山与"风水林"禁山是不同的，此类禁山是指栽植人工林已经郁闭，但还未成材的中幼林，为了加强管护，管护人一般会在林地的周边打上草标，禁止外人进山樵采[③]。"风水林"禁山是要培植风水，这样的禁山事关村寨居民的兴旺发达，故坚决不准破坏。而此类禁山是为了给幼林木的成长提供一个良好的环境，这是为了促使郁闭林迅速发展成材。值得一提的是，此类禁山是可以出卖的，因此我们就不能不谈"禁山买卖字"了。禁山买卖属于青山买卖中未成材林的另一种表达模式，前文言及的嫩杉字是以人工营林成材与否作为标准的一种划分，此处的"禁山"是以"蓄禁"管护手段进行划分的一种青山类型，为便于分析，具体参见以下 7 件契约。

---

① 张应强、王宗勋：《清水江文书（第一辑）》第 4 册，第 43 页。
② 张应强、王宗勋：《清水江文书（第二辑）》第 1 册，第 61 页
③ 王宗勋：《加池四合院文书考释》卷二，第 390 页。

契约 5-19

立契卖禁山人游伯端、游伯崇、游世瑜、游伯健、游伯辉、原庆，今因家下要钱用度，无从得处，自愿将到土名躲马冲头山一副，左抵游伯升墦与政攸田坎以过，右抵塝，上抵垄，下抵买主田坎山连涧，四至分明，要行出卖。先尽亲房，无人承受。请中招到戚蒋昌江名下承买，当日言定价钱二千二百五十文足。其钱即日领清，并不下欠分文，领字不另立。其山任从买主子孙耕管，卖主不得异言。恐口无凭，立卖是实。

凭中游伯升游伯来

游首位代笔

光绪十年九月二十六日立卖①

契约 5-20

立断卖禁山并地约人侄杨秀辉，为因缺少钱用无出，自愿将到屋身后文章禁山一块，上平界，下平油山头盘路，左抵龙姓之山，右抵张倚兴之山栽岩为界。此山分明为六小股，将本名一小股出卖与叔杨胜金名下承买为业，当日凭中议定断价铜钱七百零八文正，亲手收回应用，其山自卖之后任凭叔修理管业，卖主侄不得异言。恐后无凭，立此断字永远为据。

凭中杨胜芳

光绪十五年十二月二十六日亲笔立②

契约 5-21

立契卖墦地禁山人游伯介，今因家下要钱使用，父子商议，自愿将到土名躲马冲头山一副，计开上抵山岭，下抵买主墦，左抵蒋政禄墦连间，右抵买主山；又并右边山墦一副，上抵山岭为界断，下抵蒋政维田坡湾以上游伯辰原科元爵伯□墦连岭，左抵买主，右抵游原德

---

① 张新民：《天柱文书·第一辑》第 9 册，第 206 页。

② 张应强、王宗勋：《清水江文书（第三辑）》第 1 册，第 3 页。

山断，四至分明，要行出卖，先尊亲房，无人承受。请中上门招到蒋景树、蒋景科兄弟二人名下承买为业，当日凭中三面言定价青红九文钱三仟伍百捌拾文正。其钱亲手领用，无欠分文，领不另立。其山播地各色树木，任从买主子孙永远耕管、开挖，卖主不得异言。今此人心不古，立卖契一纸存照。

内添六字

凭舅父中游伯来

光绪贰拾柒年正月十八日亲笔立①

契约 5–22

立契卖禁山人蒋昌沛，今因家下缺少用度，无从得处，夫妻愿将到己分土名上圳山一副，计开四至，上抵垄与昌玉连界，左抵昌吉，右抵买主，下抵下樤人行路，四至分明，要行出卖。请中招到房侄景树兄弟承买为业，三面议作时价钱三千捌百伍十文正。其钱即日领清，外不另立领字。自卖之后，任从钱主子孙耕管为业，卖主不得异言。恐后无凭，立卖字为据。

凭中代笔景福

内添下樤二字

宣统元年十月廿七日立卖②

契约 5–23

立卖杉木禁字人流任村蒋景隆、蒋景元、蒋景达、蒋景先、蒋景园兄弟，今因要钱使用，无从得出，自愿将到土名流任虎形杉木一团，上登岭依恼为界，下抵田，左抵小岭，右抵田角依岭为上；又屋边右岔出卖一根杉木禁，上抵岭，下抵播土，左抵路，右抵田，四至分明，要钱出卖。自己上门问到甘洞胡启灵名下承买，当面议定价钱贰千零肆拾整。其钱亲手领足入手应用，其杉木限禁叁拾年，砍伐下河，除

① 张新民：《天柱文书·第一辑》第 9 册，第 223 页。
② 同上，第 238 页。

山关山，买主全无，其契退与买主管业，不得异言。恐后无凭，立有卖字为据。

内添乙字

讨笔龙文富

民国己未年正月十六日立契 [①]

契约 5-24

立卖蓄禁杉木字人龙显书，今因需用在急，无所出处，自愿将到土名冲沟杉木壹根出卖。自己上门问到堂弟龙显发买蓄禁，当面议定价钱柒拾壹千捌百文整。其钱即日亲手领足，其木不限远近蓄禁，自卖之后，别无异言。恐口无凭，立此卖字为据执照。

代笔龙宪田

中华民国二十六年正月二十五日立 [②]

契约 5-25

立卖杉木人刘玉乔、刘玉科，自愿将到土名美亚杉木乙块，问到房内刘安荣买，议定价银贰两八钱正。其银卖主领足，其杉木付与买主蓄禁，不得异言。若有异言，立有卖契存照。

刘士宏字

道光九年六月二十九日立 [③]

从以上 7 件契约文书的内容可发现，这些出卖的禁山，实际是未成材的"蓄禁"山林，有的文书称之为"关山""禁林"等。由于还未成林，此类禁山或出卖、或当押等后，仍需蓄禁管业，故此类文书皆书有"任凭买主理管业""任从买主子孙永远耕管、开挖""任从钱主子孙耕管为业""继续蓄禁""杉木统付与

---

① 张新民：《天柱文书·第一辑》第 21 册，第 114 页。
② 张新民：《天柱文书·第一辑》第 16 册，第 120 页。
③ 张新民：《天柱文书·第一辑》第 19 册，第 158 页。

买主，蓄禁在山，待长斫伐""任凭买主蓄禁修剔，长大发卖"[1]等字样，有的还甚至言明蓄禁年限，期满林木砍尽后，"地归原主，买主全无"等。从这些内容看，其实与出卖嫩杉木字实际要求的内容甚为相似。清水江林业契约文书中涉及此类禁山买卖、典当的文书甚多，多称之为"某某出卖禁山契约""某某出卖禁山字""某某当禁山字"等，具体情形见表5-2。

表5-2　清水江流域"禁山"契约文书概略

文书名称	内容	资料出处
光绪十二年十一月二日吴会泽卖屋背禁山杂木地契约	出卖禁山	《天柱文书·第一辑》第3册，第255页
民国二十五年闰三月二十六日杨承湘、杨承隆、杨德培卖田禁山契	出卖禁山	《天柱文书·第一辑》第9册，第67页
同治十三年三月十六日补元祖当田山各色木植禁林等项字	当禁林	《天柱文书·第一辑》第18册，第239页
道光二十六年十二月二十日刘必林、刘必聪卖蓄禁杉木字	卖蓄禁杉木	《天柱文书·第一辑》第19册，第16页
民国八年一月二十七日李岩岩、李金魁、李玉魁父子三人卖杉木禁字	卖蓄禁杉木	《天柱文书·第一辑》第21册，第114页
道光六年五月二十八日陆光大等蓄禁杉木合同	共同蓄禁杉木	《清水江文书（第一辑）》第4册，第43页
同治五三月十六日年姜恩照等分封禁合同	封禁山林	同上，第68页
咸丰五年二月二十七日王玉榜立卖禁山地土字	禁山地土，买主耕管为业	《清水江文书（第二辑）》第5册，第265页
光绪七年九月二十二日王玉保卖禁山字	禁山买主管业	同上，第275页
光绪十八年正月二十二日王秀梅卖禁山字	禁山买主耕管为业	同上，第280页
民国十五年六月初二日王寿荣立卖禁山字	禁山买主管业	同上，第379页
咸丰十年十月十五日王乔生立卖禁山字	禁山买主子孙永远管业	同上，第397页
民国二十年二月二十日王志岩、王志廷立卖禁山字	禁山买主管业	同上，第490页

---

[1] 王宗勋：《加池四合院文书考释》卷一，第12页。

续表

文书名称	内容	资料出处
咸丰二年六月初五日王乔才立卖禁山字	禁山交与买主蓄禁管业	《清水江文书（第二辑）》第6册，第2页
同治十四年八月十二日王泰荣立卖禁山字	禁山交与买主管业	同上，第8页
光绪元年三月二十五王通仁立卖禁山字	—	同上，第9页
光绪十二年七月十四日王青汉立卖禁山字	其契交与买主耕管为业	同上，第11页
光绪十四年九月初三日王秀斌立卖禁山字	其契交与买主耕管为业	同上，第14页
光绪十二年七月十五日王令旺立卖禁山字	禁山交与买主管业	同上，第46页
光绪十二年七月十八日王邦贤立卖禁山字	禁山付与买主管业	同上，第47页
光绪十三年二月初四日王寿荣立卖禁山字	其契付与买主管业	同上，第48页
民国十三年六月二十日龙全恩立卖禁山字	其山交与买主耕管为业	同上，第114页
道光三年九月十五日王朝贤等立卖禁山字	其山自卖以后，买主永远耕管为业	同上，第132页
光绪二年七月十二日王乔忠立卖禁山字	其山自卖之后，不得异言	同上，第133页
光绪三年二月初一日王乔荣立卖禁山字	其山自卖之后，不得异言	同上，第134页
光绪七年十月十六日王秀梅立卖禁山约	其契付与买主管业	同上，第178页
光绪六年十月二十八日王青汉立卖禁山字	禁山自卖之后，不得异言	同上，第238页
光绪十三年五月十六日王宏灼立卖禁山字	—	同上，第241页
光绪二十年五月二十二日王寿荣立卖禁山字	其山付与买主管业	同上，第247页
光绪二十三年二月初五日王启昌、王启富立卖禁山字	其山付与买主耕管为业	同上，第251页
光绪三十一年六月初八日王石佑立卖杉木禁山字	禁山付与卖主耕管为业	同上，第260页
光绪三十一年七月十六日王见祥立卖禁山字	其业买主永远管业	同上，第261页
民国六年七月十二日王和江立卖油山禁山字	油山禁山付与卖主管业	同上，第287页

文书名称	内容	资料出处
嘉庆二十二年三月十九日王朝贵、王朝榜立卖禁山字	禁山交与买主管	《清水江文书（第二辑）》第 7 册，第 3 页
嘉庆二十三年王木乔、王乔林、王长老兄弟卖禁山、茶山、杉木地约	禁山、茶山杉木交与买主耕管为业	同上，第 4 页
道光十八年十一月十六日王贤旺卖禁山契	卖禁山	同上，第 9 页
道光十八年王复殿立卖禁山约	禁山交与买主为业耕管，子孙世伐	同上，第 10 页
光绪十三年正月二十七日王品旺立卖禁山字	禁山交与买主耕管为业	同上，第 15 页
光绪十八年十二月二十六日王邦贤立卖禁山字	禁山交与买主管业	同上，第 16 页
光绪二十年□月初八日王金玉立卖禁山地土字	禁山付与买主永远耕管为业	同上，第 17 页
光绪二十三年四月二十三王宏灼立卖禁山字	禁山交与买主耕管为业	同上，第 19 页
光绪三十一年三月初十日王开魁立卖禁山地土字	禁山交与买主管业	同上，第 25 页
民国十年七月十二日王岩荣立卖禁山字	禁山交与买主耕管为业	同上，第 60 页
民国十四年后四月十九日王华恩、王保求父子立卖地土禁山字	禁山地土任凭买主耕管为业	同上，第 89 页
同治四年十一月二十四日王忠相立卖禁山字	禁山交与买主管业	同上，第 167 页
道光十八年四月十九日王乔元立卖禁山字	禁山交与买主永远子孙管业	同上，第 263 页
咸丰八年六月初九日周关明立卖禁山地土字	禁山交与买主永远子孙时代管业	同上，第 265 页
光绪二十二年三月十二日王延交立卖禁山字	禁山交与买主耕管为业	同上，第 281 页
民国六年七月十六日王仕登禁山字	禁山付与买主管业	同上，第 310 页
民国九年六月二十六日王晚太立卖禁山字	禁山交与买主管业	同上，第 326 页
民国十五年十月十口日龙全恩立卖禁山字	禁山交与买主管业	同上，第 384 页
道光十二年六月初六日王一乔、王长寿立卖禁山字	杉木买主管业	《清水江文书（第二辑）》第 8 册，第 68 页
同治三年□月初六日王乔正立卖禁山字	禁山付与买主耕管为业	同上，第 86 页

续表

文书名称	内容	资料出处
宣统二年三月二十日王宏庆立卖禁山字	禁山付与买主管业	《清水江文书（第二辑）》第 8 册，第 94 页
宣统三年六月初四日王宏庆立卖禁山字	地土付与买主管业	同上，第 96 页
道光十一年六月十五日王正谟立卖禁山字	禁山付与买主管业	同上，第 116 页
同治十一年六月二十五日王通云卖禁山字	禁山付与买主管业	同上，第 117 页
民国十一年二月初一日王品瑞立卖禁山字	禁山地土交与买主管业	同上，第 391 页
王智宏、王开仁父子立卖禁山字	禁山付与买主管业	同上，第 421 页
咸丰二年六月初九日王正能立卖禁山字	禁山交与买主耕管为业	《清水江文书（第二辑）》第 9 册，第 1 页
光绪五年十二月十八日王太元、王太荣、王岩荣兄弟立卖禁山约	禁山付与买主管业	同上，第 139 页
光绪三年二月初一日王照宏立卖禁山字	禁山付与买主管业	同上，第 260 页
光绪三年二月初二日王照洪立卖禁山约	禁山付与买主管业	同上，第 261 页
道光十九年□月初二日王益故立卖禁山字	禁山交与买主蓄禁管业	《清水江文书（第二辑）》第 10 册，第 13 页
道光二十年十二月十六日王□宗立卖禁山字	禁山付与买主管业	同上，第 14 页
宣统二年契约二十三日王开学立卖禁山字	其禁山交与买主管业	同上，第 49 页
民国七年三月十三日王宏庆父子立卖禁山字	禁山交与买主耕管为业	同上，第 60 页
嘉庆七年四月二十六日王向元立卖禁山字	禁山付与买主管业	同上，第 208 页
嘉庆二十二年六月初八日王成隆立卖禁山字	禁山交与买主子孙世载耕管为业，天卖地了，永远不归	同上，第 210 页
道光三年十二月十八日王成隆、王三乔立卖禁山字	禁山交与买主子孙世载耕管为业，天卖地了，永远不归	同上，第 215 页
道光五年五月二十日周学贵父子三人立卖禁山约	禁山付与买主管业	同上，第 217 页
道光十四年六月初八日黄扒至立卖杉木禁山字	禁山交与买主耕管为业	同上，第 219 页

续表

文书名称	内容	资料出处
王启明、王见海、王清海父子立卖禁山约	禁山交与买主耕管为业	《清水江文书（第二辑）》第 10 册，第 221 页
道光二十三年十二月十一日王清海立卖禁山字	禁山交与买主耕管为业	同上，第 227 页
光绪二十六年正月二十二日王开魁立卖禁山字	禁山付与买主耕管为业	同上，第 304 页
光绪二十八年六月十六日王启富立卖禁山字	禁山买主管业	同上，第 305 页
光绪十二年六月二十九日王寿荣立卖禁山字	其契付与（买主）耕管为业	同上，第 617 页
民国二十五年后三月三十日张德贵立卖禁山字	禁山付与买主修理管业	《清水江文书（第三辑）》第 1 册，第 24 页
民国三十七年十二月二十日龙万荣立卖禁山字	禁山任从买主修理管业	同上，第 58 页
咸丰二年十二月十九日周朝德立卖禁山约	禁山付与买主耕管为业	《清水江文书（第三辑）》第 2 册，第 277 页
民国二十年立卖地土松木杉木禁山契	禁山付与买主管业	同上，第 352 页
民国十年五月二十日王炳炉立卖禁山字	其地土交与买主管业	《清水江文书（第三辑）》第 3 册，第 41 页

从表 5-2 可见，清水江流域"禁山"买卖契约数量多且类型丰富，有的还涉及山场经营与所有权一并断卖者，如有的禁山买卖字言，"禁山交与买主子孙世载耕管为业，天卖地了，永远不归"，等等。但有的禁山买卖文书并没有直接说明是禁山，则需要从文书内容加以判断。此类文书的特点是，一般书写有"蓄禁""守禁""蓄定""蓄禁为业""修薅蓄禁""管理蓄禁"等字样，具体参见以下 8 件契约。

契约 5-26

立卖杉木人七甲龙永乔父子三人，今因家下要银使用，无从得处，自愿将到土名冲麻高洞老块乙团，刺杉于外，杉木出卖。先问房族，无人承买，自己上门问到六甲龙什照名下承买，言定价钱六百伍十八文并无掺杂。其钱卖主亲领入手应用，其杉木卖与买主永远畜禁。自卖之后，不得异言，若有异言，卖主向前理落。今凭有欲，立此卖字为据。

凭笔龙殿珍

道光十二年七月十六日立 ①

契约 5-27

立卖杉木契潘仕光、潘仕才，今因缺少用度，无从得处，自愿将到土名公公田杉木壹块，卖与光贵，上抵刘姓油树，下抵和向杉木，左右抵和向杉木，四抵分明。当日凭中言定价钱式仟肆佰文整，日后无凭，杉木砍伐下河土地原归卖主。恐后无凭，立此卖契为据。

外批：邓异恒与潘光贵均分

凭中和彦和兴

请中潘志洁

道光式拾三年六月十三日立 ②

契约 5-28

立卖杉木人刘金珠、刘金六兄弟贰人，今因要钱使用，无从得处，自愿将到土名王家冲杉木一块，地主乙股，栽主乙股，今将栽主乙股出卖。请中问到房内安荣承买，当面议定价钱乙拾柒千整，其亲手领足，其木付与买主耕管畜（蓄）禁，自卖之后，不得异言。恐口无凭，立卖字存照。

内添贰字

亲笔刘安甸

凭忠（中）刘玉乔

道光二十四年八月初一立字 ③

---

① 张新民：《天柱文书·第一辑》第 15 册，第 72 页。
② 张新民：《天柱文书·第一辑》第 4 册，第 300 页。
③ 张新民：《天柱文书·第一辑》第 19 册，第 166 页。

契约 5-29

立卖杉木字人刘建发，今因要银使用，无所出处，自愿将到土名作溪榜杉木一块伍股，刘祥来乙股未卖，均分四股出卖。请中问到甘洞寨杨再模承买，当日三面议定价银一十六两五钱整，其银亲领入手应用，其杉木卖与买主之后，听凭买主蓄禁为业。如有不清，栽卖主向钱前理落，不干买主之事。恐口无凭，立此卖契存据。

内添七字。

此块杉木界至：左抵界牌王寺德杉木为界，右抵刘祥来杉木为界，上抵领，下抵田，四至分明，大小共记一千六百株。

凭中龙伯恩

亲笔

同治七年六月初二日立卖①

契约 5-30

立卖杉木契人木杉寨刘建发，今因要银使用，无所出处，自愿将到土名作溪冲达领杉木乙块，左至抵刘祥来领为界，右至抵山为界，上抵领，下至抵田，四至分明，要银出卖。请中上门问到甘洞寨杨再模承买，当日三面议定价银一十四两八钱正。其银亲领入手应用，其杉木卖与买主蓄禁为业。如有不清，栽卖主向前理落，不干买主之事。恐口无凭，立此卖契存据。

内落二字

凭中龙伯恩

亲笔

同治七年六月初三日立卖②

契约 5-31

立卖杉木契人龙德培，今因要银需急，无从得处，自愿将到土名

---

① 张新民：《天柱文书·第一辑》第 21 册，第 205 页。
② 张新民：《天柱文书·第一辑》第 21 册，第 206 页。

枫木冲杉木壹团，上抵水沟，下抵小溪，左抵龙德汉荒山，右抵龙昭鉴荒山为界，四至分明，要银出卖。自己请中上门问到龙作焕名下承买，当日凭中言定价银陆拾壹两捌钱正，其银卖主领足应用，其杉木四大股均分，今抽壹大股付与买主耕管蓄禁为业，日后其木砍伐下河，其地仍归原主管业。自卖之后，不得异言。恐口无凭，立有卖字为据。

内添叁字

凭中龙光家

民国五年阴历四月拾贰日亲笔立 [1]

契约 5-32

立卖杉木字人摆洞寨陈再干，今因家下要钱使用，无所出处，自愿将到土名廷车洞胶杉木三各壹团老木共出卖，上抵山路，下抵溪，左抵杨金保杉木，右抵坎洞芳山为界，四至分明，要钱出卖。请中上门问到甘洞龚门龙氏江翠、梁氏瑞江二人名下承买，当日凭中言定价钱捌仟八百文整，其杉土付与买主蓄定，倘若木下何，地圭（归）元（原）主，杉木付与买主耕管为业。自卖之后，不得异言。若有来理不清，卖主倘钱理落，不干买主之字。恐口无凭，立有卖字为据是实。

内涂四字，内添三字。

凭中龙登科

亲笔

民国甲子年三月十三日立字 [2]

契约 5-33

立卖杉木契字人王会宇，今因家下要钱用度，无处所出，自愿将到土名佳你冲长冲冲脚杉木壹团，上抵岭，下抵水湾并地主杉木，左抵卖主杉木，右抵地主杉木，四至分明，其杉木九大股均分，地主四大股，栽主五大股，今将栽主五大股出卖。先问亲房，无人承受，自

---

① 张新民：《天柱文书·第一辑》第 18 册，第 344 页。
② 张新民：《天柱文书·第一辑》第 21 册，第 86 页。

己请中上门问到邦寨龙荣芳、龙远芳、龙煜芳、龙汉元四人承买，当日凭中议定价钱玖拾捌仟贰佰八十文整。其钱亲手领足，其杉木付与买主蓄禁为业。日后杉木长大砍伐下河，地归原主，二家意愿，不得返悔异言。恐口无凭，立有卖字为据是实。

外批：内有一根□杉木，原归地主，买主不能耕管为业。

凭中王永高

代笔王永佑

民国丁卯拾陆年五月初六日立字（印）①

从以上 8 件出卖蓄禁人工营林的契约文书来源地来看，2 件来自天柱县竹林乡，如契约 5-27、5-29，其他 6 件均来自天柱县高酿镇的不同村寨。从文书来源地看，查阅其他诸县已经出版的文书，这样的蓄禁契约文书分布范围甚广，可以说明这样的蓄禁青山买卖在清水江流域是一种普遍存在的社会经济事实。从文书所书的时间看，再参照前文言及的诸类型青山买卖契约，有清以降，此类文书数量多、类型丰富。另从契约中所言的"听凭买主蓄禁为业""修薅蓄禁""锄榜畜禁"等字样看，为促使人工营林迅速成材的"封闭蓄禁"之禁山，属于郁闭林，应为青山买卖范畴。

值得注意的是，对于未成林的人工营林，有的书"断卖山场杉木"等字样，仅有这样的字样一般很难断定是青山买卖，对于此种情况有的契约在文书末尾会有外批加以说明，如"后木砍尽，地归原主"等，具体见契约 5-34。

契约 5-34

立断卖山场杉木字人姜登悌，为因要钱用度，无处得出，自愿将到祖遗山场一块，地名皆中塞，界限上凭小路与古木为界，下凭土垦抵冲为界，左凭登奎之田为界，右凭冲，四抵分清，此山分为三大股，我三老家占二股，三老家之二股分为三大股，我边公占一大股，之一大股与作十二小股，我本名占一小股，今请中出断与姜登鳌弟兄名下承买为业。

---

① 张新民：《天柱文书·第一辑》第 18 册，第 389 页。

当中三面议定价钱六佰八十文，亲手收足应用。其山场自卖之后，任凭买主修理管业，我卖主弟兄不得异言。恐口无凭，立此断卖山场字为据。

外批：后木砍尽，地归元（原）主

凭中姜登选

代笔登儒

甲寅年十二月初四日立[1]

从上可见，契约5-34是一份明显的青山买卖契约，出卖的是土地的经营权，此类文书应该与前文的山林权属转让文书结合起来思考，进一步深化清水江流域林业问题的研究。正是因为有了这样的文书，才能反映人工营林的不同经营类型，这样多样态的人工营林经营模式，大大促进了清水江流域人工营林的发展。需要注意的是，还有一类是未成材的幼林买卖，此类文书一般不书写时间，需要从契约的买卖年限进行推断是否为郁闭林，具体见契约5-35[2]。

---

① 陈金全、杜万华：《贵州文斗寨苗族契约法律文书汇编——姜元泽家藏契约文书》，第522页。
② 张新民：《天柱文书·第一辑》第14册，第191页。

契约 5-35

<table>
<tr><th colspan="8">契买验税</th><th rowspan="100">贵州省财政厅为给与税验买契事照得税契验契本省向系分办手续繁重有碍进行现因限期紧迫特另定税契验契合办条例将应用税验契纸合并为一并印制四联税验契自布告实行之日起凡民间以旧契投税呈验者税契仍照本省向章定准完纳逾限则按月加倍所有税验旧契各项除分别登记存根缴纳外特发验买契将应行记载事件关列于后</th></tr>
</table>

印章					
业主姓名	杨昌和		年纳税额		
座落	平茶				
不动产种类	杉木		原契几张		
面积	一团		立契年月日		光绪廿四年十月初一日
至四　东至	本主界		卖主姓名		汤开国
南至	云昌界				
西至	岭				
北至	溪				
买价	文艮伍两伍钱四分				
应纳税额　契税银数	式角柒仙柒星		中人姓名		汤开甲
验契纸价费银	壹角				
验契注册费银	壹角				
计合	肆角柒仙柒星				
县知事兼税验契所长胡吉卿					
中华民国三年十二月三日天字第一千八百十八号					
县税验					

契约 5-35 新立契时间为民国三年，即 1914 年，而这份契约的老契立契时间为光绪二十四年，即 1898 年，从第一次签约到再立契时间凡 16 年。从这一时段看，杨昌和出卖的当为蓄禁林，诸如此类例子很多，笔者不一一述之。

特别需要注意的是，蓄禁林买卖还涉及栽手股买卖，内容是指栽手在佃山栽杉使得幼苗郁闭成功后，栽主就得按契约规定分给栽手一定股份，这样的股份也是可以出卖的，属青山买卖的范畴，具体见契约5-36、5-37。

契约5-36

立合同字人栗木村龙求生，今将山坡土名角□招大路坎脚地土乙块，其界上抵大路，下抵冲，左右抵主山为界，四至分明，今我愿将此山写与龙恩□、邓元清贰人开栽松木，议定四股均分，栽主两股，地主两股，于去岁元清之股出卖与我，地主剩下恩□之股存在，此杉木而后砍伐出，旧地归原主恩□等，凭立有合同为据。

民国七年一月三十日立 [1]

契约5-37

立卖□□字人龙喜禄，今因要用度，无所□□，自愿将到土名得湳茶□坪，龙喜禄、龙德榜二人开到杨胜有山栽杉木壹团，记数贰千余株，□□均分。栽主六成，地主四成，栽主喜禄、德榜二人二股均分，喜禄壹股出卖。自己请中上门问到龙荣喜名下承买，当日三面议定价钱柒千捌百文整。其钱亲主领足入手应用，分文不欠，其杉木付与耕修蓏猷禁、耕管为业，自卖之后，不得异言。恐口无凭，立存照是实。

凭中龙喜藩
代笔
民国庚申年六月十六日立字 [2]

契约5-36、5-37两件契约文书反映的都是栽手开山，并从栽主手中获得青山股份权益的。契约5-37载：山场栽手凡2人，其中杉木已经郁闭成林，栽手自愿将自己一股份青山出卖给龙荣喜，这样的买卖依然属于未成林买卖的范围。因为为未成材林，故还需"修薅蓄禁"。

总之，未成材青山买卖契约内容丰富、数量繁多，就上述研究所举者皆为

---

① 张新民：《天柱文书·第一辑》第15册，第35页。
② 张新民：《天柱文书·第一辑》第13册，第170页。

清水江流域林业契约中的一小部分，就内容言，需要研究者对其一件一件进行细究排查，这样才能做出正确的解读。值得说明的是，这样的青山买卖如果以管理方式言，则称之为"禁山买卖"，如以林木是否成材言，则称之为"嫩杉木字"。以上研究基本反映出未成材林的买卖契约形式，那么成材林，在清水江林业文书中又有哪些特点呢，具体情况将在下文论述。

第二节　成熟林买卖契约

青山买卖除了出卖幼林、中幼林之外，还有出卖成材林者，因为林木已经长大成材，故在文书中称之为"老木""条木""大木"等。"老木"，一般指树龄在30年以上的过熟木，树的直径达到30厘米以上者，有的又称"大木"。"条木"，是指可以采伐用作一般小规格的建筑用材木。一般直径小于30厘米者，文献称其为"小木"①。此类青山买卖契约一般就直接称之为"卖老杉木字""立卖大杉木字""卖条木字"等，如《民国三十七年十二月十九日杨昭乃卖老树木字》②《民国三十六年六月十日龙登庭、龙后明父子二人卖条木字》③等。有的青山成材木买卖还需要查阅全文书获知，如《光绪二十三年六月十九日姜恩泰父子卖从套大冲等地杉木字》载"又穷故龙老木一块"④；《民国三十六年六月七日刘耀银木材股份卖单字》载"其条木任凭商民伍绍全、伍开甲二人砍伐、搬运、出卖"⑤，等等。有的或直接称其为"杉木买卖字"，为便于分析，现举3件契约与上述内容相关者如下，以供读者参考。

---

① 支那省别全志刊行会：《新修支那省别全志（贵州省）》，杨德芳译，载《民国贵州文献大系》第五辑（下），第86—87页。
② 张新民：《天柱文书·第一辑》第2册，第298页。
③ 张新民：《天柱文书·第一辑》第12册，第76页。
④ 王宗勋：《加池四合院文书考释》卷二，第250页。
⑤ 张新民：《天柱文书·第一辑》第12册，第75页。

契约 5-38

立卖大杉木人潘仕泽，今因要钱使用，无从得处，自己情愿将到羊古庙先年卖与潘通厚名下，通厚次年卖与潘仕发名下之油树内大杉木一兜，欲行出卖，无人承受。自己问到潘仕发名下承买，当日凭中言定价钱肆百壹拾捌文整。其钱亲手领用，其杉木任从买主守禁，二主情愿，日后并无异言。今幸有凭，立此卖契存照。

凭中潘代奎

光绪十年六月十五日亲笔立 ①

契约 5-39

立卖单字人高冲村刘耀银，今因家下要洋使用，无所出处，自将到岑芽条木壹团，上抵大路，下抵田，左抵龙姓荒山，右抵王姓荒山，四至抵清，其内拾股，本人栽主三股出卖与伍绍全、杨开甲二人名下承买。当面凭（中）议定价洋壹佰捌拾捌万捌千元，其洋银主领足应用，其条木任凭商民伍绍、开甲二人砍伐、搬运、出卖，不得异言。恐后无凭，立有卖单为据。

亲笔刘耀银（手印）右晚指篆（箕）

凭中刘宗林

民国叁拾陆年六月初七日立 ②

契约 5-40

立卖条木字人龙登庭、后明父子二人名下，今因要洋，出卖岑芽杉木一团，上抵大路，下抵田，左抵龙连富荒山，右抵王姓荒山，四至分明，当日议定价洋壹佰六拾壹万捌仟元整，卖与攸洞杨开甲、伍绍全二人名下承买。自卖之后，不得异言。若有不清者，卖主向前礼（理）落，不关买主之事。恐口无凭，立有卖单为据。

---

① 张新民：《天柱文书·第一辑》第 4 册，第 326 页。
② 张新民：《天柱文书·第一辑》第 12 册，第 75 页。

亲笔龙后明（手印）

凭中龙步怀

民国三十六年古历六月初十日立[1]

从契约5-38可见，出卖的大杉木位处油树林内，应该是油树杉木混交林，判断林木成林的直接标志是"大杉木"。契约5-39、5-40等为成材林的标志是"岑芽条木"，以及岑芽条木"任凭商民砍伐、搬运"等，此处的"岑芽条木"当指对原有林木砍伐后通过树兜育苗管护成材林的树木的一种称谓，具体内容敬请见下文相关章节。需要注意的是，为了推动下一轮的林木生产，拥有成材林者急需将林木出卖，有的直接在文书中言明"林木砍伐，下河出山关山""林木一斧砍过，地归原主"，等等。因为林木出卖需一定时间，就会涉及一定时间的"借地养木"，时间可长可短，一般在10年内就得将林木砍尽，这也是判断林木成材的依据之一，具体见以下4件契约。

契约5-41

立卖杉木龙泽启，今因要洋使用，无所出处，自愿将到土名北日寨村杉木三根，上下抵丁志明土，右抵龙发占土，左抵丁志明土，四至分明，要洋出卖。先问亲房不买，自己请中上门问到龙祥丰名下承买。当面言定价洋一万一千元整，其洋亲手领足，杉木限至十年砍伐。自卖之后，不得异言。恐口无凭，立有卖字为据。

凭中杨运球

讨笔龙荣成

民国叁拾六年二十八日立[2]

契约5-42

立卖杉木字人刘宗坤，今因缺少米用，无所出处，自愿将到坐落土圭绪山壹团出卖。壹边冲上抵龙秀发山，下抵本主山，左抵本主，

---

[1] 张新民：《天柱文书·第一辑》第12册，第76页

[2] 张新民：《天柱文书·第一辑》第21册，第329页。

右抵龙姓山为界，四至分明，要米出卖。自己上门问到陆宗金名下承买为业。当面议定价壹佰捌拾贰件整。其米付与领足应用，其杉木付与买主砍伐修屋，地归卖主，限定三年砍完，过期不砍，地主收。自卖之后，不得异言。恐口无凭，立有卖字一纸为据。

涂一字

凭中龙武汉

亲笔

民国三十八年古十二月初二日 [1]

契约 5-43

立卖杉木字人障保寨龙氏茂芝、子潘年照，情因家中要钱用度，无所出处，自愿将到地名独坡山有壹块杉木出卖四拾乙根。自己讨中上门问到本寨龙登基名下承买。其山内有多数之木，限到乙未年。先要卖主入山留大木伍根，然后要买主照契入山砍伐，当日议定价白米贰石老斗正。其米亲手领足，其杉木限至乙未年入山坎（砍）伐。自卖之后，绝无异言。恐后无凭，立有卖字为据。

内添"山"乙字。

凭中龙化生潘年康

代笔潘德世

民国三十八年己丑岁十二月初十日立字 [2]

契约 5-44

立卖杉木字人刘海发，今因缺少洋用，无所出处，自愿将到坐落土名圭绪山场壹团出卖，杉木左边出卖。上抵秀发，下抵龙秀炎，左抵大路，右抵宗坤，四至分明，要洋出卖。自请中上门问到陆宗金名下承买为业。当日中凭议定价洋壹元肆角整。其洋付与卖主领足应用，其杉木付与伐坎（砍）归屋，限定四年完全坎（砍）清，若有不坎（砍），

---

① 张新民：《天柱文书·第一辑》第20册，第145页。
② 张新民：《天柱文书·第一辑》第16册，第206页。

地归卖主。恐口无凭，立有卖字一纸为据。

凭中代笔刘宗坤

民国三十九年古七月廿六日 ①

从以上4件林业契约可以看出，成材林买卖在契约中书写有限定杉木砍尽的时间，一般为3—5年，有的需要进行一定的时间换算，如契约5-43，立契时间是民国三十八年，即1949年，而出卖杉木限至砍伐时间为民国乙未年，即1955年，存在时间为5年，从记载内容看，契约5-43出卖的是成材林。特殊情况下，如林木的参差不齐，人工营林离河边较远等原因，可以延长到10年之内②。因此对于此类文书，我们必须做出细致分析。对于买卖成材林文书，有的在契约起首直接说明为成材林，标志性的字样有"老杉木""条木"等，但有的还需通过契约内容作出判断。此类情况在清水江林业契约文书中甚多，具体请参见表5-3。

表 5-3　清水江成材林买卖契约文书列举

文书名称	标志性内容	资料出处
嘉庆二十三年杨昭贵卖迫南乜大等杉木约	修理管业四年伐尽	《加池四合院文书考释》第176页
咸丰元年六月三日刘孝基等卖杉木契	自愿将到土名廷细坡杉木乙团老少（杉木）出卖	《天柱文书·第一辑》第19册，第167页
光绪二十九年二月六日杨秀祥杨连芳卖禁杉木契	土名登屋冲老杉木一团出卖	《天柱文书·第一辑》第10册，第129页
光绪三十一年三月十七日刘期贵卖杉条养木地土契	杉条养木	《天柱文书·第一辑》第22册，第259页
光绪三十二年五月十六日张荣位卖杉木地契	夫妻商议自愿将到名老黄盘杉木及嫩杉木①一并出卖	天柱县档案馆藏，原档案号 GT—008—050
宣统三年十二月三日蒋昌寅卖园圊大树契	大树	天柱县档案馆藏，原档案号 GT—008—050

---

① 张新民：《天柱文书·第一辑》第20册，第149页。
② （民国）《从江县志概况》，载《民国文献大系（下）》第三辑，第315页。书载：县内"植物有杉木，为本县出产品之大宗，然收效极迟，栽修匪易，最少在二十年以上，必就沿河两岸，近水之地，便于运输者而言，若距离水较远，运输较难之地，大小则不敷运费，必须在四十年以上，或百十年不等，要视其水陆之远近，以定砍伐之迟速耳"。

续表

文书名称	标志性内容	资料出处
民国二十一年五月十八日龙全恩立卖地土杉木并老杉木字	卖杉木并老杉木	《清水江文书（第二辑）》第 8 册，第 443 页
民国二十八年十一月二十九日刘耀炳卖杉木字	此木不限远近砍伐，下河出山关山	《天柱文书·第一辑》第 11 册，第 150 页
民国二十九年三月一日王松柏卖地土老杉木契	老杉木	天柱县档案馆藏，原档案号 GT—021—201
民国三十二年四月四日刘宜坤典圆圃油山字	任从钱主耕管捡收壹拾伍年	《天柱文书·第一辑》第 9 册，第 114 页
民国三十五年十二月十日龙世川卖杉木字	老杉木	《天柱文书·第一辑》第 2 册，第 315 页
民国三十六年五月九日杨荐龙立卖荒山桐油树契	其荒山油桐付与买主每年收（受）花为主	《天柱文书·第一辑》第 3 册，第 145 页
民国三十七年十二月十九日杨昭炀卖老杉木字	老杉木	《天柱文书·第一辑》第 2 册，第 298
民国三十九年三月一日王松柏卖地土老杉木字	老杉木	《天柱文书·第一辑》第 10 册，第 284 页
民国三十九年古历七月二十六日刘海发卖杉木字	其杉木付与伐砍归屋，限定四年完全砍清，若有不砍，地归卖主	《天柱文书·第一辑》第 20 册，第 149 页

作为青山买卖，有幼林、中幼林以及成材林的买卖，但在清水江林业文书中，也有的山场都含有以上三类不同树龄段的林木一并买卖之现象，具体见契约 5-45。

契约 5-45

立卖嫩杉并老杉字人龙大铭，今因家下要钱使用，无所出处。自愿将到土名毫老油杉木一团，上抵岭，下抵冲杉木，左抵大星杉木，右抵龙绍奎山，四至分明，要钱出卖。请中上门问刘永定、杨少绪二人承买。当日言定价钱壹拾陆仟捌百文正，其钱领足，其杉木卖与买主修蓄禁，耕管为业。日后砍伐，将此栽杉并老杉一班砍尽，地归原主，不得异言。恐口无凭。立有卖字为据。

此纸照原契抄

---

① 从契约文书来看，在文书中有嫩杉木句，是以材杉为主并兼有嫩杉一并出卖。笔者将其视为是成材买卖。

凭中代笔龙则实

丁巳年九月廿二日立 [1]

如前文言，清水江流域的"人工营林"是以杉树为优势树种，并兼营油桐、油茶、漆树、茶叶等林副业经济树种，因此油桐、油茶等挂果后也可以称之为成材林，漆树自割漆伊始也当为成熟林，茶叶自采摘茶叶伊始也可以称为成熟茶叶林。这样的山林也是成材林青山买卖，如《同治九年六月十九日林邦宇立断卖茶山约》[2]《光绪八年十二月十八日杨超卓立断卖茶山约》[3]《光绪八年十月二十九日龙建玉卖漆树字》等，这样的文书一般都书写有"耕管收捡为业" [4] "采摘""定割""漆树长大成林""割漆""若后漆树枯老难割，地土仍归地主" [5] 等字样。"捡"，土语，即采摘（油桐、油茶）之意。"采摘"，即采摘茶芽。"割"，即割漆。对这一问题的深入研究，具体可参见以下5件契约。

契约 5-46

立卖漆人龙建玉，□□□□□使用，无所出处，自愿将到土名屋□□□漆树柒十根，栽主、地主三股均分，栽主两股出卖。请中问到甘洞寨杨炳球承买，议定价钱柒百捌十文，其钱亲领入手应用，其漆永远耕管。自卖之后，不得异言，恐口无凭，立有字约为据。

内添二字

凭中杨建堂

代笔杨日耀

光绪八年十月二十九日立 [6]

---

① 贵州天柱县档案馆藏，原有档案号 GT-005-080。

② 张应强、王宗勋：《清水江文书（第一辑）》第 1 册，第 207 页。

③ 张应强、王宗勋：《清水江文书（第一辑）》第 1 册，第 212 页。

④ 张新民：《天柱文书·第一辑》第 4 册，第 235 页。

⑤ 张新民：《天柱文书·第一辑》第 12 册，第 187 页。

⑥ 张新民：《天柱文书·第一辑》第 20 册，第 160 页。

契约 5-47

立契卖山场油树人蒋昌福，侄景钊，今因家下要钱用度，无从得处，父子商议，自愿将到己面分土名长堎坡右边山壹副，计开四至，上左抵王四，下抵昌举田山连涧，右抵昌烈景祥，四至分明，要行出卖。先进（尽）亲房无钱承受，请中上门问到族侄景树景科名下承买为业，当日凭中三面言定价钱叁仟叁捌佰捌拾文整。其钱即日亲手领，并不下欠分文，外不书立领字，卖主不得易言。恐口无凭，立卖字为据。

内点一字

景钊亲笔

凭中景魁

光绪贰玖年三月二十八日立卖 [1]

契约 5-48

立契卖山场油树人蒋景皇，今因家下要钱使用，无从得进，自愿将到土名祥运被山一团，计开四至，上坻游娃山，下坻景汉田次，左坻买主，右坻买主，四至分明，要行去卖。先进亲房，无钱承受。请中招到房侄泰芳名下承买为业，当日凭中三面议加（价）作钱玖百四拾文正。其钱即日亲手领清，并不下欠分文，外不书立领字。子孙耕管，卖主不得异言。恐口无凭，立卖契一纸存照为据。

内添五可（个）字

自请代笔中房侄太兴

凭中蒋氏元交

民国癸亥年十月十一日立契 [2]

契约 5-49

立卖漆树字人岑魃村吴增松，情因要光洋使用，无所得处，自愿将到土名两幅团出卖上幅长岭坡，上抵杨姓木杉，下抵卖手田，左抵

---

① 张新民：《天柱文书·第一辑》第 9 册，第 226 页。
② 张新民：《天柱文书·第一辑》第 9 册，第 245 页。

山，右抵山为界，上幅记数贰拾四根，以至下团名漆冲，上抵卖手杉山，下抵田左路，右抵龙姓山为界，四至分清，下团记数六根，要光洋出卖。自己问到攸洞村伍绍全承买。当面定价洋壹拾伍元正。其光洋卖手领足，其漆树付买主准定割，其稿枯之后，地退与卖手，不得异言。口说无立，有卖字为据。

内添四字又涂一字

亲笔

凭中龙大珠

民国癸酉年后五月十三日立 [1]

契约 5-50

立卖漆树地土字人姚启裕。今因家下要钱使用，无所出处。自愿将到土各冲凭冲溪边漆树一块，左抵冲并山路，右抵姚俊德山，四至分明。要钱出卖，先问亲房，无钱承买，请中上门问到龙后光名下承买，当日凭中言定价钱伍拾仟零捌百文正。其钱亲手领足，入手应 [中缺]，不得异言。恐后无凭，立有卖字为据。

凭中龙文才

中华民国二十七年戊寅岁五月二十五日立 [2]

从上可见，长期以来学界对清水江流域的青山买卖的关注不够，研究的对象也主要集中在杉林中，实际上就林木的种类言，青山买卖涉及杉木林、杂木林、混交林；就林木成材与否以及经营管护方式言，内容涉及嫩杉林、子木林、大木林以及蓄禁山林的买卖；如从林副经济树种言，涉及油桐、油茶、漆树、虫树等经济林的买卖。对于这些内容，我们必须一件一件地进行整理归纳分析。这样的文书背后隐藏着一系列发展贵州山地林业经济的重要内容，研究其间的规律，一定程度上可以为今天贵州山地经济的复兴发展找到一条新道路。如前

---

① 张新民：《天柱文书·第一辑》第 12 册，第 10 页。
② 张新民：《天柱文书·第一辑》第 14 册，第 218 页。

文言，清水江流域是我国南方重要的人工营林生产基地，其青山买卖契约内容甚为丰富，如果仅看到以上几类契约形式其实还是不够的，贵州清水江流域的青山买卖，除了前文言及以实生苗类型管护成林的青山买卖外，其实还有一种类型，即萌芽林，这就是下文要讨论的发兜苗类型管护成林的青山买卖契约了。

第三节　发兜木买卖契约

清水江流域人工营林青山买卖除了以上类型外，其实还有萌芽林青山买卖，即本节要讨论的树兜及树兜木青山买卖了。要讲清此类萌芽林青山买卖的内涵，首先就得从林木砍伐中的树兜说起。"树兜"，即树墩，是林木发芽的重要基础，利用树墩再生也是我国人工造林的重要方法之一。具体做法是，在秋季树木进入休眠期后，用斧头将林木砍伐，然后对这样的树兜进行特殊处理，以防止病虫害、细菌的感染。第二年，这样的树兜就会长出一圈嫩芽来，选取其间较好的几株进行管护成林，通过这样育林办法的发兜木直接进入郁闭期，形成萌芽林青山，相对实生苗言能节省3—5年幼苗郁闭期[1]。蒋君章著《西南经济地理》一书云，贵州清水江、都柳江等沿岸一带，"种杉者多为苗、侗、瑶诸蛮"，"蛮人善斧斤，秋冬伐木，春来则新芽怒长"。张肖梅著《贵州经济》亦云，清水江之天柱段、锦屏段有"更新地，即杉木萌芽林，此间杉木造林，多用萌芽植树造林"。这样的青山也是可以买卖的，进而形成青山买卖的另一种特殊类型，即"断卖杉木老根株字""断卖杉木老根兜约""立卖发兜杉契"等。查阅清水江林业文书，这样的青山买卖一般都以"立断卖老根都""断卖老根株""断卖老根兜""断卖脚木"等开头，有的发兜木是直接夹杂在杉木买卖字中言及，具体见契约5-51、5-52、5-53、5-54。

---

[1] 马国君、李红香：《明清沅江流域楠木使用、管护技术及其影响研究》，《云南社会科学》2018年第4期。

契约 5-51

立断卖老根株字人本寨姜英保，为因吃用无出，自愿将到榜白小成凤田脚下乙团分为三股，英保占乙股，又乌道冲中间乙岭，又乜几乙团分为三股，佐章占乙股，英保占乙股，佐兴保乔占乙股。三处英保名下俱出卖与姜佐兴名下承买为业，当日议定价银乙两五钱正，亲手收回应用，其根株自卖之后，任凭买主管业，卖主不得异言。今恐口无凭，立此断字为据。

英保无钱请人书转求姜际达笔

嘉庆四年六月初五日立[①]

契约 5-52

立卖杉木字人攸洞本村杨宗林名下，今因将到土名阳媒之杉木乙团，上抵伍姓山，下抵路，左抵卖主杉山，右抵伍姓山为界，杉木乙团系我地主一团，其栽主贰股，分我有一股，杨承枫兄弟共有一股。今将我地主与栽主之股一概出卖，请中上门问到房内杨承元承买。当中议定元钱拾弎封零八十文正，其钱领足，其杉木付与买主修理为业。至后砍伐下河，照所载之兜砍讫，内有发兜之杉木与地仍归卖主。自卖之后，不得异言。今人不古，立有卖字为据。

亲笔杨宗林

凭中杨祥恩[②]

民国甲子六月十五日立

契约 5-53

立付约合同字人龙荣富，情因先年壬子岁，今有土名甘溪冲芭芭冲头荒山壹团，上抵荒山，下抵水沟，左抵水沟，右抵荒山，四抵分明，付与客人周老伍名下承认开锄栽成杉木，三年以后栽主、地主同心修锄，不得推搪一人。恐有推搪误锄，谁孰见，工钱贰百伍拾文壹天，

---

① 张应强、王宗勋：《清水江文书（第一辑）》第 5 册，第 324 页。
② 张新民：《天柱文书·第一辑》第 2 册，第 54 页。

周年修清约算补还。其木蓄禁长大成林，四股均分，栽主一股，地主三股。日后出卖，先问地主。砍伐下河，壹斧砍过，剩下脚木仍归地主。恐口无凭，立有付约为据。

添三字

立卖合同为据（半书）

笔王家臣

民国伍年丙辰岁十二月廿五日立付约①

契约5-54

立承任（认）字人唐和太，今因承任（认）石榴坡墙土一团，上下左右抵荒山，老脚木除外不在内。龙炳元付（负）栽子木，四年同休（修），二股均分，蓄禁薅大。坎（砍）伐下河，剩下脚木任归地主，不得异言。今幸有凭，立有合同为据。

□合同□□

凭中龙荣强

代笔龙炳德

民国癸未年正月十三日立②

契约5-53、5-54"脚木"中的"脚"字，是指靠近林木根部的茎干，"脚木"是指树木被砍伐后靠近根部的主干部分，这样的树墩还可以再次萌芽，形成新的萌芽林。正因为如此，故以上文书皆言对此要进行"管业"，又如《民国七年五月初六日龙喜禄等立佃约合同字》载："日后杉木禁成，砍伐出山关山之后，合同退还地主，余有脚木发芽等杉，概归地主所有。"③《道光十九年八月二十八日刘念恩卖杉木山字》载："内有老兜桐油一概出卖。"④可见，利用此类育苗是一种便捷的管护林木成材方法，在文书中将此类苗木称为发兜木、发芽条木

---

① 张新民：《天柱文书·第一辑》第16册，第241页。
② 张新民：《天柱文书·第一辑》第16册，第261页。
③ 张新民：《天柱文书·第一辑》第15册，第290页。
④ 张新民：《天柱文书·第一辑》第19册，第165页。

等，因此这样的树兜在青山买卖中有特别的说明，查阅《清水江文书》，涉及此类青山买卖的契约文书甚多，具体见表5-4。

表5-4　《清水江文书》收录"老根苑"文书概略

文书名称	文书内容	资料出处
嘉庆十三年十二月二十日杨发龙断卖杉木老根株屋地基约	断卖杉木老根株	《清水江文书（第一辑）》第4册，第17页
嘉庆十九年七月十一日姜廷华父子断卖老根都约	断卖老根都	同上，第22页
嘉庆二十年四月初九日姜学宗、姜生兰父子断卖杉木老根苑约	断卖杉木老根苑	同上，第26页
嘉庆八年二月十八日姜兴龙断卖老根株杉木约	断卖老根株杉木	同上，第130页
嘉庆十年十二月十八日姜文玉父子断卖杉木老根株约	断卖杉木老根株	同上，第134页
嘉庆十年十二月二十六日姜凤生父子断卖杉木老根株约	断卖杉木老根株	同上，第135页
嘉庆九年四月十八日姜合龙、姜福龙、姜四龙弟兄三人断卖杉木老根苑字	断卖杉木老根苑	同上，第292页
嘉庆十五年五月初五日姜丰生断卖杉木老根苑约	断卖杉木老根苑	同上，第297页
嘉庆十五年十一月初二日姜文玉父子断卖杉木老根苑约	断卖杉木老根苑	同上，第298页
嘉庆十九年六月十八日姜文德断卖杉木老根苑约	断卖杉木老根苑	同上，第300页
嘉庆二十一年四月初九日姜学宗、姜生兰父子断卖杉木老根苑约	断卖杉木老根苑	同上，第301页
嘉庆四年六月初五日姜英保断卖老根株字	断卖老根株	《清水江文书（第一辑）》第5册，第324页
嘉庆四年十月十四日姜因保断卖山场老根都字	断卖山场老根都	同上，第325页
嘉庆十四年十一月初八日姜美保卖老根都字	卖老根都	同上，第334页
嘉庆十九年四月十四日姜文玉父子断卖老根都约	断卖老根都	《清水江文书（第一辑）》第8册，第32页
嘉庆十四年十二月十一日杨发龙断卖山场老根株约	断卖山场老根株	《清水江文书（第一辑）》第10册，第61页
道光元年六月十五日姜合龙等人断卖山场老根苑约	断卖山场老根苑	《清水江文书（第一辑）》第11册，第154页
民国元年二月十四日王永沛立卖发兜杉木字	立卖发兜杉木	《清水江文书（第二辑）》第7册，第35页

续表

文书名称	文书内容	资料出处
嘉庆八年闰二月十八日姜兴龙立断卖老根株杉木约	断卖老根株杉木	《清水江文书（第三辑）》第 6 册，第 13 页
嘉庆十年十二月十八日姜文玉父子立断卖杉木老根株约	断卖杉木老根株	同上，第 24 页
嘉庆十年十二月二十六日姜凤生立断卖杉木老根株约	断卖杉木老根株	同上，第 25 页
嘉庆十三年十二月二十日杨发龙立断卖杉木老根株屋地基约	断卖杉木老根株	同上，第 35 页
嘉庆十五年五月初五日姜丰生立断卖杉木老根都约	断卖杉木老根都	同上，第 38 页
嘉庆十五年十一月初二日姜文玉父子立断卖杉木老根都约	断卖杉木老根都	同上，第 39 页
嘉庆十九年六月十八日姜文德立断卖木老根兜约	断卖木老根兜	同上，第 45 页
嘉庆十九年七月十一日姜廷华父子立断卖木老根都约	断卖木老根都	同上，第 46 页
嘉庆二十一年四月初九日姜学忠、姜生兰父子立断卖杉木老根菀约	断卖杉木老根菀	同上，第 50 页

从表 5-4 可见，清水江流域利用砍伐后林木的树墩进行育苗管护成林的青山甚为普遍，为当地居民重视。故在林业买卖文书中表述为"老根都""老根株""老根菀"等。而且树兜买卖中，双方的权责规定也表述得甚为详细和精准。如表 5-4 中言嘉庆年间，杉木砍伐出售后，杉树兜仍可出卖用作培育新苗的材料，且有些质量上乘的树兜群还会被连续转卖[①]。表 5-4 中所提及的姜文玉父子，于嘉庆十年、十五年、十九年连续断卖老根株；杨发龙于嘉庆十三年、十四年，分别卖杉木老根株和山场老根株等。值得一提的是，通过此类方法育成的林木在清水江林业文书中被称为发兜木[②]、发芽条木等，对上届砍伐留下的发兜木，有的被称为老木[③]。需要注意的是，这样的发兜木有的还是被砍伐多次再生成材

---

① 马国君、肖秀娟、张坤美：《清水江流域人工营林育苗法类型及其影响研究》，《贵州大学学报（社会科学版）》2018 年第 2 期。
② 张新民：《天柱文书·第一辑》第 2 册，第 54 页
③ 王宗勋：《加池四合院文书考释》卷一，第 36 页。

者,诸如此类多次生长的活立木,在当地被称为多代木 ①。湖南吉首大学博物馆中就收藏一株,采集于台江县境内胸径超过 30 厘米的"发蔸木"树桩,查验该树兜基部后,发现这株发蔸木先后经过了 6 次发蔸再生,换句话说,这树桩的基部和主根已经成活了 100 多年 ②,从此见,清水江流域各族居民已经熟练掌握了利用树兜发芽育苗成林技术。

从上可见树兜也是重要的人工营林林木培育的基础,通过连续多轮的林地经营,都不需补种实生苗,这样的树林,此前的研究均未引起足够的重视,查阅近年来的研究成果,学界对此已经展开研究,就其技术环节言主要体现有四:其一是砍伐工具要用斧头,之所以必须用斧砍,就是为了保留下的树墩能再生发芽成材,使用斧头能确保林木主杆形成层的细胞不会被撕裂,形成层的细胞完整,乃是来年能够顺利长出新芽的关键。如使用锯子在砍伐林木时会发热,拉伤林木的形成层,这样砍伐留下的树墩,其再生能力就会下降。因此当地各族居民主张用斧头砍树,砍下后才用锯子锯板。故在《黔南识略》之《黎平府》中提及的是"坎坎"斧头伐木声。其二是砍树时间,树墩再生技术要求采伐时间大都在交秋以后,此时期林木皆处在休眠期,这一时间砍伐可以促进树墩来年迅速发芽。(嘉庆)《四川通志》卷七一《食货志》载,"山民(伐楠)照例九月起工,二月止工",就与林木采伐有重要关联性,只有控制好采伐时间,留下的树墩来年才能够顺利出芽。这也可从树兜买卖的时间窥见一斑,查阅清水江此类文书发现,属当年九月至次年二月出卖者,当为林木砍伐时出卖的树兜。而在三月至八月出者,为当年九月至次年二月林木砍伐后,在林木砍伐时还没有卖者,故恰在该时段有人买者。其三是砍伐林木的离地位置选择也很讲究,为的是避免砍口处不致于遭受霉菌的感染。这样的离地位置以大气湿度为标准,湿度越大,离地越高,反之亦然。一般在 30—40 厘米,树兜要砍成圆锥状,不允许砍口断面有积水。其四是林木砍伐后要在树兜上涂上糯米浆、植物油等,或者用火焚等方法,给伤

---

① 砍伐一次称为一代。
② 马国君、韦凯:《清水江流域青山买卖契约类型、蓄禁及管护技术研究》,《原生态民族文化学刊》2019 年第 4 期。

口消毒，促使被伐树墩"伤口"愈合，不会从砍口处开始腐烂，致使被伐树墩死亡，等等。经过这样处理的树墩一般在伐后的第二年春季，在树兜上选留一株顶芽健壮、生长旺盛的萌芽条外，其余萌芽条将除去。通过以上技术形成的树苗，不仅能减少定植苗木的投资，还能使林相参差错落，明显提高郁闭速度。

图 5-1　锦屏县加池寨成材杉林

小　结

青山买卖契约是清水江流域林业契约文书中的重要类型之一，从其表现形式看，类型丰富、数量甚多；究其内容看，还包含有诸多林木管护技术等本土知识，如多样态的林业经营模式，伐木过程中注重再生，林木种植注意混交林的种植等，这些都是促进人工营林发展的重要内容。然长期以来，学界多关注于山场权属转让，而对其青山买卖类型关注不够，故系统梳理此类文书，进而挖掘其间隐含的人工营林管护，可以深化清水江流域林业问题研究，进而推进我省山地经济发展，使今天清水江流域"绿水青山"，成为"金山银山"，为我省"守住发展和生态两条底线"战略服务，对促进我省国民经济发展就显得尤为重要了。

第六章
回顾与展望

　　清水江流域属苗侗地区，清代至民国时期，该民族地区的人工营林甚为发达，人工营林的规模发展不仅促使了该流域原始常绿落叶阔叶林的变迁，而且通过各族居民的努力，还再造了一次"绿水青山"，使这样的"绿水青山"变成了"金山银山"，成了贵州历史上山地经济的典范①。这样的人工营林不仅保证了当地林业生产的稳定高产，而且还提高了当地各民族人民的生活水平，同时也为国民经济建设发挥了重要作用，这一切在清水江林业契约文书中均有充分体现。故从上可见，清水江林业契约不仅是推进人工营林业稳定生产的社会规约，而且也是我省民族山区林业文化遗产的重要载体，见证了贵州人工营林经济的辉煌，故深化其研究，显得甚为重要。

一、清水江林业契约文书是林木生产的法律依据

　　契约文书所反映的实际上就是一种"契约精神"，何为"契约精神"，白庚胜先生言，契约"是维护人们社会关系的重要存在、体现诚信精神的文化形式、生发依法治世传统的历史基础"②。这样的精神对于维护地方社会经济发展有着重要意义。清水江林业契约文书是人工营林生产重要的社会规约，就林业契约文书内容言，山林买卖"如高山滚石，一去无悔""一卖一了、一卖一休""恐后无凭，立字为据"，等等，能做到这一步，原因就是契约中蕴含的诚信精神，而这样的精神就是他们重视契约的原因之一，在文书中一般体现为"以契为

---

① 《黔南识略》卷一《总叙》载，"黎平之民富于木，遵义之民富于蚕"，从资料可见，当时黔东林业经济，黔北的柞蚕成了贵州山地经济的典范，为黔省其他诸县效仿。
② 白庚胜：《保护契约遗产、坚守诚信文化》，载《贵州清水江流域明清土司契约文书·亮寨篇》"代序"。

凭""执约为据""执字赴公""执字鸣官"等。正因为这样，林业契约文书是清水江流域人工营林发展的重要保证。龙令洌作《锦屏文书歌》唱到，"林契不老，青山绵绵。林契不老，绿水绵绵"[①]，反映了清水江林业契约文书在维护清水江流域林业经济稳定发展，维护清水江流域生态环境稳定发挥了积极作用。李斌教授在《贵州清水江文书·黎平文书》前言中云，"清水江流域的各族居民讲究义气，注重诚信"，"民众普遍认为'白契'与'红契'具有同等的法律效力，也都很认真地执行契约所规定的各项条款，自觉地履行其权利与义务。"[②]文斗寨老人姜廷化说，保留这些契约文书，既是对祖先的缅怀和纪念，也是让文斗的后代谨记："我们是忠厚诚实讲道德的民族，诚信是我们的财富，要一代代传下去。"进而又言："对文斗苗寨而言，契子不仅是一段远去的历史陈迹，更是活在人们心中的生活法则。"

从上可见，社会经济的发展与繁荣，必然要有良好的社会伦理道德作为保证，今天我们研究清水江流域林业契约文书，就是要挖掘其间老一辈人留给我们的优秀文化传统，遵守诚实守信的契约精神，让这样的文化传统和契约精神，服务于今天我国的社会主义经济建设，服务于中华民族的伟大复兴。

二、清水江林业契约是林业文化遗产的重要载体

从目前发现的清水江流域林业契约文书看，最早者产生于康熙年间，其后数量不断增多，这样的契约反映了清水江流域辉煌的人工营林经营史，忠实记载了清水江林业文化遗产内容，有着重要的史料价值，故必须加强对其的搜集、整理和研究工作。英国牛津大学柯大卫教授说："锦屏林业契约非常珍贵，像这样大量、系统地反映一个地方民族、经济、社会发展状况的契约中国少有、在世界上也不多见，完全有基础申请世界文化遗产，希望加强保护和抢救。"北京大学段宝林教授在锦屏县档案局考察林业契约文书后言："档案是最宝贵的历史资料，林业契约是国宝，要加强保护，要注重研究、调查契约非物质文化的内涵"。因此要推进我国林业文化遗产的保护、传承和申报，推进我国的

---

① 龙令洌：《锦屏文书：走向世界的杉乡记忆》，中国文化出版社 2016 年版，第 204 页。
② 李斌：《贵州清水江文书·黎平文书》"前言"，第 5 页。

生态文明建设，加深清水江流域林业契约文书研究就显得甚为重要了。如前文言，清水江林业契约文书蕴涵了重要的林业文化知识系统，如采种育苗技术、林粮间作、树林混交种植、斧头伐木等，发掘这样的传统技术对于今天我们人工营林的建设依然有着重要作用，故深化其研究，系统搜集、整理清水江人工营林业管护诸类知识，具有重要的现实意义。

贵州省位处长江流域与珠江流域的中上游，是我国唯一没有平原地貌的省份，高原和山地面积约占 92.5%，同时山地喀斯特地貌发育典型，一旦开发不当，就会导致水土流失，引发石漠化灾变，进而影响"两江"下游的生态建设、经济发展和社会稳定。故对于这样的山地省份，当然就得发展山地经济，充分考虑经济发展与环境适应的问题。据研究，贵州历史上有三大山地经济典范：黔西北的高山畜牧业、黔北的柞蚕、黔东南的林业。此类经济形态都很好地做到了经济发展与环境相适应，留下了丰富的文献资料。就黔东南人工营林经济发展而言，清水江林业契约文书可以做出充分说明，故展开清水江林业契约文书研究，发掘其间的传统林业经营知识和技术等，对因地制宜发展山地经济，加强民族山区生态文明建设有着重要的历史借鉴价值。

三、清水江林业契约文书是生态文明建设的重要历史资料

要积极有效地推进生态文明建设还得吸取历史上各区域维护生态环境的成功经验和教训，清水江林业契约是我国生态文明建设的重要历史资料之一。对于森林生态系统与自然灾害的关系言，从古至今讨论不断，如《梅伯言书棚民事》言："未开之山，土坚石固，草树茂密，腐叶积数年，可二三寸，每天雨从树至叶，从叶至土石，历石罅，滴沥成泉，其下水也缓，又水下而土不随其下，水缓，故低田受之不为灾。而半月不雨，高田尤受其浸溉。今以斤斧童其山，而以锄犁疏其土，一雨未毕，砂石随下，奔流注壑，涧中皆填圩不可贮水，毕至洼田中乃止。及洼田竭，而山田之水无继者。"[1] 以上材料言明了森林与水、森林与农业生产之间的关系，指出了只有维护好森林，才是消除农业灾害的重

---

[1] 陈嵘：《中国森林史料》，中国林业出版社 1983 年版，第 52 页。

要手段之一。

　　森林是人类的美好家园，森林生态系统稳定与否直接关涉人民的生活。对此早在百余年前，恩格斯就对人类与环境的关系做了重要阐述。他说："我们不要过分陶醉于我们对自然界的胜利。对于每一次这样的胜利，自然界都报复了我们。每一次胜利，在第一步都确实取得了我们预期的结果，但是在第二步和第三步却有了完全不同的、出乎预料的影响，常常把第一个结果取消了。美索不达美亚、希腊、小亚细亚以及其他各地的居民，为了想得到耕地，把森林砍光了，但是他们做梦也想不到，这些地方的今天竟因此成为荒芜不毛之地，因为他们使这些地方失去了森林，也失去了聚积和贮存水分的中心。阿尔卑斯山的意大利人，在山南坡砍光了就在北坡十分细心地保护松林，他们没有预料到，他们这样做，把他们区域里的高山畜牧业的基础给毁了；他们更没有料到，他们这样做，竟使山泉在一年中的大部分时间内枯竭了。而在雨季又使更加凶猛的洪水倾泻到平原上。"[1] 孙中山先生在《民生主义》第三讲中言："近年来水灾为什么是一年多过一年呢？古时的水灾为什么是很少呢？这个原因，就是由于古代有很多森林，现在人民采伐木料过多，采伐之后又不行补种，所以森林便很少。许多山岭都是童山，一遇了大雨，山上没有森林来吸收雨水和阻止雨水，山上的水便马上流到河里去，河水便马上泛涨起来，即成水灾。所以要防水灾，种植森林是很有关系的，多种森林便是防水灾的根本办法。有了森林，遇到大雨时候，林木的枝叶可以吸收空中的水，林木的根株可以吸收地下的水；如果有极隆密的森林，便可以吸收很大量的水；这些大水都是森林蓄积起来，然后慢慢地流到河中，不是马上直接流到河中，便不至于成灾，所以防水灾的治本办法，还是森林。所以对于吃饭问题要能够防水灾，便先要造森林，有了森林便可以免去全国的水祸。……（又说）水灾之外，还有旱灾……，防止旱灾的治本办法，……是种植森林，有了森林天空中的水量便可以调和，便可以常常下雨，旱灾便可以减少。……（进而言）防止水灾与旱灾的根本办法，都是要

---

[1]《马克思恩格斯选集》第3卷，人民出版社1972年版，第517—518页。

造森林，要造全国大规模的森林。"①1943年，蒋介石在其《建设贵州的急务》一文中言："我们的国土虽然如此广大，但平原面积只占我国领土面积的14%，其他60%以上是山地，此外就是荒漠。所以我们要建设国家，一定要尽量地开发山地，利用山地。但我们要开发并利用山地，有一个重要条件，就是必须造林。我们处在山地的同胞应该要知道'不怕有山，只怕无林'的一个口号，如果山地不培植森林，那土地就等于荒芜，人民就无法富强，对于国家建设更是没有一点补益，……一种良好的环境，就可以增长我们的智能，陶冶我们的情操，强健我们的体格，提高我们的文化。"进而又言："所以今后我们贵州全体同胞人人都要以造林为第一要务。不但已有的森林树木要好好地保护，而且要积极地培植，使其面积要一天一天地扩大起来。"②对于森林生态环境与人类的关系，前人都做了精深论述，而作为重要林业文化遗产载体的清水江林业契约文书可以给我们提供直接的经验和教训，对此我们应该深化其间的资料研究，以服务于今天我国的生态文明建设。

从上可见，社会经济的发展得有制度上的保证，优秀文化的传承，需要不断地研究和发掘其优秀的文化因子。清水江林业契约文书内涵丰富，涉及的内容宽广，是重要的林业文化遗产，因此我们要加强清水江林业契约文书的搜集、整理和研究工作，以推动我国山地经济的大发展，为我省"守住发展和生态两条底线"战略服务。清水江流域的各族居民常言，"经济要翻番，两眼盯住山。生活要丰盈，两手抓住林"，故今天我们再仔细品味这样的话语，认真查阅清水江流域林业乡土文献，发现山地经济的希望在林业，只要因地制宜，借鉴历史经验和教训就能做到经济发展和环境相和谐。

---

① 《孙中山全集》，人民出版社1956年版，第858—859页。
② 蒋中正：《建设贵州的急务》(中华民国三十二年三月二十二日对贵州各界扩大总理纪念周演讲)，载《民国贵州文献大系》第七辑（中），贵州人民出版社2015年版，第22页。

附表　清水江流域林业契约文书中所涉苗语地名汇编①

文书名	苗语地名	汉语意思	资料来源
乾隆五十八年十月初八姜廷烈立卖漫溪杉木字	家十寨②	居住半坡的苗家	《加池四合院文书考释》卷一，第12页
同上	乌漫溪	豺狼出没的河流	同上
嘉庆三年六月十一日姜老岩断卖冲故龙杉木字	冲故龙③	往侗家方向去的山冲	同上，第18页
同上	党后④	好水田塝	同上
同上	苗馁⑤	鱼多	同上
嘉庆二十年□月十九日姜兰生断卖龙翁十等山场萨姆约	从谷	狭窄山冲	同上，第20页
同上	堂在⑥	房屋地基的山间台地	同上
同上	勇荣十⑦	陡岩嘴	同上
嘉庆七年二月十四日姜廷干等卖杉木山场契	漏见	山口架枧处	同上，第22页
嘉庆八年十二月二十二日范老五断卖污晚杉木约	知石⑧	乌什下面的岔溪	同上，第26页
嘉庆八年十二月二十八日姜英保等卖山场杉木契	党好⑨	盛产蕨菜的坡地	同上，第28页
同上	从落争	曾发生瘴病的山冲	同上
同上	冉告	曾经有老人居住的山岭	同上
嘉庆九年十二月二十四日姜起山父子卖党独狗杉木约	党独狗	狗恋窝	同上，第34页
同上	党雷	较为平坦的山间窝地	同上

① 王宗勋：《加池四合院文书》；杨庭硕、朱晴晴：《清水江林契中所见汉字译写苗语地名的解读》，《中央民族大学学报（哲学社会科学版）》2017年第1期；王宗勋：《清水江文书整理中的苗侗语地名考释刍议》，《原生态民族文化学刊》2015年第2期；马国君、张振兴等：《外来物种入侵灾变治理的困境与对策研究——以清水江三板溪库区"水白菜"泛滥为例》，《原生态民族文化学刊》2014年第4期；李艳：《从地名的含义看清水江苗族杉木林区文化与生态的互动》，《贵州大学学报（社会科学版）》2016年第4期，等等。

② 即今锦屏加池寨，其他文书又书写为"加十""加什""家池""嘉池""佳拾""家室"。见王宗勋：《加池四合院文书考释》卷一，第12—13页；卷三，第16、26页。

③ "冲故龙"，在其他文书又书写为"穷故垄""从固笼""虫固笼"。见王宗勋：《加池四合院文书考释》卷一，第18页；卷四，第452页。

④ "党后"，在其他文书又书写为"党吼"。

⑤ "苗馁"，今锦屏县河口乡韶霭村之古称。

⑥ "堂在"，在其他文书又书写为"党再"。

⑦ "勇荣十"，在其他文书又书写为"柳荣什""扭荣什"。

⑧ "知石"，在其他文书又书写为"之石""之什""支实""之锡"。

⑨ "党好"，在其他文书又书写为"党浩""党薅"。

续表

文书名	苗语地名	汉语意思	资料来源
同上	补	突出的小山包	《加池四合院文书考释》卷一，第34页
同上	补生①	中间有山包的坝子	同上
同上	污补生	补生溪边	同上
嘉庆十年三月初四日卖之收杉木约	之收②	支流的溪水	同上，第36页
嘉庆十年三月二十三日姜美保卖冉第山场杉木约	冉第③	狭窄的山岭	同上，第38页
同上	穷冉构	侗家岭下的山冲	同上
同上	皆坐	底下的尖岭	同上
嘉庆十年四月初九日姜老岩卖勇容叩杉木约	勇容叩④	如同猫鼻子一样的陡岩岭	同上，第42页
嘉庆十年九月二十二日龙老引卖往内杉木约	往内	如同箭一样笔直的山岭	同上，第44页
嘉庆十年姜胜祖弟兄卖个顺山场杉木契	个顺⑤	连接两山龙脉的狭地	同上，第46页
嘉庆十一年二月二十九日姜读宗卖蕃读垒杉木山场约	蕃读垒⑥	有冷锈水流出的冲子边	同上，第48页
嘉庆十一年六月初三日姜廷相兄弟卖穷绍冲杉木字	穷绍	老虎冲	同上，第50页
同上	乌漫溪	有狼出没的溪	同上
嘉庆十一年六月初三日龙老矮卖培学杉山油山字	培学	喊魂塘边的山坡	同上，第52页
同上	乌慢冉岩	乌漫溪边的石头岭	同上
嘉庆十一年六月初三日姜廷华卖党浩冲头杉木约	皆幼脚⑦	甜竹笋坡下方	同上，第54页
同上	行责⑧	形如下巴的陡山岭	同上
嘉庆十三年二月十三日姜今保卖皆与杉木约	皆与	杨梅树下方	同上，第60页

---

① "补生"，在其他文书又书写为"补兴""普生""步新""补信""普省""普生""普升""普先""不生""不省"。

② "之收"，在其他文书又书写为"之修""知收"。

③ 加池苗语"第"读为"计"，意为"小""狭窄"，故"冉第"又书写为"冉计""冉记"。

④ "勇容叩"，在其他文书又书写为"扭荣叩""柳容叩"。

⑤ "个顺"，在其他文书又书写为"贵顺""过舜""故顺""贯训"。

⑥ "蕃读垒"，在其他文书又书写为"番读垒""番读勇""番独勇"。

⑦ "皆幼脚"，在其他文书又书写为"皆料脚""皆料觉""皆楼脚""该老脚""根要坐"。

⑧ "行责"，在其他文书又书写为"行则""显则""显姐""显姊""显节"。

续表

文书名	苗语地名	汉语意思	资料来源
嘉庆十四年五月十一日姜廷仕卖劳榜杉木山场约	劳榜	陡峭的像射出来一样的山岭	《加池四合院文书考释》卷一，第64页
嘉庆十五年正月十三日姜美保卖党东杉木约	党东	山腰间长满把茅草的窝状台地	同上，第68页
同上	冉结什①	加池寨脚下的山岭	同上
嘉庆十五年二月十二日姜廷华卖番乔乌山场约	番乔乌	抢劫木客的溪边	同上，第70页
嘉庆十五年五月初五日姜老凤卖眼居牛油山约	牛	险要	同上，第72页
同上	眼居牛②	树木遮天蔽日，经常发出锣鼓声音的陡峭尖岭	同上
嘉庆十五年八月初六日范述尧卖乌己山场杉木约	乌己③	狭窄的小水冲	同上，第74页
嘉庆十五年范文浩卖白周山场杉木约	白周④	老虎出没的山坡	同上，第76页
嘉庆十六年四月十三日杨通经弟兄卖假蕨杉木契	假蕨	蕨菜坡	同上，第80页
嘉庆十六年十二月初四日姜廷荣卖皆怀杉木山场约	皆怀⑤	盘路下面的山坡	同上，第88页
嘉庆十七年正月三十日姜廷香卖柳王食杉木山场约	柳王食	险陡的尖岩岭	同上，第90页
同上	污在丹⑥	寨脚下很窄的溪冲	同上
同上	倍书⑦	箬竹坡	同上
嘉庆十七年五月二十四日范文机卖乌定山场杉木并土约	乌定⑧	小溪	同上，第92页
嘉庆十七年姜德宗卖眼在丹山场约	眼在丹⑨	寨子下面突出的山岭	同上，第96页
嘉庆十七年十二月二十四日龙绍昌卖番过舜杉木山场约	皆板乌慢	乌漫溪边的盘坡脚	同上，第100页

---

① "冉结什"，在其他文书又书写为"冉该锡"。

② "牛"也写作"扭"，"眼居牛"在其他文书又书写为"冉居扭"。

③ "乌己"，在其他文书又书写为"乌计""污几"。

④ "白周"，在其他文书又书写为"培绍""陪纣""培早""培周"。

⑤ "皆怀"，在其他文书又书写为"皆坏""皆排"。

⑥ "污"，即"水"。"在"，即屋或寨子。"丹"，指明显，突出。"污在丹"在其他文书又书写为"乌在丹""污再丹"。

⑦ "倍书"，在其他文书又书写为"皆粟"。

⑧ "乌定"，在其他文书又书写为"乌近"。

⑨ "眼在丹"，在其他文书又书写为"冉再丹""冉在丹"。

续表

文书名	苗语地名	汉语意思	资料来源
同上	培格①	松树坡	《加池四合院文书考释》卷一，第100页。
嘉庆十七年姜廷华父子卖家野赊山场杉木约	家野赊	漆树坡	同上，第102页
嘉庆十八年四月十九日姜包柳卖甘也今初杉木约	甘也今初②	陡阶大田坎脚	同上，第104页
嘉庆十八年十月十四日杨文泰父子卖江道杉木约	江道③	罐子形顶上较平的山岗	同上，第108页
同上	培迷	茶油树坡	同上
同上	迷	油	同上
嘉庆十八年十二月初十日范锡畴卖伟包杉木山场约	伟包④	弯包过来的山岭	同上，第110页
嘉庆十九年闰二月十四日姜廷香卖再弟等山场杉木约	冉皆笼⑤	下节岭	同上，第114页
同上	穷也⑥	田冲	同上
嘉庆十九年闰二月二十七日龙现华卖污漫溪等杉木山场约	番排棚⑦	盘路反背坡	同上，第116页
同上	番谷王	公共大山	同上
同上	皆在良	老寨子下面	同上
嘉庆十九年范宗素卖南见杉木山场并土约	南见	跳鼠形山坡	同上，第122页
嘉庆十九年六月初一日姜凤兰卖冉高白等杉山字	冉高白	姑娘病倒的山岭	同上，第128页
同上	白	姑娘	同上
同上	皆也腰⑧	大田外边	同上
同上	党周⑨	老虎出煤的山地	同上

① "培"，即"坡"。"格"，即引火或照明用的松膏，文书中指松树。"培格"，在其他文书又书写为"怀格""培介"。
② "甘也今初"，在其他文书又书写为"皆也今初""皆野轻初""皆里贞初"。
③ "江道"，在其他文书又书写为"岗套""刚套"。"江"，读"gāng"，顶部呈圆形的山岭。"道"，罐子，或瓮。
④ "伟包"，在其他文书又书写为"尾包"。
⑤ "冉皆笼"，在其他文书又书写为"冉皆垄""眼皆笼"。
⑥ "穷也"在其他文书又书写为"穷里"。
⑦ "番排棚"在其他文书又书写为"番培棚"。
⑧ "皆也腰"在其他文书又书写为"皆里料"。
⑨ "党周"在其他文书又书写为"党纣""党绍""党走"。

续表

文书名	苗语地名	汉语意思	资料来源
嘉庆十九年六月二十八日姜老尚卖污漫溪杉木山场与屋地基字	培鸠①	傻子山	《加池四合院文书考释》卷一，第 130 页
嘉庆二十年二月十二日龙祥生卖乌漫溪杉木山场约	顽学	喊魂塘	同上，第 136 页
嘉庆二十年十月二十日蒋凤山卖冉柳今杉木契	冉柳今②	钉牛状山岭	同上，第 142 页
嘉庆二十一年正月初八日蒋学宗父子卖皆占乌什等杉木山场油山约	穷耶	石头冲	同上，第 144 页
嘉庆二十二年五月初八日姜廷才卖雄旧又杉木约	雄旧又	狭窄的小山冲	同上，第 166 页
嘉庆二十二年五月二十二日姜生隆卖冉构阜杉木山场约	冉构阜③	叫化岭	同上，第 168 页
嘉庆二十二年龙长生卖眼谷杉木约	眼谷④	尖窄的山岭	同上，第 174 页
同上	眼根龙	弯勾的山岭	同上
嘉庆二十三年杨昭贵卖迫南乜大等杉木约	迫南乜大	寨脚下面的长田	同上，第 176 页
嘉庆二十三年十二月十六日龙长生卖羊乌在良等山场杉木约	羊乌在良	水边的老寨子	同上，第 178 页
同上	故都	溪上边老公公住的山坡	同上
嘉庆二十四年三月十四日姜官保卖党兄世菜书杉木约	党兄世菜	菜书的上边山坡坳	同上，第 180 页
嘉庆二十四年五月初□日姜廷香卖乌冉怀炭杉木约	乌冉怀炭	溪边呈阶梯状重叠的山岭	同上，第 182 页
嘉庆二十四年六月二十四日龙昌纹弟兄卖沮浩山杉木约	沮浩	靠近水边经常有雾罩的山岭	同上，第 184 页
嘉庆二十五年二月初十日范腾高父子卖冉污杉木约	冉污	有水流过的山岭	同上，第 188 页
嘉庆□□年□□月□□日姜有道卖班足山场杉木约	班足	有冷锈水流出的冲上方	同上，第 196 页
同上	重故掌	层层相叠的园地或地基	同上
同上	乌羊眼强	溪边有屋地基的岭湾	同上

---

① "培鸠"在其他文书又书写为"培教""培九""培丢""百九"。
② "冉柳今"在其他文书又书写为"冉有金""冉扭金"。
③ "冉构阜"在其他文书又书写为"冉构否""眼沟否""冉告阜""冉垢阜""冉垢否"。
④ "眼谷"在其他文书又书写为"冉谷"。

续表

文书名	苗语地名	汉语意思	资料来源
道光元年二月十二日姜朝俊父子卖眼根什等山场杉木字	眼根什①	加池寨脚下的山岭	《加池四合院文书考释》卷一，第204页
道光元年三月十二日姜廷华卖皆补样固我杉木山契	皆补样固我	我公公坟下边	同上，第206页
同上	补样	祖坟	同上
同上	皆容冉谷	高岩坎脚下	同上
同上	迫南皆野书	最下边田的下面	同上
道光元年六月初六日姜包柳卖冉皆谏杉木山场约	冉皆谏	架枧岭的下边	同上，第208页
道光元年六月初十日姜通文卖文皆容衣诸等山场杉木约	皆容衣诸	高陡岩坎脚	同上，第210页
道光元年龙长生卖生番培朋等山场杉木约	皆也菢蒿	雾罩坡田下边	同上，第212页
道光元年八月初三日姜木连卖□皆什等杉木山场	良乌	溪边老屋基	同上，第216页
道光元年十二月廿五日姜翻绞卖乌地计溪头等山场杉木约	兄榜开②	像箭一样直来的山冲	同上，第224页
道光二年二月初四日姜廷华父子卖白南杉木约	皆也苟	狗田的下边	同上，第230页
道光三年十二月廿八日孙帮约弟兄卖蔡书等杉木约	蔡书③	河水洗过的沙坝	同上，第252页
道光三年十二月廿九日姜生桥弟兄卖兄榜开山场杉木契	政彦冉野施	下节山岭田下边	同上，第254页
道光四年三月廿八日范国连父子卖冉在丹杉木约	剪宗	坐落在架枧山坳上的寨子	同上，第268页
道光四年四月十九日姜苏连弟兄卖穷古宪杉木约	皆也乌	烂水田下边	同上，第272页
道光四年闰七月初一日姜元芳卖从做杉木约	从做	树木浓密，从而显得很黑的山冲	同上，第274页
道光四年十二月初三日姜素龙卖阶敢杉木山场约	阶敢	蛤蟆坡下边	同上，第284页
道光五年六月十五日姜奉兰弟兄卖乌十的皆培介杉木山场约	皆培介	松树坡脚	同上，第288页

① "眼根什"，在其他文书又书写为"冉皆什"。
② "兄榜开"在其他文书又书写为"穷榜开""雄榜开"。
③ "蔡书"在其他文书又书写为"在书""再书""菜书"。

续表

文书名	苗语地名	汉语意思	资料来源
道光五年十二月二十二日姜老先等弟兄卖也丹溪洞脚杉木约	也丹	大田	《加池四合院文书考释》卷一，第294页
道光六年二月初七日姜开元卖培格杉木约	白南皆也大	寨下边田坎下	同上，第296页
道光九年十二月廿八日姜世安卖刚套杉木山场	洗务罗	老箐山	同上，第326页
道光十年三月初七日姜开元弟兄卖皆否出土约	皆否出	老虎蕨其坡下边	同上，第328页
道光十年闰四月初五日姜登志卖皆再今牛等杉木约	皆再今牛	钉牛岭的下边	同上，第330页
道光十年五月廿二日姜官绞卖穷培格等杉木约	穷培格	松树坡下边的山冲	同上，第332页
道光十九年姜丰连弟兄卖冉谷杉木并土字	皆在愁	老屋基脚	同上，第338页
同上	汪要补	山顶上的大坪子	同上
同上	冉谷	窄小山岭	同上
道光十一年正月廿六日姜开基卖穷耶山场杉木油山契	松陪纣①	老虎坡坳	同上，第340页
道光十一年姜三绞卖皆荣敞等处杉木山场字	皆荣敞	陡岩坎弯路下边	同上，第342页
道光十一年三月初一日姜世璡卖党喉山场杉木约	皆野你	媳妇田②下边	同上，第350页
龙现彩父子卖乜兄油山约	乜兄	山坳田	同上，356页
道光十一年十月廿日姜奉生卖穷冉告杉木字	穷冉告	米粟树岭下边的山冲	同上，第364页
道光十二年二月廿八日姜世璡卖穷培粟杉木字	穷培粟	箸竹冲	同上，第366页
道光十二年三月十二日张士清父子卖皆梨杉木字	皆梨③	杨梅树下边	同上，第370页
同上	包鬼	尖岭	同上
道光十二年十一月初二日姜开基卖党样等处杉木与土字	皆路却	甜竹笋坡下边	同上，第374页
道光十四年二月初一日姜世元卖皮古中秋油树并地土字	皮古中秋④	往中仰侗家去的山坡	同上，第386页

---

① "松陪纣"，在其他文书又书写为"兄培早""凶培周"。
② "媳妇田"，即陪嫁田。
③ "皆梨"，在其他文书又书写为"皆于""皆移"。
④ "皮古中秋"，在其他文书又书写为"培固中央"。

续表

文书名	苗语地名	汉语意思	资料来源
道光十八年姜世洪兄弟卖皮冉依杉木山场字	皮冉依①	石头坡	《加池四合院文书考释》卷一，第 398 页
道光十八年九月二十五日姜三绞父子卖崇套杉木约	崇套②	刚套下边的山冲	同上，第 402 页
道光十八年九月三十日姜贵连等卖冉第等处杉木字	当加③	半坡间的唱歌坪	同上，第 404 页
道光廿年十二月廿八日姜世元父子卖皆料田坎上下杉木约	皆料	大路下边	同上，第 414 页
道光二十二年十月初十日姜老炳卖石补见杉木约	石补见	架有木枧的山包	同上，第 416 页
道光廿四年五月廿六日范本顺卖冉楼山场约	冉楼④	较大的山	同上，第 428 页
道光二十八年七月二十一日姜生兰卖乌榜杉木约	乌榜	水激射而下	同上，第 438 页
道光二十八年九月廿八日杨光忍弟兄卖皆也培丢杉木约	皆也培丢	傻子坡田坎脚	同上，第 444 页
道光二十八年十一月二十一日姜生兰父子卖党勒拱菜园契约	党勒拱	猴子坡	同上，第 446 页
道光三十年六月初一日姜兆彪卖党养等处山场杉木约	皆容梭	上青苔的大石坎下边	同上，第 462 页
咸丰九年四月初一日立眼高帛山分派合同	眼高帛⑤	倒姑娘岭	《加池四合院文书考释》卷二，第 20 页
咸丰九年六月初七日陈正荣卖南怒杉木字	冉境⑥	禁木岭	同上，第 22 页
咸丰九年十二月廿六日姜贤松卖冉乜熙杉木契	冉乜熙⑦	新开田的山岭	同上，第 28 页
咸丰十一年十月廿二日王老大父子卖眼垢阜杉木字	曰匡⑧	弯长的石块	同上，第 40 页
同治二年七月十九日姜开仕叔侄卖刚套冲山场杉木约	衣载⑨	石头屋	同上，第 48 页

---

① "皮冉依"，在其他文书又书写为"培冉衣""培冉耶"。

② "崇套"，在其他文书又书写为"穷套"。

③ "当加"，在其他文书又书写为"当假"。

④ "楼""由"，意为较大。"冉楼"，在其他文书又书写为"冉由"。

⑤ "眼高帛"，在其他文书又书写为"冉高帛""冉高白"。

⑥ "冉境"，在其他文书又书写为"冉竟""冉近"。

⑦ "冉乜熙"，在其他文书又书写为"冉里熙""冉理熙""挽里西""挽西熙"。

⑧ "曰匡"，在其他文书又书写为"耶强""衣降""衣强""曰强"。

⑨ "衣"，石头。"载"，房屋。

续表

文书名	苗语地名	汉语意思	资料来源
同治二年九月二十三日姜开望卖冉宠土木山场约	冉宠	漏水田山岭	《加池四合院文书考释》卷二，第50页
同治二年十二月廿八日姜开文卖皆野呼山场并杉木契	皆野呼①	水田脚	同上，第58页
同治三年七月初四日姜凤飞卖皆版党家山场杉木字	皆版党家	唱歌坪下边的盘坡	同上，第62页
光绪三年三月廿二日姜凤冠卖顽九杉木字	顽九	可跨过的狭长河塘	同上，第116页
光绪三年五月廿三日姜克贞卖包党兄山场杉木字	包党兄②	较平的山坳脑	同上，第124页
光绪三年六月廿四日姜连富卖从卧金冲杉木契	从卧金冲	疯癫老奶住的山冲	同上，第128页
光绪三年十二月廿八日姜长连弟兄卖乜衣杉木字	乜衣	石头田	同上，第130页
光绪四年七月初七日姜凤至卖戏板在研山场杉木	戏板在研	寡妇居住的盘坡	同上，第136页
光绪六年五月初六日姜克贞卖后皆绞樟树契	后皆绞	寨子的后龙山下边	同上，第138页
光绪十二年五月廿七日姜贤松父子卖党在山场杉木字	党在③	有房屋的台坡	同上，第168页
光绪十二年六月初二日姜寅卯卖翻山里杉木约	翻山里	大山深处独家村种山户开出的田	同上，第170页
光绪十六年五月十五日姜凤至卖故我油山字	故我	我公公山	同上，第202页
光绪十九年五月廿三日姜沛祥卖污干雄杉木契	污干雄④	狭窄的溪冲	同上，第216页
光绪十九年七月初五日龙文明卖珍候山场字	珍候⑤	挖蕨根坡	同上，第222页
光绪廿六年十二月廿八日姜志顺卖报九柳杉木字	报九柳⑥	埋加池先祖九柳公的山包	同上，第266页
光绪三十二年闰四月廿八日姜顺连卖井瘦杉木字	井瘦⑦	土石疏松易于滑坡的山	同上，第296页

---

① "皆野呼"，在其他文书又书写为"皆里鸟""结业污"。

② "包党兄"，在其他文书又书写为"包党松"。

③ "党在"，在其他文书又书写为"党载"。

④ "污干雄"，在其他文书又书写为"污干穷"。

⑤ "珍候"，在其他文书又书写为"井候"。

⑥ "报九柳"，在其他文书又书写为"报九略"。

⑦ "井瘦"，在其他文书又书写为"井书""井搜""井收"。

文书名	苗语地名	汉语意思	资料来源
宣统元年二月廿八日姜金培卖滥木桥山场杉木并土约	从父污①	水井冲	《加池四合院文书考释》卷二，第 306 页
宣统元年十二月廿六日姜金培卖难乌述杉木字	难乌述②	箬竹坡的下边	同上，第 310 页
宣统二年八月初九日姜献魁卖皆乜衣匡山场杉木并土字	皆乜衣匡③	衣匡田的下边	同上，第 314 页
宣统二年十月廿四日姜金锴卖党周山场并土约	皆暴库④	往侗家中仰去的山坡的下面	同上，第 316 页
宣统二年十一月廿四日姜金锴卖冉谷山场杉木并土约	冉里虽	锥栗树岭田	同上，第 320 页
民国乙卯年十月卅日姜金锴卖之修山场杉木字	之修	果子坡	同上，第 344 页
同上	修	无水的干地	同上
民国戊午年五月廿四日皆梭山场股份清单	皆梭	芭蕉树下边	同上，第 362 页
民国九年五月十六日姜春茂卖皆冉蜡禁山杉木枫木字	冉蜡	开有成熟地的山岭	同上，第 366 页
民国乙丑年十一月初六日姜成相卖培鸠山场杉木并土字	皆豆发连	发连树下边	同上，第 400 页
同上	发连	叫不出名称的树	同上
同上	豆	树	同上
民国乙丑年十一月初八日孙光前卖故我油山杉木并土约	皆里得	口袋田下边	同上，第 402 页
嘉庆十三年四月廿二日张和弼父子立山场佃字	倘东	半坡茅草坪	《加池四合院文书考释》卷三，第 24 页
咸丰八年十二月初七日蒋老四等立污抵溪山场佃字	冉优	构皮树岭	《加池四合院文书考释》卷三，第 150 页

　　从表 6-1 苗语地名发现问题有三，其一从文书所载地名言，周边还有侗族居住，故在民族互动过程中，文书还夹杂有侗语，通过此内容的分析，可以反映苗侗诸民族的和谐互动关系。其二是从苗语地名翻译看，这些地名的命名原

---

① "从父污"，在其他文书又书写为"从故乌""从富乌"。
② "难乌述"，在其他文书又书写为"南污粟"。
③ "皆乜衣匡"，在其他文书又书写为"皆里衣匡"。
④ "皆暴库"，在其他文书又书写为"该罨构""皆报裤"。

则一般是以方位、植物、山形、人名、动物，以及苗族的活动场所等进行命名，可以基本把握其命名规律。其三是采取了苗语与汉语意义重复命名等原则，进而发现凡涉林业的地名区多有不积水、土壤疏松等特点。这对于展开人工营林经营的本土知识研究有着重要史料价值，丰富了林业文化遗产内涵。

参考文献

一、典籍文献

1.（弘治）《贵州图经新志》，国家图书馆影印本；

2.（嘉靖）《贵州通志》，嘉靖三十四刻本；

3.（万历）《贵州通志》，静电复印万历刻本；

4.（万历）《黔记》，贵州省图书馆一九六六年复制本；

5.（万历）《黔志》，清《学海类编》本；

6.（万历）《贵州名胜志》，明万历间刊本；

7.（嘉庆）《大清一统志》，商务印书馆《四部从刊续编》影印本，1934 年版；

8.（康熙）《贵州通志》，康熙十二年刻本；

9.（康熙）《黔书》，嘉庆十三年黔藩使署重刻本；

10.（康熙）《贵州通志》，康熙三十六年刊本；

11.（康熙）《天柱县志》，民国北平来薰阁影印康熙二十四年刻本；

12.（乾隆）《贵州通志》，乾隆六年刊本；

13.（乾隆）《贵州志略》，乾隆二十八年刻本；

14.《嘉庆重修一统志》，中华书局，1986 年版；

15.（乾隆）《黔南识略》，道光二十七年刻本；

16.《皇清职贡图》，早稻田大学藏本；

17.（乾隆）《镇远府志》，乾隆五十六年刻本；

18.（乾隆）《清江志》，钞本；

19.（乾隆）《台拱厅志略》，钞本；

20.（道光）《黎平府志》，道光二十五年刻本；

21.（光绪）《黎平府志》，光绪十八年刻本；

22.（乾隆）《开泰县志》，乾隆十七年三阳堂刻本；

23.（嘉庆）《黄平州志》，嘉庆六年刻本；

24.（光绪）《天柱县志》，光绪二十九年天柱县志书局活字本；

25.（民国）《贵州通志》，民国三十七年贵州文通书局铅印本；

26.［日本］《新修支那省别全志（贵州省）》，1941 年版；

27.（民国）《八寨县志稿》，民国二十一年贵阳文通书局铅印本；

28.（民国）《麻江县志》，民国二十七年铅印本；

29.（民国）《剑河县志》，民国三十四年铅印本。

二、资料汇编

1. 陈子龙、许孚远、宋微壁等:《明经世文编》，北京:中华书局，1962 年版；

2. 贵州省民族研究所:《〈明实录〉贵州资料辑要》，贵阳:贵州人民出版社，1983 年版；

3. 中国科学院贵州少数民族社会历史调查组等:《〈清实录〉贵州资料辑要》，贵阳:贵州人民出版社，1964 年版；

4. 中国第一历史档案馆:《清代前期苗民起义档案史料汇编》，北京:光明日报出版社，1987 年版；

5. 张新民:《天柱文书·第一辑》，南京:江苏人民出版社，2014 年版；

6. 张应强、王宗勋:《清水江文书（第一辑）》，桂林:广西师范大学出版社，2007 年版；

7. 张应强、王宗勋:《清水江文书（第二辑）》，桂林:广西师范大学出版社，2009 年版；

8. 张应强、王宗勋:《清水江文书（第三辑）》，桂林:广西师范大学出版社，2011 年版；

9. 李斌:《贵州清水江文书·黎平文书》，贵阳:贵州民族出版社，2017 年版；

10. 陈嵘:《中国森林史料》，北京:中国林业出版社，1983 年版；

11. 顾久:《黔南丛书》第 11 辑，贵阳:贵州人民出版社，2010 年版；

12. 龙泽江、傅安辉、陈洪波:《九寨侗族保甲团练档案》，贵阳:贵州大学出版社，2016 年版；

13. 陈金全、郭亮：《贵州文斗寨苗族契约法律文书汇编——易遵发、姜启成等家藏诉讼文书》，北京：人民出版社，2017 年版；

14. 政协天柱县第十三届委员会：《天柱古碑刻考释》，贵阳：贵州大学出版社，2016 年版；

15. 王宗勋：《加池四合院文书考释》，贵阳：贵州民族出版社，2015 年版；

16. 高聪、谭洪沛：《贵州清水江流域明清土司契约文书·亮寨篇》，北京：民族出版社，2014 年版；

17. 陈金全、杜文华：《贵州文斗寨苗族契约法律文书汇编——姜元泽家藏契约文书》，北京：人民出版社，2008 年版；

18. 贵州省民族事务委员会等：《贵州"六山六水"民族调查资料选编（苗族卷）》，贵阳：贵州民族出版社，2008 年版；

19. 贵州省民族事务委员会等：《贵州"六山六水"民族调查资料选编（侗族卷）》，贵阳：贵州民族出版社，2008 年版；

20. 贵州省民族事务委员会等：《贵州"六山六水"民族调查资料选编（民族理论政策民族经济卷）》，贵阳：贵州民族出版社，2008 年版。

三、研究著作

1.〔宋〕朱辅：《溪蛮丛笑研究》，符太浩著，贵阳：贵州民族出版社，2003 年版；

2.〔明〕沈瓒编撰，〔清〕李涌重编，陈心传补编：《五溪蛮图志》，伍新福校点，长沙：岳麓书社，2012 年版；

3. 徐晓光：《原生的法：黔东南苗族侗族地区的法人类学调查》，北京：中国政法大学出版社，2010 年版；

4. 贵州省编辑组：《侗族社会历史调查》，贵阳：贵州民族出版社，1988 年版；

5. 梁聪：《清代清水江下游村寨社会的契约规范与秩序——以文斗苗寨契约文书为中心的研究》，北京：人民出版社，2008 年版；

6. 徐晓光：《清水江流域传统林业规则的生态人类学解读》，北京：知识产权出版社，2014 年版；

7. 天柱县林业志编纂领导小组：《天柱县林业志》，凯里：凯里市第一印刷厂，1995 年版；

8. 天柱县林业志编纂领导小组：《天柱县林业志》，天柱县：天柱县林业局（内部书刊），2012 年版；

9. 杨军昌、钟昭会：《清水江学研究》，北京：中央民族大学出版社，2016 年版；

10. 吴平、龙泽江：《清水江流域文化研究》，北京：民族出版社，2015 年版；

11. 王宗勋、张应强：《锦屏文书与清水江流域地域文化》，北京：世界图书出版公司，2016 年版；

12. 王宗勋：《锦屏文书研究论文选集》，北京：世界图书出版公司，2015 年版；

13. 樊宝敏、李智勇：《中国森林生态史引论》，北京：科学出版社，2008 年版；

14. 崔海洋：《人与稻田——贵州黎平黄岗侗族传统生计研究》，昆明：云南人民出版社，2009 年版；

15. 贵州省民族研究所等：《贵州民族地区生态调查》，贵阳：贵阳市实验小学印刷厂印刷，2000 年版；

16. 贵州省民族研究所等：《贵州民族地区民族文化调查》，贵阳：贵阳市实验小学印刷厂印刷，2002 年版；

17. 袁翔珠：《清政府对苗疆生态环境的保护》，北京：中国社会科学文献出版社，2013 年版；

18. 张新民：《萤火集》，成都：巴蜀书社，2013 年版；

19. 马国君：《平苗纪略研究》，贵阳：贵州人民出版社，2008 年版；

20. 林芊：《凸洞三村：清至民国一个侗族山乡的经济与社会——清水江天柱文书研究》，成都：巴蜀书社，2014 年版；

21. 单洪根：《锦屏文书与清水江木商文化》，北京：中国政法大学出版社，2017 年版；

22. 龙令洌：《锦屏文书：走向世界的杉乡记忆》，北京：中国文化出版社，2016 年版；

23. 王宗勋：《清水江木商古镇——茅坪》，贵阳：贵州民族出版社，2017 年版；

24. 高其才：《锦屏文书与法文化研究》，北京：中国政法大学出版社，2017 年版；

25. 李斌、张应强等：《碎片化的历史：清水江流域碑刻研究》，北京：民族出版社，2018 年版；

26.《中国各民族宗教与神话大词典》编审委员会等：《中国各民族宗教与神话大词典》，北京：学苑出版社，1993 年版；

27. 刘柯：《贵州少数民族风情》，昆明：云南人民出版社，1989 年版；

28. 贵州省锦屏县志编纂委员会：《锦屏县志》，贵阳：贵州人民出版社，1995 年版；

29. 贵州省锦屏县志编纂委员会：《锦屏县志》，北京：方志出版社，2011 年版；

30. 杨庭硕、田红：《本土生态知识导论》，北京：民族出版社，2010 年版；

31. 林耀华：《民族学通论》，北京：中央民族大学出版社，1997 年版；

32. 贵州省民族事务委员会：《苗族文化大观》，贵阳：贵州民族出版社，2009 年版；

33. 林芊：《明清时期贵州民族地区社会历史发展研究——以清水江为中心、历史地理的视角》，北京：知识产权出版社，2012 年版；

34. 贵州省文联等：《贵州省境》，贵阳：贵州人民出版社，1995 年版；

35. 王宗勋：《锦屏文书研究论文选集》，广州：世界图书出版广东有限公司，2015 年版；

36. 付成双：《美国现代化中的环境问题研究》，北京：高等教育出版社，2018 年版；

37. 吴中伦：《杉木》，北京：中国林业出版社，1984 年版；

38. 沈文嘉：《清水江流域林业经济与社会变迁研究》，北京：北京林业大学出版社，2006 年版；

39. 李斌、曾羽等：《民间记忆与历史传承——贵州天柱宗祠文化述论》，成都：四川大学出版社，2014 年版；

40. 杨庭硕：《相际经营原理跨民族经济活动的理论与实践》，贵阳：贵州民族出版社，1995 年版；

41. 丁建民、徐廷弼：《中国的森林》，北京：商务印书馆，1996 年版；

42. 邱竹君等撰：《民国贵州县志资料十四种》，《民国贵州文献大系》，贵阳：贵州人民出版社，2015 年版；

43. 贵州省锦屏县平秋镇魁胆村志编纂委员会：《魁胆村志》，北京：方志出版社，2017 年版。

四、研究论文

1. 刘守华：《走进锦屏，走近山林契约——中国精品档案解析之二》，《山西档案》2001 年第 1 期；

2. 吴苏民等：《"皇木案"反映"苗杉"经济发展的历史轨迹》，《贵州文史丛刊》2010 年第 4 期；

3. 张异莲：《谈"锦屏文书"称谓问题》，《贵州档案》，2013 年第 1 期；

4. 张新民：《走进清水江文书与清水江文明的世界——再论建构清水江学的题域旨趣与研究发展方向》，《贵州大学学报（社会科学版）》2012 年第 1 期；

5. ［日］唐立里特：《清代贵州苗族的植树技术》，肖克之译，《农业考古》2001 年第 1 期；

6. 杨有赓：《清代清水江林区林业租佃关系概述》，《贵州文史丛刊》1990 年第 2 期；

7. 罗康隆：《从清水江林地契约看林地利用与生态维护的关系》，《林业经济》2011 年第 2 期；

8. 万红：《试论清水江木材集市的历史变迁》，《古今农业》2005 年第 2 期；

9. 凌永忠：《雍正年间"开辟苗疆"对商业经济的影响》，《贵州文史丛刊》2008 年第 3 期；

10. 王会湘：《从"清浪碑"刻看清代清水江木业"争江案"》，《贵州文史丛刊》2008 年第 4 期；

11. 马国君：《论民族文化失范与清水江流域生态局部退变的关系》，《原生态民族文化学刊》2009 年第 2 期；

12. 周秉正等：《清水江流域的生态变迁与可持续发展》，《重庆环境科学》2000 年第 6 期；

13. 徐晓光：《清水江文书"杉农间作"制度及"混交林"问题探微》，《原生态民族文化学刊》2013 年第 4 期；

14.〔日〕相原佳之:《从锦屏县平鳌文书看清水江流域的林业经营》,《原生态民族文化学刊》2010 年第 1 期;

15. 沈文嘉、董源等:《清代清水江流域侗、苗族杉木造林方法初探》,《北京林业大学学报（社会科学版）》2004 年第 4 期;

16. 沈文嘉:《清代清水江流域林业经济与社会发展论要》,《古今农业》2005 年第 2 期;

17. 吴才茂:《近五十年来清水江文书的发现与研究》,《中国史研究动态》2014 年第 1 期;

18. 李红香:《贵州历史植物地名与山地经济发展研究》,《贵州大学学报（社会科学版）》2018 年第 3 期;

19. 李红香:《湘黔桂毗连地带历史时期“契”与文书的关联性研究》,《贵州大学学报（社会科学版）》2014 年第 3 期;

20. 吴述松:《清水江文书与清水江流域社会变迁刍论》,《贵州大学学报（社会科学版）》2012 年第 2 期;

21. 林东杰:《清至民国年间清水江契约文书立契时间校补——以〈贵州文斗寨苗族契约法律文书汇编:姜元泽家藏契约文书〉为中心的研究》,《贵州大学学报（社会科学版）》2012 年第 5 期;

22. 王宗勋:《浅谈锦屏文书在促进林业经济发展和生态文明建设中的作用》,《贵州大学学报（社会科学版）》2012 年第 5 期;

23. 刘守华、潘祥:《翻开杉木林背后的人间约定》,《中国档案》2006 年第 4 期;

24. 徐晓光:《清水江杉木“实生苗”技术的历史与传统林业知识》,《贵州大学学报（社会科学版）》2014 年第 4 期;

25. 吴声军:《从文斗林业契约看人工营林的封闭性——〈清水江文书〉实证研究系列之二》,《贵州大学学报（社会科学版）》2014 年第 4 期;

26. 吴声军、叶景春:《从文斗林业契约看人工营林的封闭性——〈清水江文书〉实证研究系列之三》,《贵州大学学报（社会科学版）》2015 年第 1 期;

27. 吴声军、叶景春:《木材与运输:清水江人工营林之“洪道”研究——以锦屏县文斗苗寨的考察为中心》,《贵州大学学报（社会科学版）》2017 年第

5 期；

28. 张坤美：《清至民国黔东南桐油产业兴盛成因及生态后果探微》，《原生态民族文化学刊》2017 年第 3 期；

29. 任永权、蒋瑶、陈文波等：《清水江流域传统杉木混农林系统》，《原生态民族文化学刊》2017 年第 3 期；

30. 王健、谢景连：《清水江文书研究的里程碑》，《原生态民族文化学刊》2017 年第 3 期；

31. 张阳阳：《清代黔东南契约习惯法与国家法的冲突与调适》，《原生态民族文化学刊》2017 年第 3 期；

32. 马国君、肖秀娟、张坤美：《清水江流域人工营林育苗法类型及其影响言》，《贵州大学学报（社会科学版）》2018 年第 2 期；

33. 王宗勋：《试论清水江木商文化》，《贵州大学学报（社会科学版）》2018 年第 2 期；

34. 仲伟民、王正华：《契约文书对中国历史研究的重要意义——从契约文书看中国文化的统一性与多样性》，《史学月刊》2018 年第 5 期；

35. 马国君、李红香：《明清沅江流域楠木使用、管护技术及其影响》，《云南社会科学》2018 年第 6 期；

36. 马国君、韦凯：《清水江流域青山买卖契约类型、蓄禁及管护技术研究》，《原生态民族文化学刊》2019 年第 4 期；

37. 马国君、王紫玥：《贵州清水江流域林业契约文书整理和研究综述》，《古今农业》2019 年度 6 期；

38. 马国君：《清至民国沅江流域油桐业拓展与本土知识关联性研究》，《中国农史》2019 年第 5 期；

39. 韦凯：《清水江山林管护文书的分类及其与人工营林周期的关联性研究》，《农业考古》2019 年第 4 期；

40. 韦凯：《清至民国时期都柳江流域人工营林发展探微——兼谈都柳江林业契约文书的价值》，《古今农业》2020 年第 1 期；

41. 马国君、王紫玥：《清代至民国贵州茶业经营及其影响研究》，《原生态民族文化学刊》2020 年第 3 期。

五、报刊论文

1. 王宗勋：《珍贵的锦屏古代林业契约档案》，《中国档案报》2001 年 8 月 6 日第 3 版；

2. 姜秀波：《解读清代林契》，《中国绿色时报》2003 年 1 月 2 日 A03 版；

3. 曹端敏：《贵州省重视"锦屏文书"抢救工作》，《中国档案报》2007 年 5 月 28 日第 1 版；

4. 龙令冽：《锦屏文书：穿越五百年的木商文化遗产》，《贵州政协报》2010 年 5 月 12 日第 3 版；

5. 吕永锋：《地方性知识：奇特的侗族营林技术》，《中国社会科学报》2010 年 11 月 16 日第 11 版；

6. 李丽：《契约精神：五百年林业繁荣的"社会基因"》，《贵州日报》2010 年 12 月 7 日第 10 版；

7. 杨通永：《锦屏文书的抢救、保护与研究不能各自为战》，《贵州民族报》2011 年 9 月 2 日 B01 版；

8. 张能秋：《抢救保护古籍文书，传承弘扬民族文化》，《贵州民族报》2012 年 5 月 30 日 B03 版；

9. 罗正副、王代莉：《清水江文书研究的新维度》，《光明日报》2012 年 12 月 26 日第 11 版；

10. 张新民：《文书整理需力戒十弊》，《光明日报》2015 年 10 月 15 日第 16 版；

11. 徐晓光：《清水江契约文书及其特征》，《光明日报》2015 年 10 月 15 日第 16 版；

12. 张应强：《文献与田野："清水江文书"整理研究的方法》，《光明日报》2015 年 10 月 15 日第 16 版。

后　记

　　贵州省是全国唯一没有平原支撑的省份，高原和山地占全省总面积的92.5%，另，喀斯特地貌发育典型，各大河流焚风效应明显，这样的区域生态系统脆弱，一旦开发模式与当地的生态环境不相兼容，就有可能引发生态灾变。查阅历史时期贵州各族居民经济开发与环境的关系，惊人地发现，他们做到了山地经济的高效发展与环境相适应，如黔北地区的柞蚕业、黔西北地区的畜牧业、安顺地区的白蜡业，黔东地区的人工营林等，以上诸类经济形态，不仅维护了当地的生态，也成了当地各族居民重要经济来源，做到了"绿水青山就是金山银山"，其后随着历史发展，这样的开发模式逐渐衰败了。但遗留下与此相关的文献甚为丰富，只要我们系统梳理和充分田野，总结其经验教训，一定程度上能为贵州省"守住发展和生态两条底线"战略服务。

　　黔东南清水江流域是我国南方重要的林区，是区的林业经济早在宋代以来就有了文献记载，特别是清至民国时期留下的清水江林业契约文书数量甚为可观，这些契约文书含系统的人工林种植、人工林管护等本土知识，为历史时期贵州人工营林发展与生态兼容提供了制度保障和智力支持。

　　是书是在我的国家课题"清代至民国清水江流域林业契约文书研究"（12XZS023）结题报告基础上修改完成的。2012年，该课题申报成功后，我就积极组织课题组成员展开了资料搜集、整理和研究，需要感谢的人和单位很多，感谢我的恩师杨庭硕先生、张新民先生的亲切指导；感谢天柱县档案馆、锦屏县档案馆、黎平县档案馆同志的积极帮助；感谢孔学堂书局的苏桦老师、张发贤老师、黄艳老师的支持鼓励，是您的关注才有这本书的完成。

　　同时我还感谢参与本书撰写的各位合作者，全书共分六个部分，其中绪论、第四章、第五章，由我和李红香共同撰写完成，第一章由我与熊珍共同撰写完成，第二章由我与韦凯共同撰写完成，第三章由我与肖秀娟共同撰写完成。

　　本书在撰写过程中还借鉴了国内外专家、学者的相关研究成果，在此向您致以诚挚谢意。

　　本人学术水平有限，书中难免存在一些不足，还请专家和同行教正。

马国君

2020 年 11 月 8 日